工程法律与伦理

【第二版】

王凤民　洪必景　王慧泽　编著

厦门大学出版社　国家一级出版社
XIAMEN UNIVERSITY PRESS　全国百佳图书出版单位

图书在版编目（CIP）数据

工程法律与伦理 / 王凤民，洪必景，王慧泽编著
. -- 2版. -- 厦门：厦门大学出版社，2023.7（2024.7 重印）
ISBN 978-7-5615-8993-9

Ⅰ. ①工… Ⅱ. ①王… ②洪… ③王… Ⅲ. ①建筑法
-法的理论-中国-高等学校-教材 Ⅳ.
①D922.297.1

中国版本图书馆CIP数据核字(2023)第110338号

责任编辑　甘世恒
美术编辑　李嘉彬
技术编辑　许克华

出版发行　厦门大学出版社
社　　址　厦门市软件园二期望海路 39 号
邮政编码　361008
总　　机　0592-2181111　0592-2181406(传真)
营销中心　0592-2184458　0592-2181365
网　　址　http://www.xmupress.com
邮　　箱　xmup@xmupress.com
印　　刷　厦门市竞成印刷有限公司

开本　787 mm×1 092 mm　1/16
印张　17.75
字数　432 千字
版次　2020 年 8 月第 1 版　2023 年 7 月第 2 版
印次　2024 年 7 月第 2 次印刷
定价　55.00 元

厦门大学出版社
微信二维码

厦门大学出版社
微博二维码

再版序言

"知之愈明，则行之愈笃；行之愈笃，则知之益明。"工程活动既是应用科学和技术改造物质世界的自然实践，又是改进社会生活和调整利益关系的社会实践。随着科学技术的迅猛发展，现代工程活动在产生良好经济和社会效益、为人类造福同时，也对人类自身与社会环境带来了损害与发展风险。因此，现代工程活动发展的客观现实，要求工程师不仅要具备专业的知识和技能，更需具备"正当地行事"的法律与伦理意识，以及规避技术、社会风险和协调利益冲突的综合素质与能力。

2022年10月16日，党的二十大胜利召开，习近平总书记在大会报告中鲜明指出"教育、科技、人才是全面建设社会主义现代化国家的基础性、战略性支撑"；"培养造就大批德才兼备的高素质人才，是国家和民族长远发展大计"；"加快建设国家战略人才力量，努力培养造就更多大师、战略科学家、一流科技领军人才和创新团队、青年科技人才、卓越工程师、大国工匠、高技能人才"。现代工程活动与工程技术自身的复杂性及其与自然、社会的密切关系，对传统工程教育提出了严峻挑战。因此，理论学习要向实践延伸，课堂教学要向课外拓展。工科大学生是未来的工程师，不仅要精通技术，还要拥有高度的社会责任感、科学的价值观、正确的利益观和强烈的伦理道德意识，而社会责任感、价值观和伦理道德意识恰恰需要实践培育。通过工程实践，学生可真正领悟人生意义，真实感知社会责任，树立科学价值观，强化伦理道德意识。本书自2020年8月出版以来，深受广大读者喜爱，并被多所学校选定为课程指定教材。目前，本教材已使用三年，其间党的二十大于2022年10月16日胜利召开，《中华人民共和国民法典》于2021年1月1日正式实施。因此，需要及时对本书相关内容进行修订，以保证其内容的科学性、时政性与前沿性。

党的二十大全面总结新时代以来，以习近平同志为核心的党中央，团结带领全党全国各族人民，坚持和发展中国特色社会主义取得的重大成就和宝贵经验，深入分析国际国内形势，全面把握新时代新征程党和国家事业发展新要求、人民群众新期待，制定行动纲领和大政方针，动员全党全国各族人民坚定历史自信、增强历史主动，守正创新、勇毅前行，继续统筹推进"五位一体"总体布局、协调推进"四个全面"战略布局，继续扎实推进全体人民共同富裕，继续有力推进党的建设新的伟大工程，继续积极推动构建人类命运共同体，为全面建设社会主义现代化国家、全面推进中华民族伟大复兴而团结奋斗。教材是学校教育教学、推进立德树人的关键要素，是国家意志和社会主义核心价值观的集中体现，是解决"培养什么人、怎样培养人、为谁培养人"这一根本问题的核心载体。推进党的二十大精神进教材，事关为党育人、为国育才的使命任务，事关广大学生成长成才，事关全面建设社会主义现代化国家大局。本书"工程伦理篇"内容对培养造就"青年科技人才""卓越工程师"具有重要意义，需要切实提高政治站位，充分发挥教材铸魂育人功能，及时全面准确地在本书中落实党的二十大精神，为培养德智体美劳全面发展的社会主义建设者和接班人奠定坚实基础。

《中华人民共和国民法典》是新中国成立以来第一部以"法典"命名的法律，在国家法律体系中的地位仅次于宪法，是市场经济的基本法、市民生活的基本行为准则，法官裁判民商事案件的基本依据，是新时代我国社会主义法治建设的重大成果。《中华人民共和国民法典》共7编、1260条，各编依次为总则、物权、合同、人格权、婚姻家庭、继承、侵权责任，以及附则。《中华人民共和国民法典》正式实施后，《中华人民共和国婚姻法》《中华人民共和国继承法》《中华人民共和国民法通则》《中华人民共和国收养法》《中华人民共和国担保法》《中华人民共和国合同法》《中华人民共和国物权法》《中华人民共和国侵权责任法》《中华人民共和国民法总则》将同时废止。本书"工程法律篇"中的工程合同法律制度、工程知识产权法律制度、工程争议解决法律制度、工程法律责任制度等内容与《民法典》相关度较高，需要依据《民法典》内容对之进行修订，以适应法律变化发展之需要。

正是基于上述现实与思考，本书在使用三年后首次进行修订，以适应现实发展之需要。囿于编者能力所限，本次修订中难免会出现对二十大精神理解不够深入，对《民法典》解读不够准确等问题，望专家、读者予以批评指正。

本书编者

2022 年 12 月 31 日于福州旗山湖

序　言

  工程是"一种专门性职业，从事这种职业的人，需要把学习、研究和实践所获得的数学和自然科学知识应用于开发，并经济有效地利用自然资源，使其为人类造福"[1]。工程实践过程是复杂的，既是应用科学和技术改造物质世界的自然实践，更是改进社会生活和调整利益关系的社会实践。随着科学技术的迅猛发展，现代工程活动越来越趋于大型化、复杂化和高科技化，工程活动对社会发展的推动作用越来越明显，对自然环境、人文环境的影响也越来越大。很多工程活动在产生良好经济和社会效益，为人类造福的同时，也对人类自身与社会环境带来了损害与发展风险，如工业领域中的环境污染，建筑土木行业中的"豆腐渣"工程，食品、药品制造加工业中的过量添加剂，煤矿生产、交通工程中的安全事故等问题。这些工程实践中客观存在的现实风险，直接损害了公众生命和财产安全，破坏了人类自身的生存发展环境，降低了公众对科技发展与工程实践的期望值与幸福指数。

  工程活动的复杂性及其与自然、社会的密切关系，对工程教育提出了严峻挑战。现代工程活动发展的客观现实，要求作为工程设计者和建造者的工程师，不仅需要具备专业的知识和技能，更需具备"正当地行事"的法律与伦理意识，以及规避技术、社会风险和协调利益冲突的综合素质与能力。因此，工科大学生是未来的工程师，不仅需要精通技术，还要拥有高度的社会责任感、科学的价值观、正确的利益观和强烈的法律、伦理意识。2014年11月，教育部高等教育教学评估中心发布我国首份《中国工程教育质量报告(2013年度)》(以下简称《报告》)。《报告》数据显示，截至2013年我国开设工科专业的本科高校有1077所(包括独立学院)，占全国本科高等学校总数的90%以上；工科本科专业布点数15733个，工科本科在校生495.33万人，分别占全国高校本科专业布点数和在校生总数的1/3左右。从规模上讲，我国工程教育位居世界第一，已成为名副其实的世界工程教育大国，但与发达国家相比，我国工程教育的整体质量水平尚有明显差距。《报告》同时指出，用人单位认为应届本科工科毕业生最需要加强的是动手操作能力、专业知识、敬业精神等。在相关专业知识方面，用人单位对毕业生的前沿现状和发展趋势了解水平最不满意；在相关工程能力方面，用人单位对毕业生考虑经济、环境、法律等制约因素进行工程设计的综合意识和能力最不满意；在相关职业发展能力方面，用人单位对毕业生国际交流能力最不满意；在品德修养水平方面，用人单位对毕业生的社会责任感满意程度最低。《报告》最后指出，适应我国走新型工业化发展道路的战略要求，大力提高工程教育质量，积极推进我国从工程教育大国向工程教育强国的历史性跃升，是中国高等教育肩负的庄严使命。

---

  [1]　罗福午：《关于工程师的素质培养》，载《高等工程教育研究》1999年第4期。

　　为提高工程教育质量，培养适应社会发展需求的工科毕业生，20世纪80年代末，以美国为代表的一些工程教育发达国家开始探索建立工程教育国际认证制度，并签署了《华盛顿协议》，对工程专业学生培养目标、质量、师资队伍、课程设置、实验设备、教学管理、各种教学文件及原始资料等方面进行评估，其内容涉及工程教育及继续教育标准、机构认证，以及学历、工程师资格认证等诸多方面。通过专业认证评估，明确工程教育专业标准和基本要求，改善教学条件，促进教师队伍建设、专业化发展和教学质量管理监控体系建立；密切高等工程教育与工业界的联系，增强高等工程教育界为工业界提供合格工程师功能；推动工程教育改革。目前，工程教育专业认证已在国际上得到了广泛采用，并已形成工程教育与工程师国际互认体系。该体系现有的六个协议，分为互为因果的两个层次，其中《华盛顿协议》《悉尼协议》《都柏林协议》是针对各类工程技术教育的学历互认；《工程师流动论坛协议》《亚太工程师计划》《工程技术员流动论坛协议》是针对各种工程技术人员的执业资格互认。其中，《华盛顿协议》是国际工程师互认体系中最具权威性，国际化程度较高，体系较为完整的协议，是加入其他相关协议的门槛和基础。

　　工程教育专业认证是实现工程教育国际互认和工程师资格国际互认的途径，也是基于成果导向，提升工程教育专业教学质量的重要手段。进入21世纪后，我国陆续开始在工程教育领域积极推进专业认证工作。截至2015年年底，已先后开展机械类、化工类、电气信息类、计算机类、水利类、交通运输类、环境类、食品类、矿业类、安全类、材料类、测绘类、仪器类、地质类、土木类和建筑类等18个专业类认证，累计有570个专业参加认证，涉及高校124所，共503个专业通过认证，并建立起与国际实质等效的工程教育专业认证制度——《工程教育认证标准（2015版）》。2016年6月，我国加入《华盛顿协议》，成为其正式成员；2017年11月，我国依据《华盛顿协议》修订了《工程教育专业认证标准》（以下简称《标准》），形成了2018年最新版本。该专业认证标准对毕业生所应具备的能力提出了12条要求，其中5条涉及技术能力，4条涉及非技术能力，3条涉及技术与非技术能力的融合。因此，从国际、国内工程教育认证标准中可以看出，在成果导向教育中，非技术能力是工程教育专业学生学习成果的重要组成部分，培养工程教育专业人才的技术能力和非技术能力同等重要。非技术能力的构成因素主要涉及社会、道德、政治、经济、健康、安全、法律、伦理、文化、环境、管理及信息获取等12个类别。非技术能力培养需要优化课程体系与课程教学活动，实现因材施教、分类培养，实现在校生全覆盖，确保评价周期内非技术能力"全程培养不断线"和"循序渐进稳提升"。因此，《标准》明确提出在工科教育专业课程体系中，人文社会科学类通识教育课程至少占总学分的15%，使学生在从事工程设计时能够考虑经济、环境、法律、伦理等各种制约因素。

　　2016年12月，习近平总书记在全国高校思想政治工作会议上强调，"新时代贯彻党的教育方针，要坚持马克思主义指导地位，贯彻习近平新时代中国特色社会主义思想，坚持社会主义办学方向，落实立德树人的根本任务，坚持教育为人民服务、为中国共产党治国理政服务、为巩固和发展中国特色社会主义制度服务、为改革开放和社会主义现代化建设服务，扎根中国大地办教育，同生产劳动和社会实践相结合，加快推进教育现代化、建设教育强国、办好人民满意的教育，努力培养担当民族复兴大任的时代新人，培养德智体美劳全面发展的社会主义建设者和接班人""高校思想政治工作关系高校培养什么样的人、如何培养人以及为谁培养人这个根本问题"，要"把思想政治工作贯穿教育教学全过程，实现全程育人、全方位育人，努力开创我国高等教育事业发展新局面""要用好课堂教学这个主渠道，思想政治理论课要坚持在改进中加强，提升思想政治教育亲和力和针对性，满足学生成长发展需求和期待，其他各门课都要守好一段渠、种好责任田，使各类课程与思想政治理论课同向同行，形成协同效应"。2019 年 4 月 30 日，习近平总书记在《纪念五四运动 100 周年大会上的讲话》中强调："新时代中国青年要增强学习紧迫感，如饥似渴、孜孜不倦学习，努力学习马克思主义立场观点方法，努力掌握科学文化知识和专业技能，努力提高人文素养，在学习中增长知识、锤炼品格，在工作中增长才干、练就本领，以真才实学服务人民，以创新创造贡献国家！"结合总书记讲话精神，针对我国工程教育实际，高校面向工科学生开设"工程法律与伦理"课程是势在必行的。

"工程法律与伦理"是自然科学和人文社会科学相互交叉课程，可弥补重理、重工轻文所带来的不良影响。本课程与一般"工程伦理课程"课程内容最大的不同在于注重法律与伦理的统一。"道德规范和法律制度在本质上表达了自我同一性要求。"[1] 法律与伦理道德作为人类社会两大主要社会规范，在彼此相对独立运作过程中，不仅互为对方提供有效社会环境，而且体现出一定的互动性。伦理与法律之间的关联是任何文化都不会否定的。道德是法律的精神，法律是道德看得见的符号。伦理不仅在理想层面上提供立法的精神，而且其与法律之间在内容上，也存在着相互转化关系。在社会发展中，东西方的伦理与法律都是长期合二为一的。现实社会中伦理道德与法律也体现出并生性，你中有我，我中有你，无法分割。因此，要提高工科学生的敬业精神，对工程活动中经济、环境、法律等因素的价值考量，以及社会责任感，单单对学生进行工程伦理教育是不够的，还应注重学生法律素养的提高。

面向工科学生开设"工程法律与伦理"课程具有如下意义：

1. 符合现代工程活动与工程技术发展的客观要求

现代工程活动与工程技术自身的复杂性及其与自然、社会的密切关系等因素，对传统工程教育提出了严峻的挑战。工科大学生是未来的工程师，要适应现代工程技术的要求，他们在未来的工程建设实践中不仅需要精通技术，还要拥有高度的社会责任感、科学的价值观、正确的利益观和强烈的伦理道德意识。因此，加强工科大学生工程法律与伦理教育是社会现实的需要。

2. 能够增强学生自律能力，培养职业精神，提高工程专业人才培养质量

"工程法律与伦理"课程可通过职业性与专业性教育相互交织，在强调职业理念的同时，促使学生将职业内心信念外化在具体职业行为中，自觉遵守职业伦理规范，维护职业社会声誉与社会地位；通过改造个体职业人员精神，促使其渐趋养成良好的伦理意识和习惯，逐渐形成价值认同，促使学生塑造职业共同体的职业精神理想与追求。"工程法律与伦理"课程可以帮助学生熟悉环境保护的相关法律法规，明确环境保护与可持续发展在工程中的重要性，理解相关行业践行的"质量、安全、环境"理念；了解专业相关领域的技术标准体系、知识产权、产业政策和法律法规，了解新产品、新技术、新工艺的开发和应用对社会、健康、安全、法律以及文化的潜在影响，理解不同社会文化对工程活动的影

---

[1] ［法］爱弥尔·涂尔干：《社会分工论》，渠东译，生活·读书·新知三联书店 2000 年版，第 17 页。

响；理解工程师对安全、健康、福祉、环保等的社会责任，在工程实践中自觉履行责任，服务国家和社会，能在复杂工程问题的各个设计环节中体现创新意识等，提升工科毕业生非技术能力培养的达成度。

3. 有利于工程教育专业与培养人才国际认证

工程教育专业认证是国际通行的工程教育质量保障制度，也是实现工程教育国际互认和工程师资格国际互认的重要基础。工程教育专业认证的核心就是要确认工科专业毕业生达到行业认可的既定质量标准要求，是一种以培养目标和毕业出口要求为导向的合格性评价。国际工程教育评价体系中的各个评价标准虽有不同，但对毕业生的敬业精神，对工程活动中经济、环境、法律等因素的价值考量，以及社会责任感等非技术能力的评价是一致的。从世界范围看，法国、德国、英国、加拿大、澳大利亚等发达国家的各种工程专业组织都有专门的伦理规范。这些规范一致认为，认同、接受、履行工程专业的伦理规范是成为专业工程师的必要条件。比如，欧洲国家工程协会联合会（FEANI）提出了"欧洲工程师"及其注册标准，对欧洲工程师的形成过程和质量要求作了规定，特别强调工程师对其同行、雇主或顾客、社区和环境应负的责任。与此相呼应，各国工科院校都已开设工程伦理教育课程，积极推进工程伦理教育。可见，工程法律与伦理教育是当今世界各国工程教育共同发展的趋势。因此，我国对工科学生开展工程法律伦理教育，是参与工程教育专业与培养人才国际认证，与国际接轨需要，有利于我国工程教育人才走出去。

总之，加强工科大学生工程法律与伦理教育，不仅是当今社会现实需要，还有利于提高我国工程教育质量、提高工程技术人才的培养质量，是推进我国工程师资格国际互认的基础和关键，对于我国工程技术领域应对国际竞争、走向世界具有重要意义。

福建工程学院校长、教授、博士生导师

2020 年 3 月 1 日于福州旗山

目　录

| 总 论 篇 |

"工程的本质可以被理解为各种工程要素的集成过程、集成方式和集成模式的统一，是综合的活动过程；从工程活动的基本构成和基本过程看，工程和工程活动具有实践性和建构性、集成性和创造性、科学性和经验性、复杂性和系统性、社会性和公众性，以及效益性和风险性等基本特征。"[1] 工程活动改造的对象可以是原始的自然物，也可以是已经改造的东西。工程活动改造手段包括技术手段，如工具技术和知识技术；也包括管理手段，如行政手段、经济手段和法律手段等。一般情况下，工程活动可分为三个阶段，即策划阶段、实施阶段和使用阶段。策划阶段的工程活动内容包括可行性研究、规划、设计、调查、勘测、试生产等系列前期工作；实施阶段的活动内容包括施工、制造等，是工程活动的主体；使用阶段包括工程活动成品的使用、跟踪监测和维修问题，是工程活动的继续。

"工程必须对自身所处的外部背景特别敏感。这些背景是相互联系的共同体，包括政治、经济、文化与社会等背景。当今世界，工程尤其需考虑公益服务、公共政策、经济效益、民族精神、审美艺术、社会责任、地缘政治、伦理规范、利益冲突、环境保护、低碳排放和绿色工程等背景因素。"[2] 工程作为一种创造活动，综合利用了科学知识、经验技能、人、财、物等各种资源，而且处于社会环境中，它必须考虑经济、科技、政治、文化等各个因素的影响。因此，为了实现特定技术目标，一般都存在不止一种工程方案，通常需要采用一定的标准来评价各个备选方案，从中择优。"工程的未来也不局限于技术的要素，而要依靠'整体型'工程师，这样的工程师能够管理、领导和理解复杂的、跨学科的系统，将工程方法扩展到与技术、法律、公共政策、可持续发展、艺术、政府和工业的联系，以解决复杂的问题。"[3] 工程师研究、关注的对象主要是物质世界或物质系统，但工程师不能习惯于只是关注自然世界而不善于与人打交道，忽视人类和社会事务。因此，衡量一个工程师业务水平高低，一般不是看他能否提出一个解决方案，而是看他能否提出在技术上先进、经济上合理、社会上适宜的富有创新性的较优方案。

为深入论及工程活动所涉及的法律和伦理问题，以及工程师在工程活动中应遵守的法律法规，应恪守的职业伦理理念与具体规范，本篇内容将重点论述工程与工程师、法律与伦理、工程法律与工程伦理等基础内容。

---

　[1]　殷瑞钰、汪应洛、李伯聪：《工程哲学》，高等教育出版社 2007 年版，第 70 页。

　[2]　崔军：《回归工程实践：我国高等工程教育课程改革研究》，南京大学博士学位论文，2011 年。

　[3]　Domenico Grasso, Melody Brown Burkins. Beyond Technology：The Illolisuic Advantage, In *Holistic Engineering Education*，Spring，2009，P. 1.

第一章　工程与工程师

一、工程

从人类产生之日起，工程活动就不断推动着人类社会的进步与发展。在古代社会，人类虽囿于科技等各种条件限制，但仍创造了许多伟大工程，如印度的泰姬陵、埃及的金字塔，玛雅人的马丘比丘古城，我国的都江堰、万里长城、京杭大运河等。进入现代社会，随着科技突飞猛进，人类工程活动上天入海，不断突破工程活动极限，日趋复杂化。自改革开放以来，我国在工程领域创造了一个又一个发展奇迹。尤其是进入 21 世纪后，随着三峡、京沪高铁、南水北调工程、西气东输、北斗、探月、天眼、5G、杭州湾跨海大桥和港珠澳大桥等重大工程项目陆续开工建设，并交付使用，我国已经跻身于世界工程建设强国之列。可见，工程活动不仅塑造了现代文明，也推动了社会的发展与进步，并深刻影响着人类社会生活的各个方面。

"工程既不是单纯的科学应用，也不是相关技术的简单堆砌和剪贴拼凑，而是科学、技术、经济、管理、社会、文化、环境等众多要素的集成、选择和优化。一切工程都是人建造的，是为了人而造的。因此，要建立顺应自然经济和社会规律，遵循社会道德伦理、公正公平准则，坚持以人为本、资源节约、环境友好、循环经济、绿色生产、促进人与自然和人与社会协调可持续发展的工程理念。"[1]

※都江堰水利工程[2]

今天号称"天府之国"的成都平原，在古代是一个水旱灾害十分严重的地方，这是由成都平原独特的地理环境造成的。岷江是长江上游水量最大的一条支流，岷江出岷山山脉，从成都平原西侧向南流去，高出成都平原 200 多米，成为地道的地上悬江。在古代，每当岷江洪水泛滥，成都平原就一片汪洋；一遇旱灾，又是赤地千里，颗粒无收。因此，自成都平原有人类居住开始，就不断与天灾水患作斗争，也进行了各种治水工程，但收获均不大。战国末期，秦国蜀郡太守李冰上任（公元前 256 年）后，吸取前人治水经验，与其子率领当地人民经过八年努力，终于建成闻名世界的都江堰水利工程，使成都平原变为"天府之国"。

都江堰水利工程主要包括宝瓶口引水工程、鱼嘴分水堤工程和飞沙堰溢洪排沙工程三部分。

1. 宝瓶口引水工程。打通玉垒山，使岷江水流向东边，减少西边江水流量，使岷江

---

[1]　王学文：《工程导论》，电子工业出版社 2012 年版，第 7 页。

[2]　百度百科——"都江堰水利工程"http：//baike.baidu.com，访问日期：2019 年 12 月 10 日。

水不再泛滥，同时灌溉东边地区良田，解决干旱问题。这是治水患的关键环节，也是都江堰工程的第一步。李冰父子邀集了许多有治水经验的农民，对地形和水情作了实地勘察，决心凿穿玉垒山引水。由于当时还未发明火药，李冰便以火烧石，使岩石爆裂，终于在玉垒山凿出了一个宽 20 米、高 40 米、长 80 米的山口。因其形状酷似瓶口，故取名"宝瓶口"，把开凿玉垒山分离的石堆叫"离堆"。宝瓶口起"节制闸"作用，是控制内江进水的咽喉，能自动控制内江进水量。

2. 鱼嘴分水堤工程。宝瓶口引水工程完成后，虽然起到了分流和灌溉的作用，但因江东地势较高，江水难以流入宝瓶口。为使岷江水能够顺利东流且保持一定的流量，充分发挥宝瓶口的分洪和灌溉作用，李冰决定在岷江中修筑分水堰，将江水分为两支：一支顺江而下，另一支被迫流入宝瓶口。由于分水堰前端的形状好像一条鱼的头部，所以被称为"鱼嘴"。鱼嘴的建成将上游奔流的江水一分为二：西边称为外江，它沿岷江河雨顺流而下；东边称为内江，它流入宝瓶口。由于内江窄而深，外江宽而浅，这样枯水季节水位较低，则 60% 的江水流入河床低的内江，保证了成都平原的生产生活用水；而当洪水来临，由于水位较高，于是大部分江水从江面较宽的外江排走，这种自动分配内外江水量的设计就是所谓的"四六分水"。

3. 飞沙堰溢洪排沙工程。为了进一步控制流入宝瓶口的水量，起到分洪和减灾的作用，防止灌溉区水量忽大忽小、不能保持稳定的情况，李冰又在鱼嘴分水堤的尾部，靠着宝瓶口的地方，修建了分洪用的平水槽和"飞沙堰"溢洪道，以保证内江无灾害。溢洪道前修有弯道，江水形成环流，江水超过堰顶时洪水中夹带的泥石便流入到外江，这样便不会淤塞内江和宝瓶口水道，故取名"飞沙堰"。当内江水位过高的时候，洪水就经由平水槽漫过飞沙堰流入外江，使得进入宝瓶口的水量不致太大，保障内江灌溉区免遭水灾。同时，漫过飞沙堰流入外江的水流产生了漩涡，由于离心作用，泥沙甚至是巨石都会被抛过飞沙堰，因此还可以有效地减少泥沙在宝瓶口周围的沉积。

都江堰水利工程充分利用当地地理条件，根据江河出山口处的特殊地形、水脉、水势，因势利导，无坝引水，自流灌溉，使堤防、分水、泄洪、排沙、控流相互依存，共为体系，保证了防洪、灌溉、水运和社会用水综合效益的充分发挥。因此，都江堰是科学、完整、极富发展潜力的庞大水利工程体系，是巧夺天工、造福当代、惠泽未来的水利工程。都江堰水利工程建堰 2250 多年来经久不衰，至今仍发挥着重要作用。2000 年，都江堰水利工程被联合国教科文组织列入"世界文化遗产"名录；2018 年，国际灌排委员会将其列为"世界灌溉工程遗产"名录。

（一）工程的含义

工程是人类利用各种要素进行的各种创造性的造物活动。人类自产生之日起，从制造最简单的砍凿器，一直到现代社会像"探月工程"这样复杂的巨大工程活动，工程活动本身就是人类社会发展的过程。工程有广义和狭义之分。广义的工程，泛指一切需要投入巨大人力和物力的工作、工事等，可分为自然工程和社会工程。自然工程，是指"综合应用基础科学、技术科学的知识使自然资源最佳地为人类服务而发展起来的专门研究领域，是相对于基础科学、技术科学的另一个层次，其任务是改造自然界并取得实际的结果"[1]。自然工程包括土木建筑、农田水利、机械制造等具体活动内容。社会工程，是自然工程理论与实践套用于社会领域而产生的结果，也是人类创造性的造物活动，只不过所造的非自然之物，而是精神产品，如"传统文化研究成果出版工程""精准扶贫工程""思政育人工程"等等。

现代意义上的工程，一般仅指狭义的工程。狭义的工程一般被理解为自然工程，是"有目的、有组织地改造世界的活动"[2]。其中的"世界"指的是自然世界，即自然界；"有目的"强调的是人类改造自然界的主动性、创造性；"有组织"强调的是工程活动的规模化、复杂性与综合性；"改造"则突出工程活动的应用性与实践性。

（二）工程的特点

1. 工程具有科学技术性

工程是"把数学和科学技术知识应用于规划、研制加工、试验和创制人工系统的活动和结果，有时又指关于这种活动的专门学科"[3]。工程活动是以科学理论为依托，借助专业技术实现的生产活动，技术因素贯穿于工程活动的始终。没有科学、技术也就不会产生工程活动，更不会产生自然界与人类社会新创造的物。工程活动始终受科技发展内在规律的制约，科学与技术在支撑、引领工程活动发展的同时，也指引着工程活动发展的方向、深度与广度。工程要注重科学性，要遵照科学规律。科学规律规范了工程活动的限度和可能追求的目标，并能渗透到工程理念、工程分析、工程决策、工程设计、工程构建、工程运行以及工程评价等各个环节之中，在很大程度上决定着工程的成败与效率。

2. 工程具有极强的目的性

工程是人类利用各种要素进行的各种创造性造物活动。工程活动以造物为核心，工程活动改造的对象可以是原始的自然物，也可以是已经改造的东西，并在此基础上形成新的再造物。因此，在造物过程中，工程必须严格按照社会设定的目标，利用科学知识去寻找和构思设计方案，并正确实施工程方案。在工程策划阶段，要进行工程活动的可行性研究、规划、设计、调查、勘测、试生产等具体前期工作；在工程实施阶段，要进行施工、制造等具体工程生产活动；在工程使用阶段，要对工程活动成品使用、跟踪监测和维修。

3. 工程具有高度的集成性

工程的本质可以被理解为各种工程要素的集成过程、集成方式和集成模式的统一。工程作为一种创造性活动，既不是单纯的科学应用，也不是相关技术的简单堆砌和剪贴拼凑，而是综合利用了科学知识、经验技能、人、财、物等各种资源，是对科学、技术、经济、管理、社会、文化、环境等众多要素的集成、选择和优化。因此，工程的高度集成性要求工程师在工程活动中必须考虑经济、科技、政治、文化等各个因素的影响，要建立全新工程理念，提出技术先进、经济合理、社会适宜，富有创新性的较优方案，以解决复杂工程问题。

---

[1] 中国科学院语言研究所词典编辑室：《现代汉语词典》（增补本），外语教学与研究出版社2001年版，第664页。

[2] 王学文：《工程导论》，电子工业出版社2012年版，第7页。

[3] 于光远：《自然辩证法百科全书》，中国大百科全书出版社1995年版，第455页。

4. 工程具有利益攸关性

工程是造物的活动,这种造物活动具有社会性,不仅汇聚了科学技术和经济、政治、法律、文化、环境等多种要素,还吸收了参与工程活动的不同利益攸关者,如工程项目的投资方,工程实施的承担者、组织者、设计者、施工者,产品的使用者等,这些利益攸关者是有组织、有结构、分层次的群体。工程活动在策划、实施过程中,必须考虑到这些参与者的利益诉求,公正合理地分配工程活动带来的利益、风险和代价;尽可能地处理好工程活动中各种不确定因素和相互矛盾的要求。只有进行系统的综合平衡,才能最大限度地满足社会需要,取得满意的社会效益和经济效益。

5. 工程具有经济效益性

一切工程活动都是为了增进社会利益,满足社会的某种目的。工程活动作为人类社会不同历史时期的一项重要经济活动,必须遵循经济规律。对于一个成功的工程项目来说,不但在技术上是先进的和可行的,在经济上也应当是高效益的,即要求工程方案的成本最低、效益最大。因此,工程师要争取经济竞争的主动权,否则工程活动将无法进行下去。但工程活动在追求经济性的同时,一定要谨记工程的高度集成性,要充分考虑工程活动所涉及的社会、文化、环境等其他要素,选择较优方案,在取得预定的经济效益同时,最大限度地实现社会效益。

(三)工程与相关概念的区分

1. 工程与生产

生产是"以一定生产关系联系起来的人们利用生产工具改变劳动对象以适合自己需要的过程,是人类社会存在和发展的基础"[1]。工程是"人类的一项创造性的实践活动,是人类为了改善自身生存条件、生活条件,并根据当时对自然规律的认识,而进行的一项物化劳动,它应早于科学,并成为科学诞生的一个源头"[2]。工程是生产活动的必然组成部分,并以生产活动体现出来,但二者仍存在一定的区别,主要体现在以下几个方面:

(1)工程活动具有明显的创造性,生产活动具有典型的重复性。创造性,也称为"创造力",一般被理解为社会个体产生新奇独特的、有社会价值的产品的能力或特性。创造性活动既有科学创造活动,又有技术创造和艺术创造活动,还有其他方面的创造活动。对于工程活动来讲,其创造性主要体现为工程活动过程中的科学、技术性创造,有发明与发现两种表现形式。因此,工程就是"将自然科学的原理应用到工农业生产中去而形成的各学科的总称。这些学科是应用科学、物理学、化学、生物学等基础科学的原理,结合在科学试验及生产实践中所积累的技术经验而发展出来的。其目的在于利用和改造自然为人类服务,如土木建筑工程、水利工程、生物工程等"[3]。生产尤其是社会化大生产,其最大的特点就是效率高,而提高效率的关键是要将生产工艺与流程固定化,以便重复进行生产活动。生产活动的重复性是为了尽快生产出大批量产品。重复性生产需要将产品系列进行组织设计,将生产过程和生产管理简单化,生产线生产能力与工艺路线固定,以利于重复性生产。这样生产原材料可以按照固定的节拍迅速地通过各道生产工序运行,多种产品

[1]《辞海》,上海辞书出版社1980年版,第1727页。

[2] 殷瑞钰、汪应洛、李伯聪:《工程哲学》,高等教育出版社1997年版,第1页。

[3]《辞海》,上海辞书出版社1999年版,第535页。

可以成批重复性生产，大大提高了生产效率。但值得注意的是，高效率重复性生产过程会在一定程度上泯没创造性。

（2）工程活动具有完整性，生产活动更多体现为阶段性。工程活动的基本内容是运筹、决策、操作、制度运行、管理等，进行工程活动的基本社会角色是企业家、工程师和工人，工程活动的基本单位是项目或生产流程，项目又是由一系列的工序或单元操作组成的。大体上，工程活动包括策划、实施和使用三个阶段。工程策划阶段主要内容包括可行性研究、规划、设计、调查、勘测、试生产等一系列前期工作；工程实施阶段是工程活动主体，主要内容包括施工、制造等；工程使用阶段是工程活动的继续，主要内容是对工程形成物的使用、跟踪监测和维修。从工程活动三阶段内容可以看出，仅工程实施阶段体现为生产活动，但生产活动又离不开工程策划与使用环节。因此，生产是工程的阶段性活动内容，工程是生产活动的必然组成部分，并以生产活动的形式体现出来。

（3）工程活动具有技术等多种因素集成的复杂性，生产活动更显技术应用的单纯性。工程活动本身是技术因素贯穿于始终的实践活动，现代工程更是以工程链形式呈现出高度集成化，科学、技术、人文、社会、经济、管理、伦理、道德和法律等内容无不包容在内。因此，工程活动具有技术等多种因素集成的高度复杂性，这就不能仅仅将工程抽象地看作人与自然、社会之间简单的征服与被征服、攫取与供给的关系。生产活动往往仅考虑技术的单纯应用问题，为了提高技术应用效率，通常会将不同的技术作环节切割，使技术单纯，现代工业的流水线作业就是技术应用单纯性的集中表现。

2. 工程与科学、技术

工程活动虽是一项技术因素贯穿于始终的实践活动，但"我们不但不应和不能把科学与技术混为一谈，而且我们也不应和不能把技术和工程混为一谈。我们应该承认科学、技术与工程是各有其特殊的本质或本性的""承认科学、技术与工程是三个不同的对象和三类不同的活动，深刻认识辨析科学、技术与工程三者各有其特殊的本性和本质，这是具有重要的理论意义与现实意义的，我们应该在承认三者存在着本质区别的前提下认识和把握科学、技术与工程三者之间的相互联系、互动关系和转化过程才对"。[1]

科学是关于探索自然、社会规律的学问，是关于自然界、社会和思维的知识体系的总称。科学是以客观事实的观察为基础，探寻现象背后的原因，揭示现象发生或变化的内在规律。科学是一个建立在可检验的解释和对客观事物的形式、组织等进行预测的有序知识系统。科学的专业从业者一般被称为科学家。科学包括自然科学与社会科学两大类。一般意义上的科学经常是指自然科学，与工程、技术相关的科学大多也是自然科学，但随着现代工程活动的高度集成化发展，技术、工程活动与社会科学的结合也越来越紧密了。

从广义角度来说，技术是指所有能带来经济效益的科学知识，即技术的本质是科学知识。具体来讲，技术是关于某一领域有效的科学（理论和研究方法）的全部，以及在该领域为实现公共或个体目标而解决设计问题的规则全部。可见，技术是为解决具体实际问题而对可行性方法、技巧或机器的发明。社会公众一般将从事技术开发的从业者称为发明家。从权利保护角度来说，世界知识产权组织在1977年版的《供发展中国家使用的许可证贸易手册》中，将技术定义为"是制造一种产品的系统知识，所采用的一种工艺或提供

---

[1] 李伯聪：《工程哲学引论——我造物故我在》，大象出版社2002年版，第4页。

的一项服务，不论这种知识是否反映在一项发明、一项外形设计、一项实用新型或者一种植物新品种，或者反映在技术情报或技能中，或者反映在专家为设计、安装、开办或维修一个工厂或为管理一个工商业企业或其活动而提供的服务或协助等方面"。工程活动本身是一项技术因素贯穿于始终的实践活动，现代工程活动更具高科技化、智能化和技术高度集成化等特点，如交通、建筑、采矿、机械等传统工程领域的高科技元素渗透越来越深入；生物工程、环境工程、智能工程等全新工程领域更是以高科技、智能化技术为支撑并引领发展的。现代工程活动对技术应用具有高度依赖性，如汽车制造不仅需要巨大且复杂的制造技术支撑，还需要复杂的公路、街道、高速公路、加油站、保养厂和废弃物等技术与设备支持，因此工程活动体现出技术应用的高度集成化。

工程活动是以科学理论为依托，借助专业技术实现的生产活动。工程活动的目的在于使自然界的物质和能源特性能够通过各种结构、机器、产品、系统和过程，以最短时间和最少的人力、物力作出高效、可靠且对人类有用的东西。工程对物的创造，是以数学、物理学、化学，以及由此产生的材料科学、固体力学、流体力学、热力学、输运过程和系统分析等科学知识为基础的，是技术因素贯穿于始终的实践活动。可以说，没有科学、技术也就不会产生工程活动，更不会产生自然界与人类社会新创造的物。

总之，简单讲科学活动以发现为核心，技术活动以发明为核心，工程活动以造物为核心。科学、技术与工程三者虽有不同，各有侧重点，却又是无法分割、紧密联系的。

二、工程师

从事工程活动的人员一般包括工程师、工人等。自人类社会产生之日起，工程活动就日渐活跃起来，并逐渐成为人类重要的生产活动。古代工程活动的从业者没有固定人员或称谓，或是农民，或是工匠等手工业者，并不存在职业工人。职业工程师的出现和形成，是近现代社会经济发展、工程活动规模扩大、科学技术进步、社会分工细密的结果。目前，对于工程师还没有准确定位，实践中一般将工程师定义为，拥有科学知识和应用技巧，在人类改造物质自然界，建造人工自然的全部实践活动和过程中从事研发、设计与生产施工活动的主体。我国在职业分类中将工程师定义为工程技术人员，是"从事矿物勘探和开采，产品开发和设计、制造、建筑、交通、通信及其他工程规划、设计、施工等的技术人员"[1]。

※美国全国职业工程师协会（NSPE）伦理章程[2]

序言

工程是一个重要的和学术性的职业。作为本职业的从业人员，工程师被赋予了展现高标准的诚实和正直的期望。工程对所有人的生活质量有直接的和重大的影响。因此，工程师提供的服务需要诚实、公平、公正、和平等，必须致力于保护公众的健康、安全和福祉。工程师必须按职业行为标准履行其职责，这就要求他们遵守高标准的伦理行为的原则。

---

[1] 国家职业分类大典修订工作委员会编：《中华人民共和国职业分类大典》，中国劳动社会保障出版社、中国人事出版社2015年版，第18页。

[2] 顾剑、顾祥林：《工程伦理学》，同济大学出版社2015年版，第220～224页。

Ⅰ. 基本准则

在履行其职责的过程中，工程师应该：

1. 将公众的安全、健康和福祉置于首位。

2. 仅在他们有能力胜任的领域内从事工作。

3. 仅以客观的和诚实的方式发表公开声明。

4. 作为忠诚的代理人和受托人为雇主和客户从事职业事务。

5. 避免发生欺骗性的行为。

6. 体面地、负责地、有道德地以及合法地从事职业行为，以提高职业的荣誉、声誉和效用。

Ⅱ. 实践规则

1. 工程师应将公众安全、健康和福祉放在首位。

a. 在危及生命和财产的情况下，如果工程师的判断遭到了否定，那么他们应向雇主或客户以及其他任何相关的机构通报情况。

b. 工程师应仅批准那些符合适用标准的工程文件。

c. 除了法律或本章程授权或要求的外，在没有得到客户或雇主事先同意的情况下，工程师不应泄露所获得的实情、数据或信息。

d. 工程师不应与任何他们认为在从事欺骗性或不诚实事务的个人或公司合作，也不应允许在这样的合作中使用他们的姓名。

e. 工程师不应协助或唆使任何个人或公司从事非法的工程项目。

f. 当知道任何宣称的违反本章程的情况时，工程师应立即向相关的职业机构报告，相应地，也要向公共机构报告，并协助有关机构弄清这些信息或提供所需的协助。

2. 工程师应仅在其有能力胜任的领域内从事职业服务。

a. 在特定技术领域内，仅当工程师的教育经历或经验背景使其具备了相应的资质时，才应承担分派的任务。

b. 在自己缺乏资质的领域，或不在自己指导和管理之下编制的计划书或文件，工程师不应签字或盖章。

c. 工程师可接受任务指派和承担整个项目的协调责任，并签署和批准整个项目的工程文件，前提是该项目的每一个技术部分均由具备资质的工程师编制和签字。

3. 工程师应以客观的和诚实方式发表公开声明。

a. 工程师在专业报告、陈述或证词中应保持客观和诚实。在专业报告、陈述和证词中，应该包含所有相关的和恰当的信息。

b. 只有当其观点建立在对事实充分认识的基础之上，并且该问题在其专业知识范围之内时，工程师才可以公开地表达他的专业技术观点。

c. 在由有关利益方发起或付费的事项中，工程师不应发表技术方面的声明、批评或论证，除非在发表自己的意见前，他们明确地表明自己所代表的相关当事人的身份，并且揭示在其中可能存在的利益关系。

4. 工程师应做雇主或客户的忠实代理人或受托人。

a. 工程师应公开所有可能或可能会影响他们判断或所提供服务质量的已知的或潜在的利益冲突。

b. 工程师不应在同一项目服务中接受任何超过一方的报酬，或者重复接受有关同一项目服务的报酬，除非已向所有相关各方完全公开，并征得他们的同意。

c. 对于由自己负责的工作，工程师不应向承担者直接地或间接地索求、接受金钱或其他有价之物。

d. 在其作为成员、顾问以及政府或准政府机构或部门雇员的公共服务中，工程师不应参与由他们自己或其组织在个人或公共工程事务中提供的与服务有关的决策。

e. 如果工程师所在组织的成员在政府机构中担任负责人或官员，那么工程师不应索求或接受来自该政府机构的合同。

5. 工程师应避免发生欺骗性的行为。

a. 工程师不应伪造他们的职业资格，也不应允许对自己、同事的职业资格作出错误的表述。他们不应伪造或夸大他们以前对某项事务负责的情况。在用于自荐就业的小册子或其他介绍材料中，不应虚假地叙述有关事实，如关于雇主、雇员、同事、合作方的情况或过去的业绩。

b. 工程师不应直接地或间接地提供、给予、索取或收受任何影响公共机构授予合同的捐赠，或者被公众理解成具有影响授予合同意图的捐赠。他们不应为了确保获得或保住工作而提供任何礼品或其他报酬。他们不应为了确保获得或保住工作而提供佣金、折扣或回扣，除非对真诚的雇员或在他们提议下建立起来的贸易或营销代理商。

Ⅲ.职业责任

1. 当处理与各方的关系时，工程师应以诚实的和正直的最高标准作为指导原则。

a. 工程师应承认他们的错误，而不应歪曲或篡改事实。

b. 当他们认为某一项目不会成功时，工程师应向其客户或雇主提出建议。

c. 工程师不应接受那些可能会损害他们的日常工作或利益的外在的雇佣。在接受任何外在的工程雇佣之前，他们应告知他们的雇主。

d. 工程师不应该企图通过虚假或误导的理由来吸引属于另一名雇主的工程师。

e. 工程师不应以损害职业荣誉和正直为代价来谋求他们自己的利益。

2. 工程师应始终努力地服务于公众利益。

a. 工程师应寻求机会参加社区事务，为年轻人提供就业指导，并为提高他们社区的安全、健康和福祉而工作。

b. 对不符合工程应用标准的计划书和/或说明书，工程师不应加以完售、签字或盖章。如果客户或雇主坚持这类非职业性的行为，那么他们应通知相关的机构，并中止为该项目提供进一步的服务。

c. 工程师应努力扩展公共知识，并正确评价工程及其成果。

3. 工程师应避免所有欺骗公众的行为。

a. 工程师应避免使用包含歪曲事实或断章取义的陈述。

b. 在符合以上条款的情况下，工程师可刊登招聘雇员的广告。

c. 在符合以上条款的情况下，工程师可为非专业或技术出版物提供论文，但这类论文不应包含把他人的工作置于自己名下的内容。

4. 未经现在的或先前的客户或雇主或他们服务过的公共部门的同意，工程师不应泄露任何涉及他们的商业事务或技术工艺的秘密信息。

a. 在没有得到所有相关利益方同意的情况下受雇于他人的工程师不应提出晋职的要求或工作安排，或者将其工作的安排作为一种资本，或者参与某项与其获得特殊的和专门化的知识相关的项目。

b. 在没有得到所有相关利益方同意的情况下，工程师不应当参与或代表与竞争对手的利益相关的特殊的项目或活动，在此项目或活动中，涉及从以前的客户或雇主那里获得的专门化的知识。

5. 工程师在履行其职业责任的过程中不应受到利益冲突的影响。

a. 在指定材料或设备的过程中，工程师不应该接受来自材料商或设备商的经济或其他报酬，包括丰厚的工程设计。

b. 无论是直接地还是间接地，工程师不应该受来自承包商或其他涉及客户或雇主的当事人的佣金或津贴。

6. 工程师不应试图通过虚假批评其他工程师，或通过其他不恰当或可疑的方法，获得雇用、提升或职业合作的机会。

a. 在其判断可能受到影响的情况下，工程师不应要求、提出或接受佣金。

b. 只有在符合雇主的政策和道德要求的情况下，工程师才能在自己领取薪水的本职工作外接受兼职的工程任务。

c. 未经同意，工程师不应利用雇主的设备、原材料、实验室或办公设备从事公司外的私人业务。

7. 工程师不应恶意地或欺诈性地，直接或间接地损害其他工程师的职业声誉、前途、实践或职业。当确信他人有不符合道德或不合法的行为时，工程师应该向有关机构提供这类信息。

a. 个体从业的工程师不应核查同一客户下的另一工程师的工作，除非他具备后者所具有的知识，或者后者与工作的联系已经终止。

b. 政府、产业或教育机构中的工程师，依据他们的职责要求，有资格检查和评估其他工程师的工作。

c. 就样品与其他供应商提供的样品，在营销或产业结构中的工程师有权对它们进行工程上的比较。

8. 工程师应为他们的职业行为承担个人责任，然而，除了整体疏忽外，工程师可依据他们所提供的服务寻求补偿，否则工程师的利益将得不到保护。

a. 在工程实践中，工程师应遵守州工程注册方面的法律。

b. 工程师不应利用非工程师、公司或合作者来为自己的不符合伦理的行为作"掩护"。

9. 工程师应根据对工程工作的贡献将荣誉给那些应得者，且要承认他人的所有权权益。

a. 无论何时，工程师应给予有关人员以相应的名誉，他们可能是单独地负责设计、发明、写作或作出其他贡献的人。

b. 当使用由客户提供的设计方案时，工程师要承认客户对设计的所有权，未经同意，不得为他人复制这些设计方案。

c. 在开始接手其他人的工作之前，对于他人在相关项目中可能作出的改进、规划、设计、发明或其他也许有正当理由获得版权或专利的成果，工程师应首先就其所有权达成明确的协议。

d. 对属于雇主的工作，工程师所做的设计、数据、记录和笔记均为雇主所有。如果雇主在最初的用途之外使用它们，那么就应该向工程师提供补偿。

e. 通过参与专业实践、参加继续教育课程、阅读技术文献、参加专业会议和研讨会等方式，工程师应在他们的职业生涯中不断取得职业发展，保持自己在本专业领域内的前沿状态。

（一）职业

1. 职业概念

"职业是指从业人员为获取主要生活来源所从事的社会工作类别。"[1] 职业也是社会主体参与社会分工，用专业技能和知识创造物质、精神财富，获取合理报酬，丰富物质或精神生活的一项工作。"职业包含三个基本要素，一是职业责任，即每一种职业都包含一定的社会责任，必须承担一定的社会任务。职责只与人的职业生活相联系，不与人的其他社会生活相关。二是职业权利，即每一种职业人员都享有一定的职业权利。也就是说，只有从事这种职业的人，才具有这种权利。职权无论大小，都来自社会，是社会整体和公共权力的一部分。三是职业利益，每种职业都要体现和处理一定的利益关系，同时也是人们获取个人生活资料的主要来源。"[2]

职业在特定组织内通常表现为职位，生活中我们谈及某一具体职业时，其实也就是指某一类职位。每一个职位都对应一定的任务，作为任职者的岗位职责。要完成特定的岗位任务，就需要这个岗位上的人，即从事这个工作的人，而这个人必须具备符合职业需求的知识、技能和态度等。因此，从社会角度看，职业是劳动者获得的社会角色，劳动者为社会承担一定的义务和责任，并获得相应的报酬；从国民经济活动所需要的人力资源角度来看，职业是指不同性质、不同内容、不同形式、不同操作的专门劳动岗位。

2. 职业特征

"职业的显著特性在于，存在一个为社会正常运行所必不可少的行业，该行业的工作人员必须具备相当丰富的专业知识和十分娴熟的专业技能，这些知识和技能必须经过长期的专业学习才能获得。应当说明的是，某种工作是否可以称之为职业，主要在于人们是否普遍将从事该工作的人员与该工作联系在一起，而不在于该工作的职业人员具备了从事该工作的专门技能和知识。这种联系使得这些人员得以利用其专业知识和职权而获得一定的职业利益。"[3] 职业的基本特征可概括如下：

（1）职业具有社会性。职业是人类在劳动过程中的分工现象，体现的是劳动力与劳动资料之间的结合关系，其实也体现出了劳动者之间的关系。劳动产品的交换，体现的是不

[1] 国家职业分类大典修订工作委员会编：《中华人民共和国职业分类大典》，中国劳动社会保障出版社、中国人事出版社 2015 年版，第 12 页。

[2] 苏我华、顾世宽、侯波：《职业道德与职业规范、职业责任的关系》，载《天津行政学院学报》1999 年第 2 期。

[3] [美] 理查德·A. 波斯纳：《道德和法律理论的疑问》，苏力译，中国政法大学出版社 2001 年版，第 216 页、第 217 页。

同职业之间的劳动交换关系。这种在劳动过程中结成的人与人之间的关系是具有社会性的，他们之间的劳动交换，反映的是不同职业之间的等价关系，反映了职业活动、职业劳动成果的社会属性。

（2）职业具有规范性。职业的规范性包含两层含义：一是指职业具体工作任务操作的规范性；二是指职业伦理道德的规范性。不同职业在其劳动过程中都有一定的操作规范，这是保证职业活动的专业性要求。当不同职业在对外展现其服务时，还存在伦理道德范畴的规范性，即职业伦理道德要求。这两种规范性构成了职业规范的内涵与外延。

（3）职业具有功利性。职业的功利性，也称"职业的经济性"，体现了职业作为人们赖以谋生的方式与手段，所具有的逐利性。职业活动既能满足职业者的自身需要，同时也满足了社会需要，因此就具有个人功利性与社会功利性两种表现。只有把职业的个人功利性与社会功利性结合起来，职业活动及其职业生涯才具有生命力和意义。

（4）职业具有技术性和时代性。职业的技术性，是指不同职业活动对职业人员有不同的技术、技能要求。职业的时代性，是指职业由于科学技术、生活方式、习惯等因素变化，会体现出鲜明的时代特征。同一职业在不同的时代，其职业活动的内容、技术与技能要求也不一样。

3. 职业分类

"根据相关统计，社会中存在的行业多达一千八百余种，同属某类大行业的小行业很多都是只有细微的职业方向的差别。"[1]职业分类，是指按一定规则、标准及方法，按照职业的性质和特点，把一般特征和本质特征相同或相似的社会职业，分成并统一归纳到一定类别系统中去的过程。把性质相同的职业归为一类，有助于国家对职业人员进行分类管理，根据职业的不同特点和工作要求，采取不同的管理制度和管理方法，使管理更具针对性，更有效率。在职业分类的基础上，各个职业分别确定了具体工作责任，以及履行职责，完成工作所需的必备职业素质。职业分类有助于建立合理的职业结构和职业人员配制体系。职业分类中规定的各个职业岗位责任和职业人员从业条件，不仅是职业考核的基础，同时也是职业培训的重要依据。

职业分类，一般是以工作性质的同一性为基本原则，对社会职业进行的系统划分与归类。所谓工作性质，即一种职业区别于另一种职业的根本属性，一般通过职业活动对象、领域、方式等予以体现。我国《劳动法》第69条规定，"国家确定职业分类，对规定的职业制定职业技能标准，实行职业资格证书制度，由经过政府批准的考核鉴定机构负责对劳动者实施职业技能考核鉴定"。根据相关法律规定要求和社会经济发展需要，1995年劳动和社会保障部、国家统计局和国家质量技术监督局联合中央各部委，共同成立了国家职业分类大典和职业资格工作委员会，组织社会各界上千名专家，经过四年的艰苦努力，于1998年12月编制完成了《中华人民共和国职业分类大典》[2]。此后，有关部门又在2005年、2006年和2007年，分三次对《职业分类大典》进行了增补。2015年，由人力资源和社会保障部牵头，会同国家统计局、国家质量监督检验检疫总局有关负责人，成立

---

[1] 李学亮：《非道德性：现代法律职业伦理的困境》，载《中国法学》2010年第1期。

[2] 以下简称为《职业分类大典》，在没有特指的情况下即为2015年版《中华人民共和国职业分类大典》。

了国家职业分类大典修订工作委员会，对《职业分类大典》进行了大幅度修订。2015 年版《职业分类大典》从我国经济社会发展现状出发，充分考虑各行业、各部门工作性质、技术特点的异同，全面、客观、如实、准确地反映了当前社会职业发展的实际状况；遵循职业发展规律，研究理论和方法，参照国际标准，借鉴国际先进经验，充分考虑转型期社会分工的特点。将职业分类原则由"工作性质同一性"，调整为以"工作性质相似性为主、技能水平相似性为辅"为原则。"工作性质同一性"侧重体现传统社会职业本原；"工作性质相似性"则反映现代社会分工的复合性，更好地体现了复杂职业活动总体与部分的关系。依据"技能水平"的差异进行职业分类，增加职业考察维度，提高了分类结果的合理性，有利于淡化职业的"身份"界限，促进从业者职业能力的发展。

《职业分类大典》将我国的职业分为大类、中类、小类和细类四个等级层次。大类是职业分类结构中的最高层次。大类的划分和归类，是根据工作性质的同一性进行的，并考虑我国政治制度、管理体制、科技水平和产业结构现状与发展等要素。《职业分类大典》共分八个大类，分别是第一大类：国家机关、党群组织、企业、事业单位负责人；第二大类：专业技术人员；第三大类：办事人员和有关人员；第四大类：商业、服务业人员；第五大类：农、林、牧、渔、水利业生产人员；第六大类：生产、运输设备操作人员及有关人员；第七大类：军人；第八大类：不便分类的其他从业人员。2015 年版《职业分类大典》对我国职业的大类划分与 1998 年版一致，没作改变。中类是大类的子类，是对大类的分解。中类的划分和归类，是根据职业活动所涉及的知识领域、使用的工具和设备、采用的技术和方法，以及提供产品和服务种类的同一性进行的。其中，我国第七、第八大类与其内含的中类、小类、细类名称相同，因此不再作细分。小类是中类的子类，是对中类的分解。小类的划分和归类，是根据从业人员的工作环境、工作条件和技术性质等的同一性进行的。第一大类的小类，是以职责范围和工作业务的同一性，进行的划分和归类；第二大类的小类，是以工作或研究领域、专业的同一性，进行的划分和归类；第三和第四大类的小类，是以所办理事务的同一性和所从事服务项目的同一性，进行的划分和归类；第五和第六大类的小类，是以工作程序、工艺技术、操作对象以及生产产品的同一性，进行的划分和归类。细类是《职业分类大典》中最基本的类别，细类就是具体职业。细类的划分和归类，是根据工艺技术、操作方法等的同一性进行的。第一大类的细类，主要是按照工作业务领域和所承担的职责划分和分类；第二大类的细类，主要是按照所从事工作的专业性与专门性划分和归类；第三和第四大类，主要是按照工作任务、内容的同一性或所提供服务的类别、服务同一性划分和归类；第五和第六大类的细类，主要是按照工艺技术性、使用工具设备的同一性，使用主要原材料的同一性，产品用途和服务的同一性，并按先后顺序划分和归类。

根据上述职业的分类原则与要求，我国《职业分类大典》（2015）对职业分类如下：

第一大类：国家机关、党群组织、企业、事业单位负责人，包括 6 个中类，15 个小类，23 个细类；

第二大类：专业技术人员，包括 11 个中类，120 个小类，451 个细类；

第三大类：办事人员和有关人员，包括 3 个中类，9 个小类，25 个细类；

第四大类：商业、服务业人员，包括 15 个中类，93 个小类，278 个细类；

第五大类：农、林、牧、渔、水利业生产人员，包括 6 个中类，24 个小类，52 个细类；

第六大类：生产、运输设备操作人员及有关人员，包括 32 个中类，171 个小类，650 个细类；

第七大类：军人，包括 1 个中类，1 个小类，1 个细类；

第八大类：不便分类的其他从业人员，包括 1 个中类，1 个小类，1 个细类。

以上总计为 8 个大类、75 个中类、434 个小类、1481 个细类（职业），并列出了 2670 个工种[1]，其中标注了 127 个绿色职业[2]。

（二）工程师

1. 工程师的概念

西方"工程师"一词最早是从拉丁文中派生出来的，被用来称呼破城槌、抛石机和其他军事器械的制造者。1828 年《韦伯斯特英语词典》中对"工程师"的解释为，"工程师是有数学和机械技能的人，他形成进攻或防御的工事计划和画出防御阵地"。也就是说，西方对工程师的表述最早仅指军事工程师。1760 年，英国爱迪斯顿灯塔的设计者约翰·斯米顿第一次称自己为"民用工程师"。约翰·斯米顿确立了工程师的正确定位，使之与传统的"军事工程师"，以及石匠、木匠、铁匠等工人相区别，因此约翰·斯米顿被认为是"民用工程师之父"。此后，"工程师"称谓被广泛应用于各种工程领域，如工业革命时期蒸汽机的操作者就被称为工程师。1818 年，民用工程师学会在英国成立，标志着现代意义上的工程师职业出现了。该学会将工程师定义为"驾驭天然力源、供给人类应用与便利之术"。

我国古代一般将从事工程活动的从业者称为工匠，属于手工业者范畴，在古代文献中，也找不到一个恰当的词语与现代"工程师"职业相匹配。在中国，现代意义上的工程师是洋务运动时期出现的。在这一时期，出现了煤矿开采建造铁路等活动，制造局、造纸厂等工厂也相继出现，与之伴随而来的是从事这些工业活动的工程人才。1905 年，我国著名近代工程师詹天佑等主持修建了由中国工程人员自己建造的京张铁路工程，同时培养了一批工程技术人员，逐渐形成了工程师群体，他们自称为"工程师"。中华人民共和国成立后，伴随着经济建设快速发展，工程活动日益活跃，工程师的数量也在不断扩大。目前，"我国是世界公认的人力资源大国，我国科技人力资源超过 8000 万人，全时研发人员总量 380 万人，居世界首位，工程师数量占全世界的四分之一，每年培养的工程师相当于美国、欧洲、日本和印度的总和。这是我国举世难得的战略资源"[3]。

当前，对于工程师仍没有统一、确定的概念，实践中一般将工程师概括为拥有科学知

---

[1] 工种是将职业按不同需要或要求进行的具体划分，是根据劳动管理需要，按照生产劳动的性质、工艺技术的特征或服务活动的特点而划分的工作种类，一个职业包括一个或几个工种。职业与工种之间是包含与被包含关系。

[2] 2015 年修订《职业分类大典》，为体现人类生产生活与环境的可持续发展，推动绿色职业发展，促进绿色就业，首次将部分社会认知度较高、具有显著绿色特征的职业标为绿色职业，并统一以"绿色职业"的汉语拼音首字母"L"标识。绿色职业活动主要包括监测、保护与治理、美化生态环境，生产太阳能、风能、生物质能等新能源，提供大运量、高效率交通运力，回收与利用废弃物等领域的生产活动，以及与关的以科学研究、技术研发、设计规划等方式提供服务的社会活动。

[3] 刘延东：《实施创新驱动发展战略　为建设世界科技强国而努力奋斗》，载《科协论坛》2017 年第 3 期。

识和应用技巧，在人类改造物质自然界，建造人工自然的全部实践活动和过程中从事研发、设计与生产施工活动的主体。我国《职业分类大典》（2015）中也没将工程师确定为具体职业，而是以"工程技术人员"代之，规定"工程技术人员是从事矿物勘探和开采，产品开发和设计、制造，建筑、交通、通信及其他工程规划、设计、施工等的技术人员"。笔者认为可将其确定为我国当前的工程师概念。

我国《职业分类大典》（2015）第二大类（专业技术人员）中的第二个中类（2-02 工程技术人员）包括 38 个小类，即地质勘探工程技术人员，测绘和地理信息工程技术人员，矿山工程技术人员，石油天然气工程技术人员，冶金工程技术人员，化工工程技术人员，机械工程技术人员，航空工程技术人员，电子工程技术人员，信息和通信工程技术人员，电气工程技术人员，电力工程技术人员，邮政和快递工程技术人员，广播电影电视及演艺设备工程技术人员，道路和水上运输工程技术人员，民用航空工程技术人员，铁道工程技术人员，建筑工程技术人员，建材工程技术人员，林业工程技术人员，水利工程技术人员，海洋工程技术人员，纺织服装工程技术人员，食品工程技术人员，气象工程技术人员，地震工程技术人员，环境保护工程技术人员，安全工程技术人员，标准化、计量、质量和认证认可工程技术人员，管理（工业）工程技术人员，检验检疫工程技术人员，制药工程技术人员，印刷复制工程技术人员，工业（产品）设计工程技术人员，康复辅具工程技术人员，轻工工程技术人员，土地整治工程技术人员和其他工程技术人员。

每一种小类又进行了细类（职业）划分，共 85 个细类（职业），如其中规定(2-02-07)机械工程技术人员是从事机械设计与制造，仪器仪表设计、制造和设备管理的工程技术人员，具体包括机械设计工程技术人员、机械制造工程技术人员、仪器仪表工程技术人员、设备工程技术人员、医学设备管理工程技术人员、模具设计工程技术人员、自动控制工程技术人员、材料成形与改性工程技术人员、焊接工程技术人员、特种设备管理和应用工程技术人员、汽车工程技术人员和船舶工程技术人员等职业。(2-02-07-01) 机械设计工程技术人员是从事机械设计技术方法研究、产品和工厂设计、产品性能测试、设计流程管理的工程技术人员。主要工作任务包括研究、应用机械产品设计的方法与技术；分析机械产品动静态性能，研究、开发和设计机械零部件、流体传动与控制系统、机电一体化系统、机械工程成套设备等；制订机械产品性能测定方案与规范，确定检测技术参数并进行测试与试验；管理机械产品设计流程；进行新建、改建机械工厂的可行性研究、总体设计与规划，制订施工设计方案；制订机械产品设计标准和规范等。

2. 工程师的职业特征

美国前总统赫伯特·胡佛曾是一名工程师，他曾对自己的职业做过如下描述："这是一门绝妙的职业。人们迷惑地注视着一个想象虚构的东西在科学的帮助下，变成跃然纸上的方案，然后用石头、金属和能源把它变成了现实，给人们带来了工作和住宅，提高了生活水准，使生活更加舒适，这就是工程师的至高荣誉。与从事其他职业的人们相比，工程师的责任更大，因为他的工作是公开的，谁都看得见。他的工作要一步一步地脚踏实地。他不能像医生那样把工作的失误埋葬在坟地里，他不能像律师那样靠巧言善辩或谴责法官来掩饰错误，他不能像建筑师那样靠种植树木花草来掩盖失败，他不能像政治家那样靠攻击对手来掩盖自己的缺点并希望公众忘掉它。工程师无法否认他所做过的事。一旦他的工作失败了，他将一辈子受到谴责。"[1] 可见，工程师是一门非常特殊的职业。学者一般将其与工人、科学家职业相比较，在职业的区别中探寻其职业特征。

（1）工程师与工人的区分。工程师是工程的设计者、技术指导者和技术管理者，因此工程师是白领知识劳动者，必须拥有专业性很强的工程知识才能够胜任；工人是工程活动的具体执行人，是实际操作者，因此工人是蓝领体力劳动者，需要较强的操作能力才能胜任。当然，随着现代工程科技含量日益增高，对工人的工程知识拥有量也逐渐提高，但其仍属于实际执行、操作的职业岗位。下面笔者遵循我国《职业分类大典》（2015）对工程师与工人同一行业的职业划分，希望通过表格对比形式，展现二者间实质性的区别，详见表 1-1。

表 1-1

职业大类	工程师：2（GBM 20000）专业技术人员	工人：6（GBM 60000）生产制造及有关人员
职业中类	2-02（GBM 20200）工程技术人员	6-29（GBM 62900）建筑施工人员
职业小类	2-02-18（GBM 20218）建筑工程技术人员	6-29-01（GBM 62901）房屋建筑施工人员
职业含义	从事城乡规划设计，建筑物、构筑物、公园、道路、桥梁、港口与航道、铁路、机场等建筑项目设计、建造及管理的工程技术人员	从事房屋主体工程施工的人员
职业范围	城乡规划工程技术人员 L、建筑和市政设计工程技术人员 L、土木建筑工程技术人员、风景园林工程技术人员 L、供水排水工程技术人员 L、工程勘察与岩土工程技术人员、城镇燃气供热工程技术人员 L、环境卫生工程技术人员 L、道路与桥梁工程技术人员	砌筑工、石工、混凝土工、钢筋工、架子工
具体职业（工种）	2-02-18-03 土木建筑工程技术人员	6-29-01-01 砌筑工（本职业包含但不限于下列工种：建筑瓦工、窑炉修筑工、船舶泥工）
具体职业含义	从事工业与民用建筑、市政基础设施等建造施工、监督管理的人员	使用专业工具，进行建筑物和构筑物块体砌筑、屋面挂瓦、块材饰面粘贴的人员
职业工作任务	1. 编制建设项目任务书、标书，组织工程招投标活动； 2. 编制和整理工程量清单、概算、预算和结算； 3. 编制工程施工技术文件，组织指导施工； 4. 管理施工进度，控制工程成本； 5. 编制质量专项方案，控制、检验评定工程质量； 6. 编制安全文明施工专项方案，管理施工安全； 7. 验收工程材料、设备； 8. 组织指导检验检测工程施工原材料、成品、半成品； 9. 收集整理工程施工技术资料	1. 使用专业工具，将砖、砌块砌筑成建筑或装饰砌体； 2. 使用专业工具，将预制体、装饰块（板材、瓦）等挂、铺、胶接在屋面、墙体及地面； 3. 使用专业工具，砌筑窑炉及构筑物； 4. 使用泥工工具、机械设备，进行船舶甲和潮湿舱室、锅炉内壁等防潮、隔热处理； 5. 自检、整改施工质量，填写质量记录

---

[1] 何放勋：《工程师伦理责任教育研究》，华中科技大学博士学位论文，2008 年。

通过表 1-1 对土木建筑工程领域的两种具体职业工程师（土木建筑工程技术人员）与工人（砌筑工）工作任务的对比，我们可以看出工程师在土木建筑工程活动中承担包括工程活动组织与管理、工程技术实施、工程质量控制等各种任务，这些任务贯穿于工程活动的全部；工人在土木建筑工程活动中仅承担使用专业工具，实施具体施工活动，并承担施工质量保证等任务。与职业的不同任务相适应，不同职业就需要不同的专业能力。对于工程师来讲，不仅需要其具备职业领域必需的工程技术开发与实施能力，还需要一定的工程组织和管理能力；对于工人来讲，仅需其具有职业领域必需的实践操作能力，并不需要其具备一定的技术开发与实施能力或组织管理能力。当然，如果一个人同时具备工程师与工人的两种不同职业能力，那就意味着其符合两种职业资格要求，就可以从事任何一种职业。

（2）工程师与科学家的区分。科学家和工程师虽都是知识劳动者，但二者存在不同之处。钱学森的老师冯·卡门教授曾说，"科学家研究已有的世界，工程师创造未有的世界"。科学家是对真实自然及未知生命、环境、现象及其相关现象统一性的客观数字化重现与认识、探索、实践的人。科学家认识与探索的对象包括自然界与人类社会，因此科学家根据认识对象的不同可分为自然科学家与社会科学家两类。对于与工程师进行职业对比的科学家应是自然科学家，而非社会科学家。自然科学家拥有的知识主要是数学、化学、物理等自然科学知识，探寻和认识的是自然界的一般规律。科学家应当具有求实、创新、怀疑、宽容等科学精神。工程是把数学和科学技术知识应用于规划、研制加工、试验和创制人工系统的活动和结果，有时又指关于这种活动的专门学科。工程活动是以科学理论为依托，借助专业技术实现的生产活动，因此工程师拥有的知识主要是工程知识，包括设计知识、工艺知识、研发和设备知识、生产加工知识、技术管理知识、安全生产知识、维修知识、质量控制知识、产品知识以及市场等相关社会知识。工程师的知识构成更倾向于知识的现实应用与技术的实际应用，因此工程师与科学家不同，对其能力要求更倾向于知识与技术的应用性。下面笔者遵循我国《职业分类大典》（2015）对工程师与科学家相近行业的职业划分，希望通过对比形式，展现二者间实质性的区分，详见表 1-2。

表 1-2

职业大类	工程师：2（GBM 20000）专业技术人员	科学家：2（GBM 20000）专业技术人员
职业中类	2-02（GBM 20200）工程技术人员	2-01（GBM 20100）科学研究人员
职业小类	2-02-18（GBM 20218）建筑工程技术人员	2-01-06（GBM 20113）自然科学和地球科学研究人员
职业含义	从事城乡规划设计，建筑物、构筑物、公园、道路、桥梁、港口与航道、铁路、机场等建筑项目设计、建造及管理的工程技术人员	从事数学、物理学、化学、天文学、生物学和地球科学理论与应用研究的专业人员
职业范围	城乡规划工程技术人员 L、建筑和市政设计工程技术人员 L、土木建筑工程技术人员、风景园林工程技术人员 L、供水排水工程技术人员 L、工程勘察与岩土工程技术人员、城镇燃气供热工程技术人员 L、环境卫生工程技术人员 L、道路与桥梁工程技术人员	数学研究人员 L、物理学研究人员、化学研究人员、天文学研究人员、生物学研究人员、地球科学研究人员

续表

具体职业	2-02-18-03 土木建筑工程技术人员	2-01-060-02 物理学研究人员
具体职业含义	从事工业与民用建筑、市政基础设施等建造施工、监督管理的人员	从事力、热、光、声、电磁、原子、分子、基本粒子等物理现象研究的专业人员
职业工作任务	1. 编制建设项目任务书、标书，组织工程招投标活动； 2. 编制和整理工程量清单、概算、预算和结算； 3. 编制工程施工技术文件，组织指导施工； 4. 管理施工进度，控制工程成本； 5. 编制质量专项方案，控制、检验评定工程质量； 6. 编制安全文明施工专项方案，管理施工安全； 7. 验收工程材料、设备； 8. 组织指导检验检测工程施工原材料、成品、半成品； 9. 收集整理工程施工技术资料	1. 研究物质的基本组分、性质和构造、能量的转换和传递以及力、热、光、声、电磁、原子、分子、基本粒子等物理现象； 2. 研究物理定律和原理在工业、医疗、军事以及其他方面的实际应用； 3. 应用数学原理分析和研究物理现象，并以数学语言作出结论； 4. 说明结论同已知物理定律的关系，或提出新的理论、概念和定律，解释结论

通过表 1-2 对土木建筑工程技术人员与物理学研究人员工作任务的对比，我们可以看出工程师承担包括工程活动组织与管理、工程技术实施、工程质量控制等各种任务，这些任务贯穿于工程活动的全部。与工作任务相对应，工程师不仅要具备职业领域必需的工程技术开发与实施能力，还需要一定的工程组织和管理能力，注重的是应用能力。而物理学研究人员的主要任务是从事力、热、光、声、电磁、原子、分子、基本粒子等物理现象研究，虽然也需研究物理定律和原理在工业、医疗、军事以及其他方面的实际应用，但其更侧重于基础知识研究。与其工作任务相适应，科学家更强调应具有探寻和认识自然界一般规律的求实、创新、怀疑、宽容等科学精神。

3. 卓越工程师

美国工程院院长查尔斯·韦斯特曾言，"拥有最好工程技术人才的国家将占据经济竞争和产业优势的核心地位"。国际竞争环境迫切需要大批优秀工程人才。当今世界工业化、信息化和现代化突飞猛进，各国越来越认识到工程人才资源是第一大资源，发达国家把高端工程技术人才培养提升到国家战略的高度，把工程教育视为国家未来技术和经济的基础，把工程人力资源视为发挥国家潜力的保证，视为国家竞争力和国家创新能力的核心。2001 年，美国工程院（NAE）与美国自然科学基金会（NSF）共同发起了"2020 工程师"计划，计划旨在通过提高工程教育质量进一步巩固与提升美国在全球竞争中的优势地位。该计划标志着美国对高等工程教育的高度重视，对全球工程教育方面影响深远。与此同时，欧盟以苏格拉底计划为牵引，实施了系列主题网络来加强欧洲工程教育的改革与发展，这些主题网络均得到了欧洲工程教育相关组织的支持。

改革开放以来，我国对工程人才的教育和培养非常重视。1995 年，中国科学院技术科学部发布《改革我国高等工程教育，增强我国国力和国际竞争力》；1998 年，中国工程院发布《我国工程教育改革与发展》；2006 年，教育部科学技术委员会发布《面向创新型国家的工程教育改革研究》等系列报告，这些报告都对我国工程教育改革起到了积极的推动和引导作用。21 世纪初，中国科学院和教育部等持续出台一系列旨在培养创新型工程技术人才的改革项目。2010 年，教育部与国务院相关部委、行业协会和参与高校联合启动了"卓越工程师教育培养计划"，截止到 2014 年，共有 194 所高校、1257 个本科专业或专业类，以及 514 个研究生层次学科领域加入这个计划。"卓越工程师教育培养计划"是贯彻落实《国家中长期教育改革和发展规划纲要（2010—2020 年）》和《国家中长期人才发展规划纲要（2010—2020 年）》的重大改革项目。该计划旨在培养造就一大批创新能力强、适应经济社会发展需要的高质量各类型工程技术人才，为国家走新型工业化发展道路、建设创新型国家和人才强国战略服务；是促进我国从高等教育人数大国向工程教育实力强国转变的重大举措，吹响了我国工程教育再造和升级进军号。

何谓卓越工程师？我国"卓越工程师教育培养计划"将本科工程技术人才的通用标准确定为，"具有良好的工程职业道德、追求卓越的态度、爱国敬业和艰苦奋斗精神、较强的社会责任感和较好的人文素养"。具体来讲，卓越工程师应当符合以下能力要求：

（1）遵循职业道德和养成职业价值观能力。在现实社会生产过程中，工程活动不是在一个独立封闭的系统内进行的，它广泛地涉及人文、自然、精神和社会等方方面面的问题，并且带有明显的功利性，而这种功利性经常与工程利益关联者的利益冲突相互交织在一起。工程师应该依据职业道德标准对公众的健康、安全和福祉负责，并能有效地调节工程利益关联者的各种利益冲突。培养卓越工程师，除了要求他们具备专业技术能力和工程技术的应用之外，还要他们在各类工程活动中，具有遵循职业道德和在利益冲突、道义与功利矛盾中作出道德选择的能力。

（2）独立获取知识与具备终身学习能力。在日常的工程实践活动中，工程师会不断遇到新的知识和理论，需要重视培养独立获取知识的能力，这样才能熟练、高效地学懂与本专业有关的新文献和资料、相邻专业的新知识和理论。此外，由于现代科学技术的迅猛发展，交叉学科、边缘学科不断涌现，知识积累与更新、发明与创造呈指数增长，原有的知识和技能很快就不够用或过时，在激烈竞争中要想生存和取胜，必须具备终身学习的能力，能不断进行有目的的知识充电，为继续发展奠定良好的基础。

（3）思维判断与科学分析能力。现代工程实践活动要求工程师能密切关注国内外相关领域的政治、经济、科技、生产、能源、环境等信息，熟练掌握文献情报的检索技术，并在此基础上进行系统分析和利用。能够独立观察与判断问题，会运用理论进行推理分析，具有运用科学分析方法来解决工程实际问题的能力。

（4）工程综合设计与实施能力。工程的实践性是工程与科学的显著区别，而理论与实践相结合是工程活动的灵魂。在设计一项工程或一种产品时，必然会有诸多因素对其产生影响，因此，工程师不仅要具备解决工程方案的具体实施能力，还必须具有综合设计能力，能妥善综合各种因素而得出优化设计方案。

（5）交往、沟通与社会协调能力。工程实践活动往往涉及多种学科、多个部门，与社会各个方面发生密切联系，许多大的工程技术项目必须应用各种领域的知识才能完成。所以，学会与人共事、具有团队协作精神是成为现代工程师的通行证，具备语言与文字的表达交流能力、人际关系的沟通能力、综合协调与管理工程活动的能力十分重要。

（6）创造创新能力。现实世界的许多实际问题需要工程活动来解决，创造性是工程的核心，唯有创造和创新，工程科学或工程应用才有生命力。因此，工程师必须树立创新意识，训练和养成创造性思维能力，掌握创新技巧与创新方法，并在工程实践活动中灵活运用。

4. 工程师的职业团体

工程师作为独立职业出现和形成是近代社会经济发展、工程活动规模扩大、科学技术进步和社会分工细密的结果。西方工业革命后，机器生产逐步取代了手工生产，成为社会的主要生产方式。与此同时，拥有一定的科学知识并掌握专门技术和工程知识的工程师阶层也日益壮大起来，工程师与仅仅具有实际操作技能的工匠或工人分化成两种不同职业和阶层。1760 年，英国爱迪斯顿灯塔的设计者约翰·斯米顿第一次称自己为"民用工程师"，确立了现代工程师的正确定位。此后，"工程师"称谓被广泛应用于各种工程领域。

随着工程活动的影响逐渐扩大、日益复杂化，工程师的社会地位与职业角色也日益复杂化，其在社会网络关系中的位置和社会作用也容易陷入模糊和不确定。无论从历史的角度还是从社会学的角度看，工程师不像科学家、工程技术人员、工人、雇主、政治家等职业身份和社会定位那样都很明确。工程师实际上成了"边缘人"，因为工程师的地位部分的是作为劳动者，部分的是作为管理者；部分的是科学家，部分的是商人。"工程师的角色不是单纯的工程设计者，还有多种社会角色，其活动受到其他多种因素的影响和制约。所以，对于工程师应该做什么这一问题的理解，则需要把握工程师相关角色的关系。"[1]这样使工程师在工程活动中陷入了角色选择、角色冲突、角色弱化的职业困境之中。工程师如何在复杂的社会角色中保持职业的相对独立性、在工程活动中拥有自己独立的职业话语权，就成为摆在所有工程师面前的一个难题。于是职业自治作为不可或缺的制度设计被日益重视起来。

康德称，"自治是理性的自我主宰，自我制约，克服自己，克服那些由爱好、欲望、一切非理性冲动带来的动机"[2]。"职业自治，指某一具体职业的从业人员通过一定的组织，在自由、平等的基础上对这一职业群体从业人员的基本素质、能力、执业方式和职业道德进行规范，并对该职业群体内部的公共事务进行自我管理的组织形态和管理机制。"[3]"工程职业自治是指工程行业内的各从业主体，即工程师具有一定的职业技能的群体以共同协商所缔结的契约，如《工程伦理章程》为基础，由自愿组建的组织，如工程社团根据契约规定的要求、原则和程序对工程职业内部进行自我管理，对外实行协调或者保护工程师，能够最大限度地维护工程职业的共同利益，实现本职业的共同诉求。"[4]工程职业自治意味着工程师自己管理自己，工程师在工程活动的复杂社会角色中可以依据独立的职业规范要求，自主决定自己的行为，掌握独立的职业话语权。

随着工程师职业自治的呼声越加强烈，1672 年世界上第一个工程师的职业组织（the French military cops du genie）在法国成立。1818 年，被称为"民用工程师之父"的约翰·斯米顿在英国成立了世界上第一个民用工程师学会——土木工程师协会（ICE）。自此，工程师职业团体在世界各国纷纷建立。1856 年，德国工程师协会（VDI）成立，该协会的宗旨是促进职业技术的发展，并通过技术手段的有效运用改善人类的生活环境。该协会很重要的一个目标是代表整个工程职业，维护工程师的利益进而有效地保护工程师；

［1］ 张恒力、胡新和：《福祉与责任》，载《哲学动态》2007 年第 8 期。

［2］ 苗力田：《道德形而上学原理》，上海人民出版社 1986 年版，第 5 页。

［3］ 李卫东：《律师公会与民国律师职业自治》，载《甘肃社会科学》2008 年第 2 期。

［4］ 阮奔奔：《工程职业自治研究——基于工程伦理视角》，浙江大学硕士学位论文，2009 年。

同时在一定程度上影响政府的有关决策，促进社会的进步；此外，其还致力于工程技术的科普与继续教育工作。1936 年，加拿大工程师协会（CCPE）成立，该协会的主要任务是制订加拿大有关工程师的规范及标准，以及认证加拿大的工程教育单位。1965 年，美国工程师协会（AAES）成立，其宗旨是促进工程知识与技术的实际应用，为人类创造更美好的生活。美国工程师协会拥有美国航空航天学会、美国化学工程师学会和女工程师学会等 13 个成员学会，其主要职责是为成员学会提供一个大家共同关心的工程问题探讨、信息交流的平台，搜集整理介绍美国工程学领域最新动态，组织开展单个成员学会无法胜任的、与公共利益攸关的项目。目前，美国的工程师职业团体数目较多，体系也较完善，主要分为两类：第一类是以职业发展实践为导向的团体，如美国工程师协会（AAES）和全国职业工程师协会（NSPE）。它们的成员都是个体工程师，团体的宗旨是关注工程师的职业发展，促进工程注册及其他与工程职业化相关事业。第二类是以学术研究为导向的社团，如美国土木工程师协会（ASCE）、美国机械工程师学会（ASME）、电气与电子工程师协会（IEEE）、美国环境工程师学会（AAEE）以及美国化学工程师学会（AICHE）等。这些团体偏重于学术和研究领域，主要关注他们各自工程领域内的技术知识进步。

中国工程师职业的产生与独立都晚于西方。清末，洋务运动推动我国工程事业开始走向繁荣，工程师也日渐成为急需人才。1909 年，京张铁路建成，使以詹天佑为代表的中国工程师名声大噪，中国工程师的技术和能力也得到了国际认可，工程师的地位和威望大大提高。越来越多的青年人选择投身工程，国内工程技术人员越来越多。1912 年，中华工程师会、中华工学会和路工同人共济会等三个工程师团体先后在广州、上海成立；1913 年，在詹天佑等人的倡议下，这三个团体合并为中华工程师会；1915 年，该团体更名为"中华工程师学会"；1951 年，该团体正式将总会迁于台北。中华工程师学会是我国第一个工程师职业团体，它的成立与发展见证了我国现代工程活动与工程师职业从无到有、由弱变强的历史进程，对我国工程技术与工程师职业发展起到了重要的推动作用。

改革开放之后，伴随着经济建设加速，工程活动快速发展，我国工程师人数也迅速增长。目前，我国工程师数量占全世界的四分之一，每年培养的工程师相当于美国、欧洲、日本和印度的总和。工程师团体也如雨后春笋一样，快速成长。全国性的工程（师）学会（协会），如中国机械工程学会、中国汽车工程学会、中国农业机械学会、中国水力发电工程学会、中国造船工程学会等成立都很早，并拥有众多会员；省级的工程（师）学会（协会），如上海工程师学会、江苏工程师学会等都是成立较早的。这些工程师职业团体在传播工程科学知识，推广工程科学技术，提高会员专业能力、知识水平和职业素质，提升工程师国际声誉，维护工程师基本权益和社会地位等方面做出了突出贡献。

第二章　法律与伦理

一、法律

人类社会是由众多个人组成的，而每一个个人又不是彼此孤立的，人与人之间会产生各种复杂的关系，这些关系统称为社会关系。社会关系是社会中人与人之间关系的总称，包括个人之间的关系、个人与集体之间的关系、个人与国家之间的关系、集体与集体之间的关系、集体与国家之间的关系等。因此，"人的本质不是单个人所固有的抽象物，在其现实性上，它是一切社会关系的总和"[1]。

人类社会中产生并存在着复杂的社会关系，就需要有相应规则对其进行有效的规范与指引，以维护良好的社会秩序，于是就产生了社会规范。"社会规范泛指在人类社会生活中调整人们之间交互行为的准则。"[2]社会规范是以一定的社会关系为内容，以一定的原则、规则、原理为形式，目的是为人定位，维护一定的社会秩序。社会规范种类繁多，形式多样，主要包括风俗习惯、宗教规范、道德规范、法律规范、经济规范、社会组织规范、政治规范等。这些规范目的、功效、功能各不相同，共同促进了社会和谐、和平、安宁、稳定。现代社会尤其是我国社会主义法治国家的建设目标决定了法律是一种不可替代、不可或缺的重要社会规范。

※法的本源语义

中国古代的"法"字写作"灋"，《说文解字》释解为"灋，刑也，平之如水，从水；廌，所以触不直者去之，从去"。法的字形由"氵（水）""廌（zhì）"和"去"三部分组成。"水"代表执法公平如水。"廌"是古代传说中一种能明辨善恶是非的神兽，古籍《神异经》中称之为解廌或獬豸，其"性知有罪……有罪则触，无罪则不触"。獬豸是中国古代传说中的上古神兽，体形大者如牛，小者如羊，类似麒麟，全身长着浓密黝黑的毛，双目明亮有神，额上通常长一角，俗称"独角兽"，又有"神羊"之称。它拥有很高的智慧，懂人言知人性。它怒目圆睁，能辨是非曲直，能识善恶忠奸，发现奸邪的官员，就用角把他触倒，然后吃下肚子。它能辨曲直，是勇猛、公正的象征，是皇帝、"正大光明"、"清平公正"的象征。作为中国传统法律的象征，獬豸一直受到历朝的推崇。秦代开始执法官员的帽子就称为獬豸冠，皋陶像与獬豸图是衙门中不可缺少的饰品。到清代，御史和按察使等监察司法官员都一律戴獬豸冠，穿绣有"獬豸"图案的补服。"去"是去除坏人的意思。中国古代的"法"和"刑""律"是通用的，"法"与"律"二字同义，均有禁

---

[1]《马克思恩格斯选集》（第 1 卷），人民出版社 1995 年版，第 56 页。

[2] 张文显：《法理学》，高等教育出版社、北京大学出版社 2011 年版，第 45 页。

止、规范、划一之意。"法律"作为独立合成词，在古代文献中也偶尔有出现过，但并非今天法律之意。一直到清末，"法"与"法律"才开始并用。

西方社会含有"法""法律"的词语更为复杂，除英语中的"law"一词同汉语中的"法律"能够对应外，欧洲大陆各主要民族语言中，对"法"和"法律"的表述各不相同，但均有权利、公平、正义等含义。后来，出现了"法"和"法律"二元化，对二者内涵的理解不同。一般认为，法指永恒的、普遍有效的正义原则和道德公理；法律则指由国家机关制定和颁布的具体的法律规则，法律是法的真实或虚假的表现形式。

(一) 法律的概念和特征

现代社会，尤其是我国社会主义法治国家的建设目标，决定了法律是一种不可替代、不可或缺的重要社会规范。法律是通过法律规范对人的行为进行调控，进而调控人的社会关系。法律与法同义，是指"由国家制定或认可并依靠国家强制力保证实施的，反映由特定物质生活条件所决定的统治阶级意志，以权利和义务为内容，以确认、保护和发展对统治阶级有利的社会关系和社会秩序为目的的行为规范体系"[1]。法律具有如下特征：

1. 法律是体现阶级性与国家意志性的社会规范

法律是人类有意识、有目的的活动的产物。人的意志只有经过规范化、制度化、理性化、法律化之后，才能上升为法律。法律是以阶级与国家的存在为基础的，只有国家产生，统治阶级出现，法律才会产生。因此，法律从产生之日起就注定不会体现社会中全体人的意志，而只反映统治阶级的意志，统治阶级所创立的任何法律法规都是为了满足、实现他们的利益、需要。法律与国家息息相关，是由国家制定、认可、解释，并由国家强制力保证实施的社会规范，因而法律体现了国家意志性。法律对全体社会成员、全体公民具有普遍约束力。

2. 法律是调控人的行为与社会关系的社会规范

法律通过对人的行为调控，进而调整社会关系，从而发挥其社会规范作用，实现其社会功能。法律通过确认、规定、确定、保障、引导、促进、督察、制约人的行为，明确规定哪些行为被禁止，哪些行为可以为，哪些行为必须为，并且明确规定了各种行为的法律后果，进而实现对人的行为规范。法律通过对人的行为的规范与引导，协调了社会关系，为人们的社会生活提供了明确指导、保障，维护了社会秩序。

3. 法律是规定人们权利与义务的社会规范

作为一种特殊的社会规范，法律是以规定人们权利和义务为主要内容的。凡是法律规定人们可以进行某种行为的，就是授予人们进行某种行为的权利；凡是法律规定人们应该做的或禁止做的行为，就是人们应该承担的法律上的义务。在社会生活中，法律上的权利和义务存在着对应的关系，有什么样的权利，就有什么样的义务；有什么样的义务就有什么样的权利。没有无义务的权利，也没有无权利的义务。权利和义务及其关系，是人的社会关系的内容和界限。没有合理的权利和义务的配置，也就没有正当的权利和义务的运作机制。法律就是以权利和义务为机制，通过权利和义务的配置和运作，影响人们的行为动机，指导人们的行为，实现社会关系的调整的。

---

[1] 张文显：《法理学》，高等教育出版社、北京大学出版社 2011 年版，第 47 页。

4. 法律是由国家强制力保障实施的社会规范

国家强制力，是指国家暴力、暴力工具，主要包括监狱、警察、军队、法院等。一个国家、一个社会没有强制力作为保证，是无法真正形成良好的社会秩序的。法律作为一种社会规范，是以国家强制力为后盾的，法律的实施、实现，权威和功能的发挥是借助国家强制力进行的，国家强制力保证了法律在社会中的功能和作用。是否以国家强制力为后盾，是法律区别于其他社会规范的一个重要标志。

（二）法律的作用

法律的作用，是指法对人与人之间所形成的社会关系所发生的一种影响，它表明了国家权力的运行和国家意志的实现。法的作用可以分为规范作用和社会作用。规范作用，是规范人们行为方面的作用，国家通过制定法律，形成调整人们行为的社会规范，继而调整整体社会关系；社会作用，是维护阶级统治方面的作用，国家通过制定法律，调整统治阶级和被统治阶级的关系、统治阶级和同盟者之间的关系、统治阶级内部之间的关系。规范作用是从法是调整人们行为的社会规范这一角度提出来的，而社会作用是从法在社会生活中要实现一种目的的角度来认识的，规范作用是手段，社会作用是目的。

1. 法律的规范作用

法律为人们提供行为模式，通过对人的行为调控，进而调整社会关系，从而发挥其规范作用，实现其社会功能。法律的规范作用体现为以下方面：

（1）指引作用。法律作为一种行为规范，让人们知道哪些行为被禁止，哪些行为可以为，哪些行为必须为，并且明确规定了各种行为的法律后果，从而实现对人的行为指导。

（2）评价作用。法律作为一种社会规范，具有判断、衡量他人行为是否合法或有效的评价作用。社会在评价他人行为时，总要有一定的、客观的评价准则，法就是重要的普遍评价准则，即根据法来判断某种行为是否合法。作为一种评价准则，与政策、道德规范等相比，法律还具有比较明确、具体的特征。

（3）教育作用。教育作用是指通过法的实施，法律规范对人们今后的行为发生直接或间接的诱导影响。当有人因违法而受到制裁，对受制裁人本人会产生触动和影响，并产生行为判断。反之，人们的合法行为以及其法律后果，也同样对一般人的行为具有示范作用。

（4）预测作用。法律具有可预测性特征，即依靠作为社会规范的法律，人们可以预先估计到他们相互之间将如何行为。人们可以根据法律规范的规定，事先估计到当事人双方将如何行为及行为的法律后果，从而对自己的行为作出合理的安排。

（5）强制作用。法律的重要规范作用在于运用国家强制力，制裁、惩罚违法犯罪行为。这种规范作用的对象是违法者的行为。通过法律强制作用的发挥，可预防违法犯罪行为，增进社会成员的安全感。

2. 法律的局限性

"尽管法律是一种必不可少的具有高度助益的社会生活制度，但是它像其他大多数人定制度一样也存在一些弊端。如果我们对这些弊端不给予足够的重视或者完全视而不见，那么它们就会发展成严重的操作困难。法律的这些缺陷，部分源于它所具有的守成取向，部分源于其形式结构中所固有的刚性因素，还有一部分则源于与其控制功能相关的限度。"[1] 法以其特有的规范作用和社会作用对社会生活发生着深刻的影响，是当代社会经济、政治、文化发展和社会全面进步所必不可少的因素。但法律不是万能的，法律由于创制、自身属性及运行等方面的原因，其社会规范作用的发挥存在一定的局限性。

"对于法律来说，除了我的行为以外，我是根本不存在的，我根本不是法律的对象，我的行为就是我同法律打交道的唯一领域。"[2] 就法律的规范作用来讲，法律不能干预人们的内心世界，不能用法律追究人们的良心，也不能用法律规定什么是艺术标准。即使在对行为的规范上，也不是法律都可以或应当干预的，如与社会利益无关的人们的私生活或私人生活领域，一般是法律的禁区。因此，人类社会中产生并存在着复杂的社会关系，需要有相应规则对其进行有效的规范与指引，法律只是调整社会关系的重要或主要手段，但不是唯一手段。除法律之外，还有政策、团体章程、组织纪律、乡规民约和伦理道德等规范，它们可以干预法律所不能或不便干预的社会领域或社会关系，会取得比法律规范更好的社会调整效果。2014 年，党的十八届四中全会通过了《中共中央关于全面推进依法治国若干重大问题的决定》，其中就明确提出"全面推进依法治国，建设社会主义法治国家……国家和社会治理需要法律和道德共同发挥作用。必须坚持一手抓法治、一手抓德治，大力弘扬社会主义核心价值观，弘扬中华传统美德，培育社会公德、职业道德、家庭美德、个人品德，既重视发挥法律的规范作用，又重视发挥道德的教化作用，以法治体现道德理念、强化法律对道德建设的促进作用，以道德滋养法治精神、强化道德对法治文化的支撑作用，实现法律和道德相辅相成、法治和德治相得益彰"；要"发挥市民公约、乡规民约、行业规章、团体章程等社会规范在社会治理中的积极作用。……支持行业协会商会类社会组织发挥行业自律和专业服务功能。发挥社会组织对其成员的行为导引、规则约束、权益维护作用"。

（三）法律体系

法律体系是"由一国现行的全部法律规范按照不同的法律部门分类组合而形成的一个体系化的有机联系的统一整体"[3]。其中的法律部门是根据一定的标准和原则，按照法律规范自身的不同性质，调整社会关系的不同领域和不同方法等所划分的同类法律规范的总和。目前，"中国特色社会主义法律体系，是以宪法为统帅，以法律为主干，以行政法规、地方性法规为重要组成部分，由宪法相关法、民法商法、行政法、经济法、社会法、刑法、诉讼与非诉讼程序法等多个法律部门组成的有机统一整体"[4]。

法律体系是一个国家的全部现行法律构成的整体，是一个国家的社会、经济、政治和文化等条件和要求的综合性法律表现。法律体系的内部构成要素是法律部门，法律部门不是零散地堆积在一起，而是按照一定的标准进行分类组合，呈现为一个体系化、系统化的

---

[1]　［美］博登海默：《法理学、法律哲学与法律方法》，邓正来译，中国政法大学出版社 1999 年版，第 402 页。

[2]　《马克思恩格斯全集》（第 1 卷），人民出版社 1964 年版，第 17 页。

[3]　张文显：《法理学》，高等教育出版社、北京大学出版社 2011 年版，第 78 页。

[4]　中华人民共和国国务院新闻办公室：《中国特色社会主义法律体系白皮书》，人民出版社 2011 年版，第 10 页。

相互联系的有机整体。

二、伦理

社会规范是以一定的社会关系为内容，调整人与人之间社会关系的行为规范。人类社会存在着各类复杂社会关系，需要不同规范对其进行有效的规范与指引。法律是现代社会调整社会关系的重要规范，但并不是唯一的，除法律之外，还有政策、宗教、社团章程、组织纪律、乡规民约和伦理道德等，其中伦理的社会规范作用越来越受到重视。

※伦理的语义源考

中国古代一般将"伦"和"理"二字，分开使用。古籍《说文解字》中，对"伦""理"二字解释为"伦，从人，辈也，明道也；理，从玉也"。其中"伦"本义为"辈"；"道"本义是路、方向、途径，后引申为事物之间内在的必然联系，其决定着事物发展的必然趋向。在此基础上，"伦"一般被引申理解为人与人之间的关系。比如，古籍《国语》中的"天地君亲师"天伦思想，体现了古人处理人与自然间关系的次序性；孟子提出"君臣、父子、兄弟、夫妇、朋友"的人伦次序，体现了人与人之间的等级尊卑关系。"理"本义为"玉"，后引申为物质本身的纹路、层次，客观事物本身的次序，进而引申为事物规律，是非得失标准。比如，"天地君亲师"的天伦次序，要求古人要敬天法祖、忠君爱国、孝亲顺长、尊师重教；"君臣、父子、兄弟、夫妇、朋友"的人伦次序，要求古人要"君臣有义、父子有亲、长幼有序、夫妇有别、朋友有续"，即遵守忠、孝、悌、忍、信的人伦规则。总之，"伦"是"理"产生的原因和根据，"理"是为"伦"服务的，其源于人与人之间复杂的社会关系，"伦"的和谐融洽有赖于"理"。我国"伦""理"二字合用，始于《礼记》。《礼记》中有云"乐者，通伦理也"，此中伦理是指音乐的条理。后"伦""理"合用，逐渐成为经常，其义与"人伦"一词大致相同，一般被理解为封建社会父子、君臣、夫妇、长幼、朋友各类人之间的等级尊卑关系及其相应的道德规范。

西方古希腊文"Ethos"一词，原意为风俗、习惯、性格等，后来逐渐衍生出来伦理与德性的意义。古代西方的"伦理"为"道德"概念所取代，拉丁语"Mores"一词起初在西方国家是指风俗习惯，后来被用作指道德、规范。西方伦理思想历史悠久，所涉及的问题很广，主要关注道德的起源和本质、道德原则和规范、德性的内容和分类、意志自由和道德责任、道德情感与理性关系、道德概念和道德判断的价值分析、道德教育和道德修养以及人生目的和理想生活方式等问题。古希腊哲学家苏格拉底曾指出，"罪恶首先出于对道德的无知"[1]。柏拉图继承了苏格拉底的伦理思想，并在其《国家篇》中描绘了"理想国"的四种德行，即智慧、勇敢、节制和正义，并将其与当时社会的等级划分联系起来。他认为"智慧只是少数杰出人物即统治者才具有的道德，他们具有管理国家的知识，应该成为统治者；勇敢是那些负有守卫国家责任的武士的道德，武士们以忠诚和勇敢善战为国家服务；节制是从事手工业、农业和商业的一般自由民的道德，这些人只能安于自己所处的地位，服从统治者的统治；正义则是要求这三个等级各自遵守他们固有的道德，各自担负自己的责任，使整个国家和谐一致，不发生冲突"。亚里士多德作为古希腊

---

[1] 贾廷秀：《苏格拉底的道德哲学与道德实践》，载《湖北社会科学》2009年第2期。

伦理思想之集大成者，建立了古代西方最完整的"幸福论"体系，并撰写了西方第一部伦理学专著——《尼各马可伦理学》，又称《亚里士多德伦理学》，简称《伦理学》。亚里士多德在其著述中，继承了苏格拉底和柏拉图的理性主义传统，认可关于社会道德的智慧、勇敢、节制和正义四种德行划分。在此基础上，提出德行在于合乎理性的活动，至善就是幸福观点。他考察了道德行为的各个环节以及达到至善、幸福的条件，提出了中庸原则，认为要在极端之间求得适当中道，这才是道德；要达到适当的中道，必须依靠智慧。因此，在西方社会，"伦理"与"道德"一般通用，如"伦理关系"即"道德关系"；伦理学也一直被认为是研究道德的学问，又被称为"道德哲学"或"人生哲学"，如美国《韦氏大辞典》就将伦理定义为"一门探讨什么是好什么是坏，以及讨论道德责任义务的学科"。

（一）对伦理的一般理解

随着东西方伦理道德思想的逐渐交融，现代伦理学对于伦理的理解与认识趋于统一。目前，一般将伦理理解为处理人与人、人与社会，以及人与自然各种关系的原则和规范，是一系列指导行为的观念和关于是非对错问题的哲学思考，蕴含着依照原则来规范行为的深刻道理及其对应的行为规范。

伦理不仅包含对人与人、人与社会和人与自然之间关系处理中的行为规范，而且也深刻地蕴含着依照一定原则，来规范行为的深刻道理，包括人的情感、意志、人生观和价值观等方面。伦理包含伦理关系、伦理实体、伦理规范和伦理秩序四个构成要素，对伦理的理解，需要区分伦理关系、伦理实体、伦理规范和伦理秩序等要素的不同含义。

伦理关系是人与人之间体现或合乎伦理规定的关系。伦理关系是一种普遍的社会关系。"社会——不管其形式如何——究竟是什么呢？是人们交互作用的产物。"[1] 人们在生产、分配和交换过程中进行经济交往，在经济交往的前提下建立生产关系，"生产关系总合起来就构成所谓社会关系，构成所谓社会，并且是构成一个处于一定历史发展阶段上的社会，具有独特的特征的社会"[2]。因此，伦理关系从其发生机制而言，是在人类的社会实践活动中，产生、发展于主体间具有伦理意义的社会关系。就工程领域来讲，伦理关系具体表现为工程师之间的关系，工程师与团体之间的关系，工程师与雇主、投资人、政府或工人之间的关系等。

"实体就是在一切存在中的存在，既不是不反思的直接物，又不是一个抽象的、站在存在和现象背后的东西，而是直接的现实本身，并且这个现实是作为绝对自身反思的存在，作为自在自为之存在的长在。"[3] 此即为黑格尔的实体，即主体伦理学思想。伦理实体既是一种物质现象，又是一种精神现象；既是一种社会实存，也是一定伦理价值理念和精神的沉淀和凝结。因此，伦理实体又称为"道德共同体"，是指社会个体（主体）以某种程度上的认同，以不同的忠诚程度，以共同价值理念和精神存在的社会实体。就工程领域来讲，伦理实体体现为各类工程师学会（协会）等。

---

[1]《马克思恩格斯选集》（第4卷），人民出版社1972年版，第320页。

[2]《马克思恩格斯选集》（第1卷），人民出版社1964年版，第363页。

[3] 黑格尔：《逻辑学》（下卷），杨之一译，商务印书馆1976年版，第211页。

"规范就是通过'应该'（ought to be）这一形式表达出来的行为规则。"[1]"规范也称制度，通俗地说就是一种规则，亦即对人们行为模式进行引导、约束和激励的规则体系。"[2]伦理道德思维与实践关涉社会生活，以及人们之间的关系，具有通过评价、赞同和规定，改变人们态度、行动、倾向和品质的特征，伦理原则要求自身需要服从合法性与合理性标准。因此，伦理道德具有规范性特征，伦理规范的规定和要求具有权威性和约束性。伦理道德的规范性特征和要求最直接的表现，就是伦理道德规范本身。伦理规范，是伦理关系和伦理实体的性质、价值精神与取向的集中体现，并制度化、外化为实体成员应当恪守的规则和准则。实践中，"伦理规范"和"道德规范"区别不大，很难区分，有时甚至使用"伦理道德规范"词语表达方式。我们在实践中之所以会将"伦理"与"道德"不加区分，作同义理解，实际上就是从伦理规范角度来取伦理之意。因此，实践中"职业伦理""职业道德""职业道德伦理""职业伦理道德"等词语均表达同一含义，其内涵一般都是指"规则或规范"。就工程师来讲，伦理规范体现为工程师执业行为规范或职业伦理道德规范等。

"人是有限的存在：他是整体的一部分。从生理上讲，他是宇宙的组成部分；从道德上讲，他是社会的组成部分。因此，如若他不去牵制自己的本性，他就无法超越方方面面的限度……人的本质无法成其自身，除非他受到了纪律的控制。"[3]因此当处于相应伦理关系和伦理实体中的个体成员，依照相应的伦理规范去行为、实践时，就会形成一定的伦理秩序。"伦理秩序，是指建立在一定利益基础上，有伦理观念渗透其中的人与人、人与社会的客观交往关系及其规则系统。"[4]社会生活的伦理秩序是任何一个社会或国家的基本生活得以正常维持和发展的基本维度之一，与社会或国家的基本政治结构或制度、法制秩序、经济体制和一般文化生活秩序相比，社会伦理秩序是一种较为隐形，较具惰性、稳定的内在精神秩序。就工程师来讲，伦理规范是国家立法机关或职业自治组织，为所有成员确立的行为准则，它反映了共同的职业价值理念和要求，是职业集体意志的体现。当所有工程师依照相应职业伦理规范开展执业活动时，一个井然有序、富有效率的工程伦理秩序就会生成。

"伦理性的东西不像善那样是抽象的，而是强烈的现实的。"[5]伦理关系、伦理实体、伦理规范和伦理秩序都是人们在实践中自生自发的产物。伦理关系与伦理实体的客观存在，产生了伦理规范和伦理秩序；同样，伦理关系和伦理实体的存在、维系和巩固，依赖于人们对伦理规范的忠实履行，及由此而形成良好的伦理秩序。

（二）伦理与道德

伦理与道德，是两个既相联系又有所区别的概念。在西方社会，长期用道德概念取代伦理，我国实践中对这两个概念也大多不作严格区分。实际上这两个概念的内涵并不相同。德国辩证法大师、哲学家黑格尔曾对伦理与道德进行区分，他指出"道德是指个体品

---

[1] 赵汀阳：《论可能生活》，生活·读书·新知三联书店 1994 年版，第 26 页。

[2] 王永：《我国检察官职业伦理规范研究》，山东大学博士学位论文，2012 年。

[3] 渠敬东：《涂尔干的遗产：现代社会及其可能性》，载《社会学研究》1999 年第 1 期。

[4] 周怀红、于永成：《伦理秩序的合理性》，载《学术论坛》2003 年第 6 期。

[5] ［德］黑格尔：《法哲学原理》，范扬、张企泰译，商务印书馆 1961 年版，第 173 页。

性，是个人的主观修养与操守，是主观法；伦理是指客观的伦理关系，客观法。伦理一旦化为个人的自觉行为，变为一个人的内在操守，就成为道德。道德以伦理为内容"[1]。黑格尔认为伦理与道德的区分，主要表现为以下两个方面：

其一，伦理是社会的道德，道德是个人的道德。伦理是基于社会成员的整体关系协调而发生作用，诉诸人们的共同意识和规范认同，因此伦理的要求在一定意义上体现的就是社会整体要求。伦理强调的是人们在社会生活中客观存在的各种社会关系，突出的是如何保持这些复杂的社会关系，使之处于一种和谐状态之中。道德强调的是社会个体，突出的是社会个体能否将由伦理衍生出来的道理内化为内在品性，并转化为一种自觉行为。道德作为规范，主要基于个体对自身完满性的追求而发生作用，只诉诸个人心性。道德要求个人将外在客观要求内化为自我要求，人们一旦实现了这种转变，伦理的客观法规就转化为主观法规。因此，伦理侧重于反映人伦关系以及维持人伦关系所必须遵循的规则；而道德侧重反映在道德活动或道德活动主体自身体悟、实行、发展和完善其精神生活价值的努力。

其二，伦理倾向于社会团体与社会责任，带有很强的公共性；道德则倾向于社会个体，私人性与个体性表现较强。伦理关注的是持续处于社会交往活动中，不断发生各种联系的所有成员，注重成员之间的互动。伦理要求处于特定伦理关系的各方都要恪守同样规则，互为条件才能使伦理关系处于和谐融洽状态。伦理既是对人们之间实际关系的评价要求，又是存在于相互关系中的规范准则。伦理的约束性依赖于社会共同体基于共识的公平与正义，具有普遍约束性质，也正是在这种客观要求下，伦理才衍生出了客观法则。道德强调的是个体，只关注成员的自身完善，并不要求成员间行为的互动与对等。道德不会因为一方的不道德而陨灭，只要有道德行为发生，道德就存在。

伦理与道德是共生的，它们相互影响，相互促进。伦理与道德的联系表现为两个方面：一是伦理蕴含着道德，是道德的基础，道德有待于发展为伦理。伦理是道德的本质，是道德形成和发展的客观依据和基本前提，是道德的原则和本质；道德是伦理的表象和具体化。道德体现伦理精神，伦理指导道德生活。社会伦理体系是由个人道德活动或行为造成的关系体系，是相互作用的个人道德行为或活动的总和。而个人道德并不是孤独的个体存在，乃是处于社会伦理体系之中。个人道德只有在社会伦理体系之中相互影响，而不断作出调整与改变，才能不断获得完善与发展。二是道德维系着伦理，伦理也依赖于道德而存在。道德是伦理产生、发展和完善的基础，没有道德，伦理便失去了存在的可能性。

（三）职业伦理

1. 职业伦理的概念与特征

职业的产生是社会分工的结果。关于社会分工，法国著名社会学家爱弥尔·涂尔干认为，"社会越是原始，构成它的个体就越具有相似性"，这种相似性在很大程度上体现为集体意识。"集体意识是社会成员平均具有的信仰和情感的总和。""我们可以预料到，分工的发展越艰难、越缓慢，集体意识就越明确、越有活力。相反，分工发展越迅速，个人就

---

[1]　[德]黑格尔：《法哲学原理》，范扬、张企泰译，商务印书馆 1961 年版，第 42 页。

越容易与自身的环境和睦相处。"[1] 也就是说集体意识越能得到彰显，分工越是停留在低级水平；反之，个人意识越能得到发展，分工就越来越迅速，工作也就越来越专业化。社会分工产生了各种不同社会职业，职业的产生与发展也促进了社会人员分化，不同职业生成了相互区别的不同职业人员，继而形成理念、价值追求、准入条件不同的职业共同体。

伦理有不同层次、不同方面，不同的社会阶层、组织机构与社会团体在现代社会生活中都有不同的伦理要求。在不同客观社会领域、社会层面都存在具体的社会伦理现象，伦理可以具体化为家庭伦理，人际伦理，职业伦理，企业伦理，市场伦理，契约、法与制度伦理，公共健康伦理和环境伦理等。恩格斯在《路德维希·费尔巴哈和德国古典哲学的终结》一文中指出："每一个阶级，甚至一个行业，都各有各的道德。"职业伦理作为社会伦理的重要组成部分，它同人们的职业活动密切相联，是关于从事某种职业群体的一些总体性价值要求，是具有自身职业特征的总体性道德准则。职业伦理对保障从业者认真履行工作、调节职业内外关系、约束自身行为、提升自身职业荣誉、提高社会的稳定性和凝聚力、促进社会和谐发展具有不可忽视的作用。职业伦理包括职业伦理意识、职业伦理行为与职业伦理规范三个方面。"职业伦理规范是特定职业伦理价值理念、责任义务关系的文本化体现，是一系列对职业者具有普遍约束、引导、教育和奖惩效力的行为规则的文本总和与制度安排。"[2] 我们经常讲的"职业伦理""职业道德""职业道德伦理""职业伦理道德"一般就是指职业伦理规范。

职业伦理是集公共性与职业性的双重统一。公共性指的是社会伦理、大众伦理，是指存在于政治、经济、文化和社会生活的各个领域，体现社会各方面、各类人总体价值追求、价值理念的伦理道德规范。社会伦理是职业伦理的基础和底线，是任何职业、任何职业人、任何群体都应服从、恪守的大众伦理，因此职业伦理具有公共性。职业伦理作为某一特定职业群体职业人员特有的行业伦理，除应体现大众伦理的公共性外，职业性是其最大特点。职业伦理的职业性主要体现在以下方面：

（1）职业伦理具有职业差别性。由于社会分工不同，每种职业在行为意识、行为规则等方面都有各自的职业伦理。"职业道德的每个分支都是职业群体的产物，那么它们必然带有群体的性质。"[3] 职业群体规模相对于社会整体规模更小，相应的职业伦理相对于大众伦理就更具体、更具操作性、更具职业特点。职业伦理规范按照行业特点，将伦理价值理念与行为要求转化为各种制度文本，避免产生理解上的歧义，便于把握和执行，具有直接操作性。社会分工的结果，也是职业化、专业化的过程结果，职业化与专业化相伴而生，因此职业伦理的职业化也表现为专业化。专业化的职业伦理体现在职业特点、专业特色、工作环境、工作流程等方面，表现于独特的职业追求、信仰、信念和规则等。

（2）职业伦理具有强制性。如前所述，任何一种社会规范都具有强制性，都有保证其

[1] [法]爱弥尔·涂尔干：《社会分工论》，渠东译，生活·读书·新知三联书店 2000 年版，第93 页、第 241 页。

[2] 王永：《我国检察官职业伦理规范研究》，山东大学博士学位论文，2012 年。

[3] [法]爱弥尔·涂尔干：《职业伦理与公民道德》，渠东、付德根译，上海人民出版社 2001 年版，第 8 页。

实施的社会力量。伦理规范的实现方式表现为自律和他律两种形式。自律是依据人们自身的道德智慧、道德情感和社会责任感，对自身行为调节、控制和选择，这与强制性无关。他律是根据社会道德价值导向、公民舆论力量对行为主体进行道德评价、道德规范和道德引导，最终达到对人们行为的规范和整合。因此，职业伦理同样具有一定的强制性。职业伦理的强制性，主要体现为职业伦理中的具体执业行为规范与惩罚制度。职业发展的成熟化，促进了职业管理、约束的法制化、一体化和自治化。一般情况下，国家立法机关或职业共同体组织都会根据职业价值理念和要求，为不同职业群体或共同体成员制定统一的行为准则规范。这些职业伦理规范首先要求职业人自觉遵守，即强调"自律"，如果职业人无法做到"自律"，违反了职业伦理规范，就会受到法律制裁，严重者可判处刑罚；或受到职业共同体处罚，如警告、暂停执业等，严重的会被强制退出该职业，甚至终身禁入该行业领域。

（3）职业伦理具有稳定性。职业角色是职业伦理的主体基础和伦理关系的连接点。"每个确定的人、现实的人、具体的人都是特定的社会角色，都在社会关系之网中占有特定的位置，与现实社会有着特定的联系，并形成特定的伦理关系，由此也就具有角色责任、职责和使命等社会伦理的规定性。"[1] 大多数职业伦理规范的形成，都要经历一个比较漫长的过程，它源于职业传统，同时又塑造和维护着世代沿袭的职业传统、职业心理、职业理念和职业习惯，这些大都体现在职业伦理规范的内容之中。职业伦理规范在具体实施上也具有一定的连续性和稳定性，当然这种稳定性只是相对的，因为社会在不断发展，职业伦理的环境也在不断变迁。

2. 职业伦理的社会功能

不同的职业，有着不同的职业特征与内涵，就会生成不同的职业伦理。职业伦理作为职业人员的价值指南和行为依据，对塑造职业信念、规范职业行为、构建职业环境具有重要意义。职业伦理具有以下功能：

（1）职业伦理具有引导与导向功能。职业伦理的引导功能，主要体现在对个体职业人员价值观念、职业信念与职业行为的引导上。职业伦理是基于人良好道德情操的本能基础，体现职业具体内容和要求的，对法律职业群体及其所处的职业环境，所作的展望式道德描述。它能够促使个体职业人员，渐趋养成良好的伦理意识和习惯，逐渐形成价值认同、信念启发，唤起职业者的"良心"自觉，引导职业者作出正确的价值判断和行为选择。职业伦理的导向功能，主要体现在对职业共同体共同职业精神、价值信念的凝聚上，从而产生职业凝聚力与吸引力。"任何职业群体都必须有自己的内部准则"；"群体的结构越牢固，适用于群体的道德规范就越多，群体统摄其成员的权威就越大。群体越紧密地凝聚在一起，个体之间的联系就越紧密、越频繁，这些联系越频繁、越亲密，观念和感情的交流就越多，舆论也越容易扩散并覆盖更多的事物。显然这就是大量事物能够各就其位的缘故……所以我们可以说，职业道德越发达，它们的作用越先进，职业群体自身的组织就越稳定、越合理"[2]。

---

［1］ 田秀云：《角色伦理的理论维度和实践基础》，载《道德与文明》2012年第4期。

［2］ ［法］爱弥尔·涂尔干：《职业伦理与公民道德》，渠东、付德根译，上海人民出版社2001年版，第9～10页。

（2）职业伦理具有约束与调节功能。职业伦理的约束、调节功能，主要表现为具体职业伦理规范对职业人员行为的规范、调节与控制。职业伦理规范作为行为准则，它的基本功能是调节职业内部个体之间、个体与职业群体之间、职业与外部社会之间的各种利益关系，这个功能主要是通过对职业人员行为的规范、调节与控制实现的。职业伦理规范将伦理理念、职业价值追求，以纪律、执业行为规范、行为准则等形式，具体化到职业工作领域、环节、程序中，并且以一定的惩戒措施，来加强它的强制性。职业伦理信念与精神的"自律"，加之这种"他律"的强制性，在个体职业人身上反复运用，来纠正和改善职业人员的不当行为，从而增强职业者的伦理意识，以达到职业伦理要求的应有水平。

（3）职业伦理具有外溢与辐射功能。职业伦理是长期职业发展的经验总结，也是职业人员的共同意志和利益反映。职业伦理通过改造个体职业人员精神，继而影响其行为，共同塑造职业共同体的职业精神理想与追求。"新伦理学的职责便在于把那些理想——那些能够激起人们的热忱，而且将建设一个结合个人能力以谋万人福利的生活形态所必须的力量给予人们的理想注入在人们的脑中。"[1] 因此，当某一职业人员群体的道德水平达到符合职业伦理要求的理想状态时，职业伦理就具有一定的外溢表现，会对社会其他主体产生感化和感染作用，即产生了辐射功能。职业伦理对整个社会产生的积极影响，不仅可以吸引外部人才主动、积极地参与到职业群体中来，而且会带动整个社会的道德文明、精神文明的进步。

三、法律与伦理关系

法律和伦理道德是现代社会两种重要且不同的社会规范，伦理与法律之间的关联是任何文化都不会否定的。"道德规范和法律制度在本质上表达了自我同一性要求。"[2] 道德是法律的精神，法律是道德看得见的符号。伦理不仅在理想层面上提供立法的精神，而且其与法律之间在内容上，也存在着相互转化关系。当某种伦理要求通过立法形式，强制性地要求人们执行，而不是通过社会舆论与内心信念起作用时，伦理也就转化为法律。

※经典案例评析[3]

1. 案件简况

1963 年，四川泸州的黄某和蒋某登记结婚。婚后妻子蒋某一直没有生育，后来他们抱养了一个儿子。1994 年，黄某与蒋某感情出现问题，开始分居。1996 年年底，黄某与张某相识并同居，开始以夫妻名义共同生活。2001 年，黄某生病，被确诊为肝癌晚期。黄某生病期间，一直由蒋某及其亲属护理、照顾，直至去世。

2001 年 4 月 17 日，黄某找到律师韩某，并在朋友易某见证下，立下了遗嘱。其内容为"我决定将依法所得的住房补贴金、公积金、抚恤金和卖泸州市江阳区一套住房售价的

---

[1] 李本森：《法律职业伦理》，北京大学出版社 2008 年第 2 版，第 23 页。

[2] ［法］爱弥尔·涂尔干：《社会分工论》，渠东译，生活·读书·新知三联书店 2000 年版，第 17 页。

[3] 四川省泸州市纳溪区人民法院（2001）纳溪民初字第 561 号民事判决书，http://wenshu.court.gov.cn/，最后访问日期：2019 年 12 月 10 日。

一半（4万元），以及手机一部遗留给我的朋友张某壹人所有。我去世后骨灰盒由张某负责安葬"。4月20日，黄某的这份遗嘱在泸州纳溪区公证处作了公证。

2001年4月22日，黄某去世。4月25日，见证人易某当众宣读了此份遗嘱。作为黄某合法妻子的蒋某拒绝执行此遗嘱。于是受遗赠人张某向纳溪区人民法院提起诉讼，请求法院判令执行此份遗嘱。2001年10月11日，纳溪区人民法院作出一审判决，驳回了原告张某的诉讼请求。后张某对一审判决不服，上诉到泸州市中级人民法院。最后泸州市中级人民法院判决驳回张某上诉，维持原判。

2. 案件评析

本案的核心问题有两个：一是黄某所立遗嘱是否有效？二是如果黄某所立遗嘱有效，为什么却得不到法院的支持？

（1）对于第一个问题的回答：黄某所立遗嘱部分有效，部分无效。

本案经法院立案后查明，黄某所立遗嘱中的部分内容因违反现行法律规定或客观事实，故而无效。遗嘱无效的内容及原因如下：

a. 依照相关法律规定，抚恤金是死者单位对死者直系亲戚的抚慰。黄某去世后的抚恤金不是黄某个人财产，应归其直系亲属所有，故不属遗赠财产的范围，黄某也无权处分。

b. 依照相关法律规定，黄某的住房补助金、公积金应属黄某与蒋某夫妻关系存续期间的共同财产。黄某立遗嘱时未经共有人蒋某同意，单独对夫妻共同财产进行处分，侵犯了蒋某的合法权益，故而其遗嘱中无权处分部分应属无效。

c. 法院立案后查明，泸州市江阳区住房一套，系黄某与蒋某婚姻关系存续期间，蒋某继承其父母遗产所得，应属夫妻共同财产。该房早已经以80000元的价格卖给陈某，并在2001年春节，黄某与蒋某共同又将该售房款中的30000元赠与其子黄某某，用于购买商品房，并对剩余售房款也作了处理，因此，遗嘱中提及的"住房售价的一半（4万元）"实际并不存在，对该售房款的处理因违背客观事实而无效。

值得注意的是，上述内容因违反现行法律规定或客观事实而无效，但其他内容仍然合法有效。

（2）对于第二个问题的回答：黄某所立遗嘱有效部分因违反了法律上的公序良俗原则，违背了社会公德，损害了公共利益，因而不会得到法院支持。

公序良俗即公共秩序和善良风俗。"公共秩序，谓为社会之存在及其发展所必要之一般的秩序……"[1] 公共秩序与人类的基本利益，与国家、社会的基本利益是同一的，公众对于公共秩序的认识均统一于国家和社会的根本利益。良俗即善良风俗，"善良风俗，谓为社会之存在及其发展所必要之一般道德，非指谓现在风俗中之善良者而言，而系谓道德律，即道德的人民意识"[2]。良俗不能以个人主观的伦理观、某一团体某一派别的伦理观或某一阶级所持的伦理观为标准，而应以全社会主流的基于社会物质条件和丰富文化底蕴所产生的道德观为依据。本案中，黄某遗嘱对公序良俗原则的违反，主要体现为以下方面：

---

[1] 史尚宽：《民法总论》，中国政法大学出版社2000年版，第334页。

[2] 史尚宽：《民法总论》，中国政法大学出版社2000年版，第335页。

a. 黄某与蒋某系结婚多年夫妻，本应依法互相忠实、互相尊重，但黄某却无视夫妻感情和社会道德规范，与张某长期婚外同居，其行为不仅违背了我国现行的社会道德标准，也违反了相关法律规定，因而是无效的。

b. 黄某将其遗产及本应属于蒋某的财产赠与张某，不仅侵犯了蒋某自身的合法财产权利，还剥夺了蒋某的合法财产继承权。此行为既是一种违法行为，也是违反社会公共秩序和社会公德的行为，应当禁止。

c. 黄某虽在感情上背叛蒋某，但蒋某仍忠实于夫妻感情，在黄某患病直至去世期间，一直对其护理照顾，履行了夫妻扶助的义务。黄某却无视法律规定，违反社会公德，漠视结发妻子的忠实与扶助，将财产赠与张某，不仅侵犯了蒋某的合法权益，对其造成精神上的损害，也破坏了社会风气。

综上，张某明知黄某有配偶而与其长期同居生活，其行为不仅是法律禁止的，也是社会公德和伦理道德所不容的。黄某的遗赠行为不仅违反了法律规定，也违反了公序良俗原则，损害了社会公德，破坏了公共秩序。故黄某财产赠与行为和张某主张不会得到法院支持。

（一）法律与伦理区别

法律规范具有明确的形式性，其以权利义务的确定性，以国家强制力为后盾，来调整人们的行为，但调整范围有限；伦理道德规范则具有模糊性，主要存在于人们的共同意识之中，约束范围广，但缺乏强制性。伦理与法律二者间的区别，主要表现为以下四个方面：

1. 从历史发展角度分析，伦理道德早于法律产生

研究表明，人类社会的原始禁忌、图腾崇拜及一些原始习惯，共同组成了人类早期的社会规范。"原始禁忌是原始习俗中的重要内容，而道德这个词恰恰是由习惯演化而来。"[1] 人类进入文明社会以后，社会规范获得了进一步的发展，但在较长的历史时期，诸种规范依然混杂在一起。随着生产力的发展，出现了私有制和阶级剥削，原始社会的氏族联盟和氏族习惯就逐渐被国家和法所代替，因此法不是从来就有的，而是人类社会发展到一定历史阶段才出现的社会现象。法律的产生明显晚于伦理道德，在法律产生初期，法律与伦理道德间的区分十分模糊，在这种混杂的社会规范中，伦理道德长期居于主要地位，而法律往往依附于前者而存在。中国古代长期"重视德礼和纲常名教的结果是，法律为礼教所支配，道德伦理与法律不分，道德伦理成为立法司法的指导原则，违犯道德伦理必须受到法律制裁"[2]。因此，我国法律与伦理道德分离的时间尤其晚。

2. 从社会规范的层次角度分析，法律是最基本的道德

从宏观视角审视，伦理在不同客观社会领域、社会层面都存在具体的社会伦理现象，伦理表现为不同层次、每一层次的道德伦理所蕴含的文明价值各不相同。不同社会层面、组织机构与社会团体在现代社会生活中都有相应的伦理要求，如家庭伦理、人际伦理、职

---

[1] 魏英敏：《新伦理学教程》，北京大学出版社1993年版，第151页。

[2] 瞿同祖：《中国法律与中国社会》，载《瞿同祖法学论著集》，中国政法大学出版社2004年版，第412页。

业伦理、市场伦理和环境伦理等。"法律在复杂关系调整和多元利益调适中的'中庸'角色或者'中人'标准，决定了其必须保持'一般'和'普遍'的性质，所以法律规范所能吸收的只是道德伦理规范体系中，最基本的内容和最起码的要求。"[1]正因为如此，德国著名法学家耶林在其《法律的目的》一书中提出了著名论断，"法律与道德既相互区别又相互联系，法律是最低限度的道德，只有符合道德的法律才能被信仰，而这样的法律也才是真正的法律"。

3. 从规范调整范围分析，伦理道德涵盖法律

"法律与道德作为维持社会秩序的两种最基本的手段，其产生、发展以及相互的关系同样深深根植于一定的社会物质条件之下，而且其相互关系从发展趋势上来说是处于一种从绝对分离到相对分离的动态过程之中。"[2]伦理不仅包含人与人、人与社会和人与自然之间关系处理中的行为规范，而且也深刻地蕴含着依照一定原则来规范行为的深刻道理，包括人的情感、意志、人生观和价值观等方面。法律仅是一种行为规范，法律以权力（权利）、义务为调整机制，调整人有意识的行为，为人们的行为提供模式、标准、样式和方向。法律规范并不干预人单纯的动机、想法、认识或思想。伦理规范的影响和调整不存在边际限度，而法律的调整范围存在边际限度，法律规范所能吸收的只是道德伦理规范体系中，最基本的内容和最起码的要求。法律调整和规范的社会关系是特定的，而且调整对象和范围都是明确界定的，不得无限扩大或缩小。

4. 从规范的实现方式分析，法律强于伦理道德

"从人类早期开始，就存在两种不同的规则，有些规则主要是靠对不服从的惩罚威胁来维护，另一些则依赖于有指望对规则的尊重、负罪感或者自省来维护，法律与道德规则之区别的萌芽形态也许会显现出来。"[3]马克思主义法学认为，法律是"被奉为法律"的统治阶级的意志，是政治的表现，是阶级意志法律化的表现，法律的规范作用必须依靠某种强制力，才可以实现。因此，强制性是法律的基本特征表现。法律的强制力是由国家强制力保证实施的，具有国家强制性。国家强制力，既表现为国家对违法行为的否定和制裁，也表现为国家对合法行为的肯定和保护。国家强制力是借助国家系统化的暴力表现出来的。任何一种社会规范都具有强制性，都有保证其实施的社会力量。伦理道德是在社会生活中约定俗成的，是在人们行为习惯的基础上产生的，这就决定了伦理道德规范具有一定的朦胧性和模糊性。伦理道德规范的实现方式表现为自律和他律两种形式。自律是依据人们自身的道德智慧、道德情感和社会责任感，对自身行为的调节、控制和选择，这与强制性无关。他律是根据社会道德价值导向、公民舆论力量对行为主体进行道德评价、道德规范和道德引导，最终达到对人们行为的规范和整合。他律具有一定的强制性，但这种导向、评价效果最终还是要依靠自律才能达到，其缺少必要的强制机制和强制手段。因此，伦理道德的强制性较之于法律相对柔弱。

（二）法律与伦理的联系

在社会发展中，东西方的伦理与法律都是长期合二为一的。现实社会中伦理道德与法

---

[1]　徐向华：《中国立法关系论》，浙江人民出版社 1999 年版，第 102 页。

[2]　吴真文：《法律与道德的界限——哈特的法伦理思想研究》，湖南师范大学博士学位论文，2009 年。

[3]　[美] 哈特：《法律的概念》，中国大百科全书出版社 1996 年版，第 167 页。

律也体现出并生性，你中有我，我中有你，无法分割。伦理在政治化的同时，也在进行着法律化，伦理获得了法律保障，法律获得了伦理价值基础。伦理与法律二者间的联系，主要表现为以下三个方面：

1. 法律具有伦理性

有学者认为，伦理与法律之间的关联，是任何文化都不会否定的，并将"伦理对社会生活与社会秩序的影响力，伦理对人的行为的规范力与调节力，伦理运作实现自己的价值目标即伦理的有效性程度，称为'伦理效力'"。认为伦理在理想的层面上提供立法的精神，当某种伦理要求通过立法的形式强制性地要求人们执行，而不是通过社会舆论与内心信念起作用时，伦理也就转化为法律。[1] 也有学者将此种现象称为"法律伦理性"，认为"法律与社会伦理观念及伦理精神总体上的一致与符合，法律反映伦理要求，并以维护特定的伦理为目标"。提出法律伦理性是法律有效性的前提，立法者制定的法律只有符合伦理要求，才能使法律的要求在社会中得以真正实现，而这主要需要通过法律制度和法律程序的公正化、科学化来实现。法律伦理性有利于实现法律的人性化价值，有利于实现法律的公正化价值，有利于实现法律的功利性。[2] 因此，法律背后所存在的伦理价值观念支配并影响着法律的性质和方向，一定社会道德观念和伦理规范在很大程度上影响着法律的形成以及法律内容本身。

2. 伦理规范的实现，依靠法律的强制性

"社会是一个道德规范的聚合系统，而法律在当代世俗社会中是上述道德规范的基本体现和重要后盾，以此来弥补作为现代社会集合基础的普遍共同的价值观念的明显缺失。"[3] 如前所述，任何一种社会规范都具有强制性，都有保证其实施的社会力量。伦理道德规范所依靠的道德价值导向、公民的舆论力量，因为缺乏国家强制力支撑，其强制性较之于法律明显弱化。伦理的独立运作，不但不能解决社会控制的所有问题，而且不能履行自己的价值使命。伦理的运作需要一定的社会环境，最直接的体现就是必须，也只能在与之匹配的特定法律环境下才能运作，因此法律构成了伦理运作最直接也最基本的社会环境。如果没有法律对人行为的基本约束，没有法律建立的基本社会秩序，伦理就无法，也无力对一些属于法律范围的行为进行调节，也就无从建立伦理秩序。因为"人类的善只有通过人类的法律制度才能得以保障"[4]。

3. 伦理与法律间具有互动性

任何社会都必须建立秩序，都必须实现社会控制，而社会秩序与社会控制依靠的就是社会规范。法律与伦理道德作为人类社会的两大主要社会规范，在彼此相对独立运作过程中，不仅互为对方提供有效社会环境，而且体现出一定的互动性。伦理与法律间具有互动性，体现为二者间影响的双向性。伦理道德对法律的影响，体现为伦理的法律化过程中，法律会表现出伦理性。"那些被视为是社会交往的基本而必要的道德正当原则，在所有的

---

[1] 樊浩：《法律秩序与伦理效力》，载《天津社会科学》1997年第4期。

[2] 石敏：《法律的伦理性研究——以刑事诉讼法律伦理性为视角》，青岛科技大学硕士学位论文，2015年。

[3] ［英］戴维·M.沃克：《世界法律思想宝库》，中国政法大学出版社1992年版，第384页。

[4] John Finnis, *Natural Law and Natural Right*, Oxford University Press, 1980, P.1.

社会中都被赋予了具有强大力量的强制性质。这些道德原则的约束力的增强，当然是通过将它们转化为法律规则而实现的。"[1] 同样，法律对伦理道德也会产生一定的积极影响。在现代化进程中，法律控制日趋强化，伦理道德控制逐渐减弱，道德基础规范已逐步被法律替代，这不仅是伦理道德与法律关系的现实写照，也是不断发展的必然趋势。然而，这种趋势变化只是社会秩序和社会控制现实需求决定的，并不是人与社会追求的理想状态。社会规范机制与调控手段的日益刚性化发展，对于人的全面发展、对于人性，以及社会关系的调节与疏导是不利的。必须为伦理道德预留出社会调控空间，使其与法律形成合力，共同发挥社会规范作用。"必须放松调控和梳理法律。种种条文规定和表格扼杀了所有人的首创精神。"[2] 因此，法律也应作出相应检讨，将不合理或调控不理想的社会空间与社会关系，归还给伦理道德。实践中，我国对同性恋、流氓、投机倒把等行为"去罪化"态度以及相应的法律修改，即体现了此种变化与发展的情形与趋势。

---

[1]　[美] 博登海默：《法理学——法律哲学与法律方法》，中国政法大学出版社 1999 年版，第 374 页。

[2]　[德] 赫尔穆特·施密特：《全球化与道德重建》，社会科学文献出版社 2001 年版，第 44 页。

第三章　工程法律与伦理

一、工程法律

工程是人类利用各种要素而进行的各种创造性造物活动。随着人类对自然界改造的深入，越来越多的自然与社会人文要素逐渐渗透进工程活动当中，工程越来越显现出高度集成性特征，也完成了从自然工程向社会工程转变的社会化过程。"同一工程的参与者其实是'处于不同的世界中'，或者说工程的世界是一个与他人'共在'的世界。"[1]工程社会化，就是指这种工程参与主体扩大化的过程和趋势，工程正是通过逐步扩大的工程参与主体而实现自身社会化的。可以说，工程社会化的中心是人而非工程。工程社会化表现在工程规模的扩大化、工程评价的多元化、工程风险的多样化、工程监督的严密化以及工程冲突的复杂化等方面，这些内容均是工程参与主体扩大化的必然要求[2]。

工程活动不仅吸收了投资方、承担者、组织者、设计者和施工者，还包括工程产品使用者等各种不同利益攸关方。工程参与主体的扩大化，使工程活动所涉及的社会关系日益复杂。这些利益攸关方各自的利益诉求不同，如何公正合理地分配工程活动带来的利益与风险，是工程活动社会化过程中无法回避的现实问题。于是，工程法律应运而生。

※第二届世界工程师大会（WEC）《上海宣言》

世界工程师大会（WEC）简介

世界工程师大会，是由世界工程组织联合会（WFEO）和联合国教科文组织（UNESCO）于2000年共同发起并主办的全球工程技术界的盛会，被誉为"工程界的奥林匹克"。世界工程师大会每四年召开一次，至今已召开五届，曾分别在德国汉诺威、中国上海、巴西巴伐利亚、日本京都和澳大利亚墨尔本（2019年11月18—22日）举行。

世界工程师大会，是全世界工程界有高度凝聚力的综合性大会。为进一步发挥工程技术界在促进人类和平与发展中的整体作用，迎接世纪的挑战，大会以讨论各国工程技术界共同关心的重大问题为宗旨，每一届大会确定的主题各不相同。2000年，第一届德国汉诺威大会将"人类、自然、技术"确定为大会主题；2004年，第二届中国上海会议主题为"工程师塑造可持续未来"；2008年，第三届巴西巴伐利亚会议主题为"工程—创新与

---

[1]　张铃：《西方工程哲学思想的历史考察与分析》，东北大学出版社2008年版，第123页。
[2]　刘刚、李迁：《论工程社会化的法律表现》，载《广西社会科学》2018年第10期。

社会责任";2015年,第四届日本京都会议主题为"工程:创新与社会";2019年,澳大利亚墨尔本会议主题是"建设一个可持续发展的世界:未来100年"。

2004年,第二届世界工程师大会在中国上海举行。本次会议的目的是集思广益,审视工程的现状,探讨工程的未来,阐明工程师的社会责任,密切工程与社会的沟通,加深工程与公众的相互理解。与会代表围绕"工程师塑造可持续未来"主题,分别就网络工程与信息化、生物工程与人类健康、交通与超大城市可持续发展、环境保护与灾害防治、农业工程与食品安全、资源与能、生态材料与绿色制造等问题进行了深入探讨和交流。为吸引更多工程师参与,大会还开办了工程教育与青年工程师、妇女参与、工程师的伦理道德和新型工业化道路五个"虚拟论坛"。本次大会通过了《上海宣言》。具体内容如下:

上海宣言[1]

世界工程师大会 2004年11月5日于上海

众所周知,在消除贫穷、持续发展、实现联合国制定的《千年发展目标》的事业中,工程承担着重要的责任。为此,参加2004年世界工程师大会的代表们特发表如下宣言。

面临的挑战

1. 形势。在经济建设等领域取得令人鼓舞进展的同时,当今世界面临着众多严峻的挑战:环境恶化、灾害频发、资源紧张、人群之间和国家之间的贫富差距扩大。所有这一切对于全球的繁荣、安全、稳定和持续发展构成了严重的威胁。

庄严的使命

2. 工程界。为社会建造日益美好的生活,这是工程师的天职。为此,工程师应当与各界团体、非政府和政府间组织一起,利用知识的手段把资源转变为产品和服务,建设更加美好的世界。在此过程中工程师负有特别的责任,制定可测度的指标和措施,做到在当代资源利用和未来资源需求之间保持平衡,保护环境与生态系统,保障持续发展。

3. 各国政府。各国政府应当充分认识工程在社会经济发展、保障人们基本需求、消除贫困、缩小知识鸿沟、促进各种文化的沟通合作和消除冲突中的作用,应当采取措施促进各界支持工程教育和能力提升。在改善各国公众对工程的理解和应用方面,这是最重要和最有效的措施。

4. 国际组织。非政府组织(如WFEO)和政府间组织(如UNESCO)应当在促进工程发展应用和缩小各国差距、支持和促进国际特别是发达国家和发展中国家之间工程合作方面发挥巨大作用。

责任和承诺

5. 可持续性。在塑造可持续未来方面,工程负有重大责任。工程师应当创造和利用各种方法最大限度地减少资源浪费,降低污染,保护人类健康幸福和生态环境。

6. 工程伦理道德。诚信、平等、反对腐败,这是工程界必须遵守的基本准则。应当

---

[1] 钟义信:《工程师心中的"工程研究"——介绍世界工程师大会〈宣言〉》,载《"工程科技论坛"暨首届中国自然辩证法研究会工程哲学委员会学术年会工程哲学与科学发展观论文集》,第31~33页。

在一切工程实践中坚持严格的标准，加强对工程师和工程组织在行为准则方面的舆论监督。

7. 多边合作。工程师应当清醒地认识多边合作的重要性。在创造和应用知识推进可持续发展的过程中不但要加强工程内部不同领域之间的协同合作，而且要努力促进与自然和社会科学以及公众之间的合作。

8. 教育与能力培育。工程中的发明创造极为重要。因此应当鼓励人们和团体的能力提升，同时应当改革工程教育和继续教育的课程设置和教学方法，更多地关注社会和伦理问题，从而增强工程对青年的吸引力。应当鼓励和关怀青年工程师，他们是我们的未来。

9. 妇女参与。妇女的潜力常常受到束缚。而只有男女方的聪明才智都得到发挥，人类社会才能得到充分的发展。因此，鼓励妇女参与工程事业是工程界自身可持续发展的关键。

10. 国际合作。人群之间和国际之间都存在太大的差别。处理不好就会引起冲突。工程的国际合作有助于知识的交流，有助于把工程技术用来消除贫穷、改善人类健康、增进和平的文化。

与会代表们共同呼吁：工程师、工程组织、政府和国际社会行动起来，担负起自己的神圣责任，为可持续的未来贡献自己的力量！

（一）工程法律的概念和特点

法律是通过对人的行为调控，进而调整社会关系，从而发挥其社会规范作用。工程社会化程度越来越深入，以法律规范工程活动就成为工程与社会发展之必需。任何国家或地区的法律都是由各个部门法构成的体系化、系统化的有机整体，工程法律（以下简称"工程法"）是其必备之内容。目前，学界关于工程法是否能够成为独立法律部门支持者不多，大多学者坚持主张其应归属于经济法范畴。学界对工程法内涵的理解有广义和狭义之分。广义的工程法"是规范各项工程活动，调整工程关系的法律规范的总称"[1]。狭义的工程法一般是指工程建筑法，又称"工程建设法""建筑工程法"等，是"调整国家在管理和协调工程建设活动过程中所发生的各种社会关系的法律规范的总称"[2]。本书从广义角度理解、论述工程法，工程法具有如下特征：

1. 工程法的调整对象具有高度的复杂性

目前，大多数学者仍主张将工程法归属于经济法范畴，因此工程法同经济法一样，其调整对象极其复杂。工程法的调整对象是工程关系。就工程建设基本程序而言，一项工程的全寿命周期包括立项、决策、规划、建设、使用、废除等阶段，各阶段都会涉及计划、设计、施工等不同工程关系，数量多、性质多样，极其复杂。工程管理学界有学者主张，以完整工程周期为标准，将工程法调整的社会关系划分为三类，即分别存在于决策、实施和运营三阶段的社会关系。法学界有学者主张，将工程法律关系划分为工程活动中的行政隶属关系、经济协作关系和民事关系；也有学者主张，将工程法所调整的社会关系区分为工程管理关系与工程交易关系，或将工程法所调整的社会关系划分为横向工程民事关系和

---

[1] 周佑勇：《工程法学》，中国人民大学出版社 2010 年版，第 5 页。

[2] 刘亚臣、李闫岩：《工程建设法学》，大连理工大学出版社 2015 年版，第 1 页。

纵向工程行政关系。总之，无论是纵向还是横向划分，抑或是按照工程全寿命周期、工程活动运行流程划分，工程法调整对象的复杂性都是显而易见的。

2. 工程法调整手段具有特色专业性

工程法是规范各项工程活动，调整工程关系法律规范的总称。也就是说，工程法的调整对象是发端于工程活动领域中的各种关系。任何一项工程，尤其是在工程社会化程度日益加深的发展趋势下，其所关涉的领域越来越广泛、复杂，如水利建设工程就关涉土木、建筑、水文、测量、地质勘探、机电、材料、规划、营运、管理等多种行业、职业。与此相关，工程所牵涉的学科与专业知识也相互交融。这些都凸显了工程领域、工程活动和工程关系的专业性特征，这些专业性特征决定了工程法调整手段的专业性。因此，工程法无论是立法、执法，还是具体的司法活动都彰显出专业性特点。工程法的专业性特征对法学教育也产生了积极影响，目前有些高校已经开始对法学学生进行工程法专业特色方向培养，满足了工程领域对法学人才的特色需求，取得了极好的社会效果。

3. 工程法调整目的具有鲜明的公益性

工程是造物的活动，工程活动的社会化促使道路、桥梁、港口、码头、博物馆、行政机关的办公用房公共工程逐渐增多，工程所造之"物"越来越呈现出公众化特征。"人们奋斗所争取的一切，都同他们的利益有关"[1]，这些公共工程是社会公众的整体需求体现，彰显了一定的公共利益。作为调整工程关系的工程法，其调整手段即是以权利义务确定方式，调整社会主体间的利益关系。因此，工程活动中日益凸显的公共利益，促使工程法的公益性越加明显。

（二）工程法的调整对象

"法律是调整社会关系的行为准则，任何法律都有其所调整的社会关系，否则，就不成其为法律。"[2] "工程法的调整对象是工程关系，是工程关系参与主体之间，因工程引发的各式各样的特殊结合、具有法律调整必要的社会关系。"[3] 如前所述，工程关系无论是纵向还是横向划分，抑或是按照工程全寿命周期、工程活动运行流程划分，都具有高度的复杂性，导致工程管理学界与法学界对工程关系的具体分类难以统一。本书借鉴经济法对其调整对象的划分方法，将工程关系划分为两类，即纵向工程行政关系和横向工程民事关系。

1. 纵向工程行政关系

"一切规模较大的直接社会劳动或共同劳动，都或多或少地需要指挥，以协调个人的活动……"[4] 因此，国家基于社会公共利益，对"经济和社会发展战略目标的选择，经济总量的平衡，重大结构和布局的调整，收入分配中公平与效率的兼顾，市场效率条件的保证以及资源和环境的保护等等"[5]，就成为社会管理之必须，对工程活动的监管和干预亦是如此。纵向工程行政关系，是指国家出于公共利益需要，由相关行政主体对工程活

［1］《马克思恩格斯全集》（第 23 卷），人民出版社 1956 年版，第 82 页。

［2］张文显：《法理学》，高等教育出版社、北京大学出版社 2011 年版，第 82 页。

［3］徐华：《工程法部门独立地位之证成》，载《知与行》2018 年第 2 期。

［4］《马克思恩格斯全集》（第 23 卷），人民出版社 1972 年版，第 367 页。

［5］桂世镛：《社会主义市场经济体制中计划的作用》，载《求是》1992 年第 23 期。

动的工程主体、工程实施过程及工程产品进行监督管理，而形成的行政监管关系。纵向工程行政关系具体包括行政计划关系、行政规划关系、行政审批关系、行政调节关系和行政监督关系等。纵向工程行政关系的双方主体间具有不平等性，一方是拥有法定监管权力的行政主体；另一方是处于被监管地位的工程设计、施工或产品维护的单位和个人。任何一方主体都是复杂多样的，处于监管地位的行政主体包括依法具有工程监管权力的各种行政机关、事业单位或依法接受委托的机构；处于被监管地位的工程活动参与主体包括工程设计单位、施工单位以及工程师等个人。

我国 2019 年修订了《中华人民共和国建筑法》，其中明确规定"为了加强对建筑活动的监督管理，维护建筑市场秩序，保证建筑工程的质量和安全，促进建筑业健康发展，制定本法""建筑工程开工前，建设单位应当按照国家有关规定向工程所在地县级以上人民政府建设行政主管部门申请领取施工许可证""建筑工程招标的开标、评标、定标由建设单位依法组织实施，并接受有关行政主管部门的监督""国家推行建筑工程监理制度。国务院可以规定实行强制监理的建筑工程的范围""建设行政主管部门负责建筑安全生产的管理，并依法接受劳动行政主管部门对建筑安全生产的指导和监督""国家对从事建筑活动的单位推行质量体系认证制度。从事建筑活动的单位根据自愿原则可以向国务院产品质量监督管理部门或者国务院产品质量监督管理部门授权的部门认可的认证机构申请质量体系认证。经认证合格的，由认证机构颁发质量体系认证证书"。其中所涉及的相关行政主体对建筑工程活动监管过程中，与被监管对象间形成的施工许可、招投标、监理、安全生产、质量体系认证等关系，即是此种工程关系。此外，对纵向工程关系的调整，还体现在我国《刑法》等其他相关工程法律规范中。

2. 横向工程民事关系

"市民社会理念于近一二十年间的复兴与拓深，几近形成了一股可以被称之为全球性的'市民社会思潮'。……其目的乃在于透过对市民社会的重塑和捍卫来重构国家与社会间应有的良性关系。"[1] 在"国家与社会间应有的良性关系"中除纵向行政关系外，还包括横向民事平等关系。横向工程民事关系，是指在工程活动的策划、设计、实施、监理、运营、维护等阶段，工程参与主体间形成的平等民事关系。横向工程民事关系主要表现为合同关系。"合同又称为契约，是市场主体之间的交易关系在法律上的反映，是推动实现资源优化配置的法律形式，也是实现特定公共政策的中介。"[2] 与行政关系不同，合同关系的双方主体间是平等的，不存在管理与被管理的关系。工程活动中，各工程参与主体遵循市场规则，在勘察、设计、施工、监理、运营、维护等各环节，通过合同方式来确立相互间联合协作或互助关系，并明确各方的权利义务。横向工程民事关系体现了工程参与主体自身的能动性与主观意志，符合市场经济规律，对推动工程活动与工程技术深入发展起到了极大的推动作用。

我国《民法典》规定"建设工程合同是承包人进行工程建设，发包人支付价款的合

---

[1] [美] 杰弗里·亚历山大：《国家与市民社会》，邓正来译，世纪出版集团、上海人民版社 2006 年增订版，第 1 页。

[2] 马克思主义理论研究和建设工程重点教材《民法学》编写组：《民法学》，高等教育出版社 2019 年版，第 292 页。

同";"建设工程合同应当采用书面形式";"建设工程合同包括工程勘察、设计、施工合同";"勘察、设计合同的内容一般包括提交有关基础资料和概预算等文件的期限、质量要求、费用以及其他协作条件等条款";"施工合同的内容一般包括工程范围、建设工期、中间交工工程的开工和竣工时间、工程质量、工程造价、技术资料交付时间、材料和设备供应责任、拨款和结算、竣工验收、质量保修范围和质量保证期、相互协作等条款";"建设工程实行监理的,发包人应当与监理人采用书面形式订立委托监理合同"。这些都是对建设工程合同内容与形式的相关规定,这些规定使工程活动参与者间的横向民事关系更加明确、清晰。

(三) 工程法的内容

法律的调整对象不同,决定了不同法律间内容亦有不同。工程法的调整对象是工程关系,工程关系又可分为纵向工程行政关系和横向工程民事关系两类。因此,工程法总体内容可分为调整纵向工程行政关系的工程法和调整横向工程民事关系的工程法两部分。对于工程法具体内容的两类划分,只是出于理解与认识的需要,实际上二者间并不存在明显的界限,二者间是相互融通、交错的。

1. 调整纵向工程行政关系的工程法

调整纵向工程行政关系的工程法主要包括行政法、经济法和刑法等法律法规。其中行政法主要体现为《行政许可法》《行政处罚法》《行政复议法》《行政强制法》以及《行政诉讼法》等。此外,其还包括大量的行政法规、地方法规和部门规章,如《工程勘察设计咨询业知识产权保护与管理导则》《食品药品行政处罚程序规定》《环境行政处罚办法》等,内容十分庞杂。经济法主要体现为《招标投标法》《标准化法》《产品质量法》《建筑法》《环境保护法》等;同时也包括大量的行政法规、地方法规和部门规章,如《公路水运工程质量监督管理规定》《公路工程建设项目招标投标管理办法》《非煤矿山外包工程安全管理暂行办法》等,内容同样异常丰富。刑法主要体现为我国《刑法》以及相关的司法解释,如最高人民法院、最高人民检察院《关于办理危害生产安全刑事案件适用法律若干问题的解释》《关于办理危害药品安全刑事案件适用法律若干问题的解释》《关于办理危害食品安全刑事案件适用法律若干问题的解释》等。本书将重点介绍工程许可、招投标、环保、质量和标准等相关法律内容。

2. 调整横向工程民事关系的工程法

调整横向工程民事关系的工程法主要体现为民事法律法规,具体包括《民法典》《民事诉讼法》等。此外,其还包括大量的行政法规、地方法规和部门规章,如建设部、国家工商行政管理局《关于印发〈建设工程施工合同(示范文本)〉的通知》;电力部、水利部、国家工商行政管理局《关于颁发〈水利水电土建工程施工合同条例〉的通知》;建设部、国家工商行政管理局《关于印发〈建筑装饰工程施工合同示范文本〉的通知》等。另外还有一些专门的司法解释,如最高人民法院《关于审理建设工程施工合同纠纷案件适用法律问题的解释》《关于扣押与拍卖船舶适用法律若干问题的规定》和《关于审理专利纠纷案件适用法律问题的若干规定》等。本书重点介绍工程合同、知识产权、侵权和纠纷解决等相关法律内容。

二、工程伦理

"任何活动都是在一定的理念支配下进行的。理念就是理想的、总体性的观念。各类工程活动都是自觉或不自觉地在某种工程理念的支配下进行的。工程理念的内涵十分丰富，它凝聚并支配着工程系统观、工程社会观、工程生态观、工程伦理观和工程文化观等。"[1] 工程活动中既体现着人与自然的关系，又体现着人与社会的关系。随着工程活动的高度集成化与社会化发展，大工程理念逐渐产生，并被越来越多的国家、工程师团体所接受，已成为一种工程活动潮流与必然趋势。

"大工程观念就是指对于工程实践，要将其看作是在多种因素共同影响和制约的复杂的运作体系中来，大工程观既包含着科学技术在实际生产中的应用，还需要包含对协调、组织管理以及经济方面的基本要素，同时对社会产生广泛的影响。所以必须要统筹协调诸如经济、社会、政治等多种因素，才能够进行实施。"[2] 大工程观念对于技术人员的要求也是十分严格的，不仅要求技术人员要懂得业务，同时还应该具备创造性地解决问题的能力；要有一定的管理能力，能协调各项利益管理；存在道德和利益冲突时要具有选择能力。这是因为技术人员不仅要对雇主负责，还应该对社会、对公众以及对人类的未来负责。

（一）工程活动中的伦理问题

物质的实践是工程的基本特性，人是实践的主体，人与自然之间、人与人之间必然发生的多样化的、可选择的关系是伦理问题产生的重要前提。"工程是人类有组织、有计划、按照项目管理方式进行的成规模的建造或改造活动。大型工程涉及经济、政治、文化等多方面的因素，对自然环境和社会环境造成持久的影响。"[3] 尤其是"二战"后，现代科技在工程领域的应用与发展越来越快，越来越深入，已经引发了一系列难以控制或预知的不良后果或伤害，产生了工程风险，如工程活动引发的社会公平正义问题、环境问题、工程安全问题等等。"工程风险是不以人的意志为转移并超越人们主观意识的客观存在。"[4] 这些风险的存在，使自然生态遭到破坏，人类健康受损，甚至造成人类可持续发展危机，使社会发展充满不确定性。

工程活动的各个环节涉及不同类型的参与者，特别是随着工程的规模和涉及领域的逐步扩大，工程活动所包含的群体数量越来越多、构成也越来越复杂。不同行动者之间既可能是合作关系，也不可避免地存在冲突。因此，建立相对公正的行为规范和伦理准则，尽量减少或消除这种冲突，正是工程伦理所致力解决的问题。[5] 工程不是科技在自然界中的单纯运用，而是工程师、科学家、管理者乃至使用者等群体围绕工程这一内核，所展开的集成性与建构性的活动。因此，工程活动集成了技术、经济、社会、自然和伦理等多种

---

[1] 黄顺基：《〈工程哲学〉的开拓与创新——评殷瑞钰、汪应洛、李伯聪等著的〈工程哲学〉》，载《自然辩证法研究》2007年第12期。

[2] 李润、关志强、郭刚明：《"大工程观"研究综述》，载《南方论刊》2011年第5期。

[3] 朱京：《论工程的社会性及其意义》，载《清华大学学报（哲学社会科学版）》2004年第2期。

[4] 张磊：《不同合同形式下工程风险分担方式的研究》，载《才智》2011年第17期。

[5] 李正风、丛杭青、王前：《工程伦理》，清华大学出版社2019年版，第22～25页。

要素，其中伦理要素关注的是工程师等行为主体在工程实践中如何能够"正当地行事"的问题。工程中的伦理要素常常和其他要素纠缠在一起，使问题复杂化，于是就产生了工程中的技术伦理、利益伦理、责任伦理和环境伦理等问题。

1. 工程技术伦理问题

工程活动能够最大限度地将各学科理论的技术成果应用在社会生产之中，并对整个社会发展产生深远影响。"二战"后，科学技术发展越来越快，工程技术在利用自然中的作用也越来越强，科技在人们建设中的应用越来越广。工程活动是多项技术的集成，是一个相互联系、相互作用的多元技术系统，由于每一项技术都具有一定的不完备性，当各项技术综合集成在工程活动当中形成技术系统时，自然会增加技术系统内部的复杂性。技术系统的复杂性会带来技术的不稳定性，这些不稳定性在工程实践中就会形成工程风险。就技术本身来讲，技术活动应遵从自然规律，不以人的主观意识为转移，仅是人类认识与改造世界的一种手段，本身并无善恶之分。然而技术活动无论研发还是应用，都需人的参与，因此"一切技术、一切规划以及一切实践和选择，都以某种善为目标"。"技术一旦产生，它所带来的结果必将是多种多样的。所以应该对技术进行考察，因为技术更难决断。"[1]因此，人具有选择运用何种技术、将技术运用于何种工程活动的自由。在工程技术运用和发展中，必须要对技术运用主体进行道德评判和干预，于是工程技术活动就产生了伦理问题。

※中国版"绝命毒师"[2]

2014年11月，武汉海关从一份寄往境外的快递包裹中发现藏匿有若干白色可疑粉末，经送交相关检验部门判断为某类精神药物。随后，武汉海关连续8次截获邮寄类似可疑白色粉末。2015年5月，武汉海关将8次查获的可疑白色粉末送公安部国家毒品实验室检测。经鉴定，其中两个邮包中的可疑物品为"3，4-亚甲二氧基甲卡西酮"，是一种致幻性很强的新型精神毒品，属于甲卡西酮类别。该毒品容易使吸食者产生精神依赖，社会危害性很大，属国家管制一类精神药品。

2014年6月17日凌晨，侦查机关查封制毒窝点"武汉某化学有限公司实验室"，并将4人犯罪团伙全部抓捕。经查，该案被告人张某为华中科技大学化学与化工学院副教授，在有机化学领域颇有建树。他发现国外有些国家对已经列入管制的精神类药品需求量大，而国内尚未将其列管，中间有利可图。于是便与杨某等人合伙注册公司，以研制生产医药中间体等为掩护，非法从事精神类药品的生产，主打产品为3，4-亚甲二氧基甲卡西酮。产品出来后，以化名邮包形式，全部销往英、美、澳大利亚等国家，还用比特币等网络货币收款以逃避打击，年均获利400余万元。我国于2014年1月1日起，将该公司生产的4号主打产品列入一类精神药品管制目录。该公司也试图研制替代产品，但未成功。同时国外需求量大、利润高，几名被告人仍继续生产、走私、贩卖上述4号产品。

2017年4月13日，湖北省武汉市中级人民法院对该起走私、贩卖、运输、制造毒品

---

[1] 亚里士多德：《尼各马可伦理学》，苗力田译，中国人民大学出版社2003年版，第49页。

[2] 《中国版"绝命毒师"》http：www. xinhuanet. com/legal/2019-07/23/c-1124785515. htm，最后访问日期：2019年12月28日。

案公开开庭宣判。后判处张某无期徒刑，剥夺政治权利终身，并处没收个人全部财产。其他被告分别被判处死刑，缓期二年执行，剥夺政治权利终身，并处没收个人全部财产；有期徒刑十五年，并处没收个人财产八万元等刑罚。

2. 工程利益伦理问题

工程本身是一种社会生产活动，吸收了工程投资者、组织者、设计者、施工者以及产品使用者等多方、多元参与主体。这些参与主体在工程策划、设计、施工等各环节，都存在着不同的利益需求，不仅仅是单纯的工程参与者，还是重要的工程利益攸关者，因此工程活动本身就具有利益攸关性。工程是造物的活动，一切工程活动都是为了增进社会利益，满足社会某种目的。对于一个成功的工程项目来说，不但在技术上是先进的和可行的，在经济上也应当是高效益的。但值得注意的是，工程活动汇聚了科学技术和经济、政治、法律、文化、环境等多种要素，对工程活动的评价就不应仅仅以经济效益为唯一标准，还应考虑其他要素。"工程师在组织社会生产过程中所起到的作用就是整合，其主要的作用就是要构建整体。"[1] 这里的"整合"，即是综合考量、整合工程活动中各类利益攸关方的诉求，公正合理地分配工程活动所产生的利益和风险，最大限度地实现利益分配的公平正义。这里的"构建整体"，可以理解为充分考虑工程活动所涉及的社会、文化、环境等要素，选择较优方案，在取得预定经济效益的同时，最大限度地实现社会效益。工程的基本责任是为人类的生存和发展创造福祉，如何通过工程活动平衡各方利益？如何兼顾效益与公平？如何真正回归工程"以人为本"初心？这些问题都需工程师在工程活动中进行一定的伦理思考。

※ 中国丑陋建筑评选 [2]

改革开放至今，建筑市场空前繁荣，但建筑物求高、求大、求洋、求怪之作却屡见不鲜，此种现象实乃工程设计人员浮躁心态及模糊建筑文化观念使然。为促进建筑文化的普及和建筑审美水平的提高，2010 年"畅言网"联合文化、建筑界学者、专家、艺术家、建筑师举办了首届"中国十大丑陋建筑"评选活动，旨在抨击那些对建筑业发展造成不利影响的丑陋建筑，以推动当代中国进步建筑文化健康发展。

"十大丑陋建筑"评选一般考虑建筑使用功能极不合理，与周边环境和自然条件极不和谐，抄袭、山寨，盲目崇洋、仿古、折中、拼凑，盲目仿生，刻意象征、隐喻，体态怪异、恶俗，明知不可为而刻意为之等标准。该活动目前已举办九届。2018 年，上海国际设计中心、湖北武汉新能源研究院大楼、甘肃兰州音乐厅、江苏盐城权健华东国际会议中心、湖北潜江曹禺大剧院、辽宁鞍山兴隆大家庭、重庆喜来登国际中心、重庆渝北商会大厦、山东滨州国际会展中心和江苏昆山市巴城蟹文化馆入选第九届"中国十大丑陋建筑"。

---

[1] 贾生超：《大工程观教育理念下〈建筑给排水工程〉课程教学实践》，载《科技经济市场》2006 年第 12 期。

[2] 百度百科——"中国丑陋建筑评选"http：//baike.baidu.com，最后访问日期：2019 年 12 月 20 日。

3. 工程责任伦理问题

伦理学意义上的责任，通常与特定的社会角色相联系，倾向于职务责任，一般指某个特定的职位在职责范围内应该履行的事情，或由于没有尽到职责而应承担的过失。具体来说，"责任包括两个方面，一方面指分内应做的事。在具有强制性的社会法律规范或道德的约束下，人们承担起与自己能力相配的责任；另一方面指没有做分内应做的事而应该承担的过失"[1]。伦理责任与法律责任不同，法律责任通常是一种事后责任，是行为发生以后所要追究的责任，而伦理责任则是针对事前责任而言，具有前瞻性。

随着科学技术的发展、大型工程活动的进行，工程活动的参与者越来越多，包括工程师、工人、投资者、决策者、管理者、其他利益相关者等。在工程活动中，他们只有围绕共同工程目标，彼此协调、相互配合，构成一个有机的行动整体，才能完成复杂的现代工程。工程活动的每一类参与者都关涉一定职业，都对应着不同职业伦理责任，因此工程责任在不同职业中的显现会有一定的不同。由于工程师工程活动中的不可或缺性及不可替代的重要地位，故本书所论及的工程责任或工程伦理均指向工程师，不涉及其他工程参与主体。

工程师职业最初产生之时，一般仅是受雇于工程投资人（雇主），利用其拥有的科学知识和技术应用技巧，在工程活动中承担研发、设计与生产施工等工作职责，并获取报酬。工程师只要按照雇主要求履行职责，对雇主负责即可。因此，对雇主忠诚并为之获取利益，就成为工程师最早的责任伦理规范要求。随着社会工业化进程的加快，工程师在社会发展中的作用越来越凸显出来，加之工程师社会地位日渐提升，职业团体力量也逐渐彰显。于是，工程师对与雇主间关系越来越不满，部分人随即提出工程师应对整个社会承担"普遍责任"[2]，以此对抗雇主，并借以提高社会与政治地位。但遗憾的是，此种主张并未得到广大工程师的积极响应，也未得到社会的广泛支持。"普遍责任"虽然没获取积极响应和普遍支持，但却引发了人们对工程师社会责任的思考。由于工程活动社会化的深入发展，现代工程项目所涉及的社会公众安全、健康和福利，逐渐成为对工程和工程师评价的重要社会指标。于是，工程师开始在工程活动中重视对公众健康、安全和福利的价值考量。对工程师的职业责任伦理要求，也由仅对雇主保密、忠诚和利益获取责任，逐渐演化为与社会公共利益责任并重，并且社会公共利益责任日益演化为工程师责任伦理的首要要求。随着对工程师公共利益责任的日渐重视，加之环境污染日益加剧，对工程师责任伦理要求又逐渐开始强调保护环境，节约资源和可持续发展等环境伦理问题。

---

[1]　曹南燕：《科学家和工程师的伦理责任》，载《哲学研究》2000 年第 1 期。

[2]　该思潮产生于 20 世纪初到 30 年代，以美国社会学家凡勃伦为代表。凡勃伦在其著作《工程师与价值体系》和《有闲阶级论》中，倡导工程师革命，认为要将社会权力交到工程师手中。他的思想影响了一大批工程师，继而产生了工程师"普遍责任"思潮。该思潮认为工程师不应仅对雇主负责，工程师所负的责任不应仅局限于工程活动领域，而应涉及社会政治、经济、文化等多个领域，甚至能够推动整个人类文明的进步。该思潮后来又演化为专家治国论，或称之为技术统论论、专家治国运动思潮。该思潮的最大弊端在于片面夸大了技术的社会意义，忽视了国家是阶级统治的工具。工程师仅具备工程专业知识，并没有政治家的政治才能，无法实现对社会或国家的技术统治。详见常鸿飞：《论工程师的伦理责任》，长安大学 2009 年硕士学位论文。

※江西丰城发电厂冷却塔施工平台坍塌重大事故[1]

江西丰城发电厂三期扩建工程建设规模为 $2 \times 1000MW$ 发电机组，总投资额为 76.7 亿元。工程采用 EPC 总承包的形式，于 2015 年 12 月 28 日开工。其中 7 号冷却塔为丰城电厂扩建工程 D 标段，于 2016 年 4 月份开工。

7 号冷却塔是丰城电厂三期扩建工程中两座逆流式双曲线自然通风冷却塔其中的一座，采用钢筋混凝土结构。设计塔高 165 米，筒壁厚度 0.23～1.10 米。2016 年 11 月 24 日 6 时许，混凝土班组、钢筋班组先后完成第 52 节混凝土浇筑和第 53 节钢筋绑扎作业，离开作业面。随后，70 人先后上施工平台，开始拆除第 50 节模板并安装第 53 节模板。施工平台连接的平桥上有 3 名作业人员，冷却塔底部有 19 名工人在作业。7 时 33 分，7 号冷却塔第 50—52 节筒壁混凝土从后期浇筑完成部位开始坍塌，沿圆周方向向两侧连续倾塌坠落。作业人员随同筒壁混凝土及模架体系一起坠落，酿成特别重大事故，造成 73 人死亡、2 人受伤，直接经济损失 10197.2 万元。

后经调查组现场勘查、计算分析，排除了人为破坏、地震、设计缺陷、地基沉降、模架体系缺陷等因素引起事故发生的可能。调查组认定事故的直接原因是施工单位在 7 号冷却塔第 50 节筒壁混凝土强度不足的情况下，违规拆除第 50 节模板，致使第 50 节筒壁混凝土失去模板支护，不足以承受上部荷载，从底部最薄弱处开始坍塌，造成第 50 节及以上筒壁混凝土和模架体系连续倾塌坠落。具体原因包括施工单位为完成工期目标，施工进度不断加快，导致拆模前混凝土养护时间减少，混凝土强度发展不足；在气温骤降的情况下，没有采取相应的技术措施加快混凝土强度发展速度；筒壁工程施工方案存在严重缺陷，未制定针对性的拆模作业管理控制措施；对试块送检、拆模的管理失控，在实际施工过程中，劳务作业队伍自行决定拆模。

后经国务院调查组调查认定，该起事故为重大生产安全责任事故，31 人被采取刑事强制措施。给予 38 人党纪政纪处分，9 人诚勉谈话、通报、批评教育。

4. 工程环境伦理问题

美好、健康的自然与社会环境是人类生存的基本条件，然而工程活动在为社会与人类创造物的同时，也需要消耗自然资源，改变自然与人类的社会现状，因此工程师既改善了自然与环境，同时也造成了环境恶化。环境污染问题的严重性是与近代工程技术迅速发展、工业化程度不断提高、人类对自然开发力度逐渐加大直接相关的。工程活动对环境造成了严重影响，不仅损害了人类利益，还危害了生物多样性，使生物物种锐减，人类生存和可持续发展都面临着严峻挑战。"工程师的创造性劳动不断地改进世界的面貌和人类的生活，社会应当对他们表示尊重。但由于工程师的'作品'随时都在改变面貌，所以一定要小心，即使你的心灵没有受到金钱权利等不良习气的影响，但如果你在保护环境，节约资源上做得不完美，你建设的项目不能体现可持续发展的道路，不能促进人与自然和谐共存，你仍算不上一名称职的工程师。"[2] 因此，工程师一定要突破传统责任伦理局限，

[1]《江西丰城发电厂"11·24"冷却塔施工平台坍塌特别重大事故调查报告》，http://www.safehoo.com/case/case/collapse/201709/495932.shtml，最后访问日期：2019 年 12 月 30 日。

[2] 沈国舫：《可持续发展应该成为工程师的必修课》，载《光明日报》2004 年 11 月 17 日。

勇于担负起环境伦理责任，维护生态平衡，保护环境。

※紫金矿业重大水污染环境案[1]

紫金矿业是国内最大的黄金生产企业。2010年7月3日，连续降雨造成紫金山铜矿湿法厂区溶液池区底部黏土层掏空，污水池防渗膜多处开裂，水位异常下降，池内酸性含铜污水出现渗漏，外渗污水量约9100立方米，部分进入汀江，导致汀江部分河段水质受到严重污染，并造成大量鱼类死亡。事故发生后，紫金矿业瞒报废水泄漏事故达9天，直至12日才将事故真相公之于众。

事故发生后，国家环境保护部会同福建省环境保护厅、龙岩市政府及环境保护部门组成联合调查组。联合调查组通过听取情况汇报、查阅资料、现场勘查、调查取证等方式，查明此次水污染事故的发生原因有三个。一是企业防渗膜破损直接造成污水渗漏。破损原因是废水堆场及池底未进行硬化处理，防渗膜承受压力不均，导致防渗膜出现不同程度撕裂，加之持续强降雨，使污水池底部压力发生变化，致使污水池防渗膜发生突然破裂。二是6号集渗观察井与排洪洞被人为非法打通，使渗漏污水直接进入汀江。三是企业在汀江下游设置的水质自动在线监测设备损坏且未及时修复，致使事件发生后污染情况未能被及时发现。

2010年9月26日，福建省环境保护厅对紫金矿业集团股份有限公司紫金山金铜矿作出了罚款956.313万元的行政处罚。事故发生后，紫金山金铜矿分别委托上杭县人民政府、永定县人民政府，赔偿了相关渔民养殖户的经济损失共计2220.6万元。

2011年1月30日，龙岩市新罗区人民法院以重大环境污染事故罪，判处紫金矿业集团股份有限公司紫金山金铜矿罚金3000万元；紫金矿业集团股份有限公司原副总裁陈某等5名责任人分别被判处3年至4年6个月有期徒刑，并处20万元至30万元不等罚金。后紫金山金铜矿及5名被告人不服初审判决结果，向福建省龙岩市中级人民法院提出上诉。龙岩市中级人民法院裁定维持一审法院判决。此外，涉案的5名国家工作人员也因受贿、玩忽职守等罪名被依法追究刑事责任。

（二）工程伦理的概念

伦理，一般被理解为处理人与人、人与社会，以及人与自然各种关系的原则和规范，是一系列指导行为的观念和关于是非对错问题的哲学思考，蕴含着依照原则来规范行为的深刻道理及其对应的行为规范。工程是人改造自然以满足人类自身需要的活动，并集成了技术、经济、社会、自然等多种要素，如何在复杂工程关系中确保工程师能够"正当地行事"，离不开伦理原则与具体规范的引导和调节作用。因此，工程活动与伦理必然会纠结在一起，并产生工程技术、利益、责任和环境等伦理问题。

工程伦理是伦理学的分支，主要关注工程决策和设计、实施过程中，工程与社会、工程与人、工程与环境的关系合乎一定社会伦理价值的思考和处理问题。工程伦理是社会对工程活动进行道德评价的结果，工程伦理有广义与狭义之分。广义的工程伦理扩大了工程

---

[1] 朱达俊：《中国重大环境案例回顾：紫金矿业污染案》，载《环境保护与循环经济》2013年第2期。

活动的性质和范围，认识到工程活动参与者的多元化，认为工程活动中的主要问题是决策和对策问题，不仅指职业伦理，还包括工程决策伦理、工程政策伦理和工程过程的实践伦理。狭义的工程伦理仅指职业伦理，即工程师职业伦理，是指工程师在工程设计和建设、工程运转和维护等工程活动中，所应遵循的道德伦理原则和行为规范。[1] 本书取工程伦理狭义之说。

工程伦理作为一种职业伦理，是对工程师这一职业群体职业人员特有的行业伦理。工程伦理作为工程师的价值指南和行为依据，对塑造职业信念、规范职业行为、构建职业环境具有重要意义。

（三）工程伦理的主要内容

如上所述，工程活动集成了技术、经济、社会、自然和伦理等多种要素，其中伦理要素常常和技术、经济、社会、自然等其他要素纠结在一起，使工程活动日益复杂化，并产生了工程中的技术伦理、利益伦理、责任伦理和环境伦理等问题。这就迫使工程师在职业活动中，必须要时刻以伦理视角审视自己的工程活动与行为，以社会道德评价标准检视工程过程与产品，以利于工程与人、社会和自然的完美统一，和谐一致。"实际上，每一个阶级，甚至每一个行业，都各有各的道德。"[2] 工程师职业伦理有别于社会大众伦理，亦有别于其他职业伦理，可分为伦理原则（准则）和具体伦理规范两个层次。

1. 工程师伦理原则

"理解产生认同，认同产生合意，合意建构规范，规范调整行为，行为构成关系，关系产生秩序。"[3] 因此，伦理不仅包含对人与人、人与社会和人与自然之间关系处理中的行为规范，而且深刻地蕴含着依照一定原则，来规范行为的深刻道理，包括人的情感、意志、人生观和价值观等方面。

工程师对职业的理性选择与坚持，首先应理解其职业精神，认同其职业价值，接受其职业价值观。职业精神是具有职业特征的精神与操守，它与职业活动紧密联系，具有较强的稳定性和连续性，能够鲜明地表达职业的根本利益，以及职业责任和职业行为上的精神要求。职业价值是通过职业本身表现出来的人的自我价值，这种职业自我价值又可表述为职业价值观。职业价值观是一个人对职业的认识和态度，以及对职业目标的追求和向往。职业价值观是一种具有明确目的性、自觉性和坚定性的职业选择态度和行为，对一个人的职业目标和择业动机起着决定性作用。工程师的职业精神、职业价值观集中凝聚体现在职业伦理原则上。

（1）热爱职业，忠诚履责原则。"工程师有职业义务，遵守工程标准的操作程序和规范，并按其合同约定履行其工作的责任，这是工程师的基本职责。"[4] 虽然遵守工程标准的操作程序和规范，按其合同约定履行工作责任，对所有职业来讲都是其基本职责，但对于工程师来讲，还是要将热爱职业、忠诚履责作为其首要职业伦理原则。对职业热爱，

---

［1］ 王志新：《工程伦理学教程》，经济科学出版社 2008 年版，第 13～14 页。

［2］《马克思恩格斯全集》（第 4 卷），人民出版社 1965 年版，第 236 页。

［3］ 舒国滢：《法哲学沉思录》，北京大学出版社 2010 年版，第 79 页。

［4］［美］查尔斯·哈里斯：《工程伦理：概念与案例》，丛杭青、沈琪等译，北京理工大学出版社 2018 年版，第 51 页。

是更好地履行职业责任或义务的前提，工程师的职业热爱首先要接受并认可工程师职业精神。"职业精神不是一般的社会意识，而是着重反映某一职业的特殊利益和要求。"[1] 工程师职业精神是工程师在工作过程中体现出来的精神风貌，具体包括职业认识（包括职业知识、职业态度、职业理想）、职业情感（包括职业热情、职业荣誉感）与职业意志（包括职业责任感、职业纪律感）等基本构成要素。职业精神的最终体现方式是职业行为，其中创业、敬业、志业是职业认识在行为上的体现；爱业、乐业是职业情感的表现方式；勤业、廉业则代表了职业意志的内容。工程师只有在接受、认可职业精神，热爱职业的基础上，才能更好地履行职业责任。工程师的职业责任具体包括工程标准责任、职业伦理责任及合同责任。工程标准是工程师从事具体工程活动需要共同遵守的准则或依据，这种标准是公众期望工程师所能接受并履行的标准，经常表现为工程法律、工程技术或施工等工作规程。按照相关强制规范标准进行工程活动，是工程师最基本的职业责任。职业伦理责任，是工程师在工程活动中处理人与人、工程与社会、工程与自然界间关系时应承担的职业责任。工程师的伦理责任无论是最初仅对雇主的"绝对忠诚"，还是部分工程师主张的"普遍责任"，继而发展到现代社会普遍接受的"社会公共与利益责任"，这些伦理责任是伴随着工程活动的复杂化而日渐丰富的。目前，实际工程活动中判断工程产品的好或坏，工程师的优或劣，对伦理责任的履行程度甚至更优于工程标准责任。工程师的合同责任，是工程师与雇主或其他利益关系人之间签订合同中约定的，除工程标准责任、职业伦理责任之外的，必须要承担的责任。无论是工程师的工程标准责任、职业伦理责任还是合同责任，在工程活动中都是必须要忠诚履行的，只有忠诚履行了这些职业责任，其他以人为本、公平正义或可持续发展等伦理原则才能够真正得到落实和实现。

（2）以人为本原则。"马克思主义的'以人为本'既不同于人本主义，也不同于人类中心主义。它关注的人是现实的人、具体的人，关注的是这些现实、具体的人如何实现全面发展，因而它进一步关注的是人与自然之间的关系和人与人之间的关系以及这两种关系之间的协调。"[2] 工程是人类利用各种要素进行的创造性造物活动，是有目的、有组织地改造自然世界的活动。工程活动以人为主体，以人为前提，以人为动力，以人为目的，体现了人类改造自然界的主动性、创造性。因此，"以人为本"也就成为工程师的核心伦理观，是工程师处理工程活动中各种伦理关系最基本的伦理原则。工程师"公平正义"或"可持续发展"等其他伦理原则也是在这一基本原则的基础上衍生而演化出来的。"以人为本"原则要求工程师在工程活动策划、实施和维护等全过程中，都必须充分考虑人的需求、理想，并将人尤其是众人的利益置于工程技术开发与使用，工程责任履行与工程利益衡量的第一位。具体来讲，"以人为本"原则要求工程师在职业活动中要充分考量工程质量问题，以确保工程安全，维护工程产品使用人及相关人员的生命安全与健康；应谨慎研发并慎重选择工程技术，以避免出现技术应用道德风险，继而祸及人类；应尊重人的自主性与全面发展，要恪守住人类最低伦理道德底线，尽量满足人类的各种不同需求。工程师在遵守"以人为本"基本伦理原则的同时，绝不能将"以人为本"极端地理解为"人类中

[1]　王伟：《论职业精神》，载《光明日报》2004年6月30日。

[2]　陈向义：《"以人为本"与人本主义、人类中心主义辨正》，载《贵州社会科学》2005年第1期。

心主义"，要妥善处理好人与自然、人与社会间的关系，要平衡好人、自然和社会三者间的利益，以更有利于人类的全面、可持续发展。

（3）公平正义原则。"公平是人在实践领域中对自身的意识的要求，也就是人意识到自己是和别人平等的人，把别人当作和自己平等的人来对待。"[1] "正义乃是使某个人获得其应得的东西的永恒不变的意志。"[2] "正义是社会制度的首要价值，正像真理是思想体系的首要价值一样。一种理论，无论它是多么精致和简洁，只要它不真实，就必须加以拒绝和修正；同样，某些法律和制度，不管它们如何有效率和有条理，只要它们不符合正义，就必须加以改造或废除。……允许我们默认一种有错误的理论的惟一前提是尚无一种较好的理论，同样，使我们忍受一种不正义只能是在需要它来避免另一种更大的不正义的情况下才可能。作为人类活动中的首要价值，真理和正义是绝不妥协的。"[3] 工程活动不仅汇聚了科技、经济、政治、法律、文化、环境等多种要素，还吸收了工程投资方，组织者、设计者、施工者和产品使用者等不同利益攸关者。之所以称这些工程参与方为利益攸关者，是因为他们在工程活动中都存有不同的利益诉求，因此工程关系实质上就是利益关系。如何在不同参与者之间公正、合理地分配工程活动带来的利益、风险和代价，最大限度地平衡各方的利益关系，是工程师职业生涯中面临的重大挑战。此外，工程活动不仅关涉不同社会个体间的利益衡量问题，更重要的还会涉及人类个体与整体、社会与自然、近期与远景间的利益关系处理问题。因此，对这些利益关系的衡平与考量，考验着工程师的技能与智慧。工程师唯有坚守社会公平正义的底线，把握工程活动的公平正义原则，才能妥善处理好各种利益关系，才能为人类与社会创造好的工程产品。

（4）可持续发展原则。面对社会经济发展对自然环境造成的巨大恶劣影响，1987年世界发展委员会发表了《我们共同的未来》报告，首次提出了可持续发展问题，指出"可持续发展是既满足当代人的需求，又不危及后代人满足其需求的能力的发展"。可持续发展的核心是强调社会、经济的发展与环境相协调，追求人与自然的和谐。可持续发展理念要求，社会发展不仅要满足人类的各种需求，还要关注各种经济活动的生态合理性，保护生态资源，不对后代人的生存和发展构成威胁。作为以造物为宗旨的工程活动，其本身即是人类利用自然，改造自然的过程，对自然资源的利用与消耗是不可避免的。人类在利用自然、改造自然的过程中，如何合理利用自然资源？如何对自然界进行有限制的改造？可持续发展原则为工程师提供了人与社会和谐发展的伦理思考路径。无论强调对自然资源的有限利用，还是强调有限制地对自然界合理改造，抑或是强调人与自然和谐发展，其实质都是在思考、处理人与自然间的关系。因此，可持续发展实质上缘于"以人为本"工程基本伦理原则。可持续发展原则要求工程师在工程活动中，尽可能不对或尽量少地对生态环境进行破坏，要确保工程活动有利于自然界生命和生态系统的健全发展，提高环境质量；要在工程活动中善待和敬畏自然，建立人与自然的友好伙伴关系，实现生态的可持续发展。

---

［1］ 马克思、恩格斯：《马克思恩格斯全集》（第2卷），北京人民出版社1995年版，第48页。

［2］ ［美］博登海默：《法理学——法哲学及其方法》，华夏出版社1987年版，第253页。

［3］ ［美］罗尔斯：《正义论》，何怀宏等译，中国社会科学出版社1988年版，第2页。

2. 工程师伦理规范

伦理道德思维与实践关涉社会生活，以及人们之间的关系，具有通过评价、赞同和规定改变人们态度、行动、倾向和品质的特征，伦理原则要求自身需要服从合法性与合理性标准。因此，伦理道德具有规范性特征，伦理规范的规定和要求具有权威性和约束性。"规范也称制度，通俗地说就是一种规则，亦即对人们行为模式进行引导、约束和激励的规则体系。"[1] 伦理的规范性特征和要求最直接的表现，就是伦理规范本身。伦理规范是伦理原则或准则的集中体现，并制度化、外化为伦理实体成员应当恪守的规则。工程师伦理规范是工程师在职业活动中处理各种利益关系时应遵守的具体行为准则。工程师在工程活动中不仅要关注工程活动本身，更要注意处理好工程中的人与人、人与自然、人与社会间的利益关系。工程师处理这些利益关系，不仅需要忠诚履责、以人为本、公平正义、可持续发展等伦理原则指引，还需要具体职业伦理规范来约束、规制具体职业行为，以确保工程师能够"正当地行事"。

世界各国、各类工程师团体章程中，无一例外地都对职业伦理规范作出了明确规定，虽然各自表述不同，但都是从工程师处理人与人、人与自然以及人与社会关系等视角，梳理出具体伦理规范，故其内容大同小异。我国台湾地区中华工程师学会 1996 年修订的《中国工程师信条》中，对工程师确定了 4 则 8 条具体职业伦理规范准则，其中工程师对社会的责任包括守法奉献（恪守法令规章、保障公共安全、增进民众福祉）、尊重自然（维护生态平衡、珍惜天然资源、保存文化资产）；对专业的责任包括敬业守分（发挥专业知能、严守职业本分、做好工程实务）、创新精进（吸收科技新知、致力求精求进、提升产品品质）；对业雇主的责任包括真诚服务（竭尽才能智慧、提供最佳服务、达成工作目标）、互信互利（建立相互信任、营造双赢共识、创造工程佳绩）；对同僚的责任包括分工合作（贯彻专长分工、注重协调合作、增进作业效率）、承先启后（矢志自励互勉、传承技术经验、培养后进人才）。本书将以《中国工程师信条》中确定 4 则 8 条准则为基本依据，论述工程师的具体职业伦理规范。

（1）守法奉献。"现实中具体的法律规则几乎都是伦理精神的产物，它们直接或间接地体现着某一特定道德原则与伦理规范的要求。而某一道德规则能否进入法律（尤其是刑法）领域，则可集中检验出该社会（至少是立法者）对它的重视程度。"[2] 法律体现了国家对人的尊重与维护，具有社会普遍约束力，如果法律不能在社会生活中得到遵守和执行，那必将失去立法的目的，也就失去了法律的权威和尊严。法律以确定权利（力）义务的方式，对社会个体、整体和国家利益分别予以保护，只有守法才能保证每一个权利（力）主体充分享有并实现权利（力），义务主体全面履行义务，满足各主体利益诉求。工程师作为工程活动的重要主体，不仅要遵守社会一般公民普遍应遵守的法律法规，更重要的是要遵守工程法律法规，认真履行其工程标准责任，进而实现工程以人为本、公平正义和可持续发展之伦理原则。

"一个人的价值应该看他贡献什么，而不应该看他取得什么""一个人对社会的价值首

---

[1] 王永：《我国检察官职业伦理规范研究》，山东大学 2012 年博士学位论文。

[2] 胡旭晟：《论法律源于道德》，载《法制与社会发展》1997 年第 4 期。

先取决于他的感情、思想和行动对增进人类利益有多大的作用"[1]。工程是以造物为出发与归宿的社会实践活动，这种实践活动的主旨是改善人类的生活条件与生活环境，提高人类福祉。工程师如何在工程活动中实现其个人和职业价值，为人类与社会多作贡献，主要看他所进行的工程活动是好工程，还是坏工程；为社会提供的好的工程产品多，还是坏的工程产品多。所谓好工程，就是在坚持以人为本的前提下，兼顾社会公平正义、可持续发展理念指导下进行的工程活动；而非仅考虑工程效率或经济性，忽视了相关利益关系人的利益诉求，或以破坏环境为代价的工程活动。所谓好的工程产品，应是符合公众与社会需求，符合社会发展规律与趋势的，能够给人们带来精神愉悦和幸福感的工程产品；而非质量低劣，妨碍人的全面发展，促使环境恶化的工程产品。

※袁隆平——毕生追求就是让所有人远离饥饿[2]

袁隆平，江西德安人，中国杂交水稻育种专家，中国研究与发展杂交水稻的开创者，杂交水稻研究领域的开创者和带头人，被誉为"世界杂交水稻之父"。曾任国家杂交水稻工程技术研究中心、湖南杂交水稻研究中心原主任，湖南省政协原副主席。中国工程院院士，第六届、七届、八届、九届、十届、十一届、十二届全国政协常委。1999年，中国科学院北京天文台施密特CCD小行星项目组发现的一颗小行星被命名为"袁隆平"星；2006年4月，当选美国国家科学院外籍院士。袁隆平致力于杂交水稻技术的研究、应用与推广，发明了"三系法"籼型杂交水稻，并成功研究出"两系法"杂交水稻，创建了超级杂交稻技术体系；同时提出并实施"种三产四丰产工程"，运用超级杂交稻的技术成果。2018年，获得"未来科学大奖"生命科学奖；同年，党中央、国务院授予袁隆平"改革先锋"称号，颁授改革先锋奖章，获评杂交水稻研究的开创者。2019年9月17日，国家主席习近平签署主席令，授予袁隆平"共和国勋章"。

袁隆平一生致力于杂交水稻技术的研究，为我国粮食安全、农业科学发展和世界粮食供给作出了杰出贡献。袁隆平是一位真正的耕耘者。当他还是一个乡村教师的时候，已经具有颠覆世界权威的胆识；当他名满天下的时候，却仍然只是专注于田畴。他毕生的梦想，就是让所有人远离饥饿。2009年，电影《袁隆平》出品，讲述了袁隆平成功培育出优质杂交水稻的艰辛历程，讴歌了他献身科学、顽强拼搏、勇于创新的高尚品德。

(2) 尊重自然。科技发展使人类征服自然、改造自然的能力日益增强。恩格斯在《自然辩证法》一书中指出，"我们不要过分陶醉于我们对自然界的胜利。对于每一次这样的胜利，自然界都对我们进行报复。每一次胜利，起初确实取得了我们预期的结果，但是往后和再往后却发生完全不同的出乎预料的影响，常常把最初的结果又消除了"。人类工程技术活动对自然环境造成的影响与日俱增，破坏了生态资源，污染了自然环境，致使资源枯竭、生态失衡、全球气候变暖等环境问题日益突出。工程师创造新世界的同时，也改变了旧世界；在改变人类生活的同时，也破坏了人类生存环境。因此，各工程师必须要承担

---

[1] [美]爱因斯坦：《爱因斯坦文集》（第3卷），商务印书馆1979年版，第35页、第145页。

[2]《袁隆平——毕生追求就是让所有人远离饥饿》，http://saitech.people.com.cn/GB/25509/55787/158474/158485/9484255.html，最后访问日期：2019年12月26日。

起保护环境、恢复环境的责任。目前，对工程师的环境伦理责任已无异议，世界各国、各工程师团体也都将其确定为工程师职业伦理规范或伦理原则。

"当行为和品质特点表达或体现了某种我称之为尊重自然的终极道德态度时，这种行为就是正确的，这种品质特点在道德上就是好的。"[1] 工程师在工程活动中要尽量避免严重损害生物、物种种群和生物共同体的行为，要对自身工程行为进行必要限制，以最小伤害为原则；要尽量保持生物在野生状态下自由生存，不能试图把它们从原本的自然栖息地中带离，不应对其采取操纵、控制、改造和管理等行为，妨碍其正常发展；要对工程活动造成的自然损害，及时承担起恢复自然生态环境的责任。唯有如此，才能兼顾人类生存与环境利益，才能保护自然资源，实现人与自然和谐共处。

※世界海拔最高、线路最长的高原铁路——青藏铁路[2]

青藏铁路，简称"青藏线"，是一条连接青海省西宁市至西藏自治区拉萨市的国铁Ⅰ级铁路，是中国新世纪四大工程之一，是通往西藏腹地的第一条铁路，也是世界上海拔最高、线路最长高原铁路。青藏铁路分两期建成，一期工程东起青海省西宁市，西至格尔木市，于1958年开工建设，1984年5月建成通车；二期工程，东起青海省格尔木市，西至西藏自治区拉萨市，于2001年6月29日开工，2006年7月1日全线通车。截止到2016年5月，青藏铁路通车10年，累计运送旅客1.15亿人，运送货物4.48亿吨。

青藏铁路建设，创造了多项世界纪录。青藏铁路是世界海拔最高的高原铁路，铁路穿越海拔4000米以上地段达960千米，最高点为海拔5072米；青藏铁路也是世界最长的高原铁路，青藏铁路格尔木至拉萨段，穿越戈壁荒漠、沼泽湿地和雪山草原，全线总里程达1142千米；青藏铁路还是世界上穿越冻土里程最长的高原铁路，铁路穿越多年连续冻土里程达550公里；海拔5068米的唐古拉山车站，是世界海拔最高的铁路车站；海拔4905米的风火山隧道，是世界海拔最高的冻土隧道；全长1686米的昆仑山隧道，是世界最长的高原冻土隧道；海拔4704米的安多铺架基地，是世界海拔最高的铺架基地；全长11.7千米的清水河特大桥，是世界最长的高原冻土铁路桥；青藏铁路冻土地段时速达到100千米，非冻土地段达到120千米，是世界高原冻土铁路的最高时速。

青藏铁路穿越了可可西里、三江源、羌塘等中国国家级自然保护区，因地处世界"第三极"，生态环境敏感而脆弱。对此，青藏铁路从设计、施工建设到运营维护，始终秉持"环保先行"理念，如为保障藏羚羊等野生动物的生存环境，铁路全线建立了33个野生动物专用通道；为保护湿地，在高寒地带建成世界上首个人造湿地；为保护沿线景观，实现地面和列车的"污物零排放"；为改善沿线生态环境，打造出一条千里"绿色长廊"。这些独具特色的环保设计和建设运营理念，也使青藏铁路成为中国第一条"环保铁路"。

青藏铁路是国家"十五"四大标志性工程之一，名列西部大开发12项重点工程之首。2008年，青藏铁路格拉段工程获得了中国建设项目环境保护的最高荣誉——"国家环境

---

[1] ［美］保罗·沃伦·泰勒：《尊重自然：一种环境伦理学理论》，雷毅译，首都师范大学出版社2010年版，第40页。

[2] 百度百科——"青藏铁路"，http://baike.baida.com，最后访问日期：2019年12月25日。

友好工程"称号。2009 年，青藏铁路工程荣获 2008 年度中国国家科学技术进步特等奖；2013 年，青藏铁路工程入选"全球百年工程"。

（3）敬业守分。敬业是一个人对自己所从事的工作认真负责的态度。2012 年，党的十八大提出要倡导富强、民主、文明、和谐，自由、平等、公正、法治，爱国、敬业、诚信、友善社会主义核心价值观。其中爱国、敬业、诚信、友善是公民个人层面的价值准则，是公民的基本道德规范，是从个人行为层面对社会主义核心价值观基本理念的凝练。敬业是对公民职业行为准则的价值评价，要求公民忠于职守、克己奉公、服务人民、服务社会，充分体现了社会主义职业精神。敬业首先源于对所从事职业的热爱，但仅有热爱是远远不够的，更重要的是要有能够承担起职业责任的能力。守分是安守职业本分，也就是以积极负责的态度，更好地履行职业职责，做好具体工作。随着工程活动的日益复杂化，对工程师知识与能力的要求也逐渐提高，越来越严格。"现代工程需要一大批能综合应用现代科学理论和技术手段、懂经济、会管理、兼备人文精神和科学精神的高素质的工程技术人才。"[1] 2004 年，美国工程院发布了《2020 年的工程师：新世纪工程的愿景》报告，提出 2020 年的工程师应具有优秀的分析能力、实践能力、创造力、良好的沟通能力、商业和管理知识、领导能力、较高的道德水准和专业素养，有活力、敏捷、适应、灵活，具有终身学习意识等关键素质。2010 年，我国启动"卓越工程师教育培养计划"，其中的"卓越"意味着杰出、高超出众，体现了社会、国家层面对当代工程师的素质要求。"卓越工程师"的基本素质包括知识、能力、人格三方面，具体包括学习、分析解决问题、开发设计、管理与沟通合作、危机处理和国际交流合作等综合能力。此外，还应具备良好的工程职业道德、较强的社会责任感和较好的人文科学素养。

我国《工程教育认证通用标准（2018 版）》要求工程专业的毕业应完全覆盖以下 12 项内容：能够将数学、自然科学、工程基础和专业知识用于解决复杂工程问题；能够应用数学、自然科学和工程科学的基本原理，识别、表达并通过文献研究分析复杂工程问题，以获得有效结论；能够设计针对复杂工程问题的解决方案，设计满足特定需求的系统、单元（部件）或工艺流程，并能够在设计环节中体现创新意识，考虑社会、健康、安全、法律、文化以及环境等因素；能够基于科学原理并采用科学方法对复杂工程问题进行研究，包括设计实验、分析与解释数据，并通过信息综合得到合理有效的结论；能够针对复杂工程问题，开发、选择与使用恰当的技术、资源、现代工程工具和信息技术工具，包括对复杂工程问题的预测与模拟，并能够理解其局限性；能够基于工程相关背景知识进行合理分析，评价专业工程实践和复杂工程问题解决方案对社会、健康、安全、法律以及文化的影响，并理解应承担的责任；能够理解和评价针对复杂工程问题的工程实践对环境、社会可持续发展的影响；具有人文社会科学素养、社会责任感，能够在工程实践中理解并遵守工程职业道德和规范，履行责任；能够在多学科背景下的团队中承担个体、团队成员以及负责人的角色；能够就复杂工程问题与业界同行及社会公众进行有效沟通和交流，包括撰写报告和设计文稿、陈述发言、清晰表达或回应指令，并具备一定的国际视野，能够在跨文化背景下进行沟通和交流；理解并掌握工程管理原理与经济决策方法，并能在多学科环境

---

[1] 郑超美：《试论高等工程人才创新能力的培养》，载《中国冶金教育》2002 年第 5 期。

中应用；具有自主学习和终身学习的意识，有不断学习和适应发展的能力等。

　　工程师只有具备上述能力和素质，才能达到职业标准，全方位履行好职业责任，处理好工程活动中的各种问题，协调各种利益关系，真正做到敬业守分。

※中国第一位获得诺贝尔科学奖项的本土科学家——屠呦呦[1]

　　屠呦呦，浙江宁波人，现为中国中医科学院的首席科学家，中国中医研究院终身研究员兼首席研究员，青蒿素研究开发中心主任，博士生导师，药学家。屠呦呦多年从事中药和中西药结合研究，突出贡献是创制新型抗疟药青蒿素和双氢青蒿素，挽救了全球特别是发展中国家的数百万人的生命。

　　2011 年 9 月，屠呦呦获得被誉为诺贝尔奖"风向标"的拉斯克奖，因为没有博士学位、留洋背景和院士头衔，当时被媒体报道称为"三无"科学家；2015 年，获得诺贝尔生理学或医学奖，成为第一位获得诺贝尔科学奖项的中国本土科学家、第一位获得诺贝尔生理医学奖的华人科学家；2017 年，获得 2016 年度国家最高科学技术奖；2018 年，党中央、国务院授予屠呦呦同志改革先锋称号，颁授改革先锋奖章；2019 年 5 月，入选福布斯中国科技 50 女性榜单；2019 年 9 月 17 日，国家主席习近平签署主席令，授予屠呦呦"共和国勋章"。

　　2015 年，中共中央总书记、国家主席、中央军委主席习近平致信祝贺中国中医科学院成立 60 周年。习近平在信中指出，"以屠呦呦研究员为代表的一代代中医人才，辛勤耕耘，屡建功勋，为发展中医药事业、造福人类健康作出了重要贡献"。2015 年，屠呦呦获得诺贝尔生理学或医学奖后，中国工程院院士、中国中医科学院院长张伯礼曾评价，"屠呦呦老师多年艰苦奋斗、执着地进行科学研究，围绕国家需求，克服困难、一丝不苟，取得了令人瞩目的成绩"。

　　（4）创新精进。工程师利用自然资源、运用科学技术进行各种工程活动，为社会和民众创造财富，创造优质舒适的生活条件。然而，随着工程活动的深入发展，却日益面临着资源短缺，人类生存环境遭受破坏等严重社会发展问题，加之人类对工程产品的要求越来越高，工程活动应该如何进一步规划发展成为瓶颈、两难问题。2012 年，党的十八大提出"科技创新是提高社会生产力和综合国力的战略支撑，必须摆在国家发展全局的核心位置"；2015 年，党的十八届五中全会通过了《中共中央关于制定国民经济和社会发展第十三个五年规划的建议》，提出了"创新、协调、绿色、开放、共享"五大发展理念，其中创新在五大发展理念中处于首要、核心地位；同年，中共中央、国务院出台《关于深化体制机制改革 加快实施创新驱动发展战略的若干意见》文件，指导全国深化体制机制改革，加快实施创新驱动发展战略。建设现代创新型社会和创新型国家，迫切需要工程创新，工程师是工程活动的主体，在工程实践中担任重要角色。因此，工程创新就成为工程师不可回避的职业责任与时代担当。

---

　　[1]　百度百科——"屠呦呦"，http：//baike．baida．com，最后访问日期：2019 年 12 月 25 日。

"工程是现实的、直接的生产力，是创新活动的主战场。"[1] 工程创新是在创新思维引导下，集成技术要素与社会、经济、文化等基本要素，选择创新技术，进行创新性工程规划和建构，生产具有创新性的工程、人工物的实践活动。工程活动本身具有高度复杂性，工程创新的内涵也极其丰富，具体包括具有应用新科学理论的工程创新，应用新技术的工程创新，改进原有技术的工程创新，把原有技术以新方式综合集成起来的工程创新，非技术因素的工程创新等。总之，工程创新不是简单的线性过程，而是从规划、设计创新到实施，并与其他要素融合的过程，是工程演化的过程和环节，是集成性创新。因此，工程创新迫切需要工程师创新能力的提高，否则工程创新就是一句空话。创新能力是工程师素质能力的重要组成部分，也是当代衡量工程师是否具备高素质能力的重要指标。工程创新本质上是不断创新、不断被模仿、不断再创新的一个周期性过程，这就需要工程师在工程创新活动的周期里，不断地通过实践进行创新，以达到能力提升；工程具有集成性特点，这就要求工程师应着重提升集成创新能力，在工程实践中既要注重关键技术要素创新，也应重视非技术要素创新；工程师在提升工程创新能力中要注意创新量的积累，不断进行整合、总结，最终达成质的飞跃；工程活动中的创新是普遍存在性，工程师在注重工程普遍性创新的同时，也要关注具体工程活动对创新的不同要求。

总之，工程师的创新能力源于创新意识，根植于创新品格。工程师只有不断在工程活动中跨越工程创新壁垒，躲避工程创新陷阱，才能实现内在创新能力的提升；才能在工程活动中求精求进、不断提升工程品质，并获得工程产品使用者的认可。

※世界上里程最长、沉管隧道最长、寿命最长、钢结构最大、施工难度最大、技术含量最高、科学专利和投资金额最多的跨海大桥——港珠澳大桥[2]

港珠澳大桥是中国境内一座连接香港、广东珠海和澳门的桥隧工程，位于中国广东省珠江口伶仃洋海域内。港珠澳大桥东起香港国际机场附近的香港口岸人工岛，向西横跨南海伶仃洋水域接珠海和澳门人工岛，止于珠海洪湾立交；桥隧全长55千米，其中主桥29.6千米，香港口岸至珠澳口岸41.6千米；桥面为双向六车道高速公路，设计速度100千米/小时；工程项目总投资额1269亿元。港珠澳大桥2009年12月15日动工建设，2017年7月7日实现主体工程全线贯通，同年10月24日开通运营。

港珠澳大桥是至今为止全球规模最大的跨海工程，其沉管海底隧道规模也位居全球之首。港珠澳大桥工程具有规模大、工期短，技术新、经验少，工序多、专业广，要求高、难点多的特点，为全球已建最长跨海大桥，在道路设计、使用年限以及防撞防震、抗洪抗风等方面均有超高标准，是一座集多项世界性难题的工程。港珠澳大桥总体设计理念包括战略性、创新性、功能性、安全性、环保性、文化性和景观性等方面。港珠澳大桥建设前后实施了300多项课题研究，发表论文逾500篇（科技论文235篇）、出版专著18部、编制标准和指南30项、软件著作权11项；创新项目超过1000个、创建工法40多项，形成

[1] 辽宁省普通高等学校创新创业教育指导委员会：《创造性思维与创新方法》，高等教育出版社2013年版，第7页。

[2] 人民网——港澳频道，http://www.people.com.cn，最后访问日期：2017年10月24日。

63 份技术标准、创造 600 多项专利（中国国内专利授权 53 项）；先后攻克了人工岛快速成岛、深埋沉管结构设计、隧道复合基础等十余项世界级技术难题，带动了 20 个基地和生产线的建设，形成了拥有中国自主知识产权的核心技术，建立了中国跨海通道建设工业化技术体系。

2018 年，港珠澳大桥工程先后获《美国工程新闻纪录》（ENR）评选的 2018 年度全球最佳桥隧项目奖，国际隧道协会"2018 年度重大工程奖"和英国土木工程师学会（ICE）期刊 *NEW CIVIL ENGINEER* 评选的"2018 年度隧道工程奖（10 亿美元以上）"。

（5）真诚服务。现代的工程师无论要承担什么样的社会责任或自然责任，但其对雇主（企业）的忠诚责任仍是最基础的，因为绝大多数工程师都受雇于公司或企业，直接与雇主打交道，他们利用知识和技能为企业或公司创造有价值的产品，并确保这种产品或工艺能为雇主（企业）带来利润。因此，"忠诚于雇主，为雇主提供货真价实的职业服务"这一职业伦理原则或规范准则，均被世界各国工程师职业团体所接受。

诚信是我国社会主义道德建设的重点内容，是社会主义核心价值观对公民职业行为准则的价值评价，它强调诚实劳动、信守承诺、诚恳待人。"忠诚是指通过管理所形成的一种新的秩序，这种秩序的内涵就是企业与员工之间的关系更富有专业性的色彩，即员工认识到企业所面临的竞争性挑战，他们愿意承接这种挑战的重任以换取相应的回报，但他们不会承诺对企业的忠诚终生不变。也就是说，忠诚是相对的、有条件的。"[1] 工程师在工程实践活动中，扮演着雇员与职业人员的双重角色，这两种不同角色使工程师肩负着对雇主（企业）忠诚、对职业忠诚、对社会忠诚三重不同的使命。工程师对雇主（企业）越忠诚，就会在企业待得越久，对业务和企业文化更熟悉，积累经验更多，工作也就更有效率。工程师为企业服务时间长且经验丰富，更容易得到顾客信任，不仅能获得较高的顾客保持率，并能吸引有价值的新顾客。工程师对企业的忠诚度越高，利润报酬率越高，会引荐优秀人才到企业工作，企业也会节省更多指导、监督、重选新员工等管理费用。总之，工程师对雇主（企业）的忠诚，不仅会给企业带来利润与价值，同时也会给自己和职业发展带来实实在在的好处。因此，工程师要具有诚信品质，要与企业志同道合、兢兢业业；要具有良好的服务意识和熟练的工作技能，愿意长期为企业服务，为企业创造持续增长价值。工程师应对企业保有忠诚态度，履职期间切勿随意跳槽，职业懈怠，甚至发生侵占、偷窃、泄密等损害雇主（公司）利益之行为，否则职业发展将面临极大阻力，甚至会遭受毁灭性的打击。工程师对职业忠诚，就是要遵守本行业的特定职业伦理，在工程活动中要遵守诚实守信、公平正直的基本行为规范，注重工程品质和安全。工程师对社会忠诚，要求工程师必须要运用专业工程知识，尽量避免或减少工程活动所引发或可能引发的社会风险。

工程实践中，工程师肩负的对雇主（企业）、职业和社会的三重不同忠诚使命，经常会发生利害冲突。企业作为经济体，追逐利润是其首要目标，为了获取最大利润，雇主有时会不择手段，甚至会以牺牲公众利益作为代价。此时工程师便陷入了一种迷茫的境地。对雇主忠诚，要求他为雇主的违法、不道德活动保守秘密，甚至应该帮助雇主实现愿望；

---

[1] 陈云飞：《关于建筑企业核心员工忠诚度的研究》，苏州大学 2007 年硕士学位论文。

对职业忠诚，要求他坚持诚实、正直标准，不弄虚作假，不能违法犯罪；对社会忠诚，要求他要确保公众健康与安全不受侵害。面对如此窘迫境地，工程师该如何进行职业抉择？根据公平正义原则，工程师应将职业伦理规范与社会公共利益置于雇主（企业）利益之前，要实现真正的职业忠诚，而非片面的忠诚（即愚忠）。"与对雇主愚忠相对应的是负责的忠诚，我们将其界定为，对雇主的利益予以应有的尊重，而这仅在对雇员个人的和职业伦理的约束下才是可能的。负责的忠诚概念是一种试图同时满足两种要求的中间方式：仅仅当不与最基本的个人或职业责任相冲突的时候，工程师应该是忠诚的雇员。"[1]

※侵犯商业秘密罪案[2]

济南圣泉集团股份有限公司（简称"圣泉公司"）是国家火炬计划重点高新技术企业，主要生产酚醛树脂等产品。该公司建立了严格的技术资料管理制度，并与员工签订了保密协议及竞业限制协议，约定员工对公司的产品设计、主配方、工艺流程等商业秘密负保密义务。

魏某、左某分别担任圣泉公司的耐火材料及酚醛泡沫树脂课题组组长。2012年9月份，魏某打电话给左某让其为朋友提供酚醛泡沫树脂的生产配方，并许诺给予高额报酬。左某通过电子邮箱发给魏某一份配方，并收受魏某给予的8万元好处费。魏某得到配方后，将配方交给袁某，袁某利用配方生产了470余吨酚醛树脂产品并对外销售，获利94万余元。经鉴定，圣泉公司主张的酚醛树脂发泡技术信息里的十个秘密点中有八个具有非公知性，而袁某的配方工艺文件分别与上述八个秘密点具有同一性。公诉机关因此指控被告人魏某、袁某、左某侵犯他人商业秘密，给商业秘密权利人造成重大损失，已构成侵犯商业秘密罪。

法院经审理认为，圣泉公司的酚醛泡沫树脂生产配方中的相关信息系具有非公知性的商业秘密，魏某、左某违反了圣泉公司有关保守商业秘密的要求，向袁某披露该配方，袁某通过不正当手段获取并使用该配方进行生产，经评估给圣泉公司造成了重大损失，三人的行为均已构成侵犯商业秘密罪，应依法追究刑事责任。对魏某判处拘役6个月，并处罚金2万元；对左某判处拘役4个月，并处罚金1万元；对袁某判处拘役6个月，并处罚金2万元。

商业秘密是指不为公众所知悉，能为权利人带来经济利益，具有实用性并经权利人采取保密措施的技术信息和经营信息，应满足秘密性、实用性及保密性的要求。根据《中华人民共和国刑法》的规定，侵犯商业秘密罪是指以盗窃、利诱、胁迫或者其他不正当手段获取权利人的商业秘密，或者非法披露、使用或者允许他人使用其所掌握的或获取的商业秘密，给商业秘密的权利人造成重大损失的行为。本案中，权利人主张的技术信息能够为其带来经济利益，具有实用性，采取了较完善的保密措施，并且在案件审理中明确的秘密点经鉴定处于非公知状态，法院依法认定其主张的商业秘密成立，追究了侵权人的刑事责任。

---

[1] 顾剑、顾祥林：《工程伦理学》，同济大学出版社2015年版，第102页。

[2] 济南中级人民法院官网——典型案例（2017年度济南法院知识产权十大案件），http：//jinanzy.sdcourt.gov.cn，最后访问日期：2019年9月29日。

（6）互信互利。诚信即诚实守信，其中的守信就是信守承诺。互信指两个社会主体间相互信任；互利指两个社会主体在物质、精神等方面的互相有利，彼此受益。互信是互利的基础，只有互信才能互利，才能够双赢，否则双输。工程师作为受雇方，与雇主（企业）间形成劳动合同关系，在劳动关系履行过程中，单独强调工程师对雇主（企业）的忠诚义务是不全面的，因为劳动合同关系的和谐，应建立在双方互信互利的基础之上。

"任何人都是一个具有个体性和社会性的二重性存在。这一客观事实也就决定了任何作为个体的人对于其他人的依赖与需要。"[1] 实质上，企业是一个合作平台，资本和劳动在这里结成"伙伴"，共同创造价值，为企业创造财富的同时，也为员工带来相应效益和报酬。因此，工程师和雇主（企业）间的关系本质上应该是一种"伙伴"关系，拥有着共同利益与追求。当然"伙伴"关系的存在并不能否定不同利益主体间存有一定程度的对立、博弈，但对立和博弈终究是"伙伴"间的对立，适度均衡仍然是其不可或缺的前提。这里的"适度均衡"更多应强调雇主（企业）对工程师利益诉求的满足与权利保障，因为劳动合同中工程师是相对的弱者。雇主（企业）应尊重工程师，并将其视为企业生产发展的第一要素；要改善其工作环境，关注其健康安全及其他利益，并让企业发展成果惠及工程师群体。雇主（企业）要构建良好的企业文化，强调尊重、信任、团结之企业理念，让工程师对企业产生真真切切的归属感与认同感。同时，企业应建立利益协调、矛盾疏导、权益保障、管理控制和预警防范等内部规章制度，随时协调企业劳动关系。雇主（企业）与工程师间的利益平衡实现，要以双方"互信""合作"为基础，工程师在选择雇主（企业）之时就应与企业共甘共苦、共同进退，要对雇主（企业）保持一定的忠诚度。因此，雇主（企业）要准确把握长期利益与短期利益、企业与工程师间利益、工程师短期产出与可持续产出间的利益平衡，通过劳动关系双方间的利益均衡考量，实现劳动关系的和谐顺畅，以达到双赢，甚至多赢之目标。

市场经济高速发展，催生了现代多元价值取向社会。现代社会中工程活动参与主体的多元化、利益关系的复杂化和工程要素的集成化，促使工程师与雇主（企业）间的利益冲突越来越难以调和，互信互利之目标也越来越难以达成。"现代人的互信达成之所以困难，归根结底，是因为现代社会关系中的经济主义泛滥使得现代人的'经济人'[2] 人格具有过度张扬的倾向，而'经济人'在本质上是自利的。"[3] 因此，只有构建起与市场经济相适应的社会规范体系，才能提高现代人在不同社会角色转换中的伦理应对能力与水平；才能加强人与人之间相处的互信意识，提高整个社会的互信度。这种互信度的提高，反过来必然会促进经济活动中诚信守法意识的提高，营造双赢共识，创造工程佳绩，促进市场经济健康发展。

---

[1]　陈科华：《互信如何可能》，载《株洲工学院学报》2004 年第 3 期。

[2]　"经济人"一词最早出自英国亚当·斯密的《国富论》，其中谈道"每天所需要的食物和饮料，不是出自屠户、酿酒家和面包师的恩惠，而是出于他们自利的打算。不说唤起他们利他心的话，而说唤起他们利己心的话；不说自己需要，而说对他们有好处"。后，"经济人"被古典经济学派解读为"理性经济人"或"实利人"，是指以完全追求物质利益为目的而进行经济活动的主体，即把人当作"经济动物"来看待，认为人的一切行为都是为了最大限度满足自己的私利，工作目的只是为了获得经济报酬。

[3]　陈科华：《互信如何可能》，载《株洲工学院学报》2004 年第 3 期。

※ 《华为基本法》节选[1]

《华为基本法》是中国企业第一个完整系统地对其价值观的总结，对中国的企业文化建设作出了突出贡献。《华为基本法》于 1996 年开始起草，1998 年 3 月审议通过，被确定为华为公司的企业管理大纲。《华为基本法》吸收了均衡管理思想，提升了公司成功管理经验，构筑了公司未来发展的宏伟架构，为公司完成蜕变，成长为中国优秀的国际化企业起到了积极的推动作用。下面节选部分内容供大家分享。

第四章 基本人力资源政策

一、人力资源管理准则

[第五十五条] 华为的可持续成长，从根本上靠的是组织建设和文化建设。

因此，人力资源管理的基本目的，是建立一支宏大的高素质、高境界和高度团结的队伍，以及创造一种自我激励、自我约束和促进优秀人才脱颖而出的机制，为公司的快速成长和高效运作提供保障。

[第五十六条] 华为全体员工无论职位高低，在人格上都是平等的。人力资源管理的基本准则是公正、公平和公开。

[第五十七条] 共同的价值观是我们对员工作出公平评价的准则；每个员工提出明确的挑战性目标与任务，是我们对员工的绩效改进作出公正评价的依据；员工在完成本职工作中表现出的能力和潜力，是比学历更重要的评价能力的公正标准。

[第五十八条] 华为奉行效率优先，兼顾公平的原则。我们鼓励每个员工在真诚合作与责任承诺基础上，展开竞争；并为员工的发展，提供公平的机会与条件。每个员工应依靠自身的努力与才干，争取公司提供的机会；依靠工作和自学提高自身的素质与能力；依靠创造性地完成和改进本职工作满足自己的成就愿望。我们从根本上否定评价与价值分配上的短视、攀比与平均主义。

[第五十九条] 我们认为遵循公开原则是保障人力资源管理的公正和公平的必要条件。公司重要政策与制度的制定，均要充分征求意见与协商。抑侥幸，明褒贬，提高制度执行上的透明度。我们从根本上否定无政府、无组织、无纪律的个人主义行为。

[第六十条] 我们不搞终身雇佣制，但这不等于不能终身在华为工作。我们主张自由雇佣制，但不脱离中国的实际。

[第六十一条] 我们通过建立内部劳动力市场，在人力资源管理中引入竞争和选择机制。通过内部劳动力市场和外部劳动力市场的置换，促进优秀人才的脱颖而出，实现人力资源的合理配置和激活沉淀层。并使人适合于职务，使职务适合于人。

[第六十二条] 人力资源管理不只是人力资源管理部门的工作，而且是全体管理者的职责。各部门管理者有责任记录、指导、支持、激励与合理评价下属人员的工作，负有帮助下属人员成长的责任。下属人员才干的发挥与对优秀人才的举荐，是决定管理者的升迁与人事待遇的重要因素。

二、员工的义务和权利

[第六十三条] 我们鼓励员工对公司目标与本职工作的主人翁意识与行为。每个员工

---

[1] 《华为基本法》，https：//www.huawei.com/cn/? ic_medium＝direct&ic_source＝surlent，最后访问日期：2019 年 11 月 31 日。

主要通过干好本职工作为公司目标作贡献。员工应努力扩大职务视野，深入领会公司目标对自己的要求，养成为他人作贡献的思维方式，提高协作水平与技巧。另一方面，员工应遵守职责间的制约关系，避免越俎代庖，有节制地暴露因职责不清所掩盖的管理漏洞与问题。员工有义务实事求是地越级报告被掩盖的管理中的弊端与错误。允许员工在紧急情况下便宜行事，为公司把握机会，躲避风险，以及减轻灾情作贡献。但是，在这种情况下，越级报告者或便宜行事者，必须对自己的行为及其后果承担责任。员工必须保守公司的秘密。

[第六十四条] 每个员工都拥有以下基本权利，即咨询权、建议权、申诉权与保留意见权。员工在确保工作或业务顺利开展的前提下，有权利向上司提出咨询，上司有责任作出合理的解释与说明。员工对改善经营与管理工作具有合理化建议权。员工有权对认为不公正的处理，向直接上司的上司提出申诉。申诉必须实事求是，以书面形式提出，不得影响本职工作或干扰组织的正常运作。各级主管对下属员工的申诉，都必须尽早予以明确的答复。员工有权保留自己的意见，但不能因此影响工作。上司不得因下属保留自己的不同意见而对其歧视。实行在职培训与脱产培训相结合，自我开发与教育开发相结合的开发形式。为了评价人力资源开发的效果，要建立人力资源开发投入产出评价体系。

（7）分工合作。分工合作强调在工程师专业专长分工的基础上、注重团队精神凝聚、加强相互间的协调合作、以此增进工程活动的作业效率。分工是指劳动分工，即各种社会劳动力的划分与独立化。"随着社会发展与时代进步，人类在长期的生产活动中产生了劳动分工。职业是劳动分工的产物，也成为劳动者在社会活动中获取生活来源、实现自身价值的依托。"[1] 随着社会分工加剧，工程数量急剧增加、工程活动深入发展，工程师逐渐演化为职业独立。现代工程活动的高度技术集成化和复杂性特点，促使工程师职业又进一步细化了职业分类。我国《职业分类大典（2015）》将工程技术人员（工程师）划分为38个职业小类，每一种小类又进一步划分为85个职业细类。可以看出，工程师的职业分工与专业化程度越来越细、越来越专，由此造成了不同专业工程师间的分隔与壁垒，也凸显出相互间合作之必要性。

合作是社会中个人与个人、群体与群体之间为达到共同目的，彼此相互配合的一种联合行动、方式。现代工程技术的高度集成与复杂化，要求工程师在工程活动中一定要组成团队，相互协作，精诚合作，否则难以完成工程任务。我国社会主义核心价值观中的"友善"，强调公民之间应互相尊重、互相关心、互相帮助，和睦友好，要形成社会主义的新型人际关系。因此，各方相互间保持友好态度，互敬互重是合作前提。合作方之间要彼此信任，诚以待人，深信不疑；要相互帮助，彼此关怀，在利益面前互相礼让。合作中每个人都应充分调动积极性、主动性、创造性，将团队的事视为自己的事，尽职尽责。其实"在真正的共同体的条件下，各个人在自己的联合中并通过这种联合获得自己的自由"[2]。因为只有在合作中，个人才能获得全面发展，潜能得到充分发挥，真正实现"1+1＞1"的合作目标。

［1］国家职业分类大典修订工作委员会组织编：《中华人民共和国职业分类大典》，中国劳动社会保障出版社、中国人事出版社2015年版，第2页。

［2］《马克思恩格斯全集》（第1卷），人民出版社1979年版，第119页。

※中国部分汽车品牌设计团队[1]

截至 2018 年，吉利汽车已在杭州、宁波、哥德堡和考文垂 4 个城市设立了研发中心；在上海、哥德堡、巴塞罗那、加利福尼亚四个城市设立了造型中心；目前吉利研发人员超过 1.3 万人，其中海外研发人员达到 5000 人，他们来自全球 30 多个国家，集合了众多汽车创新领域的顶级专家。拥有大量发明创新专利，全部产品拥有完整知识产权。长安汽车在中国重庆、北京、河北、合肥，意大利都灵，日本横滨，英国伯明翰，美国底特律和硅谷建立起各有侧重的全球协同研发格局，建立汽车研发流程体系和试验验证体系。一共拥有来自全球 17 个国家的研发人员 1.1 万余人，其中高级专家近 500 人。比亚迪在全球共建立了 30 个生产基地，总占地面积超过 1800 万平方米，员工总数达 22 万人。在美国、巴西、荷兰设立 3 大研发中心，人数超 2 万人。长城汽车在奥地利、日本、印度、北美、德国设立 5 大研发中心，全球共有 17917 位技术人员。在河北保定的长城汽车技术中心有近 7000 人的研发团队。奇瑞汽车在意大利、澳大利亚、日本建立了 3 大研究院，国内研发人员超 6000 人。广汽传祺在北美设立研发中心，全球人数近 4000 人。江淮汽车在意大利、日本 2 大海外研发中心，据不完全统计有几百人以上。

（8）承先启后。承先启后是指继承前人事业，为后人开辟道路。对于工程师来讲，首先要严以律己，勤奋自励，相互勉励，继承前人一切先进技术与实践经验；其次要在继承基础上努力创新，继往开来，培养后辈，积极推动职业健康稳健发展。敬业、创新不仅是工程师的自身职责，也是最基本的职业伦理规范，更是工程师履行"承前"职业职责的内在要求。敬业要求工程师在实际工作中，要严格遵守职业技术和道德规范，追求"零缺陷"的高标准和高水平；要以执着的精神，做到精益求精，持之以恒地深入钻研，成为业务上的行家里手。创新是继承基础上的创新，工程师履行职责过程中要充分继承前人的技术与实践经验，并活学活用地应用到工程活动实践中。要在工程实践中深入结合实际，在遵循真理与规律的前提下，大胆进行工程创新，并形成新工艺、新技术或新产品。唯有此，才能持续不断地推动现代工程技术不断向前发展，才能不断地为人类提供满足其美好生活需要的工程产品。

"启后"要求工程师在工程活动中，要有继往开来的职业勇气和担当。"每一个在道德上有价值的人，都要有所承担，没有承担，不负任何责任的东西，不是人而是物件。"[2]担当需要工程师要有自觉的主体意识，要充分发挥主观能动性，并具备一些必备的基本素养，包括对责任使命的认知能力、完成使命的迫切意愿、认真态度、坚定意志和践履能力等。同时，担当责任意味着有所作为，就要承担一定的压力，付出一定努力，克服一些困难，作出一定的牺牲，包括对内在的本能利己性和自私性的克服；对外在的蜜糖般诱惑以及炮弹般限制等。担当意味着奉献，奉献作为职业道德规范，要求工程师能自觉意识到自己所应承担的社会责任，切切实实以自己的职业活动为社会作出实实在在的贡献。它不仅是检验职业人员职业道德状况或职业素质状况的最高标准，而且指明了职业行为的最终归

---

[1] 《中国汽车海外研发团队实力榜出炉》，https://baidu.com/? tn＝62095104_26_oem_dg，最后访问日期：2019 年 12 月 20 日。

[2] ［德］康德：《道德形而上学原理》，苗力田译，上海人民出版社 2002 年版，第 7 页。

宿。对后辈工程师的培养，既是工程师职业奉献精神的体现，也是工程师职业传承之必需，更是工程师职业生生不息，保持应有社会地位的客观内在要求。2018 年 4 月 13 日，习近平总书记在庆祝海南建省办经济特区 30 周年大会上发表了重要讲话，指出："历史从不眷顾因循守旧、满足现状者，机遇属于勇于创新、永不自满者。一切伟大成就都是接续奋斗的结果，一切伟大事业都需要在继往开来中推进。历代经济特区建设者以他们的智慧、勇气、汗水书写了辉煌篇章。今天，海南广大干部群众要不忘初心、牢记使命，以'功成不必在我'的精神境界和'功成必定有我'的历史担当，保持历史耐心，发扬钉钉子精神，一张蓝图绘到底，一任接着一任干，在实现'两个一百年'奋斗目标、实现中华民族伟大复兴中国梦的新征程上努力创造无愧于时代的新业绩！"其中的"功成不必在我"的精神境界和"功成必定有我"的历史担当，对工程师"承前启后"的职业责任履行，具有强大的理论指导意义。

※ 《中国工程师信条实施细则》[1]

壹、工程师对社会的责任

⊙守法奉献——恪遵法令规章，保障公共安全，增进民众福祉。

实行细则：

一、遵守法令规章，不图非法利益，以完善之工作成果，服务社会。

二、涉及契约权利及义务责任等问题时，应请法律专业人士提供协助。

三、尊重智慧财产权，不抄袭，不窃用；谨守本分，不从事不当利益之业务。

四、工程招标作业应公正、公开、透明化，采用公平契约，坚守业务立场，杜绝违法情事。

五、规划、设计及执行生产计划，应以增进民众福祉及确保公共安全为首要责任。

六、落实安全卫生检查，预防公共危害事件，保障社会大众安全。

⊙尊重自然——维护生态平衡，珍惜天然资源，保存文化资产。

实行细则：

一、保护自然环境，充实环保有关知识及实务经验，不从事违害生态平衡的产业。

二、规划产业时应做好环境影响评估，优先采用环保器材物资，减少废弃物对环境之污染。

三、爱惜自然资源，审慎开发森林、矿产及海洋资源，维护地球自然生态与景观。

四、运用科技智慧，提高能源使用效率，减少天然资源之浪费，落实资源回收与再生利用。

五、重视水文循环规律，谨慎开发水资源，维护水源、水质、水量洁净充沛，永续使用。

六、利用先进科技，保存文化资产，与工程需求有所冲突时，应尽可能降低对文化资产的冲击。

贰、工程师对专业的责任

⊙敬业守分——发挥专业知能，严守职业本分，做好工程实务。

实行细则：

一、相互尊重彼此的专业立场，结合不同的专业技术，共同追求工作佳绩。

二、承办专业范围内所能胜任的工作，不制造问题，不做虚假之事，不图不当利益。

---

［1］《中国工程师信条实行细则》，http://doc.wendoc.com/b74ae59451c5d3f4a683874fl.html，最后访问日期：2019 年 12 月 28 日。

三、凡须亲自签署的工程图说或文件应确实办理或督导、审核，以示负责。

四、不断学习专业知识，研究改进生产技术与制程，以提高生产效率。

五、谨守职责本分，勇于解决问题，不因个人情绪、得失，将问题复杂化。

六、工程与产业之规划、设计、执行应确遵相关规定及职业规范，坚守专业立场，负起成败责任。

⊙创新精进——吸收科技新知，致力求精求进，提升产品品质。

实行细则：

一、配合时代潮流，改进生产管理技术，提升产品品质，建立优良形象。

二、不断吸取新知，相互观摩学习，交换技术经验，做好工程管理，掌握生产期程。

三、适时建议修订不合时宜之法令规章，以适应社会进步、产业发展及营运需要。

四、重视研究发展，开发新产品，追求低成本高效率，维持技术领先，强化竞争力。

五、运用现代管理策略，结合产业技术与创新理念，提升产品品质及生产效率。

六、建立健全品保制度，做好制程品管，保存检验纪录，以利检讨改进。

叁、工程师对业雇主的责任

⊙真诚服务——竭尽才能智慧，提供最佳服务，达成工作目标。

实行细则：

一、竭尽才能智慧，热诚服务，并以保证品质、提高业绩为己任。

二、遵守契约条款规定，提供专业技术服务，避免与业雇主发生影响信誉及品质之纠纷。

三、充分了解业雇主之计划需求，明白说明法令规章之限制，以专业所长提供技术服务。

四、彼此相互尊重，开诚布公，交换业务改进意见，共同提升生产力，达成目标。

五、不断检讨改进缺失，引进新式、高效率之生产技术及管理制度，以提高生产效率。

六、不向材料、设备供应商、包商、代理商或相关利益团体，获取金钱等不当利益。

⊙互信互利——建立相互信任，营造双赢共识，创造工程佳绩。

实行细则：

一、服务契约明订工作范围及权利义务，并以专业技术及敬业精神履行契约责任。

二、与业雇主诚信相待，公私分明、不投机、不懈怠，共同追求双赢的目标。

三、定期向业雇主提报工作执行情形，明确提出实际进度、面临之问题及建议解决方案。

四、体认与业雇主为事业共同体，以整体利益为优先，共创营运佳绩。

五、应本专业技术及职业良心尽力工作，不接受有业务来往者之不当招待与馈赠。

六、坚持正派经营，不出借牌照、执照，不转包，不做假账，不填不实表报。

肆、工程师对同僚的责任

⊙分工合作——贯彻专长分工，注重协调合作，增进作业效率。

实行细则：

一、力行企业化管理，明确权责划分及专长分工，不断追踪考核，以提升工作效率。

二、主动积极服务，密切协调合作，整合系统界面，相互交换经验，共同解决问题。

三、虚心检讨工作得失，坦诚接受批评指教，改进缺点，发挥所长，共创业务佳绩。

四、不偏激独行，不坚持己见，不同流合污，吸取成功的经验，记取失败的教训。

五、相互协助提携，不争功诿过，不打击同僚，以业务绩效来赢得声誉与尊严。

六、尊重同僚之经验与专业能力，分享其成就与荣耀，不妒忌他人，不诋毁别人来成就自己。

⊙承先启后——矢志自励互勉，传承技术经验，培养后进人才。

实行细则：

一、经常自我检讨改进，不分年龄、性别及职务高低，相互切磋学习。

二、洁身自爱，以身作则，尊重他人，提携后进，谨守职业道德与伦理。

三、培养后进优秀人才，重视技术经验传承，尽心相授，共同提升工程师的素质。

四、从工作中不断学习，记录执行过程与经验，撰写心得报告，留传后进研习。

五、注重技术领导，理论与实务并重，主动发掘问题，共谋解决之道。

六、确实履行工程师信条及实行细则，提升工程师形象，维护工程师团体的荣誉。

┃工程法律篇┃

  现代社会尤其是我国社会主义法治国家的建设目标，决定了法律是一种不可替代、不可或缺的重要社会规范。法律通过对人的行为调控，进而调整社会关系，为人类社会的生产、生活提供行为指导、维护社会秩序，实现其社会功能。因此，法律在我国当代社会中的作用越来越重要，地位也越来越凸显。2019 年 10 月 31 日，党的第十九届四中全会审议通过了《中共中央关于坚持和完善中国特色社会主义制度、推进国家治理体系和治理能力现代化若干重大问题的决定》，指出要"坚持和完善中国特色社会主义法治体系，提高党依法治国、依法执政能力。建设中国特色社会主义法治体系、建设社会主义法治国家是坚持和发展中国特色社会主义的内在要求。必须坚定不移走中国特色社会主义法治道路，全面推进依法治国，坚持依法治国、依法执政、依法行政共同推进，坚持法治国家、法治政府、法治社会一体建设。要健全保证宪法全面实施的体制机制，完善立法体制机制，健全社会公平正义法治保障制度，加强对法律实施的监督"。

  随着人类对自然界改造的深入，工程的社会化速度越来越快。工程社会化表现在工程规模的扩大化、工程评价的多元化、工程风险的多样化、工程监督的严密化以及工程冲突的复杂化等方面，这些内容均是工程参与主体扩大化的必然要求。[1] 工程参与主体的扩大化，使工程活动关涉的利益关系越加复杂，工程法律在公正合理分配工程活动利益、风险和代价方面，具有无法替代、不可或缺的作用。工程法是规范各项工程活动，调整工程关系的法律规范的总称。工程关系是工程关系参与主体之间，因工程引发的各式各样的特殊结合、具有法律调整必要的社会关系，可分为纵向工程行政关系和横向工程民事关系两类。

  根据调整对象不同，工程法内容亦有不同，大体上可分为调整纵向工程行政关系的工程法和调整横向工程民事关系的工程法，但这两类内容之间并不存在明显界限，是相互融通、交错的。本篇内容将重点论述工程合同、工程标准与质量、工程许可与招投标、工程知识产权、工程环保、工程争议解决和工程法律责任等法律制度。

---

  [1] 刘刚、李迁：《论工程社会化的法律表现》，载《广西社会科学》2018 年第 10 期。

第四章　工程合同法律制度

　　工程活动是社会生产的重要组成部分，是我国社会主义市场经济建设的重要支柱。市场经济是以平等、自由、诚信为基础的经济运行模式，必须要以一定的法律法规予以规范和引导，其中合同法律制度是不可或缺的。工程领域的合同法律制度异常繁复、庞杂，既包括国家层面的法律法规、部门规章，也囊括了大量地方法规和规章。国家层面的法律法规、部门规章如《民法典》"合同编"、《海商法》《铁路法》《航空法》《保险法》《担保法》和《劳动法》等；住房城乡建设部、工商总局关于印发的《商品房买卖合同示范文本》，国家工商行政管理总局颁发的《合同违法行为监督处理办法》，商务部发布的《技术进出口合同登记管理办法》等；最高人民法院制定的《关于适用〈中华人民共和国合同法〉若干问题的解释》（一）和（二）、《关于审理买卖合同纠纷案件适用法律问题的解释》、《关于审理建设工程施工合同纠纷案件适用法律问题的解释》、《关于审理融资租赁合同纠纷案件适用法律问题的解释》等；地方法规和规章，如《四川省合同监督条例》《江西省合同格式条款监督办法》《深圳市房地产买卖合同（预售）示范文本》《厦门市商品房销售合同网上登记备案管理办法》《福建省合同格式条款监督办法》等。

　　实践中，合同是工程主体最重要的法律行为，工程活动通过合同链接起来，构成高度集成化的复杂社会生产活动，合同关系也就成为工程领域最重要、最普遍的法律关系。因此，复杂、多层次的合同法律制度就成为工程活动健康、良性发展的规范必须。上述复杂、多层次的工程合同法律制度均以《合同法》为基础，因此对工程合同法律制度的了解，应首先从《民法典》"合同编"开始。

※《建设工程施工合同（示范文本）》(GF-2017-0201)[1]

　　为了指导建设工程施工合同当事人的签约行为，维护合同当事人的合法权益，依据《中华人民共和国合同法》《中华人民共和国建筑法》《中华人民共和国招标投标法》以及相关法律法规，住房城乡建设部、国家工商行政管理总局制定了《建设工程施工合同（示范文本）》(GF-2017-0201)（以下简称《示范文本》）。为了便于合同当事人使用《示范文本》，现就有关问题说明如下：

一、《示范文本》的组成

　　《示范文本》由合同协议书、通用合同条款和专用合同条款三部分组成。

　　（一）合同协议书

　　《示范文本》合同协议书共计13条，主要包括：工程概况、合同工期、质量标准、签约合同价和合同价格形式、项目经理、合同文件构成、承诺以及合同生效条件等重要内

---

　　[1]　住房和城乡建设部官网，http://www.mohurd.gov.cn，最后访问日期：2019年11月25日。

容，集中约定了合同当事人基本的合同权利义务。

（二）通用合同条款

通用合同条款是合同当事人根据《中华人民共和国建筑法》《中华人民共和国合同法》等法律法规的规定，就工程建设的实施及相关事项，对合同当事人的权利义务作出的原则性约定。通用合同条款共计20条，具体条款分别为：一般约定、发包人、承包人、监理人、工程质量、安全文明施工与环境保护、工期和进度、材料与设备、试验与检验、变更、价格调整、合同价格、计量与支付、验收和工程试车、竣工结算、缺陷责任与保修、违约、不可抗力、保险、索赔和争议解决。前述条款安排既考虑了现行法律法规对工程建设的有关要求，也考虑了建设工程施工管理的特殊需要。

（三）专用合同条款

专用合同条款是对通用合同条款原则性约定的细化、完善、补充、修改或另行约定的条款。合同当事人可以根据不同建设工程的特点及具体情况，通过双方的谈判、协商对相应的专用合同条款进行修改补充。在使用专用合同条款时，应注意以下事项：

1. 专用合同条款的编号应与相应的通用合同条款的编号一致；

2. 合同当事人可以通过对专用合同条款的修改，满足具体建设工程的特殊要求，避免直接修改通用合同条款；

3. 在专用合同条款中有横道线的地方，合同当事人可针对相应的通用合同条款进行细化、完善、补充、修改或另行约定；如无细化、完善、补充、修改或另行约定，则填写"无"或画"/"。

二、《示范文本》的性质和适用范围

《示范文本》为非强制性使用文本。《示范文本》适用于房屋建筑工程、土木工程、线路管道和设备安装工程、装修工程等建设工程的施工承发包活动，合同当事人可结合建设工程具体情况，根据《示范文本》订立合同，并按照法律法规规定和合同约定承担相应的法律责任及合同权利义务。

合同协议书

发包人（全称）：＿＿＿＿＿＿＿＿＿＿＿＿＿＿＿＿＿＿＿＿＿＿

承包人（全称）：＿＿＿＿＿＿＿＿＿＿＿＿＿＿＿＿＿＿＿＿＿＿

根据《中华人民共和国合同法》《中华人民共和国建筑法》及有关法律规定，遵循平等、自愿、公平和诚实信用的原则，双方就工程施工及有关事项协商一致，共同达成如下协议：

一、工程概况

1. 工程名称：＿＿＿＿＿＿＿＿＿＿＿＿＿＿＿＿＿＿＿＿＿＿＿＿＿＿＿＿。

2. 工程地点：＿＿＿＿＿＿＿＿＿＿＿＿＿＿＿＿＿＿＿＿＿＿＿＿＿＿＿＿。

3. 工程立项批准文号：＿＿＿＿＿＿＿＿＿＿＿＿＿＿＿＿＿＿＿＿＿＿。

4. 资金来源：＿＿＿＿＿＿＿＿＿＿＿＿＿＿＿＿＿＿＿＿＿＿＿＿＿＿＿＿。

5. 工程内容：＿＿＿＿＿＿＿＿＿＿＿＿＿＿＿＿＿＿＿＿＿＿＿＿＿＿＿＿。

群体工程应附《承包人承揽工程项目一览表》（附件1）。

6. 工程承包范围：＿＿＿＿＿＿＿＿＿＿＿＿＿＿＿＿＿＿＿＿＿＿＿＿＿＿。

二、合同工期

计划开工日期：_____年_____月_____日。

计划竣工日期：_____年_____月_____日。

工期总日历天数：_____天。工期总日历天数与根据前述计划开竣工日期计算的工期天数不一致的，以工期总日历天数为准。

三、质量标准

工程质量符合_____标准。

四、签约合同价与合同价格形式

1. 签约合同价为：

人民币（大写）_____（￥_____元）；

其中：

（1）安全文明施工费：

人民币（大写）_____（￥_____元）；

（2）材料和工程设备暂估价金额：

人民币（大写）_____（￥_____元）；

（3）专业工程暂估价金额：

人民币（大写）_____（￥_____元）；

（4）暂列金额：

人民币（大写）_____（￥_____元）。

2. 合同价格形式：_____。

五、项目经理

承包人项目经理：_____。

六、合同文件构成

本协议书与下列文件一起构成合同文件：

（1）中标通知书（如果有）；

（2）投标函及其附录（如果有）；

（3）专用合同条款及其附件；

（4）通用合同条款；

（5）技术标准和要求；

（6）图纸；

（7）已标价工程量清单或预算书；

（8）其他合同文件。

在合同订立及履行过程中形成的与合同有关的文件均构成合同文件组成部分。

上述各项合同文件包括合同当事人就该项合同文件所作出的补充和修改，属于同一类内容的文件，应以最新签署的为准。专用合同条款及其附件须经合同当事人签字或盖章。

七、承诺

1. 发包人承诺按照法律规定履行项目审批手续、筹集工程建设资金并按照合同约定的期限和方式支付合同价款。

2. 承包人承诺按照法律规定及合同约定组织完成工程施工，确保工程质量和安全，不进行转包及违法分包，并在缺陷责任期及保修期内承担相应的工程维修责任。

3. 发包人和承包人通过招投标形式签订合同的，双方理解并承诺不再就同一工程另行签订与合同实质性内容相背离的协议。

八、词语含义

本协议书中词语含义与第二部分通用合同条款中赋予的含义相同。

九、签订时间

本合同于_____年_____月_____日签订。

十、签订地点

本合同在_____签订。

十一、补充协议

合同未尽事宜，合同当事人另行签订补充协议，补充协议是合同的组成部分。

十二、合同生效

本合同自_____生效。

十三、合同份数

本合同一式_____份，均具有同等法律效力，发包人执____份，承包人执____份。

发包人：（公章）　　　　　　　　　　承包人：（公章）

法定代表人或其委托代理人：　　　　　法定代表人或其委托代理人：

（签字）　　　　　　　　　　　　　　（签字）

组织机构代码：_____　　　组织机构代码：_____

地　址：_____　　　　地　址：_____

邮政编码：_____　　　　　邮政编码：_____

法定代表人：_____　　　　　法定代表人：_____

委托代理人：_____　　　　　委托代理人：_____

电　话：_____　　　　　电　话：_____

传　真：_____　　　　　传　真：_____

电子信箱：_____　　　　　电子信箱：_____

开户银行：_____　　　　　开户银行：_____

账　号：_____　　　　　账　号：_____

一、合同法律制度概述

（一）合同

"合同又称为契约，是市场主体之间的交易关系在法律上的反映，是推动实现资源优化配置的法律形式，也是实现特定公共政策的中介。"[1] 我国《民法典》"合同编"规定，"合同是平等主体的自然人、法人、其他组织之间设立、变更、终止民事权利义务关

---

[1] 马克思主义理论研究和建设工程重点教材《民法学》编写组编：《民法学》，高等教育出版社2019年版，第292页。

系的协议。婚姻、收养、监护等有关身份关系的协议，适用其他法律的规定"。据此，可将合同理解为平等主体的自然人、法人、其他组织之间设立、变更、终止民事权利义务关系的协议。

合同是两个或者两个以上平等主体之间的民事法律行为。"民事法律行为是实现行为人自由意志的民法工具，它对应着民法意定主义的调控方式，形成了不同于法定主义体系的独特法律调整制度，体现了民法调整方式的独特性。"[1] 工程活动主体通过合同行为，自愿达成一致意思表示，设立双方或多方彼此间的民事权利义务关系。在工程合同履行中，任何一方均应依照合同内容约定，依法依约行使权利、履行义务，共同实现并达成工程合同目的。

理论上，依据不同标准可对合同作不同分类，如双务合同与单务合同、有偿合同与无偿合同、诺成合同与实践合同、要式合同与不要式合同、主合同与从合同等。立足司法实践，我国《民法典》"合同编"将合同划分为十五种基本类型，被称为有名合同，包括买卖合同、供用电（水、气、热力）合同、赠与合同、借款合同、租赁合同、融资租赁合同、承揽合同、建设工程合同、运输合同、技术合同、保管合同、仓储合同、委托合同、行纪合同和居间合同等。这些合同类型在工程领域都会发生，其中建设工程合同是最典型的工程合同，在建设工程领域被广泛应用，并发挥着重要作用。此外，如果工程领域出现了上述种类之外的其他合同，依据《民法典》"合同编"第124条的规定，"本法分则或者其他法律没有明文规定的合同，适用本法总则的规定，并可以参照本法分则或者其他法律最相类似的规定"。

（二）合同法

合同法，是调整平等主体的自然人、法人、其他组织之间设立、变更、终止财产权利义务关系的法律规范的总称。合同法主要规范合同的订立、效力、履行、变更、转让、终止、违约责任及各类有名合同等问题。市场经济是以平等、自由为基础的，合同是市场交易的主要形式，因此合同关系也是经济活动中最基本的法律关系，合同法也就成为调整市场经济关系的最基本法律。与市场经济相适应，"合同法包含着丰富的法律规范，但其主要是通过任意性规范来调整交易关系的"[2]。只要当事人合同中约定的事项不违背法律、行政法规等强制性规定，不损害公共利益，即产生法律效力。

法律性质上，合同法归属于民法，并不是独立的法律部门。法的不同分类与归属，本质上源于其基本价值追求、取向与理念，这些集中体现在高度抽象的法律原则上。"法律原则一般是指可以作为规则的基础或本源的综合性、稳定性原理和准则。"[3] 法律原则为法律规则提供某种基础或根源的综合性的、指导性的价值准则或规范，它是以选择的方式为人们正确理解、适用法律规则以及正确合法地行为提供指引的法律规范。合同法基本原则，是合同法的本质和特征的集中体现，反映了市场经济的根本要求，表达了合同法基本价值追求、取向与理念，是高度抽象的、最一般的合同行为规范和价值判断准则。合同法基本原则包括平等原则、合同自由原则、公平原则、诚实信用原则和公序良俗原则。

---

[1] 王利明：《民法》，中国人民大学出版社2015年版，第97页。

[2] 王轶：《民法典的规范类型及其配置关系》，载《清华法学》2014年第6期。

[3] 张文显：《规则·原则·概念——论法的模式》，载《现代法学》1989年第3期。

1. 平等原则

平等是"一个人的价值正好同另一个人一样"[1]。合同法的平等原则"在分配利益和负担的语境中可以有两种意义上的平等对待。一种是强式意义上的平等对待，它要求尽可能地避免对人群加以分类，从而使每一个人都被视为'同样的人'，使每一个参与分配的人都能够在利益或负担方面分得平等的'份额'。另一种是弱式意义上的平等对待，它要求按照一定的标准对人群进行分类，被归入同一类别或范畴的人，才应当得到平等的'份额'，因此，弱式意义上的平等对待既意味着平等对待，也意味着差别对待——同样的情况同样对待，不同的情况不同对待"[2]。我国《民法典》第4条规定，"民事主体在民事活动中的法律地位一律平等"。平等原则在合同法中体现为三个方面。一是合同当事人之间，不管性质如何，也不问其经济实力强弱以及组织规模大小，都处于平等地位；二是合同当事人必须以平等身份，就合同条款进行充分协商，达成一致，合同才能成立；三是任何一方不得将自己意志强加给另一方，如果以胁迫、命令、强制等手段订立合同，法律将不承认这种合同的效力。

2. 合同自由原则

合同自由又称为"契约自由"，契约自由是合同法的最高理念。契约自由包括两方面的含义，"其一，从契约订立的程式——要约与承诺的承继中可以得出契约以当事人相互之间真实意思的合意为基础的结论；其二，合同的订立是在不受外部力量干预——包括不受政府或立法机构干预的情况下，自由选择的结果"[3]。我国《民法典》第5条规定，"民事主体从事民事活动，应当遵循自愿原则，按照自己的意思设立、变更、终止民事法律关系"。合同自由原则在合同法中体现为四个方面。一是缔结合同自由，即是否订立合同完全由当事人自己决定；二是选择对方当事人自由，即与谁订立合同，由当事人自己来选择；三是决定合同内容自由，即订立怎样的合同，由当事人自主协商；四是选择合同方式自由，即以什么方式来表示双方协商一致的意思，由当事人双方来决定，在什么情况下变更或解除原有合同，由当事人双方自主商量。当然，绝对自由是不存在的，合同自由在特定情况下要受到一定限制，如强制性规范、公序良俗等。

3. 公平原则

法学传统观念认为，公平即是正义，尤指分配正义，即在物质和资源的分配中实行公平、平等分配。我国法学学者认为："以利益均衡作为价值判断标准，来调整民事主体之间的物质利益关系、确定其民事权利和民事责任的要求，谓之公平。"[4]"公平原则要求民事主体应本着公平的观念从事民事活动，正当行使权利与义务，在民事活动中兼顾他人利益和社会公共利益"[5]。我国《民法典》第6条规定，"民事主体从事民事活动，应当遵循公平原则，合理确定各方的权利和义务"。公平原则在合同法中体现为三个方面。一

---

[1] [英]边沁：《政府片论》，沈叔平译，商务印书馆1994年版，第42页。

[2] 郑成良：《法律之内的争议》，法律出版社2002年版，第40页。

[3] [英]P. S. 阿蒂亚：《合同法概论》，程正康、周忠海译，法律出版社1982年版，第5页。

[4] 徐国栋：《民法基本原则解释——以诚实信用原则的法理分析为中心》，中国政法大学出版社2004年版，第53页。

[5] 佟柔：《中国民法》，法律出版社1990年版，第24页。

是合同中的权利对等，即当事人在合同中享有权利的同时，应承担相应的义务，尤其在关于财产、劳务和工作成果的合同中，当事人在合同中的权利义务应大体相当；二是必须充分尊重当事人的真实意思，即一方不得利用自己在经济实力或社会地位等优势，以威逼、欺诈或乘人之危等手段与对方订立显失公平的合同；三是公平合理地补充合同漏洞，即对于合同中没有明确约定，或者法律没有明确规定的事项，应以公平合理的目的确定双方的权利义务。

4. 诚实信用原则

诚信不仅是我国社会主义核心价值观的伦理要求，也是民事活动的法律底线。法律上的诚信倡导，来源于对契约精神的守护。从字面语义角度理解，"诚信是对民事活动的参加者不进行任何欺诈、恪守信用的要求"[1]；对于践行契约精神的诚信要求，如果仅"把诚实信用原则当作社会理想和交易道德基础都过于抽象，适用困难；把诚实信用原则的本质定位在当事人利益平衡，较为具体，便于适用。然而这种利益平衡如果仅限于当事人双方，尚嫌不足，社会一般公共利益也应考虑在内"[2]。我国《民法典》第7条规定，"民事主体从事民事活动，应当遵循诚信原则，秉持诚实，恪守承诺"。诚实信用原则在合同法中体现为三个方面。一是合同当事人应当以善意方式行使权利和履行义务，在交易时不得欺骗对方，损人利己，不得滥用权利，更不得规避义务；二是裁判者应尽可能平衡合同当事人之间的利益冲突，以及当事人利益与社会公共利益之间的平衡；三是当法律没有规定或者合同没有具体约定时，裁判者可依据该原则来解释法律或合同。

5. 公序良俗原则

公序良俗是公共秩序与善良风俗的简称，遵守公序良俗原则有利于建立一个完善、健康、有序的市场经济秩序，维护交易者的合法权益，保障交易安全。公共秩序是国家社会之存在及其发展所必要的一般秩序，"公共秩序未必是法律所规定的秩序，公共秩序概念比法秩序概念的外延更宽。除现行法秩序外，还应包括作为现行法秩序的基础的根本原则和根本理念等内容"[3]。善良风俗是社会存在的一般性道德，是"指某一特定社会起码的伦理要求，它强调法律或社会秩序之'伦理性'，从而应将这种伦理要求补充地予以规范化，禁止逾越"[4]。我国《民法典》第8条规定，"民事主体从事民事活动，不得违反法律，不得违背公序良俗"。实践中，违反公序良俗行为主要包括危害国家公共秩序行为，如订立违反国家宏观调控或金融调控政策合同；违反人格权保护行为，如订立以债务人人身作抵押合同；违反公平竞争行为，如订立经济垄断或谋取暴利合同；合同中存在侵犯消费者、劳动者等特殊群体合法权益情形；违反社会公德行为，如订立破坏社会风气、有伤风化合同等。

二、合同订立与效力制度

合同"订立→成立→生效"，是合同法律制度的基础和前提，也是合同订立与生效制

---

[1] 马原：《中国民法讲义》，全国法院干部业余大学教材1996年版，第21页。

[2] 史尚宽：《债法总论》，荣泰印书馆1978年版，第320页。

[3] 梁慧星：《民商法论丛》（第1卷），法律出版社1994年版，第50页。

[4] 黄茂荣：《民法总则》，三民书局1982年版，第539页。

度的单项运行过程。合同订立是当事人通过一定程序、协商一致，在其相互之间建立合同关系的法律行为，是合同成立前的动态行为阶段；合同成立是订约当事人就合同的主要条款达成合意，建立合同关系，是合同订立动态行为的积极后果；合同生效是依法成立的合同，在当事人之间产生法律效力，任何一方不得擅自变更和解除合同，第三人亦不得对合同当事人进行非法干涉。

※建设施工合同无效案件[1]

2003 年 5 月份至 2009 年 9 月 20 日期间，王廷发为山东省高唐县中西医结合医院门诊楼、病房楼等工程中的部分水、电、暖进行施工。王廷发无相关施工资质，对此医院亦知情。2003 年 7 月，王廷发与该医院施工管理人张某签订《高唐州骨科医院康复楼安装协议书》，约定由王廷发为医院康复楼的电器安装垫资施工。对施工的其他工程，双方均未签订书面合同。2009 年 9 月 20 日，施工完毕，医院投入使用。后在工程结算中，王廷发与医院对结算工程量及套用定额等有异议，协商未果。于是王廷发（原告）将医院（被告）诉至法院。

法院在查明事实基础上，认定原告为被告进行水、电、暖施工，原、被告间形成的是施工合同关系。但因原告无相应施工资质，原、被告间的施工合同应属无效。原告为被告施工事实清楚，且原告施工完毕后，被告已实际使用，原告的工作成果已交付，故被告应给付原告报酬。针对本案争议焦点（原告施工人工费及垫资款数额、被告支付款项数额问题），法院在事实认定的基础上，最后判决医院偿付原告劳务款、垫资款、鉴定费等计人民币 236019.87 元。

（一）合同订立制度

1. 合同内容与形式

（1）合同内容。从法律关系角度看，合同内容即是指合同权利和合同义务，主要是通过合同条款加以确定，有些则由法律规定而产生，如附随义务等。当事人依程序订立合同，意思表示一致，便形成合同条款，固定了当事人各方的权利义务，即构成合同内容。我国《民法典》"合同编"规定，"合同的内容由当事人约定，一般包括下列条款：当事人的姓名或者名称和住所；标的；数量；质量；价款或者报酬；履行期限、地点和方式；违约责任；解决争议的方法。当事人可以参照各类合同的示范文本订立合同。"

（2）合同形式。合同形式，又称"合同方式"，是当事人达成合意的表现形式，是合同内容的外部表现，是合同内容的客观载体。我国《民法典》"合同编"规定，"当事人订立合同，可以采用书面形式、口头形式或者其他形式"。这表明当事人在不违反法律强制性规定的前提下，当事人可根据需要自主选择合同形式。

口头形式，是指当事人双方只用语言表示即可订立合同。口头形式简便易行，在日常生活中采用较多，凡当事人无约定、法律未规定须采用特定形式的合同，均可采用口头形式。口头形式合同的缺点是发生合同纠纷时难以取证，不易分清责任。因此，口头形式一

---

[1] http://wenshu.court.gov.cn/website/weshu/181217BMTKHNT2WO/index.html? pageId＝32f54…，最后访问日期：2019 年 12 月 30 日。

般适用于能够即时结清，内容相对简单，合同标的不大的合同。书面形式，是指当事人双方将达成合意的内容用文字表述出来的合同形式。我国《民法典》"合同编"规定："书面形式是合同书、信件、电报、电传、传真等可以有形地表现所载内容的形式。以电子数据交换、电子邮件等方式能够有形地表现所载内容，并可以随时调取查用的数据电文，视为书面形式。"书面形式合同有助于增加合同双方当事人的责任心，督促全面、正确地履行合同义务；有助于合同管理机关对合同进行管理；有助于在发生合同纠纷时分清责任，使司法机关处理有据。因此，通常情况下对于相对复杂的合同、重要的合同一般都采用书面形式。书面形式合同可分为一般书面形式和特殊书面形式。合同的一般书面形式是指只需当事人达成书面协议，不需再履行其他手续即可成立的合同，它包括表格合同、合同确认书等。合同的特殊书面形式是指当事人达成书面协议后，还需要公证、鉴证、登记或审批等形式的合同。推定形式，又称"默示形式"，是指当事人未用语言、文字表达其意思表示，仅用行为向对方发出要约，对方接受该要约，以作出一定或指定行为作为承诺，合同即告成立。《民法典》"合同编"规定："承诺不需要通知的，根据交易习惯或者要约的要求作出承诺的行为时生效。"

2. 合同订立过程

合同的成立必须基于当事人合意，即意思表示一致，合同订立过程就是当事人双方使其意思表示趋于一致的过程。我国《民法典》"合同编"规定："当事人订立合同，可以采取要约、承诺方式或者其他方式。"因此，理论上合同订立过程一般分为要约和承诺两个阶段，但现实中"合同订立的一般程序表现为双方反复的讨价还价，最终达成合意的过程。体现为要约→反要约→新要约→承诺的模式"[1]。

（1）要约。要约又称"发价""发盘""出盘"或"报价"等，"要约者乃以缔结契约为目的，而唤起相对人承诺之一种意思表示也"[2]。我国《民法典》"合同编"规定："要约是希望与他人订立合同的意思表示，该意思表示应当符合下列条件：（一）内容具体确定；（二）表明经受要约人承诺，要约人即受该意思表示约束。"要约作为一种订约的意思表示，它能够对要约人和受要约人产生一种拘束力，尤其是要约人在要约有效期限内，必须受要约拘束。要约在到达受要约人时生效。采用数据电文形式订立合同，收件人指定特定系统接收数据电文的，该数据电文进入该特定系统的时间，视为到达时间；未指定特定系统的，该数据电文进入收件人的任何系统的首次时间，视为到达时间。要约可以撤回，但撤回要约的通知应当在要约到达受要约人之前或者与要约同时到达受要约人。要约也可以撤销，撤销要约的通知应当在受要约人发出承诺通知之前到达受要约人。当拒绝要约的通知到达要约人，或要约人依法撤销要约，或承诺期限届满，受要约人未作出承诺，或受要约人对要约的内容作出实质性变更等情形发生，则要约失效，即不再对要约人和受要约人产生拘束。实践中，还应将邀约与邀约邀请[3]区分开来。

---

[1] 任家乐：《论合同订立的不同方式》，四川大学 2006 年硕士学位论文。

[2] 郑玉波：《民法债编总论》，中国政法大学出版社 2004 年版，第 30 页。

[3] 我国《合同法》规定："要约邀请是希望他人向自己发出要约的意思表示。寄送的价目表、拍卖公告、招标公告、招股说明书、商业广告等为要约邀请。商业广告的内容符合要约规定的，视为要约。"

（2）承诺。传统民法一般"将参与合同订立的一方当事人，对另一方当事人要约作出反映的，时间上处于后面的那个意思表示称为承诺"[1]。《民法典》"合同编"规定："承诺是受要约人同意要约的意思表示"。承诺应当以通知的方式作出，但根据交易习惯或者要约表明可以通过行为作出承诺的除外。承诺一经送达要约人，合同即告成立。承诺应在约定或合理期限内发出，超过承诺期限作出承诺，不产生合同成立后果；受要约人超过承诺期限发出承诺的，除要约人及时通知受要约人该承诺有效的以外，该承诺为新要约。承诺也可以撤回，但撤回承诺的通知应当在承诺通知到达要约人之前或者与承诺通知同时到达要约人。

3. 采用格式条款订立的合同

随着社会的逐步发展，人们的交易行为日益频繁，社会日常生活中涉及合同的行为可说是无处不在。为了避免讨价还价的烦琐程序，节省时间，格式条款随之产生。格式条款亦称格式合同，我国《民法典》"合同编"规定，"格式条款是当事人为了重复使用而预先拟定，并在订立合同时未与对方协商的条款"。"采用格式条款订立合同的，提供格式条款的一方应当遵循公平原则确定当事人之间的权利和义务，并采取合理的方式提示对方注意免除或者减轻其责任等与对方有重大利害关系的条款，按照对方的要求，对该条款予以说明。提供格式条款的一方未履行提示或者说明义务，致使对方没有注意或者理解与其有重大利害关系的条款的，对方可以主张该条款不成为合同的内容"。"格式合同的订立方式颠覆了传统的合同订立方式，格式合同的内容不再由双方平等协商，而是由合同当事人一方预先拟订，这一点正是格式合同与契约自由原则的根本违背，这种合同形成时间上的预先性是格式合同区别于一般合同的最显著特征。"[2]

合同是当事人意思表示一致的结果，由于格式条款是当事人为了重复使用而预先拟订的，在订立合同时未与对方进行协商，因而会使格式条款相对人处于极为不利的地位。因此，应当对格式条款的提供方作出一定限制或作出相应义务的规定，以保护合同相对人的利益。我国相关法律规定，格式条款提供方首先应承担提示和说明的义务。比如，《保险法》规定，"订立保险合同，保险人应当向投保人说明保险合同的条款内容""保险合同中规定关于保险人责任免除条款的，保险人在订立保险合同时应当向投保人明确说明，未明确说明的，该条款不产生效力"。其次，当对合同内容理解有争议时，应作出不利于提供格式条款一方的解释。如《民法典》"合同编"规定，"对格式条款的理解发生争议的，应当按照通常理解予以解释。对格式条款有两种以上解释的，应当作出不利于提供格式条款一方的解释。格式条款和非格式条款不一致的，应当采用非格式条款"。

4. 缔约过失责任

缔约过失责任，是指在合同订立过程中，一方因违背其依据的诚实信用原则所应尽的义务，而致使另一方信赖利益遭受损失时，所应承担的民事责任。"从事契约缔结的人，是从契约交易外的消极义务范畴，进入契约上的积极义务范畴，其因此而承担的首要义务，系于缔约时须善尽必要的注意。法律所保护的，并非仅是一个业已存在的契约关系，正在发生中的契约关系亦应包括在内。否则，契约交易将暴露于外，不受保护，缔约一方

---

[1] ［德］迪特尔·梅迪库斯：《德国民法总论》，邵建东译，法律出版社 2004 年版，第 269 页。

[2] 白晨航、丁玉翠：《定式合同性质与功能要论》，载《求是学刊》2000 年第 4 期。

当事人不免成为他方疏忽或不注意的牺牲品！契约的缔结产生了一种履行义务，若此种效力因法律上的障碍而被排除时，则会产生一种损害赔偿义务，因此，所谓契约无效者，仅指不发生履行效力，非谓不发生任何效力。简言之，当事人因自己过失致使契约不成立者，对信其契约为有效成立的相对人，应赔偿基于此项信赖而生的损害。"[1] 我国《民法典》"合同编"规定，"当事人在订立合同过程中有下列情形之一，造成对方损失的，应当承担赔偿责任：（一）假借订立合同，恶意进行磋商；（二）故意隐瞒与订立合同有关的重要事实或者提供虚假情况；（三）有其他违背诚信原则的行为"。

缔约过失责任一般发生在以下两个方面：

（1）在合同不成立时，或虽已成立但被宣告无效或被撤销的情况下，构成缔约过失的一方应赔偿对方的直接损失和间接损失。直接损失通常包括订立合同的费用，如通信费用、差旅费用等，准备履行合同所支出的费用，以及上述费用的利息；间接损失主要指对方因此丧失商机所造成的损失。

（2）由于一方当事人在订立合同过程中，未尽照顾保护义务，而使对方当事人遭受人身损害时，应赔偿因此产生的实际损失。由于一方当事人在订立合同的过程中未尽通知、说明义务，致使对方遭受财产损失时，也应赔偿其实际损失。

（二）合同效力制度

1. 合同生效

"当事人订立合同的目的就是要通过合同的履行实现各自的利益，而能否通过合同取得各自的利益，其前提是合同能够在当事人之间具有法律约束力，这也是当事人订立合同时所期待的。"[2] 合同生效，是指合同发生法律效力，即对合同当事人乃至第三人发生强制性的拘束力。合同效力主要体现在两个方面。一是合同对当事人的拘束力。合同当事人依据合同约定所产生的权利，依法受法律保护，如果当事人违反合同义务则应承担违约责任。二是合同对第三人的拘束力。比如，第三人非法引诱债务人不履行义务；或采取拘束债务人等非法强制手段，迫使债务人无法履行债务；或者与债务人恶意串通，损害债权人利益，债权人可依法要求第三人承担相应的法律责任。

我国《民法典》"合同编"规定，"依法成立的合同，自成立时生效，但是法律另有规定或者当事人另有约定的除外。依照法律、行政法规的规定，合同应当办理批准等手续的，依照其规定。未办理批准等手续影响合同生效的，不影响合同中履行报批等义务条款以及相关条款的效力。应当办理申请批准等手续的当事人未履行义务的，对方可以请求其承担违反该义务的责任"。依《民法典》及相关法律的立法精神及司法实践，合同生效的一般要件包括行为人具有相应的民事行为能力、意思表示真实、不违反法律或者社会公共利益三个方面。

2. 附条件合同与附期限合同

（1）附条件合同。附条件的合同，是指当事人约定一定的条件，将条件的成就与否作为该合同生效或解除的依据。"附条件合同正是很好地满足了合同当事人这样的心理诉求：为了规避未来不确定的风险，以约定的形式将当事人的一部分行为动机直接反映到合同之

---

[1]　王泽鉴：《民法学说与判例研究》（第1册），中国政法大学出版社1998年版，第79页。

[2]　王利明：《试论合同的成立与生效》，载《现代法学》1996年第6期。

中，使得合同能够更好地表达出当事人的意思，满足当事人的需要。"[1] 我国《民法典》规定，"民事法律行为可以附条件，但是根据其性质不得附条件的除外。附生效条件的民事法律行为，自条件成就时生效。附解除条件的民事法律行为，自条件成就时失效"。"附条件的民事法律行为，当事人为自己的利益不正当地阻止条件成就的，视为条件已经成就；不正当地促成条件成就的，视为条件不成就"。

（2）附期限合同。附期限的合同，是指在合同中附一定期限，并把该期限的到来作为当事人权利义务发生或者消灭前提的合同。"期限与条件都能使合同的效力系于将来发生的事实，是对合同效力产生影响的一种附款，作为条件的事实是否成就是当事人不可预知的，而期限的到来具有必然性，是确定的事实，尚未到来且必然到来的时间或期间才能作为附期限合同中的期限。"[2] 我国《民法典》规定，"民事法律行为可以附期限，但是根据其性质不得附期限的除外。附生效期限的民事法律行为，自期限届至时生效。附终止期限的民事法律行为，自期限届满时失效"。如在房屋租赁合同中约定，在合同成立后两个月内，将房屋租赁给承租人，这里的两个月，就是所附的期限。

3. 效力待定合同

效力待定合同，是指合同虽已成立，但由于不完全符合生效要件规定，能否发生当事人预期的法律效力尚未确定，只有经有权人追认，才能发生当事人预期法律效力的合同，有权人在一定期间内不予追认，合同便归于无效。"此类合同已经成立，但合同因缺乏行为能力或处分权而效力不齐备，然而此类合同本身并没有违反法律的强行性规定和违反公序良俗，因而法律对这种合同并不强行使其无效，而是把选择合同是否有效的权利赋予给真正权利人和当事人。"[3]

效力待定合同主要包括三种情形。限制民事行为能力人订立的合同，经法定代理人追认后，该合同有效；但纯获利益的合同或者与其年龄、智力、精神健康状况相适应而订立的合同，不必经法定代理人追认。相对人可以催告法定代理人在一个月内予以追认。法定代理人未作表示的，视为拒绝追认。合同被追认之前，善意相对人有撤销的权利。撤销应当以通知的方式作出。行为人没有代理权、超越代理权或者代理权终止后以被代理人名义订立的合同，未经被代理人追认，对被代理人不发生效力，由行为人承担责任。相对人可以催告被代理人在一个月内予以追认。被代理人未作表示的，视为拒绝追认。合同被追认之前，善意相对人有撤销的权利。撤销应当以通知的方式作出。无处分权的人处分他人财产，经权利人追认或者无处分权的人订立合同后取得处分权的，该合同有效。

4. 无效合同

"各种法律行为（例如契约、遗嘱、婚姻等）的成立必须具备一定的条件（内容和形式）。无效是对违背法律行为必要条件的一种制裁。这种制裁的目的是为了取消这种行为，使它归于无效……无效分为：绝对无效和相对无效。"[4] 合同无效是相对于合

---

[1] 楼臻：《附条件合同的法律保护》，华东政法大学 2014 年硕士学位论文。

[2] 王利明：《合同法研究》（第 1 卷），中国人民大学出版社 2002 年版，第 538 页。

[3] 王利明：《合同法新问题研究》，中国社会科学出版社 2003 年版，第 224 页。

[4] 上海社会科学院法学研究所编译：《民法》（国外法学知识译丛），知识产权出版社 1981 年版，第 88 页。

同有效而言的，是指合同欠缺有效要件，自始、确定、当然不发生法律效力的合同。合同无效分为全部无效与部分无效，合同部分无效，不影响其他部分效力的，其他部分仍然有效。

导致合同无效的原因包括效力待定合同，其效力未得到补救；一方以欺诈、胁迫的手段订立合同；当事人恶意串通，损害国家、集体或者第三人利益；以合法形式掩盖非法目的；损害社会公共利益；违反法律、行政法规的强制性规定等情形。我国《民法典》"合同编"规定，"合同中的下列免责条款无效：（一）造成对方人身伤害的；（二）因故意或者重大过失造成对方财产损失的"。此外，如果合同中格式条款免除了条款制定人的责任，或加重了相对人的责任，或排除了对方的主要权利，则无效。

"合同因不具备其有效要件而被确认无效，则自始至终不产生法律约束力，不可引起当事人预期的民事权利义务关系，当事人不得依照合同实际履行，也不承担不履行合同的违约责任。"[1] 合同无效，不发生合同当事人所追求的法律效果，但并不意味着不发生任何其他意义上的法律效果。合同被确认为无效，一方基于无效合同取得的对方财产，应予以返还；造成损失的，应折价补偿和赔偿损失；当事人恶意串通，损害国家、集体或第三人利益，因而取得的财产，应收归国有或返还给集体、第三人。

5. 可撤销合同

"相对于无效合同制度国家对于民事行为的刚性干预而言，可撤销合同制度作为国家对民事行为的柔性干预方式，比无效合同制度更富于公正性、灵活性和宽恕精神。其法律精神正是在于：既不对双方当事人间的公正漠不关心，同时又兼顾了当事人的意思自治原则，其职责是在两者之间寻求平衡，从而充分体现了其自身的完美的综合功能。所以不能不说可撤销合同制度是一种有利于培育市场主体的干预方式，是典型的市场经济体制的干预方式。"[2] 撤销合同，又称"合同撤销"，是指因意思表示不真实，通过有撤销权的当事人行使撤销权，使已经生效的合同归于无效。

我国《民法典》规定，"基于重大误解实施的民事法律行为，行为人有权请求人民法院或者仲裁机构予以撤销"；"一方以欺诈手段，使对方在违背真实意思的情况下实施的民事法律行为，受欺诈方有权请求人民法院或者仲裁机构予以撤销"；"第三人实施欺诈行为，使一方在违背真实意思的情况下实施的民事法律行为，对方知道或者应当知道该欺诈行为的，受欺诈方有权请求人民法院或者仲裁机构予以撤销"；"一方或者第三人以胁迫手段，使对方在违背真实意思的情况下实施的民事法律行为，受胁迫方有权请求人民法院或者仲裁机构予以撤销"；"一方利用对方处于危困状态、缺乏判断能力等情形，致使民事法律行为成立时显失公平的，受损害方有权请求人民法院或者仲裁机构予以撤销"。"有下列情形之一的，撤销权消灭：（一）当事人自知道或者应当知道撤销事由之日起一年内、重大误解的当事人自知道或者应当知道撤销事由之日起九十日内没有行使撤销权；（二）当事人受胁迫，自胁迫行为终止之日起一年内没有行使撤销权；（三）当事人知道撤销事由后明确表示或者以自己的行为表明放弃撤销权。当事人自民事法律行为发生之日起五年内没有行使撤销权的，撤销权消灭"。合同被撤销后，正在履行的合同终止履行。已经履行

---

[1]　陈司光：《论无效合同》，华东政法学院 2006 年硕士学位论文。

[2]　叶永兴：《论可撤销合同》，吉林大学法学院 2004 年硕士学位论文。

的恢复原状，返还原物，不能恢复原状或返还原物的折价补偿，有过错方致他方损失的，应予赔偿。

三、合同履行与担保制度

（一）合同履行制度

1. 合同履行原则与规则

"合同的履行，是指债务人全面地、适当地完成其合同义务，债权人的合同债权得到完全实现。"[1] 合同没有履行，就会失去订立合同的意义，合同债务人如若不适当履行合同，也将阻碍合同债权人实现债权，因此合同履行意义重大。债务人在合同履行中必须要遵循适当履行、协作履行、经济合理及情势变更等基本原则。

在合同履行过程中，当事人除了要遵循上述基本原则外，还要在合同主要条款约定不明时，遵循以下具体履行规则。比如，合同中对合同标的质量约定不明时，按照国家标准、行业标准履行；没有国家标准、行业标准的，按照通常标准或者符合合同目的的特定标准履行。合同中对价款或报酬约定不明时，按照订立合同时履行地的市场价格履行；依法应当执行政府定价或者政府指导价的，按照规定履行。合同中对履行地点约定不明时，给付货币的，在接受货币一方所在地履行；交付不动产的，在不动产所在地履行；其他标的，在履行义务一方所在地履行。合同中对履行期限约定不明时，债务人可随时履行，债权人也可以随时要求履行，但应当给对方必要的准备时间。合同中对履行方式约定不明时，按照有利于实现合同目的的原则进行。"有利于实现合同目的"，即要求对履行方式的选择要能满足当事人在订立合同时所期待的法律效果的实现。合同中对履行费用约定不明时，由履行义务一方负担。

※国有土地使用权出让合同纠纷案件[2]

2001年8月27日，彭某以最高价400万元，竞拍得到莆田市801.16m² 国有土地使用权及范围内的1691.91m² 房屋所有权面积。2001年11月29日，莆田市国土资源局与彭某签订《国有土地使用权出让合同》约定：出让的宗地面积为801.16m²，出让总金额为400万元（含地上物价款及城市基础设施配套费）。出让人应于2003年12月31日前将出让的宗地交付给受让人，最迟交付期限为2004年6月30日。若在2003年12月31日至2004年6月30日期间交付的，应按拍卖成交价总额的银行同期存款活期利息支付迟延交付期间租金补偿；未按时提供出让地，每延期一日，出让人应当按受让人已支付的土地使用权出让金的5倍向受让人支付违约金。交付土地条件为现状土地条件。受让人在依约支付全部土地使用权出让金之日起30日内，应持本合同和土地使用权出让金支付凭证向出让人申请办理土地登记。出让人应在受理土地登记申请之日起30日内，依法为受让人办理出让土地使用权登记，颁发《国有土地使用权证》等条款。

合同签订后，彭某依约于2001年12月5日支付80万元。2001年12月27日支付320万元。市国土资源局于2001年12月30日颁发给彭某《建设用地批准书》，2002年1

---

[1] 王利明、崔建远：《合同法新论·总则》，中国政法大学出版社1996年版，第230页。

[2] http://www.fjcourt.gov.cn，最后访问日期：2019年12月2日。

月 16 日颁发给彭某《国有土地使用权证》，该使用权证上记载土地使用期限为 50 年，自交付使用之日起算。后双方因拍卖标的物交付问题发生争议，彭某向法院起诉，但一审法院驳回了彭某的诉讼请求。彭某不服，遂提起上诉。

二审法院认为，根据双方当事人之间签订的《国有土地使用权出让合同》约定，明确了出让人履行交付土地义务和办理土地使用权登记义务的时间。由于讼争地块上有建筑物，且合同约定的土地出让价款中包含地上物价款，因此，市国土资源局有义务将地上建筑物与讼争地块一并交付给受让人彭某。由于当时讼争地块上的建筑物尚由案外人占有使用，彭某并未实现对讼争地块及地上建筑物的事实占有。直至 2005 年 11 月 16 日其接收了讼争地块上的建筑物，才实现了对讼争地块及地上建筑物的事实占有。因此，虽然市国土资源局于 2002 年 1 月 16 日向彭某颁发《国有土地使用权证》，依约履行了物权登记的义务，但其交付土地的时间为 2005 年 11 月 16 日，构成了迟延交付。

二审法院判决，撤销莆田市中级人民法院〔2005〕莆民初字第 4 号民事判决；市国土资源局应在本判决生效之日起十日内向彭某支付 2003 年 12 月 31 日至 2004 年 6 月 30 日期间租金补偿费（以 400 万元为基数，按中国人民银行活期存款利率计算）；市国土资源局应在本判决生效之日起十日内向彭某支付 2004 年 7 月 1 日至 2005 年 11 月 15 日期间的违约金（以 400 万元为基数，按中国人民银行同期贷款利率的 1.3 倍计算）。

2. 合同履行抗辩权

"抗辩有实体上的抗辩和程序上的抗辩之分。程序上的抗辩如被告针对原告的诉讼请求提出一些理由进行反驳，用以对抗原告的诉讼请求，就是一种民事诉讼程序上的抗辩。实体上的抗辩，在英国法中称为特殊防御，美国法中称为积极防御。各种防御的方法大体上包括宣称合同无效或以对方不履行为理由解除双务合同项下自己的义务，时效期间已满，就双务合同中的债务提出同时履行抗辩、撤销等。"[1] 抗辩权，是指对抗他人行使权利的权利。合同履行中的抗辩权包括三种，即同时履行抗辩权、先履行抗辩权和不安抗辩权。这三种抗辩权都普遍存在于双务合同履行过程中。"双务合同，是指合同当事人都享有权利和负担义务的合同。"[2]

同时履行，是指当事人互负债务，没有约定履行先后顺序的，应当同时履行。一方在对方履行之前有权拒绝其履行请求；在对方履行债务不符合约定时，也有权拒绝其相应的履行请求。此即是同时履行抗辩权。如果法律规定或当事人约定了合同履行先后顺序，后履行义务方就有权要求先履行义务方先履行义务；如果先履行义务方未履行义务，或履行义务不符合约定，那么后履行义务方就有权拒绝先履行义务方的履行请求。此即是先履行抗辩权。合同中约定了履行先后顺序的，如果负在先履行义务当事人发现，后履行义务方出现财产状况恶化等可能影响其履约能力情形，那么先履行义务方就有权拒绝先为履行，除非后履行债务义务方先履行或者提供担保。此即是不安抗辩权。我国《民法典》"合同编"规定，"应当先履行债务的当事人，有确切证据证明对方有下列情形之一的，可以中止履行：（一）经营状况严重恶化；（二）转移财产、抽逃资金，以逃避债务；（三）丧失

---

[1] 沈达明：《比较民事诉讼法初论》（上册），中信出版社 1991 年版，第 256 页。
[2] 彭万林：《民法学》，中国政法大学出版社 1999 年版，第 591 页。

商业信誉；（四）有丧失或者可能丧失履行债务能力的其他情形。当事人没有确切证据中止履行的，应当承担违约责任"。

（二）合同变更与转让制度

合同变更，是指在已经成立的合同基础上，尚未履行或履行未完成之前，基于一定的法律事实（当事人的法律行为、法律规定、司法机构的裁判行为等）致使合同内容发生变化的情形。合同变更有狭义和广义之分。广义的合同变更不仅指合同的内容发生变化，也包括主体的变化。所谓合同主体的变更，是指原合同关系的主体被新合同关系的主体所取代，也就是改变了原来合同的债权人、债务人，实为合同转让。狭义的合同变更排除了合同主体变更的情形，仅指合同内容的变更。

1. 合同变更

合同变更，仅指狭义合同变更，是指有效成立的合同在尚未履行，或未履行完毕之前，由于一定法律事实的出现，而使合同内容发生改变。合同变更的对象是合同内容，具体包括标的物数量增减，标的物品质改变，价款或酬金增减，履行期限变更，履行地点改变，履行方式改变，结算方式改变，所附条件增添或除去，单纯债权变为选择债权，担保设定或消失，违约金的变更，利息变化等。合同变更因一定的法律事实而发生。已经存在的合同，因其有效成立并具有法律效力，如果要对其变更，必须具有合法根据，即具有能够引起合同变更的客观事实。如果没有合法依据，或没有证据证明合同已变更，就视为合同未变更。

2. 合同转让

合同转让，是指在合同当事人一方依法将其合同权利或义务，全部或部分地转让给第三人的行为。合同转让，按照转让内容的不同，可分为合同权利转让、合同义务移转和合同权利义务概括移转三种形态。

（1）合同权利转让。合同权利转让，又称为"债权转让"，是指合同债权人通过协议将其债权全部或部分转让给第三人的行为。合同权利转让不得增加债务人的负担，否则转让人或者受让人应承担由此产生的费用和相关损失。我国《民法典》"合同编"规定，"债权人转让权利的，应当通知债务人。未经通知，该转让对债务人不发生效力。债权人转让权利的通知不得撤销，但经受让人同意的除外"。从鼓励交易、增加社会财富角度出发，应允许绝大多数合同债权能够转让，但从保护社会公共利益和维护交易秩序、兼顾转让双方利益出发，对合同权利转让范围也应作出一定的限制。《民法典》"合同编"规定，"债权人可以将合同的权利全部或者部分转让给第三人，但有下列情形之一的除外：（一）根据合同性质不得转让；（二）按照当事人约定不得转让；（三）依照法律规定不得转让。当事人约定非金钱债权不得转让的，不得对抗善意第三人。当事人约定金钱债权不得转让的，不得对抗第三人"。

（2）合同义务移转。合同义务移转，又称"合同义务转让""债务移转""债务承担"，是指基于债权人、债务人与第三人之间达成的协议，将债务全部或部分转移给第三人承担。第三人与债务人订立合同移转债务，必须经过债权人同意才发生债务移转效力，未取得债权人同意，债权人有权拒绝第三人履行，同时有权追究债务人的违约责任。我国《民法典》"合同编"规定，"债务人将债务的全部或者部分转移给第三人的，应当经债权人同意。债务人或者第三人可以催告债权人在合理期限内予以同意，债权人未作表示的，视为不同意"。"第三人与债务人约定加入债务并通知债权人，或者第三人向债权人表示愿意加入债务，债权人未在合理期限内明确拒绝的，债权人可以请求第三人在其愿意承担的债务范围内和债务人承担连带债务。""债务人转移债务的，新债务人可以主张原债务人对债权人的抗辩；原债务人对债权人享有债权的，新债务人不得向债权人主张抵销。"

（3）合同权利义务概括移转。合同权利义务的概括移转，又称"债权债务概括移转""债权债务概括承受"，是指合同当事人一方将其权利义务一并转移给第三人，而第三人一并接受其转让的权利义务。合同权利义务概括移转应当经债权人同意，才发生法律效力。概括转让生效后，受让人概括地受让转让人的地位。

（三）合同履行保全与担保制度

1. 合同保全

合同关系成立之后，债务人的全部财产便成为担保债权实现的责任财产。"合同保全制度，是指法律为防止因债务人财产的不当减少致使债权人债权的实现受到危害，而设置的保全债务人责任财产的法律制度。具体包括债权人代位权制度和债权人撤销权制度。"[1]"法律在合同责任和特别担保之外，设置合同保全制度，其中的代位权系为保持债务人的财产而设，撤销权为恢复债务人的财产而立。"[2]

债权人的代位权，是指当债务人怠于行使其对第三人（次债务人）的权利而危及债权时，债权人为确保其债权得以受偿，可以自己的名义替代债务人行使对第三人财产权利的制度。代位权实质是债权人针对债务人怠于行使其权利，以自己名义代位其行使债权。根据我国相关法律的规定，债权人行使代位权应满足债权人对债务人的债权合法；债务人怠于行使其到期债权，对债权人造成损害；债务人的债权已到期；债务人的债权不是专属于债务人自身的债权等条件。其中"专属于债务人自身的债权"，是指基于扶养关系、抚养关系、赡养关系、继承关系产生的给付请求权和劳动报酬、退休金、养老金、抚恤金、安置费、人寿保险、人身伤害赔偿请求权等权利。债权人代位权要由债权人以诉讼方式行使。在代位权诉讼中，债权人行使代位权的请求数额超过债务人所负数额或者超过次债务人对于债务人所负债务数额的，对超出部分人民法院不予支持。债权人向次债务人提起的代位权诉讼经人民法院审理后，认定代位权成立的，由次债务人向债权人履行清偿义务，债权人与债务人、债务人与次债务人之间相应的债权债务关系即予消灭。

债权人的撤销权，是指债权人对于债务人所为的有害债权行为，可以请求法院予以撤销的权利。我国《民法典》"合同编"规定，"债务人以放弃其债权、放弃债权担保、无偿转让财产等方式无偿处分财产权益，或者恶意延长其到期债权的履行期限，影响债权人的债权实现的，债权人可以请求人民法院撤销债务人的行为。""债务人以明显不合理的低价转让财产、以明显不合理的高价受让他人财产或者为他人的债务提供担保，影响债权人的债权实现，债务人的相对人知道或者应当知道该情形的，债权人可以请求人民法院撤销债务人的行为"。债权人撤销权的行使必须由享有撤销权的债权人，以自己名义向法院提起诉讼，请求法院撤销债务人不当处分财产的行为。撤销权的行使范围以债权人的债权为限。撤销权应自债权人知道或者应当知道撤销事由之日起一年内行使，自债务人的行为发

---

[1] 申卫星：《合同保全制度三论》，载《中国法学》2000年第2期。
[2] 崔建远：《合同法》，法律出版社1998年版，第119页。

生之日起五年内没有行使撤销权的，该撤销权消灭。债务人的行为一旦被撤销，受益人或受让人具有不当得利返还义务。债权人即可将行使撤销权所获的财产直接用来清偿对自己的债务。

2. 合同担保

"合同担保通常是指合同当事人依法或依双方约定，由债务方向债权方提供的，以确保债务方切实履行合同义务为目的的各种具体措施的总称。"[1] 我国《担保法》规定，"本法规定的担保方式为保证、抵押、质押、留置和定金"。其中抵押、质押和留置属于物权担保，简称为物保；保证是以第三人信誉为担保，称之为人保；定金是以一定现金为担保，故简称为金钱保。

（1）抵押。抵押是指债务人或者第三人不转移财产的占有，将该财产作为债权的担保，当债务人不履行债务或发生当事人约定的实现抵押权的情形时，债权人依法享有就该物变价，并优先受偿的担保制度。我国《民法典》规定，"债务人或者第三人有权处分的下列财产可以抵押：（一）建筑物和其他土地附着物；（二）建设用地使用权；（三）以招标、拍卖、公开协商等方式取得的荒地等土地承包经营权；（四）生产设备、原材料、半成品、产品；（五）正在建造的建筑物、船舶、航空器；（六）交通运输工具；（七）法律、行政法规未禁止抵押的其他财产。抵押人可以将前款所列财产一并抵押"。其中以建筑物、其他土地附着物、建设用地使用权、土地承包经营权和正在建造的建筑物抵押的，应当办理抵押登记，抵押权自登记时设立；以生产设备、原材料、半成品、产品、正在建造的船舶、航空器，交通运输工具抵押的，抵押权自抵押合同生效时设立；未经登记，不得对抗善意第三人。抵押权人具有优先受偿权、保全权、处分权和顺位权。当债务人到期未履行债务，抵押权人（债权人）有权依法处理抵押财产（折价、拍卖和变卖），而使债权获得清偿。

（2）质押。质押，是指债务人或第三人将特定的财产交由债权人占有，或者以财产权利为标的，作为债权担保，在债务人不履行债务或者发生当事人约定的实现质权的情形时，债权人以该财产或权利折价，或以拍卖、变卖所得价款优先受偿的担保制度。我国《物权法》规定了两种质押方式，即动产质押和权利质押。动产质押是债务人或者第三人将其动产移交债权人占有，将该动产作为债权的担保。质权人（债权人）享有占有和留置质押财产权；对质押财产孳息收取权；质权保全权；优先受偿权，即当债务人不履行债务时，债权人可依法以该动产折价或者以拍卖、变卖，该动产的价款优先受偿。权利质押是以依法可转让的债权或者其他财产权利为标的物而设立的质押。我国《民法典》规定，"债务人或者第三人有权处分的下列权利可以出质：（1）汇票、支票、本票；（2）债券、存款单；（3）仓单、提单；（4）可以转让的基金份额、股权；（5）可以转让的注册商标专用权、专利权、著作权等知识产权中的财产权；（6）应收账款；（7）法律、行政法规规定可以出质的其他财产权利"。权利质押的设定以登记或权利凭证的交付作为生效要件。

（3）留置。留置，是指债权人依债权占有属于债务人动产，债务人未按照约定的履行期限履行债务时，债权人有权依法留置该财产，以该财产折价或者拍卖、变卖的价款优先受偿的担保制度。留置在民事活动中广泛适用于加工承揽合同、建筑安装承包合同、保管

---

[1] 苏惠祥：《关于合同担保之我见》，载《兰州大学学报》1990年第2期。

合同、货运合同、委托合同和信托合同中。留置权为法定担保权，其成立基于法律的直接规定，当事人不得任意依约定创设留置权，但允许当事人以约定排除留置权的适用。如果存在当事人事先约定不得留置的，留置债务人的财产违反公共秩序或善良风俗的，留置财产与债权人所承担的义务相抵触的，留置财产与对方交付财产前或交付财产时所为的指示相抵触的，对动产的占有因侵权行为而取得的等情形，不得留置。留置权人（债权人）与债务人应当约定留置财产后的债务履行期间；没有约定或者约定不明确的，留置权人应当给债务人两个月以上履行债务的期间，但鲜活易腐等不易保管的动产除外。债务人逾期未履行的，留置权人可以与债务人协议以留置财产折价，也可以就拍卖、变卖留置财产所得的价款优先受偿。

（4）保证。保证，是指保证人和债权人约定，当债务人不履行债务时，保证人按照约定履行债务或者承担责任的行为。我国《担保法》规定，"具有代为清偿债务能力的法人、其他组织或者公民，可以作保证人"。保证人与债权人应当以书面形式订立保证合同，明确保证责任范围。《民法典》规定，"保证的范围包括主债权及其利息、违约金、损害赔偿金和实现债权的费用。当事人另有约定的，按照其约定"。保证分为一般保证和连带责任保证两种。《民法典》规定，"保证的方式包括一般保证和连带责任保证。当事人在保证合同中对保证方式没有约定或者约定不明确的，按照一般保证承担保证责任"。"当事人在保证合同中约定，债务人不能履行债务时，由保证人承担保证责任的，为一般保证。一般保证的保证人在主合同纠纷未经审判或者仲裁，并就债务人财产依法强制执行仍不能履行债务前，有权拒绝向债权人承担保证责任，但是有下列情形之一的除外：（一）债务人下落不明，且无财产可供执行；（二）人民法院已经受理债务人破产案件；（三）债权人有证据证明债务人的财产不足以履行全部债务或者丧失履行债务能力；（四）保证人书面表示放弃本款规定的权利"。"当事人在保证合同中约定保证人和债务人对债务承担连带责任的，为连带责任保证。连带责任保证的债务人不履行到期债务或者发生当事人约定的情形时，债权人可以请求债务人履行债务，也可以请求保证人在其保证范围内承担保证责任。"

（5）定金。定金，是指为担保债权，依当事人双方约定，一方于合同履行前给付对方一定金钱的担保制度。定金应当以书面形式约定，定金合同中应当包括定金的交付期限、数额等内容，并写明"定金"字样。定金合同从定金实际交付之日起生效，没有定金的实际交付就不能成立定金担保。我国《民法典》规定，"当事人可以约定一方向对方给付定金作为债权的担保。定金合同自实际交付定金时成立。定金的数额由当事人约定；但是，不得超过主合同标的额的百分之二十，超过部分不产生定金的效力。实际交付的定金数额多于或者少于约定数额的，视为变更约定的定金数额"。"债务人履行债务的，定金应当抵作价款或者收回。给付定金的一方不履行债务或者履行债务不符合约定，致使不能实现合同目的的，无权请求返还定金；收受定金的一方不履行债务或者履行债务不符合约定，致使不能实现合同目的的，应当双倍返还定金。"

四、合同消灭制度

我国《民法典》"合同编"规定，"有下列情形之一的，债权债务终止：（一）债务已经履行；（二）债务相互抵销；（三）债务人依法将标的物提存；（四）债权人免除债务；（五）债权债务同归于一人；（六）法律规定或者当事人约定终止的其他情形。合同解除的，该合同的权利义务关系终止"。"所谓合同终止，是指合同当事人根据法律的规定或约定，由有终止权的一方向他方作出终止合同的意思表示，使合同的效力嗣后归于消灭的一项合同法上的制度"[1]。然而，"作为合同消灭的诸多原因之一，终止的功能在于表明，有一种消灭乃是因为一方当事人行使终止权所致，以此区别于因清偿抵销等而导致的消灭类型"[2]。因此，我国《合同法》中确定的"合同终止"制度实为"合同消灭"制度。

※工程质量不达标致合同解除案件[3]

2010年2月6日，江西丰城市人民政府所设的"一大四小"工程建设领导小组办公室（以下简称"一大四小"办）与绿茵公司就小袁线等通道绿化工程第Ⅲ标段签订《造林绿化工程施工合同》。合同签订后，绿茵公司在施工过程中未达到合同约定的质量要求，经多次协商返工仍未达标。2010年11月，"一大四小"会同工程监理，对该标段工程进行验收，结果为不合格。

2011年1月20日，"一大四小"办函告绿茵公司，解除双方签订的合同；2011年3月8日，绿茵公司复函，同意解除合同。后丰城市人民政府向法院起诉，要求绿茵公司依合同约定承担违约金826000元，并赔偿委托第三方返工并由此造成的损失。

法院审理认为，双方签订的绿化工程施工合同及解除施工合同的函告及复函均为双方真实意思表示，该民事行为合法有效。双方签订的协议专用条款第四条第二款规定，"乙方（被告）应对草木的质量负责，如出现施工质量达不到国家相关的质量验收标准和要求，将处以工程总额10%的违约金，并无条件返工至工程质量合格为止，或由甲方另行委托第三方进行返工，费用由乙方承担，乙方无条件接受"。该争议工程经司法鉴定，其苗木合格率仅为15.17%，故被告应属违约，应承担合同约定的违约责任。庭审中，原告撤回要求被告赔偿损失的诉讼请求。2011年6月29日，江西省丰城市人民法院判决被告绿茵公司支付原告丰城市人民政府绿化工程施工合同违约金826000元。

（一）履行（清偿）

合同订立的目的在于履行，因此当事人应按照法律规定或合同约定全面履行合同，合同法也因此确立了以全面履行、诚实信用等原则为主导的合同履行体系。合同履行，是指合同生效以后，合同当事人依照法律规定或合同约定，全面、适当地完成合同义务的行为。从债务人角度讲，履行就是其全面、正确地清偿自己债务，合同履行使债权人的债权得以实现，从而合同关系消灭。可见，履行与清偿的意义相同，只是履行是从债的效力角度反映合同关系，而清偿则是从债的消灭角度反映合同关系。

"清偿谓依债务本旨而实现债务标的之给付，债权因达其目的而消灭。"[4]除债务人亲自依法、依约履行全面债务，以使合同关系消灭外，清偿还包括代物清偿、清偿抵充和第三人代为清偿等形式。代物清偿，是指债权人受领债务人他种给付，以代替原定给付而

---

[1] 张楚：《简论合同终止》，载《西北政法学院学报》1988年第3期。

[2] 许军：《合同终止辨析》，载《广西政法管理干部学院学报》2005年第2期。

[3] 中国法院网——民事案件，http://www.chinacourt.org，最后访问日期：2019年11月21日。

[4] 史尚宽：《债法总论》，中国政法大学出版社2000年版，第766页。

使合同关系消灭的行为；清偿抵充，是指债务人对同一债权人负担数宗同种类债务，而债务人的履行不足以清偿全部债务时，决定该履行抵充某宗或某几宗债务的行为；第三人代为清偿，是指除法律规定或当事人约定不能代为清偿的债务外，任何第三人都可替代债务人清偿债务，从而使合同关系归于消灭。

（二）解除

"合同具有两种价值取向，从经济学的角度来看，追求的价值目标是利益最大化；但法律追求的价值目标是公平。法的目的在于抑制人性中的恶的一面，其基本价值取向是维护社会公平。"[1] 建立合同解除制度，源于市场经济发展，旨在鼓励社会交易，同时对于存在履行障碍的合同，以一种优化市场资源方式处理，或解除，或要求继续履行。此种制度设计主要是出于经济上的考虑，也有公平正义的因素。"合同的利益结构分为成本与收益，一方当事人履行合同付出成本，意在获得对方的履行，增加己方的收益，这是合同履行的经济动因。"[2] 合同的解除，是指合同有效成立后，当具备解除条件时，因当事人一方或双方意思表示，而使合同关系消灭的行为。履行利益是合同当事人在履行合同后获得的收益。合同解除是由于合同的经济目的已经丧失，即实际履行利益已经不能实现。合同解除的情况比较复杂，所需条件、所经程序和所生效力不尽一致，一般分为约定解除、协议解除和法定解除三种。

约定解除，是指当事人双方在合同中约定，在合同成立后没有履行或没有完全履行之前，当约定情况出现，可以通过行使解除权，使合同关系消灭。约定的合同解除条件发生后，只要约定解除权人作出解除合同的意思表示，合同权利义务就终止了，无须另一方的同意。协议解除，又称"事后协商解除"，是指合同成立以后，在未履行或未完全履行之前，当事人双方通过协商解除合同，使合同效力消灭的行为。协议解除一般采取合同形式，因此要具备合同的有效要件，即当事人要具有相应的行为能力，意思表示真实，内容不违反强行性规范和社会公共利益，要采取适当的形式等。法定解除，是指在合同成立后，没有履行或没有履行完毕以前，当事人一方行使法定解除权而使合同效力消灭的行为。我国《民法典》"合同编"规定，"有下列情形之一的，当事人可以解除合同：（一）因不可抗力致使不能实现合同目的；（二）在履行期限届满之前，当事人一方明确表示或者以自己的行为表明不履行主要债务；（三）当事人一方迟延履行主要债务，经催告后在合理期限内仍未履行；（四）当事人一方迟延履行债务或者有其他违约行为致使不能实现合同目的；（五）法律规定的其他情形。以持续履行的债务为内容的不定期合同，当事人可以随时解除合同，但是应当在合理期限之前通知对方"。合同解除行为导致合同消灭，但合同消灭时，合同双方应当承受合同解除的法律后果。《民法典》"合同编"规定，"合同解除后，尚未履行的，终止履行；已经履行的，根据履行情况和合同性质，当事人可以请求恢复原状或者采取其他补救措施，并有权请求赔偿损失。合同因违约解除的，解除权人可以请求违约方承担违约责任，但是当事人另有约定的除外。主合同解除后，担保人对债务人应当承担的民事责任仍应当承担担保责任，但是担保合同另有约定的除外"。

---

　[1]　曲振涛、杨恺钧：《法经济学教程》，高等教育出版社 2006 年版，第 189 页。
　[2]　李政辉：《合同法定解除原因研究》，中国检察出版社 2006 年版，第 112 页。

（三）抵销

抵销是"债务人向债权人以给付种类相同的债权抵充债务，从而使双方债权、债务同归消灭的行为"[1]。抵销的意义在于方便当事人，可减少当事人的履行负担，节省交易成本。抵销依其产生根据不同，可分为法定抵销与合意抵销两种。

法定抵销，是指二人互负同种类债务，且债务均已届清偿期时，各以其债权充当债务的清偿，而使相互债务在同等额内同归消灭的单方意思表示。法定抵销由法律规定其构成要件，性质上为形成权，依有抵销权的当事人单意思表示即可发生效力。法定抵销的构成要件包括二人互负债务，互享债权；双方合同标的种类相同；不存在依合同性质或法律规定不得抵销情形等。合意抵销，是指当事人之间相互所负债务，可依双方订立的抵销合同而消灭。合意抵销因重视当事人意思自由，可不受法律规定的构成要件限制，当事人只需就抵销达成合意，即可发生效力，但依合同性质或法律规定不得抵销的除外。

（四）免除

免除，是指债权人抛弃债权，从而全部或部分终止合同权利义务的行为。"免除，是指债权人为抛弃债权而对债务人为一方意思表示进而发生债务消灭效力的单独行为。就债权人而言，是债权的抛弃；就债务人而言，则因此而免除其给付义务，因而免除是从债务人角度使用的用语。"[2] 我国《民法典》"合同编"规定，"债权人免除债务人部分或者全部债务的，债权债务部分或者全部终止，但是债务人在合理期限内拒绝的除外"。对于合同债务免除，债权人必须有处分能力，对于法律禁止抛弃的债权，债权人免除债务的意思表示无效。需要注意的是，合同债务免除不应损害第三人利益。

（五）混同

"混同有广义与狭义之分，广义的混同包括权利与权利的混同（如所有权与他物权的混同）、义务与义务的混同（如主债务与保证债务的混同），以及权利与义务的混同（如债权与债务的混同）三种形态。狭义的混同仅指权利与义务的混同。此处所探讨的混同是指狭义的混同，即债权与债务同归于一人，从而使合同关系消灭的事实。"[3] 狭义的混同分为两类。一是概括承受，即一方当事人概括承受另一方的债权债务，如企业合并，使合并前两个企业之间的债权债务关系因同归于一个企业而消灭；二是特定承受，即因债权让与或者债务承担而承受权利或义务，如债务人从债权人处受让债权，债权债务就因同归于一人而发生混同。混同的法律效力是致使合同债权债务关系消灭。

（六）提存

"提存是指由于债权人的原因而无法向其交付标的物时，债务人将该标的物提交给提存机关而消灭债务的一种制度。"[4] 提存是债务人向债权人以外的特定机关交付合同标的物，能产生与合同履行一样的法律效力，是合同债权消灭的原因之一。提存发生的前提是因债权人的原因出现了债务履行障碍。"履行障碍是指合同履行过程中遇到的妨碍履行

---

[1]《法学词典》，上海辞书出版社 1980 年版，第 379 页。

[2] 韩世远：《合同法总论》，法律出版社 2004 年版，第 668 页。

[3] 王利明、杨立新、王轶等：《民法学》，法律出版社 2005 年版，第 633 页。

[4] 王家福：《中国民法学·民法债权》，法律出版社 1991 年版，第 208 页。

正常进行的事由，比如违约、不可抗力、情事变更、当事人死亡。"[1] 我国《民法典》"合同编"规定，"有下列情形之一，难以履行债务的，债务人可以将标的物提存：（一）债权人无正当理由拒绝受领；（二）债权人下落不明；（三）债权人死亡未确定继承人或者丧失民事行为能力未确定监护人；（四）法律规定的其他情形。标的物不适于提存或者提存费用过高的，债务人依法可以拍卖或者变卖标的物，提存所得的价款"。依据我国《提存公证规则》的规定，可以提存的标的物包括货币，有价证券、票据、提单、权利证书、贵重物品，担保物（金）或其替代物，以及其他适宜于提存的标的物等。标的物提存后，除债权人下落不明的以外，债务人应当及时通知债权人或者债权人的继承人、监护人。标的物提存后，毁损、灭失的风险由债权人承担。提存期间，标的物的孳息归债权人所有，提存费用由债权人负担。债权人可以随时领取提存物，但债权人对债务人负有到期债务的，在债权人未履行债务或者提供担保之前，提存部门根据债务人的要求应当拒绝其领取提存物。债权人领取提存物的权利，自提存之日起五年内不行使而消灭，提存物扣除提存费用后，归国家所有。

---

[1]　[日] 下森定：《履行障碍法研究》，韩世远译，法律出版社 2006 年版，第 413 页。

第五章　工程标准与质量法律制度

"不以规矩，不成方圆。"如前所述，现代工程是一种高度的社会化生产活动，必须要以技术上的高度统一与广泛协调为前提，而标准恰是实现这种统一与协调的手段。标准化是用一个确定的标准将对象统一起来，标准化活动的目的在于追求一定范围内事物的最佳秩序和概念的最佳表述，以期获得最佳社会和经济效益。

科学技术迅猛发展和全球经济一体化进程加快，标准化不仅渗透到现代科技发展的前沿，促进高新技术转化为新的产业，形成新的生产力，同时还突破了传统的标准化领域，从产品标准和方法标准发展到了管理标准，直接为提高企业经济效益和促进国际贸易服务，为人类社会的可持续发展服务。在新的贸易环境下，各国为了保护本国的经济利益，调控国外产品进入本国或以求使本国企业产品进入国外市场，而设置各种贸易保护形式，在国际贸易中设置技术壁垒最为广泛的是技术标准和技术规则。可以说，谁掌握了标准的制定权，谁的技术成为标准，谁就掌握了市场的主动权。因此，从某种意义上说"得标准者得天下"。

※中国标准走向世界[1]

随着中国社会经济的发展，中国在世界贸易格局中也正经历着从"中国制造"向"中国标准"的角色转变。2016年9月12日，第39届国际标准化组织（ISO）大会在北京国家会议中心举行。来自国际标准化组织的163个国家（地区）成员，欧洲、泛美、亚太等10多个区域标准化组织，以及联合国贸易和发展会议（UNCTAD）、联合国工业发展组织（UNIDO）、国际铁路联盟（UIC）等14个国际组织的近700名代表参加会议。此次大会再次将中国标准聚焦在世界舞台中央。

"标准"一词对普通民众而言可能稍显"无感"。但当提到"ISO9000质量管理体系""3C认证"，多数人则会感到熟悉。从某种意义上说，这些认证标准是人们确认产品质量和安全性能的"定心丸"，指导着人们的经济行为。"三流企业做产品，二流企业做品牌，一流企业做标准。"正是由于英特尔确立了中央处理器（CPU）标准、微软把持了操作系统的标准、苹果主导了手机应用标准，这些巨头才能牢牢掌握国际市场竞争和价值分配的话语权。经济合作与发展组织和美国商务部的研究表明，标准和合格评定影响了80%的世界贸易。

作为覆盖世界国民总收入98%和全球人口97%的标准化组织，ISO被称作"技术联合国"。而作为ISO的最高权力机构，ISO大会是世界标准领域最重要的会议之一。中国希望承办ISO大会，与世界各国和地区分享国际标准化实践经验和成果。"得标准者得天

---

[1]　百度百科——中国标准，http://baike.baidu.com，最后访问日期：2019年11月23日。

下。"这句话揭示了标准举足轻重的影响力。而在中国企业"走出去"的过程中，输出"中国标准"一直都被视为最高追求。

从 2012 年开始，中国铁路总公司在中国开展了"中国标准"动车组研制工作。中国幅员辽阔，地形复杂，气候多变，被极寒、雾霾、柳絮、风沙"淬炼"出的"中国标准"正逐渐超越过去的"欧标"与"日标"，被越来越多的国家采用。同样，在数字电视领域，中国数字电视标准成为国际电信联盟国际标准后，已被全球 14 个国家采用，覆盖全球近 20 亿人口，带动了中国多个数字电视品牌走出国门。如今，中国在国际标准制定方面的影响力和话语权在日益增强，由中国提出和主导制定的国际标准数量也在逐年增加。截至 2016 年 5 月，中国已有 189 项标准提案成为 ISO 的国际标准，特别是在高铁、核电、通信、汽车等领域，中国在国际标准上实现了从跟随到引领的跨越。

作为世界第二大经济体、第一大货物贸易国，如今的中国正在大力推进标准化事业改革发展，国家标准、行业标准和地方标准总数超过 10 万项，企业标准超过百万项，已经基本形成覆盖第一、二、三产业和社会事业各领域的标准体系。根据《标准联通"一带一路"行动计划（2015—2017）》，中国将加快制定和实施中国标准"走出去"工作专项规划，助推国际装备和产能制造合作。在电力、铁路等基础设施领域，高端装备制造、生物、新能源等新兴产业领域以及中医药、烟花爆竹、茶叶等传统产业领域，推动共同制定国际标准；同时，在设施联通、能源资源合作等方面，组织翻译 500 项急需的中国国家、行业标准外文版，促进"中国标准"的对外传播。

一、标准与标准化

标准的产生，源于需求的扩大和统一，单件产品或单次需求不需要标准，对同一需求的重复才需要标准。标准化是一个过程，包括标准制定前的研究，标准制定、发布、实施和实施后的修订，标准化活动产生了标准，并使标准在社会一定范围内得以推广，使不够标准的社会生产状态转变为标准状态，并获得最佳秩序和社会效益。

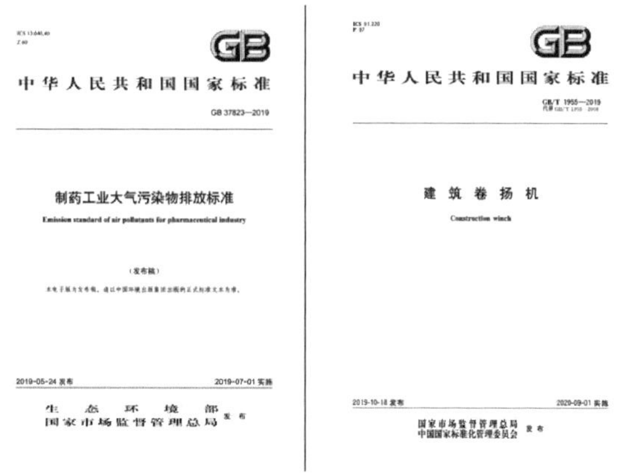

图 5-1

（一）标准

1. 标准概念

标准在现代汉语中的含义，是指"衡量事物准则；本身合于准则，可供同类事物比较核对的事物；榜样、规范等"。1985 年 7 月，国际标准化组织理事会（ISO）发布第 2 号指南修正草案（ISO/STACO144），将标准确定为"基于一致并由公认团体批准的标准化成果的文件。为获得最佳秩序，对重复使用的问题给出答案的文件，它在一致同意的基础上，由公认团体批准"。2000 年后，国际标准化组织（ISO）与国际电工委员会（IEC）共同对标准确定了含义，认为"标准是指为了在一定的范围内获得最佳秩序，对活动或其结果规定共同的和重复使用的规则、导则或特性的文件"。2017 年，我国新修订的《标准化法》第 2 条规定，"本法所称标准（含标准样品），是指农业、工业、服务业以及社会事业等领域需要统一的技术要求"。

标准通常表现为规范性文件，其内容包括技术指标、技术要求、检测方法、规则以及实现形式等。为保证标准制定的规范性和标准文本的规范性，我国发布了《标准化工作指南》（XGB/T20000）和（标准化工作导则 XGB/T1）。我国《标准化法实施条例》规定，"对下列需要统一的技术要求，应当制定标准：（一）工业产品的品种、规格、质量、等级或者安全、卫生要求；（二）工业产品的设计、生产、试验、检验、包装、储存、运输、使用的方法或者生产、储存、运输过程中的安全、卫生要求；（三）有关环境保护的各项技术要求和检验方法；（四）建设工程的勘察、设计、施工、验收的技术要求和方法；（五）有关工业生产、工程建设和环境保护的技术术语、符号、代号、制图方法、互换配合要求；（六）农业（含林业、牧业、渔业，下同）产品（含种子、种苗、种畜、种禽，下同）的品种、规格、质量、等级、检验、包装、储存、运输以及生产技术、管理技术的要求；（七）信息、能源、资源、交通运输的技术要求"。

实质上，标准是一种统一性规定，是行为准则和依据。因此，标准的本质就是统一规范性，是具有一定强制性的。对于强制性标准，是必须要执行的；对于推荐性标准，是可以选定的，但标准一经选定，就成了有关各方必须严格遵守的强制规范，对有关各当事方都具有强制性和约束力。

2. 标准分类

由于标准种类极其繁多，因此可以根据不同目的，从不同角度对标准进行分类。目前，比较通行的标准分类方法有三种，即标准层次分类法、标准约束性分类法和标准对象分类法。

（1）按标准的层次，可分为国际标准、区域标准、国家标准、行业标准和企业标准五类。国际标准是由国际标准化组织（ISO）、国际电工委员会（IEC）和国际电信联盟（ITU）制定的标准，以及国际标准化组织所认可的其他国际组织制定的标准，如国际计量局（BIPM）、国际人造纤维标准化局（BISFA）、国际原子能机构（IAEA/AIEA）、国际电气设备合格认证委员会（CEE）等。国际标准为国际上承认和通用。区域标准，又称"地区标准"，是世界区域性标准化组织制定的标准。目前，世界上影响较大的区域标准化组织，有欧洲标准化委员会（CEN）、东盟标准与质量咨询委员会（ACCSQ）、泛美技术标准委员会（COPANT）、阿拉伯标准化与计量组织（ASMO）等。这种区域标准只在区域范围内的有关国家通用。国家标准，是在一个国家范围内通用的标准。国家标准由国家认可或授权的标准化组织制定，如我国的国家标准化管理委员会（SAC）、英国标准学会（BSD）、法国标准化协会（AFNOR）、美国标准学会（ANSI）、德国标准化学会（DIN）、日本工业标准调查会（SCC）等。行业标准，也称"协会标准"，是在某个行业或专业范围内适用的标准。世界上影响较大的行业协会标准有美国材料与实验协会标准（ASTM）、美国石油学会标准（APD）、美国军用标准（MII）、英国劳氏船级社船舶入级规范（LR）、英国石油学会标准（IP）、国际电子与电气工程师协会标准（IEEE）等。企业标准，是由企业制定的标准，如我国华为、万科、格力和海尔，美国苹果、英特尔、微软等公司制定的标准。

（2）按标准的约束性，可分为强制性标准和推荐性标准。我国《标准化法》规定，标准包括国家标准、行业标准、地方标准、团体标准和企业标准。国家标准分为强制性标准和推荐性标准，行业标准与地方标准是推荐性标准；强制性标准必须执行，国家鼓励采用推荐性标准。对保障人身健康和生命财产安全、国家安全、生态环境安全以及满足经济社会管理基本需要的技术要求，应当制定强制性国家标准。对满足基础通用、与强制性国家标准配套、对各有关行业起引领作用等需要的技术要求，可以制定推荐性国家标准。

（3）按标准的对象，可分为技术标准、管理标准和工作标准。技术标准，是对标准化领域中需要协调统一的技术事项所制定的标准。主要包括基础性技术标准、产品标准、工艺标准、检测试验标准、设备标准与安全卫生环保标准等。管理标准，是对标准化领域中需要协调统一的管理事项所制定的标准。"管理事项"主要指在营销、采购、设计、工艺、生产、检验、能源、安全、卫生、环保等管理中，与实施技术标准有关的重复性事物和概念。管理标准主要包括各种技术管理标准、生产管理标准、营销管理标准、劳动组织管理标准以及安全、卫生、环保、能源等方面的管理标准。工作标准，是对标准化领域中需要协调统一的工作事项所制定的标准。"工作事项"主要是指在执行相应技术标准与管理标准时，与工作岗位的职责、岗位人员的基本技能、工作内容、要求与方法、检查与考核等有关的重复性事物和概念。工作标准主要包括通用工作标准、分类工作标准和工作程序标准。工作标准对于提高工作秩序，保证工作质量，改善协作关系，提高工作效率有重要作用。

3. 标准的法律表现

"标准化的主要价值之一，在于对多样化的技术、规格和实现方法选择并加以固定，消除冗余、简化种类、增加互换和复用程度，达到产品、技术和经济运行的成本节约。"[1] 要实现标准化这一价值目标，赋予标准统一规范性、一定强制性是必要的。标准的统一规范性、强制性要求标准的制定、内容和形式均须符合一定的规范要求，如此才能针对一定对象共同使用、重复使用，继而指导、规范人们的某方面活动或者调整某种社会关系，最终实现在一定范围内获得最佳秩序。标准的规范性与强制性本质属性，与法律具有一定的相似度，因此有必要对标准的法律属性进行探讨。

（1）标准具有法律相似的效力表现。法律具有空间、时间和对象三种效力维度，与此相对应，标准也具有如此三种效力表现。标准的空间效力，是指其规范性与强制性发生作用的空间范围。不同标准的空间效力表现是不同的，如国际标准为国际上普遍承认和通用，其效力范围及于国际组织范围内的所有参与者，以及有意愿接受国际标准规范要求的所有人；区域标准只在区域范围内的有关国家通用，其效力范围及于区域内的所有参与者，以及有意愿接受该区域标准规范要求的所有人；国家标准当然只在标准所在国家范围内通用，其效力范围及于国家全部区域；行业标准是由国家内部行业组织制定，其效力范围及于国家内部此行业范围之中；企业标准的效力范围仅及于企业内部。行业标准与企业标准不得低于国家标准，否则无效。标准的时间效力，是指标准规范性与强制性发生作用的时间范围。依照法律的时间效力规定，标准与法律同样具有生效与失效时间，其效力时间范围也仅限于生效与失效时间区间范围之内。标准的对象效力主要体现为技术、管理与

---

[1]　［英］桑德斯：《标准化的目的与原理》，中国科学技术情报研究所译，科学技术文献出版社1972年版，第7页。

工作等事项，其中技术标准涉及基础性技术、产品、工艺、检测试验、设备与安全卫生环保等；管理标准涉及技术管理、生产管理、营销管理、劳动组织管理及安全、卫生、环保、能源等管理；工作标准涉及通用工作标准、分类工作标准和工作程序标准等。

（2）标准具有法律相似的强制性。"任何一种社会规范，都有保证其实施的社会力量，即都有某种强制性。然而不同社会规范的强制性在性质、范围、程度和方式等方面是不尽相同的。"[1] 虽然标准本质上具有规范性，并外化为一定的强制性，但因其并不是法律，也就无法像法律一样获得国家强制力支持与保障。但标准，尤其是强制性标准的遵守和执行，却与法律实施紧密联系在一起。国家强制力在保障法律实施的同时，也赋予了标准强制实施效力。因此，"标准与法律之间建立了一种相辅相成的关系，为了实现法律所规定的总体目标，实施技术标准，与此同时，标准在实施法律中得以强制实施"[2]。标准的强制性可以分为两种，强制性标准具有绝对强制性，在其效力范围内所有人都必须遵守；推荐性标准具有相对强制性，其效力范围仅及于有意愿接受其强制性约束的社会个体。

（3）标准是技术法规的基础与支撑。ISO/IEC《指南2：2004》（E/F/R）第3.6.1条将"技术法规"定义为"规定技术要求的法规，它或者直接规定技术要求，或者通过引用标准、技术规范或规程来规定技术要求，或者将标准、技术规范或规程的内容纳入法规中"。我国现通过的 GB/T20000.1-2002，已将此定义完整引入。随着科学技术的飞速发展，社会生活中的技术和专业问题越来越多，法律作为现代社会最重要的规范手段，必须要对各种技术和专业问题作出回应，并进行准确认定、判断和解决。标准作为回应和解决社会技术和专业问题的重要手段，自然而然地就会被立法重视和吸纳，成为技术法规的重要支撑。因此，标准与技术法规之间的联系是客观、必然的。技术法规和标准是相互支撑的关系，技术法规通过将有关标准引入，赋予该标准以强制性，可有效地保证标准的贯彻和实施；标准则为技术法规提供必要的技术支撑，并通过法律的强制力推进标准化的进程。

（二）标准化

1. 标准化概念

所谓标准化，我国的国家标准同样采用了 ISO、IEC 对标准化的定义，"标准化是指对实际的或潜在的问题制定共同的和重复使用的规则的活动，其目的是为了在一定范围内获得最佳秩序"。我国《标准化法》规定，"标准化工作的任务是制定标准、组织实施标准以及对标准的制定、实施进行监督"。"标准化是一项活动，一个过程。其对象不是孤立的一件事、一个事物，而是共同的、可重复的事物。范围包括制定、发布、实施，当然也包括制定前的研究和实施后的修订和修改。这样的活动产生了标准，并使标准在社会一定范围内得以推广，使不够标准的状态转变为标准状态。"[3]

标准化对象是需要进行标准化的实体，包括社会生产中的各种材料、元件、设备、系统、接口、记录、程序、功能、方法和活动等。标准化的任务是要找出它们的最佳状态，订成标准，加以统一，以便于它们得到优化或达到节省重复劳动，提高工作效率的目的。

---

[1] 张文显：《法理学》，高等教育出版社、北京大学出版社 1999 年版，第 47 页。

[2] 沈同、邢造宇主编：《标准化理论与实践》，中国计量出版社 2007 年版，第 196 页。

[3] 朱一飞、冀瑜、范晓宇编著：《标准化法教程》，厦门大学出版社 2011 年版，第 2 页。

标准化领域不仅局限于科技领域，还关涉经济和社会管理等人类活动的各领域。标准化的内容包括制定、发布和实施标准，并逐步改进、提高标准。标准化就是用确定的标准将对象统一起来，所以标准化的本质是统一，即统一的状态、一致的状态、均衡有序的状态。标准化的目的在于追求一定范围内事物的最佳秩序和概念的最佳表述，以期获得最佳社会和经济效益。

2. 标准化的意义与作用

我国《标准化法》第 1 条规定，"为了加强标准化工作，提升产品和服务质量，促进科学技术进步，保障人身健康和生命财产安全，维护国家安全、生态环境安全，提高经济社会发展水平，制定本法"。标准化的意义与作用主要体现在以下几个方面：

（1）提升产品和服务质量。为使产品、服务能达到一定质量要求，就必须要有一个权威性依据，这就是标准。标准是衡量产品和服务质量的尺度，体现了产品与服务的水平和质量状况，因此标准经常被称为质量标准。有了标准，生产活动就有了准绳。标准与产品质量是互相促进、互相制约的，标准制定得合理，将起到提高产品、服务质量的作用；反之，会起到反作用。因此，改进、保证和提高产品、服务质量，加强标准化工作是非常重要且必不可少的。

（2）促进科学技术进步。随着生产力的不断提高，生产技术深入发展，人们对产品、服务质量的需求不断增长，这就要求及时进行修订并提高产品、服务技术标准，从而改进和提高产品、服务的质量。标准水平的提高，反过来又会促进生产技术的发展。标准化是科研、生产、使用三者之间的桥梁。一项科研成果开始只能在小范围内试制试验，只有经过技术鉴定并纳入相应标准后，才能迅速得到推广和应用。因此，标准化工作可以促进科研成果产业化和新技术应用。改革开放以来，越来越多的国际标准逐渐进入国人视野，只有积极主动地采用国际标准和国外先进标准，提高技术水平和产品、服务质量，改进企业管理方法，我国企业才能在国际贸易中取得竞争优势。

（3）保障人身健康和生命财产，维护生态环境与国家安全。目前，人身健康、生命财产和生态环境安全已成为全球性问题，越来越受到重视，这也是标准化工作的初衷与归宿。世界各国（包括我国）均制定了大量的有关安全、健康、环境标准，大量的国际标准中也纳入了安全、健康、环保要求。贯彻实施这些安全标准，实施环保标准，有利于保护人类的安全健康和环境。标准化可以促进国际技术交流和贸易发展，提高产品在国际市场上的竞争能力。随着国际贸易的不断发展和国际贸易中关税壁垒的逐渐减弱，以及非关税的技术壁垒的逐渐增强，标准作为技术壁垒的最重要的内容，正在日益引起世界各国的普遍关注和重视。如何将本国标准变为世界标准，掌握国际贸易话语权与国际规则制定权，对于维护国家安全，尤其是经济安全具有重要作用。

（4）提高经济社会发展水平。标准化是组织现代化生产的重要手段，是科学管理的重要组成部分。标准化使复杂、众多的生产关系、生产环节，在技术和管理上保持衔接和协调，保证了社会生产有秩序进行。因此，没有标准化，就没有现代化大生产，就没有专业化，也就没有高质量、高速度。随着科学技术的发展，生产力水平的提高，生产的社会化程度越来越高，生产规模越来越大，技术要求越来越高，劳动分工越来越细，生产协作越来越广泛。标准化的任务与目的是使国民经济生产和贸易范围获得最佳秩序和最大社会效益。因此，标准化在提高经济社会发展水平，促进形成经济社会发展最佳秩序的同时，也将使全社会获得最大效益。

二、标准化法律制度

标准化是一个活动过程，大体可分为标准制定与标准实施两个阶段。标准制定是标准产生的过程；标准实施则是将标准运用于社会生活之中，使其发生实际效力。由此也产生了标准化两种法律制度安排，即标准制定制度和标准实施制度。

（一）标准制定制度

如前所述，标准在提升产品和服务质量，促进科学技术进步，保障人身健康和生命财产安全，维护国家安全、生态环境安全，提高经济社会发展水平等方面具有重要意义。因此，制定标准应当在科学技术研究成果和社会实践经验的基础上，深入调查论证，广泛征求意见，保证标准的科学性、规范性、时效性，提高标准质量。制定标准或标准制定，是指标准制定部门或机构对需要制定标准的项目，编制计划，组织草拟，审批、编号、发布的活动。制定标准应当有利于科学合理地利用资源，推广科学技术成果，增强产品的安全性、通用性、可替换性，提高经济效益、社会效益、生态效益，做到技术上先进、经济上合理。标准应当按照编号规则进行编号。依据我国《标准化法》的规定，我国标准可分为国家标准、行业标准、地方标准、团体标准和企业标准。这些标准效力层次不同，制定依据、程序和具体要求也有所不同。

※《乌龙茶·2—铁观音》国家标准（GB/T30357.2-2013）（节选）[1]

前言

GB/T 30357《乌龙茶》分为以下几个部分：

第1部分：基本要求；第2部分：铁观音；第3部分：黄金桂；第4部分：水仙；第5部分：肉桂；第6部分：单枞；第7部分：佛手；第8部分：大红袍。

本部分为 GB/T 30357 的第2部分。本部分按照 GB/T1.1-2009 给出的规划起草。本部分由中华全国供销合作总社提出。本部分由全国茶叶标准化技术委员会（SAC/TC 339）归口。

本部分起草单位：国家茶叶质量监督检验中心（福建）、中华全国供销合作总社杭州茶叶研究院、福建农林大学、福建八马茶业有限公司、华祥苑茶业股份有限公司、福建感德龙馨茶业有限公司、福建日春茶业有限公司、福建省安溪茶厂有限公司、武夷星茶业有限公司、福建安溪八龙国际茶城有限公司、泉州出入境检验检疫局综合技术服务中心。

本部分主要起草人：林锻炼、翁昆、张雪波、陈磊、孙威江、林荣溪、陈文钦、黄伙水、陈泉宾、林先滨、杨松伟、王启灿、林为棒。

1. 范围

GB/T 30357 的本部分规定了铁观音产品的分类与实物标准样、要求、试验方法、检验规则、标志标签、包装、运输和贮存。

本部分适用于以铁观音品种的叶、驻芽、嫩梢为原料，依次经萎凋、做青、杀青、揉

---

[1] 国家标准化委员会官网——"国家标准全文公开系统"，http：//www.sac.gov.cn，最后访问日期：2019年11月15日。

捻（包揉）、烘干等独特工艺过程制成的初制茶（或称毛茶）和经整形、归类等工艺制成的精制茶（或称成品茶）。

…………

3. 术语和定义

GB/T 14487 界定的以及下列术语和定义适用于本文件。

铁观音 tie guan yin

以铁观音茶树品种的叶、驻芽、嫩梢为原料，依次经萎凋、做青、杀青、揉捻（包揉）、烘干等独特工艺过程制成的观音茶叶产品。

4. 产品分类与实物标准样

4.1　产品分类

4.1.1　清香型铁观音

以铁观音毛茶为原料，经过拣梗、筛分、风选、文火烘干等特定工艺过程制成，外形紧结、色泽翠润、香气清高、滋味鲜醇。

4.1.2　浓香型铁观音

以铁观音毛茶为原料，经过揉、筛分、风选、烘焙等特定工艺过程制成，外形壮结、色泽乌润、香气浓郁、滋味醇厚。

4.2　实物标准样

各品种、各等级均设实物标准样，有效期为 3 年。

…………

1. 国家标准制定

依据我国《标准化法》的规定，制定国家标准应当贯彻国家的有关方针、政策、法律、法规；有利于合理开发和利用国家资源，推广科学技术成果；积极采用国家标准和国外先进标准，促进对外经济技术合作与对外贸易的发展；保障安全和人民的身体健康，保护环境；充分考虑使用要求，维护消费者的利益；做到技术先进、经济合理、安全可靠、协调配套。产品质量标准，凡需要而又可能分等分级的，应作出合理的分等分级规定。国家标准由国务院标准化行政主管部门编制计划，协调项目分工，组织制订（含修订），统一审批、编号、发布。

我国《标准化法》《标准化法实施条例》《国家标准管理办法》相关规定，对需要在全国范围内统一的技术要求，应当制定国家标准（含标准样品的制作）。具体包括通用的技术术语、符号、代号（含代码）、文件格式、制图方法等通用技术语言要求和互换配合要求；保障人体健康和人身、财产安全的技术要求，包括产品的安全、卫生要求，生产、储存、运输和使用中的安全、卫生要求，工程建设的安全、卫生要求，环境保护的技术要求；基本原料、材料、燃料的技术要求；通用基础件的技术要求；通用的试验、检验方法；工农业生产、工程建设、信息、能源、资源和交通运输等通用的管理技术要求；工程建设的勘察、规划、设计、施工及验收的重要技术要求；国家需要控制的其他重要产品和工程建设的通用技术要求等。国家标准制定包括标准计划、制订、审批、发布和复审等工作环节。对保障人身健康和生命财产安全、国家安全、生态环境安全以及经济社会发展所急需的标准项目，制定标准的行政主管部门应当优先立项并及时完成。

国家标准分为强制性标准和推荐性标准。对保障人身健康和生命财产安全、国家安全、生态环境安全以及满足经济社会管理基本需要的技术要求，应当制定强制性国家标准。具体包括药品国家标准、食品卫生国家标准、兽药国家标准、农药国家标准；产品及产品生产、储运和使用中的安全、卫生国家标准，劳动安全、卫生国家标准，运输安全国家标准；工程建设的质量、安全、卫生国家标准及国家需要控制的其他工程建设国家标准；环境保护的污染物排放国家标准和环境质量国家标准；重要的涉及技术衔接的通用技术术语、符号、代号（含代码）、文件格式和制图方法国家标准；国家需要控制的通用的试验、检验方法国家标准；互换配合国家标准；国家需要控制的其他重要产品国家标准。强制性国家标准由国务院有关行政主管部门依据职责负责项目提出、组织起草、征求意见和技术审查，由国务院批准发布或者授权批准发布，代号为"GB"。其中药品、兽药的国家标准，分别由国务院卫生主管部门、农业主管部门审批编号、发布；食品卫生、环境保护国家标准分别由卫生主管部门、环境保护主管部门审批；国务院标准化行政主管部门编号、发布；工程建设国家标准，由工程建设主管部门审批，由国务院标准化行政主管部门统一编号，由国务院标准化行政主管部门和工程建设主管部门联合发布。

对满足基础通用、与强制性国家标准配套、对各有关行业起引领作用等需要的技术要求，可以制定推荐性国家标准。推荐性国家标准的技术要求不得低于强制性国家标准的相关技术要求。推荐性国家标准由国务院标准化行政主管部门制定，代号为"GB/T"。

2. 行业标准制定

我国《标准化法》规定，对没有推荐性国家标准、需要在全国某个行业范围内统一的技术要求，可以制定行业标准。行业标准是对没有国家标准而又需要在全国某个行业范围内统一的技术要求所制定的标准。行业标准不得与有关国家标准相抵触。有关行业标准之间应保持协调、统一，不得重复。行业标准由国务院有关行政主管部门制定，报国务院标准化行政主管部门备案。行业标准的技术要求不得低于强制性国家标准的相关技术要求。行业标准由行业标准归口部门审批、编号、发布。行业标准在相应的国家标准实施后，自行废止。

我国《行业标准管理办法》规定，需要在行业范围内统一的技术要求，可以制定行业标准（含标准样品的制作）。具体包括技术术语、符号、代号（含代码）、文件格式、制图方法等通用技术语言；工、农业产品的品种、规格、性能参数、质量指标、试验方法以及安全、卫生要求；工、农业产品的设计、生产、检验、包装、储存、运输、使用、维修方法以及生产、储存、运输过程中的安全、卫生要求；通用零部件的技术要求；产品结构要素和互换配合要求；工程建设的勘察、规划、设计、施工及验收的技术要求和方法；信息、能源、资源、交通运输的技术要求及其管理技术等要求。

行业标准分为强制性标准和推荐性标准。药品行业标准、兽药行业标准、农药行业标准、食品卫生行业标准；工农业产品及产品生产、储运和使用中的安全、卫生行业标准；工程建设的质量、安全、卫生行业标准；重要的涉及技术衔接的技术术语、符号、代号（含代码）、文件格式和制图方法行业标准；互换配合行业标准；行业范围内需要控制的产品通用试验方法检验方法和重要的营业产品行业标准等，属于强制性行业标准。其他行业标准是推荐性行业标准。

行业标准代号由国务院标准化行政主管部门规定。行业标准的编号由行业标准代号、标准顺序号及年号组成。以城镇建设行业为例，其强制性行业标准编号模式为"CJ＋标准顺序号＋年号"；推荐性行业标准编号为"CJ/T＋标准顺序号＋年号"。

3. 地方标准制定

我国《标准化法》规定，为满足地方自然条件、风俗习惯等特殊技术要求，可以制定地方标准。地方标准由省、自治区、直辖市人民政府标准化行政主管部门制定，并报国务院标准化行政主管部门备案，由国务院标准化行政主管部门通报国务院有关行政主管部门。行业标准的技术要求不得低于强制性国家标准的相关技术要求。

依据《地方标准管理办法》的规定，对没有国家标准和行业标准而又需要在省、自治区、直辖市范围内统一的要求，可以制定地方标准（含标准样品的制作）。具体包括工业产品的安全、卫生要求；药品、兽药、食品卫生、环境保护、节约能源、种子等法律、法规规定的要求；其他法律、法规规定的要求等。法律、法规规定强制执行的地方标准，为强制性标准；规定非强制执行的地方标准，为推荐性标准。

地方标准由省、自治区、直辖市标准化行政主管部门统一编制计划、组织制定、审批、编号和发布。地方标准的编号，由地方标准代号、地方标准顺序号和年号三部分组成。强制性地方标准代号由汉语拼音字母"DB"加上省、自治区、直辖市行政区划代码前两位数再加斜线组成，推荐性地方标准代号由强制性地方标准代号再加"/T"组成。比如，山西省强制性地方标准代号为"DB14/"，推荐性地方标准代号为"DB14/T"。强制性地方标准编号模式为"DB14/＋标准顺序号＋年号"，推荐性行业标准编号为"DB14/T＋标准顺序号＋年号"。

4. 团体标准制定

团体标准，是依法成立的社会团体为满足市场和创新需要，协调相关市场主体共同制定的标准。我国《标准化法》规定，国家鼓励学会、协会、商会、联合会、产业技术联盟等社会团体协调相关市场主体共同制定满足市场和创新需要的团体标准，由本团体成员约定采用或者按照本团体的规定供社会自愿采用。国家支持在重要行业、战略性新兴产业、关键共性技术等领域利用自主创新技术制定团体标准。团体标准的技术要求不得低于强制性国家标准的相关技术要求。国家鼓励社会团体制定高于推荐性标准相关技术要求的团体标准。

依据我国《团体标准管理规定》的规定，社会团体应当依据其章程规定的业务范围进行活动，规范开展团体标准化工作；制定团体标准应当遵循开放、透明、公平的原则，吸纳生产者、经营者、使用者、消费者、教育科研机构、检测及认证机构、政府部门等相关方代表参与，充分反映各方的共同需求。支持消费者和中小企业代表参与团体标准制定；制定团体标准应当有利于科学合理地利用资源，推广科学技术成果，增强产品的安全性、通用性、可替换性，提高经济效益、社会效益、生态效益，做到技术上先进、经济上合理；团体标准应当符合相关法律法规的要求，不得与国家有关产业政策相抵触；制定团体标准应当以满足市场和创新需要为目标，聚焦新技术、新产业、新业态和新模式，填补标准空白。国家鼓励社会团体制定高于推荐性标准相关技术要求的团体标准，鼓励制定具有国际领先水平的团体标准。

制定团体标准的一般程序包括提案、立项、起草、征求意见、技术审查、批准、编号、发布和复审等环节。团体标准编号由"团体标准代号＋社会团体代号＋团体标准顺序号＋年代号"组成。

5. 企业标准制定

企业标准，是对企业范围内需要协调、统一的技术要求、管理要求和工作要求所制定的标准。企业标准是企业组织生产、经营活动的依据。我国《标准化法》规定，企业可以根据需要自行制定企业标准，或者与其他企业联合制定企业标准。国家支持在重要行业、战略性新兴产业、关键共性技术等领域利用自主创新技术制定企业标准。企业标准的技术要求不得低于强制性国家标准的相关技术要求。国家鼓励企业制定高于推荐性标准相关技术要求的企业标准。

我国《企业标准化管理办法》规定，企业标准包括企业生产的产品，没有国家标准、行业标准和地方标准的，制定的企业产品标准；为提高产品质量和技术进步，制定的严于国家标准、行业标准或地方标准的企业产品标准；对国家标准、行业标准的选择或补充的标准；工艺、工装、半成品和方法标准；生产、经营活动中的管理标准和工作标准等。制定企业标准应坚持贯彻国家和地方有关的方针、政策、法律、法规，严格执行强制性国家标准、行业标准和地方标准；保证安全、卫生，充分考虑使用要求，保护消费者利益，保护环境；有利于企业技术进步，保证和提高产品质量，改善经营管理和增加社会经济效益；积极采用国际标准和国外先进标准；有利于合理利用国家资源、能源，推广科学技术成果，有利于产品的通用互换，符合使用要求，技术先进，经济合理；有利于对外经济技术合作和对外贸易；本企业内的企业标准之间应协调一致等基本原则。

制定企业标准的一般程序包括编制计划、调查研究，起草标准草案、征求意见，对标准草案进行必要的验证，审查、批准、编号、发布，以及向相关机构备案等。

（二）标准实施法律制度

"标准实施，是指将标准规定的技术内容贯彻到生产和社会实践中的过程，它是标准制定部门、使用部门和企业等有组织、有计划、有措施地贯彻执行标准的活动。"[1] 我国《标准化法》规定，"强制性标准必须执行。国家鼓励采用推荐性标准""不符合强制性标准的产品、服务，不得生产、销售、进口或者提供"。基于上述规定，标准实施制度包括标准贯彻执行与标准遵守两种制度设计安排。

1. 标准贯彻执行

我国《标准化法》规定，强制性标准必须执行。在我国，强制性标准的贯彻执行，主要是通过工业产品生产许可、食品生产许可和强制性产品认证等制度贯彻实施的。

（1）工业产品生产许可证制度。我国《工业产品生产许可证管理条例》和《工业产品生产许可证管理条例实施办法》规定，为保证直接关系公共安全、人体健康、生命财产安全的重要工业产品的质量安全，贯彻国家产业政策，促进社会主义市场经济健康、协调发展，国家对生产重要工业产品的企业实行生产许可证制度。具体包括乳制品、肉制品、饮料、米、面、食用油、酒类等直接关系人体健康的加工食品；电热毯、压力锅、燃气热水器等可能危及人身、财产安全的产品；税控收款机、防伪验钞仪、卫星电视广播地面接收设备、无线广播电视发射设备等关系金融安全和通信质量安全的产品；安全网、安全帽、建筑扣件等保障劳动安全的产品；电力铁塔、桥梁支座、铁路工业产品、水工金属结构、

---

[1] 季任天主编：《质量技术监督法律基础》，中国计量出版社2003年版，第63页。

危险化学品及其包装物、容器等影响生产安全、公共安全的产品；法律、行政法规要求依照本条例的规定实行生产许可证管理的其他产品。工业产品的质量安全通过消费者自我判断、企业自律和市场竞争能够有效保证的，或通过认证认可制度能够有效保证的，不实行生产许可证制度。生产许可证制度工业产品目录由国务院工业产品生产许可证主管部门会同国务院有关部门制定，并征求消费者协会和相关产品行业协会的意见，报国务院批准后向社会公布。任何企业未取得生产许可证不得生产列入目录的产品。任何单位和个人不得销售或者在经营活动中使用未取得生产许可证的列入目录的产品。

工业产品生产许可证标志由"企业产品生产许可"拼音 qi ye chan pin sheng chan xu ke 的缩写"QS"和"生产许可"中文字样组成。标志主色调为蓝色，字母"Q"与"生产许可"四个中文字样为蓝色，字母"S"为白色。标志的式样如图 5-2 所示

标志图形

图 5-2

（2）食品生产许可证制度。我国《食品生产许可管理办法》规定，为规范食品、食品添加剂生产许可活动，加强食品生产监督管理，保障食品安全，在我国境内，从事食品生产活动，应当依法取得食品生产许可。食品生产许可实行一企一证原则，并按照食品的风险程度对食品生产实施分类许可。具体类别包括粮食加工品，食用油、油脂及其制品，调味品，肉制品，乳制品，饮料，方便食品，饼干，罐头，冷冻饮品，速冻食品，薯类和膨化食品，糖果制品，茶叶及相关制品，酒类，蔬菜制品，水果制品，炒货食品及坚果制品，蛋制品，可可及焙烤咖啡产品，食糖，水产制品，淀粉及淀粉制品，糕点，豆制品，蜂产品，保健食品，特殊医学用途配方食品，婴幼儿配方食品，特殊膳食食品和其他食品等。

县级以上地方食品药品监督管理部门负责本行政区域内的食品生产许可管理工作，其中保健食品、特殊医学用途配方食品、婴幼儿配方食品的生产许可应由省、自治区、直辖市食品药品监督管理部门负责。申请食品生产许可，应当符合具有与生产的食品品种、数量相适应的食品原料处理和食品加工、包装、贮存等场所，保持该场所环境整洁，并与有毒、有害场所以及其他污染源保持规定的距离。具有与生产的食品品种、数量相适应的生产设备或者设施，有相应的消毒、更衣、盥洗、采光、照明、通风、防腐、防尘、防蝇、防鼠、防虫、洗涤以及处理废水、存放垃圾和废弃物的设备或者设施；保健食品生产工艺有原料提取、纯化等前处理工序的，需要具备与生产的品种、数量相适应的原料前处理设备或者设施。有专职或者兼职的食品安全管理人员和保证食品安全的规章制度。具有合理的设备布局和工艺流程，防止待加工食品与直接入口食品、原料与成品交叉污染，避免食品接触有毒物、不洁物。法律、法规规定的其他条件。

根据 2010 年国家质量监督检验检疫总局发布的《关于使用企业食品生产许可证标志有关事项的公告》的规定，企业食品生产许可证标志以"企业食品生产许可"的拼音"Qiyeshipin Shengchanxuke"的缩写"QS"表示，并标注"生产许可"中文字样。根据新《食品生产许可管理办法》的规定，2018 年 10 月 1 日及以后生产的食品一律不得继续使用原包装和标签以及"QS"标志，取而代之的是有"SC"标志的编码。

（3）强制性产品认证制度。我国《认证认可条例》规定，认证是由认证机构证明产品、服务、管理体系符合相关技术规范、相关技术规范的强制性要求或者标准的合格评定

活动。为了保护国家安全、防止欺诈行为、保护人体
健康或者安全、保护动植物生命或者健康、保护环
境，国家规定相关产品必须经过认证的，应当经过认
证并标注认证标志后，方可出厂、销售、进口或者在
其他经营活动中使用。我国《建筑法》规定，国家对
从事建筑活动的单位推行质量体系认证制度。从事建
筑活动的单位根据自愿原则可以向国务院产品质量监
督管理部门或者国务院产品质量监督管理部门授权的

图 5-3

部门认可的认证机构申请质量体系认证。经认证合格的，由认证机构颁发质量体系认证证
书。我国《强制性产品认证管理规定》规定，国家对实施强制性产品认证的产品，统一产
品目录，统一技术规范的强制性要求、标准和合格评定程序，统一认证标志，统一收费标
准。列入目录产品的生产者或者销售者、进口商应当委托经指定的认证机构对其生产、销
售或者进口的产品进行认证。认证机构对符合认证要求的，向认证委托人出具认证证书，
认证证书有效期为 5 年。认证委托人应当建立认证标志使用管理制度，对认证标志的使用
情况如实记录和存档，按照认证规则规定在产品及其包装、广告、产品介绍等宣传材料中
正确使用和标注认证标志。任何单位和个人不得伪造、变造、冒
用、买卖和转让认证证书和认证标志。2001 年 12 月，我国为兑
现加入世界贸易组织承诺，对外发布了《强制性产品认证管理规
定》，开始对列入目录的 19 类 132 种产品实行"统一目录、统一
标准与评定程序、统一标志和统一收费"的强制性认证管理。将
原来的"CCIB"认证和"长城 CCEE 认证"统一为"中国强制认
证"（英文名称为 China Compulsory Certification），其英文缩写
为"CCC"，故又简称"3C"认证。具体标志见图 5-4：

图 5-4

2. 标准遵守

我国《企业标准化管理办法》规定，企业标准化工作的基本任务，是执行国家有关标
准化的法律、法规，实施国家标准、行业标准和地方标准，制定和实施企业标准，并对标
准的实施进行检查。因此，企业作为市场最重要的主体，其不仅是企业标准的制定者，更
是国家标准、行业标准、团体标准和地方标准的执行者和遵守者。

国家标准、行业标准和地方标准中的强制性标准，企业必须严格执行；不符合强制性
标准的产品，禁止出厂和销售。推荐性标准，企业一经采用，应严格执行；企业已备案的
企业产品标准，也应严格执行。企业生产的产品，必须按标准组织生产，按标准进行检
验。经检验符合标准的产品，由企业质量检验部门签发合格证书。企业生产执行国家标
准、行业标准、地方标准或企业产品标准，应当在产品或其说明书、包装物上标注所执行
标准的代号、编号、名称。企业研制新产品、改进产品、进行技术改造和技术引进，都必
须进行标准化审查。企业应当接受标准化行政主管部门和有关行政主管部门，依据有关法
律、法规，对企业实施标准情况进行的监督检查。企业根据生产、经营需要设置的标准化
工作机构，配备的专、兼职标准化人员，负责管理企业标准化工作，组织实施国家标准、
行业标准、地方标准和企业标准；对本企业实施标准的情况，负责监督检查；参与研制新
产品、改进产品，技术改造和技术引进中的标准化工作，提出标准化要求，做好标准化审

查；做好标准化效果的评价与计算，总结标准化工作经验；对本企业有关人员进行标准化宣传教育，对本企业有关部门的标准化工作进行指导。

三、工程标准与质量管理制度

（一）质量与质量管理

1. 质量

1620年，英国著名科学家弗兰西斯·培根在其出版的《新工具》一书中，最早提出了质量概念，认为质量是"物体所含物质之量"，并提出"作用力依赖于质量"，从而把质量与作用力联系起来。现代汉语中的质量，是指量度物体平动惯性大小的物理量，意思是产品或工作的优劣程度。2005年，国际标准化组织（ISO）颁布的ISO9000：2005《质量管理体系基础和术语》中将质量定义为，"一组固有特性满足要求的程度"。也就是说，质量是反映产品或服务满足明确和隐含需要的能力的特性总和。

我国《产品质量法》规定，"可能危及人体健康和人身、财产安全的工业产品，必须符合保障人体健康和人身、财产安全的国家标准、行业标准；未制定国家标准、行业标准的，必须符合保障人体健康和人身、财产安全的要求。禁止生产、销售不符合保障人体健康和人身、财产安全的标准和要求的工业产品"。无论对企业、消费者还是社会而言，质量不仅指产品质量，更是企业技术水平、管理水平、人员素质和劳动效率等各方面的综合反映。现代市场经济环境中，质量不仅是企业生存与发展的根本，提高效益与竞争力的关键因素，还是满足社会需求，促进社会发展的推动力。因此，依据一定标准，加强质量管理与控制，促进质量提高，就成为全社会共同关注的事情。

2. 质量管理

质量管理，又称"质量控制"，是为保证和提高产品质量和工作质量所进行的质量调查、研究、组织、协调、控制、信息反馈、改进等各项工作的总称。简言之，质量管理即是为达到质量要求，所采取的作业技术和活动。在完整工程或产品生产活动中对质量形成较大影响的因素主要包括操作者、机器设备、材料、加工方法、环境和检测技术等。因此，对工程或产品生产质量进行管理，主要是对这些要素进行控制。

对生产、加工方法进行管控，主要是要保证工程、生产现场所使用的设计、工艺等技术文件，必须是现行有效版本，并应做到正确、完整、协调、统一、清晰、文实相符。对材料进行管控，是要保证原材料、半成品、零部件、辅助材料等，必须要具有合格证明文件；代用材料必须按规定办理审批手续。生产过程中，应搞好材料的合理堆放、隔离、搬运、贮存和保管，防止磕碰、划伤、生锈、变质、混料等。对有可追溯性要求的材料应做好识别标记和质量记录，实施批次管理流程卡。质量记录的内容应能分清批次、数量、质量情况、责任、生产动态。生产过程中应分批投料、分批加工、分批检验、分批转序、分批装配、分批保管等。对设备进行管控，是要保证所有生产设备，包括机器、夹具、工装、样板、模具和计量器具等，在使用前均应按规定验收、验证或试用合格后，方可使用。制订和执行设备的维修保养、定期检定、校准制度，并对主要设备建立使用、点检、维修和校准的技术档案。影响产品关键质量特性的控制点的设备，应加以重点控制，以减少因设备误差而引起的质量波动。对人员进行管控，要保证操作、检验人员必须熟悉和掌握本工序的技术要求，具有相应的技术素质，必要时须经考核合格才能上岗。生产前，操作人员应按工艺规程的规定做好各种准备，包括设备、材料、环境条件的检查，进行工艺参数的试样验证等，并做好记录。对环境和检测技术进行管控，只要保证工作场地的环境条件，如厂房内温度和湿度、风速、电源的电压波动等，应满足工艺技术文件的要求，以提供适宜的生产环境。生产车间应具有良好的自然采光或照明，配置必要的安全防护设施，严格遵守防火和技术安全制度的规定。有害性物质的废水、废气、废渣必须进行有效的处理等。

1961年，美国通用电气公司总裁菲根堡姆在其著作《全面质量管理》一书中，提出了全面质量管理概念。他认为"全面质量管理是为了能在最经济的水平上，并充分满足用户要求的条件下进行市场研究、设计、生产和服务，把企业内各部门的研制质量、维持质量和提高质量活动，构成为一种有效的体系"。全面质量管理的基本特点是全员参加、全过程、全面运用一切有效方法、全面控制质量因素、力求全面提高经济效益的质量管理模式。所谓全员参加，意味着质量控制由少数质量管理人员，扩展到企业的所有人员；全过程，是指将质量控制从质量检验和统计质量控制，扩展到整个产品寿命周期；全面运用一切有效方法，是指应用一切可以运用的方法，而不仅仅是数理统计法；全面控制质量因素，意味着把影响质量的人、机器设备、材料、工艺、检测手段、环境等全部予以控制，以确保质量。

（二）我国质量管理制度

我国《产品质量法》规定，"在中华人民共和国境内从事产品生产、销售活动，必须遵守本法。本法所称产品是指经过加工、制作，用于销售的产品。建设工程不适用本法规定；但是，建设工程使用的建筑材料、建筑构配件和设备，属于前款规定的产品范围的，适用本法规定"。"生产者应当对其生产的产品质量负责。产品质量应当符合不存在危及人身、财产安全的不合理的危险，有保障人体健康和人身、财产安全的国家标准、行业标准的，应当符合该标准。"国务院《建设工程质量管理条例》规定，"凡在中华人民共和国境内从事建设工程的新建、扩建、改建等有关活动及实施对建设工程质量监督管理的，必须遵守本条例；建设单位、勘察单位、设计单位、施工单位、工程监理单位依法对建设工程质量负责"。根据上述两个主要法律法规内容，我国质量管理制度主要包括产品出厂检验、产品质量监督抽查、工业产品生产许可、食品生产许可和强制性产品认证等制度。工业产品生产许可证、食品生产许可和强制性产品认证制度前文已提及，现仅就产品出厂检验制度和产品质量监督抽查制度进行论述。

※市场监管总局关于2018年笔等30种产品质量国家监督抽查情况的通报（国市监质监函〔2019〕96号）节选[1]

各省、自治区、直辖市及新疆生产建设兵团市场监管局（厅、委）：

2018年年底，市场监管总局组织开展了笔等30种产品质量国家监督抽查。现将抽查情况通报如下：

---

[1] 资料来源：国家市场监督管理总局官网—数据—产品质量监督抽查结果，http://www.samr.gov.cn，最后访问日期：2019年月11月15日。

一、基本情况

（一）抽查概况。本次抽查产品为笔、毛绒布制玩具、被子枕头、毛针织品、摩托车乘员头盔、电动跑步机、燃气采暖热水炉、燃气用不锈钢波纹软管、微波炉、电火锅、电饼铛、豆浆机、食品加工机械（榨汁机、原汁机）、除湿机、吸尘器、电热暖手器、电吹风、碎纸机、投影机、打印机、纸面石膏板、冷轧带肋钢筋、采暖散热器、铝合金建筑型材、合成树脂乳液内墙涂料、新型墙体材料（砖和砌块）、无规共聚聚丙烯（PP-R）管材、隔离开关、电力变压器、铜及铜合金管材等30种产品。

本次共抽查2478家企业生产的2788批次产品（不涉及出口产品）。其中，1批次无规共聚聚丙烯（PP-R）管材产品涉嫌假冒，已移送企业所在地市场监管部门处理；1批次毛绒布制玩具产品目前在异议处理过程中，待完成后通报。对2476家企业生产的2786批次产品进行了检验，检出349批次不合格，不合格发现率为12.5%。其中，微波炉、食品加工机械（榨汁机、原汁机）、打印机未发现不合格产品；笔、毛绒布制玩具、毛针织品、吸尘器、电热暖手器、投影机、纸面石膏板、铝合金建筑型材、合成树脂乳液内墙涂料、铜及铜合金管材等10种产品的不合格发现率低于10%；被子枕头、摩托车乘员头盔、燃气采暖热水炉、电火锅、电饼铛、除湿机、电吹风、采暖散热器、隔离开关、电力变压器等10种产品的不合格发现率在10%~20%之间；电动跑步机、豆浆机、碎纸机、新型墙体材料（砖和砌块）、无规共聚聚丙烯（PP-R）管材等5种产品的不合格发现率在20%~40%之间；燃气用不锈钢波纹软管、冷轧带肋钢筋的不合格发现率均为46.7%。

（二）拒检情况。上海名优办公设备有限公司在本次碎纸机产品质量国家监督抽查中，违反《中华人民共和国产品质量法》规定，无正当理由拒绝接受监督抽查。

（三）跟踪抽查情况。本次跟踪抽查到上次抽查不合格企业81家。其中，15家企业本次抽查仍不合格，66家企业本次抽查合格。

（四）主要做法。一是采取"双随机"抽查方式。招标遴选入围技术服务机构，入围后通过"双随机"信息化系统，随机确定抽查企业，随机确定承检机构，并进行随机匹配。二是实施抽检分离。在"双随机"确定的技术服务机构之间实施抽检分离。三是远程监控抽样全过程，提供可追溯性证据。

二、抽查结果分析

（一）笔。抽查了8个省（市）97家企业生产的99批次笔产品，其中6批次产品不合格，不合格发现率为6.1%。重点对可迁移元素、书写性能、发光性能、芯尖受力、硬度、浓度等12个项目进行了检验。不合格项目涉及书写性能、芯尖受力、硬度。

············

（五）摩托车乘员头盔。抽查了4个省（市）20家企业生产的20批次摩托车乘员头盔产品，其中3批次产品不合格，不合格发现率为15.0%。重点对视野、护目镜、刚度性能、佩戴装置强度、固定装置稳定性、吸收碰撞能量性能、耐穿透性能等7个项目进行了检验。不合格项目涉及刚度性能、护目镜、吸收碰撞能量性能、耐穿透性能。

············

（十）豆浆机。抽查了4个省17家企业生产的20批次豆浆机产品，其中5批次产品不合格，不合格发现率为25.0%。重点对输入功率和电流、对触及带电部件的防护、发热、非正常工作、稳定性和机械危险、机械强度、接地措施、螺钉和连接、电气间隙、爬电距离和固体绝缘等 16 个项目进行了检验。不合格项目涉及对触及带电部件的防护、发热、非正常工作、稳定性和机械危险、接地措施、螺钉和连接、电气间隙、爬电距离和固体绝缘。

············

（十八）打印机。抽查了 3 个省（市）6 家企业生产的 6 批次打印机产品。重点对发热要求、抗电强度、产品能效等级、电源端子骚扰电压等 11 个项目进行了检验。本次抽查未发现不合格产品。

············

（三十）铜及铜合金管材。抽查了 19 个省（区、市）185 家企业生产的 224 批次铜及铜合金管材产品，其中 6 批次产品不合格，不合格发现率为 2.7%。重点对磷、铁、抗拉强度、规定非比例延伸强度、规定塑性延伸强度、断后伸长率、工艺性能、平均晶粒度、导电率等 26 个项目进行了检验。不合格项目涉及抗拉强度、平均晶粒度、磷、规定塑性延伸强度、规定非比例延伸强度。

三、工作要求

针对本次产品质量国家监督抽查发现的问题，各省、自治区、直辖市及新疆生产建设兵团市场监管局（厅、委）要按照《中华人民共和国产品质量法》《产品质量监督抽查管理办法》等的规定，认真做好后处理工作。

（一）对于本次抽查中发现问题的生产企业，特别是拒绝接受监督抽查的企业和连续抽查不合格的企业，要依法严肃处理。

（二）对于本次抽查中不合格发现率较高的产品，如燃气用不锈钢波纹软管和冷轧带肋钢筋等，要加大对生产企业的后续跟踪监督检查力度。

（三）要将本次抽查拒绝接受监督抽查情况和不合格产品情况通报地方政府及相关部门，采取有力措施，督促企业依法落实产品质量安全主体责任，引导企业严格按照标准组织生产，切实维护产品质量安全。

1. 产品出厂检验制度

我国《产品质量法》规定，"生产者、销售者应当建立健全内部产品质量管理制度，严格实施岗位质量规范、质量责任以及相应的考核办法""生产者、销售者依照本法规定承担产品质量责任""产品质量应当检验合格，不得以不合格产品冒充合格产品"。《企业标准化管理办法》规定，"企业生产的产品，必须按标准组织生产，按标准进行检验。经检验符合标准的产品，由企业质量检验部门签发合格证书。企业生产执行国家标准、行业标准、地方标准或企业产品标准，应当在产品或其说明书、包装物上标注所执行标准的代号、编号、名称"。《建设工程质量管理条例》规定，"国家实行建设工程质量监督管理制度""国务院建设行政主管部门和国务院铁路、交通、水利等有关部门应当加强对有关建设工程质量的法律、法规和强制性标准执行情况的监督检查"。

产品质量出厂检验，是我国社会质量监管体系赋予生产企业的一种产品质量义务，同时也是企业实施标准化生产和管理义务。企业通过产品质量出厂检验，可以确保强制性标准实施，推进了企业标准化生产和管理；通过依据标准对产品质量进行检验，同时将检验标准与检验结果在产品或其说明书、包装物上标注，可以起到保护消费者合法权益、解决产品质量纠纷的作用。依据《产品质量法》的规定，产品质量出厂检验的检验主体是企业自身；检验依据是企业在生产该产品时所执行的国家标准、行业标准、地方标准与企业产品标准；检验内容是企业所生产的产品，必须符合其所执行的国家标准、行业标准、地方标准或企业产品标准。依据《建筑法》的规定，建筑工程勘察、设计、施工的质量必须符合国家有关建筑工程安全标准的要求；交付竣工验收的建筑工程，必须符合规定的建筑工程质量标准，有完整的工程技术经济资料和经签署的工程保修书，并具备国家规定的其他竣工条件。建筑工程竣工经验收合格后，方可交付使用；未经验收或者验收不合格的，不得交付使用。

2. 产品质量监督抽查制度

依据我国《产品质量监督抽查管理办法》的规定，监督抽查是指质量技术监督部门为监督产品质量，依法组织对在我国境内生产、销售的产品进行有计划的随机抽样、检验，并对抽查结果公布和处理的活动。监督抽查分为由国家质量监督检验检疫总局组织的国家监督抽查和县级以上地方质量技术监督部门组织的地方监督抽查。监督抽查应当遵循科学、公正原则。监督抽查的产品主要是涉及人体健康和人身、财产安全的产品，影响国计民生的重要工业产品以及消费者、有关组织反映有质量问题的产品。

监督抽查工作包括抽样和检验两项工作任务。抽样人员应当是承担监督抽查的部门或者检验机构的工作人员，且不少于2名。抽样人员抽样时，应当公平、公正，不徇私情。监督抽查的样品应当由抽样人员在市场上或者企业成品仓库内待销的产品中随机抽取，不得由企业抽样。抽取的样品应当是有产品质量检验合格证明或者以其他形式表明合格的产品。抽样人员应当使用规定的抽样文书，详细记录抽样信息。抽样文书必须由抽样人员和被抽查企业有关人员签字，并加盖被抽查企业公章。任何企业无正当理由不得拒绝抽样检查工作。检验样品抽取后，要及时进行检验。检验机构接收样品时应当检查、记录样品的外观、状态、封条有无破损及其他可能对检验结果或者综合判定产生影响的情况，并确认样品与抽样文书的记录是否相符，对检验和备用样品分别加贴相应标识后入库。检验机构应当妥善保存样品。制定并严格执行样品管理程序文件，详细记录检验过程中的样品传递情况。对需要现场检验的产品，检验机构应当制定现场检验规程，并保证对同一产品的所有现场检验遵守相同的规程。对样品检验后，检验机构应当出具抽查检验报告，检验报告应当内容真实齐全、数据准确、结论明确。检验机构应当对其出具的检验报告的真实性、准确性负责。禁止伪造检验报告或者其数据、结果。被抽查企业对检验结果有异议的，可以自收到检验结果之日起15日内向组织监督抽查的部门或者其上级质量技术监督部门提出书面复检申请。逾期未提出异议的，视为承认检验结果。

组织监督抽查的部门应当汇总分析监督抽查结果，依法向社会发布监督抽查结果公告，向地方人民政府、上级主管部门和同级有关部门通报监督抽查情况。对无正当理由拒绝接受监督抽查的企业，予以公布。对监督抽查发现的重大质量问题，组织监督抽查的部门应当向同级人民政府进行专题报告，同时报上级主管部门。负责监督抽查结果处理的质量技术监督部门应当向抽查不合格产品生产企业下达责令整改通知书，限期改正。

第六章 工程许可与招投标法律制度

市场在市场经济运行模式中，对资源配置起着基础和决定性作用，通过价格杠杆和竞争作用引导，使生产要素向能够产生最大效益的地方流动。但市场并不是万能的，经常会出现市场调节失灵情况，这就为政府通过行政许可介入市场，对工程活动进行管理提供了可能。市场经济条件下，市场对资源配置基础和决定性作用的发挥基础是竞争，通过公平、公开竞争，优胜劣汰，从而实现资源的优化配置。招标投标是市场竞争的一种重要方式，其最大优点就是能够充分体现"公开、公平、公正"的市场竞争原则。通过招标采购，让众多投标人进行公平竞争，以最低或较低的价格获得最优的货物、工程或服务，从而提高经济效益和社会效益。

一、工程许可法律制度

(一) 工程许可的含义

现代汉语中，许可具有准许、允诺之意。工程许可，即工程领域的准许制度，是一种行政许可。"对行政许可概念可以从广义上和狭义上予以界定。广义的行政许可包括行政许可的设定、实施和监督，既有立法层面的内容，亦有执法层面的内容；既有抽象意义的内容，亦有具体意义的内容。而狭义的行政许可则只是指行政许可的实施和监督检查，仅指执法层面的内容，是在具体意义上的概念。"[1] 现代行政法一般将行政许可理解为，"在法律规范一般禁止的情况下，行政主体根据行政相对人申请，经依法审查，通过颁发许可证或者执照等形式，依法作出准予或者不准予特定的行政相对人，从事特定活动的行政行为"[2]。我国《行政许可法》第 2 条规定，"本法所称行政许可，是指行政机关根据公民、法人或者其他组织的申请，经依法审查，准予其从事特定活动的行为"。

行政许可是一种行政行为，并且是行政机关依申请进行的具体行政行为。行政许可不仅是行政行为，还是一种法律制度，是有关行政许可的申请、审查、批准以及监督管理等一系列制度的总和。具体包括许可的机关及权限，许可范围，申请、审查和颁发许可证程序，以及监督检查、撤销、废止、中止、更换、修改许可证及其方式、条件、期限以及许可费用等内容。行政许可制度在工程领域非常普遍，除前文述及的工业产品生产许可、食品生产许可外，还有建设工程规划与施工许可、从业人员资格许可、市场资格准入许可等。依据我国《行政许可法》的规定，直接涉及国家安全、公共安全、经济宏观调控、生

---

[1] 杨解君主编：《行政许可研究》，人民出版社 2001 年版，第 61 页。

[2] 姜明安主编：《行政法与行政诉讼法》，北京大学出版社、高等教育出版社 2011 年版，第 224 页。

态环境保护以及直接关系人身健康、生命财产安全等特定活动，需要按照法定条件予以批准的事项等，原则上都要经过行政许可。

※福建省监理工程师管理暂行办法（闽建法〔2002〕105号）节选[1]

第一条　为了适应我省工程建设监理行业发展需要，根据《监理工程师资格考试和注册试行办法》（建设部令第18号）和《福建省建设工程质量管理条例》等有关规定，结合我省实际情况，制定本暂行办法。

第二条　本办法适用本省行政区域内福建省监理工程师的考试、注册、执业等管理。

第三条　本办法所称福建省监理工程师，是指参加全国监理工程师执业统一考试，达到我省规定的分数线，取得福建省监理工程师执业资格，经注册取得《福建省监理工程师岗位证书》后，从事工程建设监理活动的人员。

第四条　福建省建设行政主管部门是福建省监理工程师的注册管理机关，统一负责福建省监理工程师的培训考核、注册、执业等管理工作。福建省建设执业资格注册中心受省建设行政主管部门委托，具体负责福建省监理工程师执业资格证书发放和注册、变更注册、注销注册工作。县（市）级以上建设行政主管部门负责本行政辖区内福建省监理工程师的日常监督管理工作。

....

第六条　申请福建省监理工程师执业资格，应当具备下列条件：

（一）参加全国监理工程师执业资格考试，成绩达到我省确定的分数线以上；

（二）参加省建设行政主管部门组织的培训考核，成绩合格。

第七条　申请福建省监理工程师初始注册，应当具备下列条件：

（一）取得《福建省监理工程师执业资格证书》；

（二）年龄在65周岁以下（含65周岁）身体健康，能胜任工程建设监理工作；

（三）只在一个监理单位任职。

....

第八条　申请福建省监理工程师初始注册，应当提交下列材料：

（一）《福建省监理工程师注册申请表》（见附件一）；

（二）《福建省监理工程师执业资格证书》；

（三）与监理单位签订的劳动聘用合同。申请人工作单位有变动的，应当提供原工作单位或人才市场的同意调动的证明材料，离退休人员应当提供离退休证件。

....

第十四条　凡有下列行为之一的，由省建设行政主管部门根据建设部《监理工程师资格考试和注册试行办法》的规定予以处理。

（一）未经注册，以监理工程师名义从事监理工作的；

（二）以监理工程师个人名义承接工程监理业务的；

（三）以不正当手段取得《福建省监理工程师执业资格证书》或《福建省监理工程

---

[1]　资料来源：福建省住房与城乡建设厅官网—法规文件，http://zjt.fujian.gov.cn，最后访问日期：2019年11月16日。

岗位证书》的。

第十五条 凡有下列行为之一的，由建设行政主管部门根据《福建省建设工程质量管理条例》的规定予以处理。

（一）出具不真实的监理文件资料或虚假的监理报告；

（二）出具不真实或虚假的工程质量评估报告。

第十六条 《福建省监理工程师执业资格证书》和《福建省监理工程师岗位证书》在本省行政区域内使用有效。

…………

（二）工程许可设定

行政许可是一项重要的行政权力，设定行政许可应当符合立法体制和依法行政的要求。我国《行政许可法》规定，"设定和实施行政许可，应当依照法定的权限、范围、条件和程序""设定和实施行政许可，应当遵循公开、公平、公正、非歧视的原则""设定行政许可，应当遵循经济和社会发展规律，有利于发挥公民、法人或者其他组织的积极性、主动性，维护公共利益和社会秩序，促进经济、社会和生态环境协调发展"。

1. 许可设定范围

"控制危险是行政许可最常见、最基本的功能。从管理的有效性和成本看，一般来说，只有对通过事后控制将造成无法弥补的损失或者需要付出更大代价的事项，才宜采取事前监督管理，而对可能发生随机性、偶然性危险的事项，宜采取事后监督管理。因此，作为事前的监督管理方式，行政许可主要适用于涉及公共安全、人身健康、生命财产安全等事项，不从源头上预先防范将造成严重的社会不利后果"[1]。我国《行政许可法》规定，下列事项可以设定行政许可。

（1）直接涉及国家安全、公共安全、经济宏观调控、生态环境保护以及直接关系人身健康、生命财产安全等特定活动，需要按照法定条件予以批准的事项。对这类事项设定的行政许可，属于普通许可，是实践中运用最广泛的行政许可事项。普通许可是对从事法律没有禁止，但附有条件活动的准许。普通许可一般没有数量限制，行政机关实施这些行政许可一般也没有自由裁量权，符合条件即应当予以许可。普通许可主要适用于污染和其他公害的防治、生态环境的保护；爆炸性、易燃性、放射性、毒害性、腐蚀性等危险品生产、储存、运输、使用、销售以及其他涉及公民人身健康、生命财产安全的产品的生产、销售活动，如特种设备许可等；涉及公民人身健康、生命财产安全、公共安全和国家安全的其他事项，如药品生产许可、药品经营许可、食品卫生许可等。

（2）有限自然资源开发利用、公共资源配置以及直接关系公共利益的特定行业的市场准入等，需要赋予特定权利的事项。对这些事项设定的行政许可，是赋权的行政许可，属于特许。相对人取得特许权一般要支付一定的费用，并且一般有数量限制。行政机关实施这类许可一般都有自由裁量权。申请人获得这类许可一般要承担较大公益义务，如提供普遍服务，不得擅自停止许可活动等。特许主要适用于自然资源的开发利用，有限公共资源的配置，直接关系公共利益的垄断性企业的市场准入等，如国有土地使用权出让许可、无

---

[1] 张兴祥：《制度创新：〈行政许可法〉的立法要义》，载《法学》2003年第5期。

线电频率配置、海滩使用权出让许可、排污许可等都属这一类。

（3）提供公众服务并且直接关系公共利益的职业、行业，需要确定具备特殊信誉、特殊条件或者特殊技能等资格、资质的事项。对这类事项设定的行政许可，是行政机关对申请人是否具备特定技能的认定，其性质属于行政认可。此类许可一般都需要通过考试，并根据考试结果决定是否认可。许可往往只与人的身份、能力有关，没有数量限制，符合标准就予以认可。行政机关实施这类许可一般没有自由裁量权。此类许可主要适用于为公众提供服务、直接关系公共利益并且要求具有特殊信用、特殊条件或者特殊技能的资格、资质，如建筑师执业资格、注册会计师资格、监理工程师执业资格、建筑企业资质等。

（4）直接关系公共安全、人身健康、生命财产安全的重要设备、设施、产品、物品，需要按照技术标准、技术规范，通过检验、检测、检疫等方式进行审定的事项。对这类事项设定的行政许可，可以称为核准，是行政机关对某些事项是否达到特定技术标准、技术规范的判断、审核、认定，其主要功能是为了防止危险、保障安全。核准要依据技术标准、技术规范，具有很强的专业性、技术性和客观性。核准没有数量限制，凡是符合技术标准、技术规范的，都要予以核准。行政机关实施这类许可没有自由裁量权。工程领域需要核准的事项非常多，如消防验收，电梯安装运行核准，水库大坝竣工验收，建设工程项目劳动安全卫生预评价审查和验收，矿山建设工程安全设施设计审查、竣工验收等。

（5）企业或者其他组织的设立等，需要确定主体资格的事项。对这类事项设定的行政许可，称为登记，是行政机关确立企业或者其他组织特定主体资格、特定身份，使其获得合法从事涉及公众关系的经济、社会活动的能力的许可。登记的主要功能，是通过使相对人获得某种能力向公众提供证明或者信誉、信息，未经合法登记取得特定主体资格或者身份从事涉及公众关系的经济、社会活动是非法的。工程领域需要登记的事项非常多，如工商企业登记，房地产抵押登记，商品房预售合同登记，汽车、飞机等重大机械设备产权变更登记等。

除上述需要经过行政许可的事项外，《行政许可法》规定，公民、法人或者其他组织能够自主决定的，或市场竞争机制能够有效调节的，或行业组织或者中介机构能够自律管理的，或行政机关采用事后监督等其他行政管理方式能够解决的事项等，可以不设行政许可。

2. 许可设定权限

"行政许可设定权，是指有关国家机关依照职权和实际需要，在有关法律、法规或者规章中，自行创制设定行政许可的权力。"[1] 行政许可设定权直接关系公民、法人或者其他组织在国家行政管理活动中的权利和义务。因此，对行政许可设定权的分配，必须要以法律法规的形式予以规定，其行使主体必须是特定的国家机关，不可以任意地扩大。

我国《行政许可法》规定，对可以设定行政许可的事项，法律可以设定行政许可。尚未制定法律的，行政法规可以设定行政许可。必要时，国务院可以采用发布决定的方式设定行政许可。实施后，除临时性行政许可事项外，国务院应当及时提请全国人民代表大会及其常务委员会制定法律，或者自行制定行政法规。尚未制定法律、行政法规的，地方性法规可以设定行政许可；尚未制定法律、行政法规和地方性法规的，因行政管理的需要，

---

[1]　关保英：《行政许可法教程》，中国政法大学出版社 2011 年版，第 74 页。

确需立即实施行政许可的，省、自治区、直辖市人民政府规章可以设定临时性的行政许可。临时性的行政许可实施满一年需要继续实施的，应当提请本级人民代表大会及其常务委员会制定地方性法规。地方性法规和省、自治区、直辖市人民政府规章，不得设定应当由国家统一确定的公民、法人或者其他组织的资格、资质的行政许可；不得设定企业或者其他组织的设立登记及其前置性行政许可。其设定的行政许可，不得限制其他地区的个人或者企业到本地区从事生产经营和提供服务，不得限制其他地区的商品进入本地区市场。行政法规可以在法律设定的行政许可事项范围内，对实施该行政许可作出具体规定；地方性法规可以在法律、行政法规设定的行政许可事项范围内，对实施该行政许可作出具体规定；规章可以在上位法设定的行政许可事项范围内，对实施该行政许可作出具体规定。法规、规章对实施上位法设定的行政许可作出的具体规定，不得增设行政许可；对行政许可条件作出的具体规定，不得增设违反上位法的其他条件。除法律、行政法规、地方性法规和规章外，其他规范性文件一律不得设定行政许可。

（三）工程许可实施

我国《行政许可法》规定，设定行政许可，应当规定行政许可的实施机关、条件、程序、期限。制度设计的社会实际功效，只有在实际实施中才能反映出来，"一种制度的功能如何，须取决于操作者的素质"[1]。因此，制度实施的实际执行操作者的实施能力、水平与规范要求，以及严谨的程序性规定，是制度实施的关键。

1. 许可实施机关

"行政许可的实施机关，即依法行使行政许可权，实施行政许可活动的机关或组织，是基于行政相对人的申请，对该申请进行审查并决定是否准予其从事特定活动的行政机关或被授权的组织。"[2] 行政许可实施机关包括享有行政许可权的行政机关、被授权的组织以及受行政机关委托的行政机关。

（1）行政机关。我国《行政许可法》第22条规定，"行政许可由具有行政许可权的行政机关在其法定职权范围内实施"。行政许可原则上由行政机关来行使，非行政机关的组织实施某些行政许可只是一种补充。行政机关实施行政许可必须具有行政许可权，并应在法定职权范围内，不能超越法定职权实施行政许可。我国作为行政许可实施主体的行政机关主要分为三个层次。一是国务院及各部委，其实施一些直接关系国家重大利益、不宜下放的行政许可，如农用地转用、土地征用审查，民用枪支、弹药制造许可，特定矿种采矿许可，一级保护动物猎捕特许，公共航空运输企业经营许可等。二是省级人民政府及其主管部门，其实施一些事关重大但又不宜全部由中央层次行政机关实施的行政许可，如实验动物许可证核发，营业性射击场的设立，驾驶培训班资格管理，化妆品生产企业卫生许可，特种设备使用登记，固体废物跨省转移许可证核发，药品生产、经营许可证核发等。三是县市级人民政府及其主管部门，其实施那些数量多、范围广、与普通百姓生活密切相关的行政许可，如企业核准登记、食品生产经营卫生许可、公共场所卫生许可、动物诊疗许可、建设工程征占用林地审核、林木种子经营许可证核发、烟花爆竹销售许可证核发等。

---

[1] [英]埃尔曼：《比较法律文化》，贺卫方、高鸿均译，生活·读书·新知三联书店1996年版，第154页。

[2] 应松年：《行政许可法教程》，法律出版社2012年版，第137页。

（2）法律、法规授权的组织。我国《行政许可法》第 23 条规定，"法律、法规授权的具有管理公共事务职能的组织，在法定授权范围内，以自己的名义实施行政许可。被授权的组织适用本法有关行政机关的规定"。法律、法规授权，是指法律、法规直接赋予国家行政机关以外的社会组织，特别是具有管理公共事务职能的组织以行政职能的法律制度。该组织根据法律、法规授权取得了行政管理的主体资格，既可以以自己的名义独立行使这些权力，也可以以自己的名义独立承担因行使这些权力引起的法律后果。随着社会的发展和行政管理权的扩大，行政管理的领域、内容与方式上的日益复杂与多变，使行政机关很难适应不断发展变化的形势需要，在行政许可领域更是如此。有些行政许可涉及的领域对技术性、专业性要求非常高，如对直接关系公共安全、人身健康、生命财产安全的重要设备、设施、产品、物品需要按照技术标准和技术规范通过检验、检疫、检测等方式进行审定的行政许可，由行政机关以外的具有某种公共事务管理职能的组织来实施许可，可能更易于达到行政许可设定的目标和任务。因此，我国《行政许可法》第 28 条规定，"对直接关系公共安全、人身健康、生命财产安全的设备、设施、产品、物品的检验、检测、检疫，除法律、行政法规规定由行政机关实施的外，应当逐步由符合法定条件的专业技术组织实施。专业技术组织及其有关人员对所实施的检验、检测、检疫结论承担法律责任"。目前，我国授权行使行政许可实施主体资格的主要有三类组织。一类是有关领域的管理委员会等组织，如全国注册建筑师管理委员会，省、自治区直辖市注册建筑师管理委员会，省级人民政府有关部门组织的建设工程技术专家委员会等；第二类是专业检验检测机构，如关系公共安全、人身健康、生命财产安全的设备、设施、产品、物品的专业检验、检测和检疫机构等；第三类是专门从事有关行政管理事务的事业组织，如最典型的中国证监会、中国保监会、中国银监会、中国电监会等。这三类授权主体在整个行政许可实施主体中数量还是比较多的，特别是在县市级政府行政许可实施主体中所占比例比较大。

（3）行政机关委托的组织。我国《行政许可法》第 24 条规定，"行政机关在其法定职权范围内，依照法律、法规、规章的规定，可以委托其他行政机关实施行政许可。委托机关应当将受委托行政机关和受委托实施行政许可的内容予以公告。委托行政机关对受委托行政机关实施行政许可的行为应当负责监督，并对该行为的后果承担法律责任。受委托行政机关在委托范围内，以委托行政机关名义实施行政许可；不得再委托其他组织或者个人实施行政许可"。行政委托，是指出于行政管理需要，某一个行政主体委托另一个行政主体或者组织以委托人的名义代行行政管理、许可或其他事务的行为。行政委托主要有四种方式，即人民政府委托职能部门，上级主管部门委托下级主管部门，职能部门相互委托和行政机关委托非行政机关的组织。近几年来，一些地方在深化行政管理体制改革方面纷纷实行简政放权，把省级政府及其部门实施的行政许可权下放或委托市县级政府和部门实施。2015 年 5 月 12 日，国务院召开全国推进简政放权放管结合职能转变工作电视电话会议，提出了"放管服"改革。"放管服"，是简政放权、放管结合、优化服务的简称。其中的"放"就是中央政府下放行政权，减少没有法律依据和法律授权的行政权；理清多个部门重复管理的行政权。经过"放管服"改革的深入推进，目前我国仅有较少的行政许可委托，如森林采伐许可和烟草专卖零售许可。依据《森林法》的规定，农村居民采伐自留山和个人承包集体的林木，由县级林业主管部门或者委托乡、镇人民政府审核发放采伐许可证；依据《烟草专卖法》的规定，经营烟草制品零售业务的企业或者个人由工商部门根据上一级烟草主管部门的委托，审批发给烟草专卖零售许可证。

2. 许可实施程序

行政许可程序，是指国家为保障行政许可权力的正确实施而规定的，行政机关实施行政许可必须遵循的步骤、方式。"程序的实质是管理和决定的非人情化，其一切布置都是为了限制恣意、专断和裁量。"[1] "现代法治的原则要求，行政机关的行政行为无论在实体上还是程序上都应受到法律制约，都应该法制化，违反程序法规则与违反实体法规则一样，都将影响行政行为效力。"[2] 健全的行政许可程序，是完善行政许可制度不可缺少的组成部分。行政许可的实体内容需要行政许可程序来予以保障，没有程序保障，行政许可内容就会被架空，无任何现实意义。

"只有依靠程序公正，权力才可能变得让人能容忍。"[3] 行政许可程序就是国家为保障行政许可权公正和有效行使而规定的，实施行政许可行为所应当遵循的步骤、顺序、形式、方式和时限。我国《行政许可法》以专章形式、超过三分之一的篇幅对行政许可的实施程序进行了极为详尽的规定。可以说，《行政许可法》就是一部集中规范行政许可权行使程序的法。行政许可程序主要包括申请与处理、审查与决定、听证、变更与延续等内容与环节（详见《行政许可法》，这里不再赘述）。

二、工程招投标法律制度

（一）工程招投标的含义

招标投标，是指"由招标人发出招标公告或通知，若干家投标单位同时投标，最后由招标人通过对各投标人所提出的价格、质量、交货期限和该公司技术水平、财务状况等因素进行综合比较，确定其中条件最佳的投标人为中标人，并与之最终订立合同的过程"[4]。招标投标主要适用于工程领域，但不限于工程领域。招标投标的目的在于选择合同一方当事人，并与之签订合同；招标投标的宗旨，在于提高交易效率和经济效益。我国《招标投标法》规定，"为了规范招标投标活动，保护国家利益、社会公共利益和招标投标活动当事人的合法权益，提高经济效益，保证项目质量，制定本法"。所谓招标，"是指招标人为购买物资、发包工程或进行其他活动，根据公布的标准和条件，公开或书面邀请投标人前来投标，以便从中择优选定中标人的单方行为"；所谓投标，"是指符合招标文件规定资格的投标人，按照招标文件的要求，提出自己的报价及相应条件的书面回答行为"[5]。

招标投标具有竞争性、程序性、公开性与保密性特征。招标投标的实质是通过竞争选择交易对象，因此是一种竞争性交易方式，或称为"竞争性采购方式"。招标投标中的竞争不是招标人与投标人之间的竞争，而是投标人之间的竞争。投标人为了在竞争中保持优

---

[1] 季卫东：《程序比较论》，载《比较法研究》1993年第2期。

[2] 乔晓阳、张世诚：《中华人民共和国行政许可法及释解》，中国致公出版社2003年版，第120页。

[3] ［英］韦德：《行政法》，徐炳译，中国大百科全书出版社1997年版，第93页。

[4] 舒福荣：《招标投标国际惯例》，贵州人民出版社1994年版，第12页。

[5] 张培田：《招标投标法律指南》，中国政法大学出版社1992年版，第1页。

势，就不得不主动提供有关自己产品的各种信息，同时提出最低价格，相互间必然要展开激烈的竞争，这就形成了市场经济最广泛、最充分、最彻底的公开竞争。唯有此，才可能赢得合同。招标人通过评审，选出最符合条件的招标人，保证质量，节省资金，这也使得招标人能获得最大利益。招标投标活动要遵循一定的程序和规则，按事先确定的时间、地点、步骤进行。从招标、投标、评标、定标到签订合同，每个环节都有严格的程序、规则，这些程序和规则具有强烈的法律约束性，当事人不能随意改变。为确保招标投标中的公平竞争，招标投标既要满足公开性要求，又要符合保密性规定。在招标投标过程中要求招标公告、招标文件公开；招标公告、招标文件公开，并且投标文件由招标人在投标人在场的情况下公开开启；中标结果需要向所有投标人公开。招标投标过程中的保密性表现在投标人以递交投标文件的方式参与竞争，且只有以密封方式通交给招标人才可能参与竞争；招标人对标底保密；招标人对评标委员会人选保密等方面。

※招标公告［福建省房屋建筑和市政基础设施工程标准施工招标文件—专用本（2017 年修订版）］[1]

1. 招标条件

本招标项目（项目名称）已由（项目审批、核准或备案机关名称）以（批文名称及编号）批准建设，建设单位为_____，建设资金来源_____，招标人为_____，委托的招标代理单位为_____。本项目已具备招标条件，现对该项目的施工进行公开招标。

2. 项目概况和招标范围

2.1. 工程建设地点：_____；

2.2. 工程建设规模：_____；

2.3. 招标范围和内容：

（1）工程类别：（房屋建筑工程、市政工程）；

（2）招标类型：（施工总承包、专业承包）；

（3）招标范围和内容：_____；其中，用于确定企业资质及等级的相关数据：（按照《建筑业企业资质标准》的承包工程范围中相应等级规定的特征描述）；用于确定注册建造师等级的相关数据：［按照《注册建造师执业工程规模标准（试行）》中相应规模标准规定的特征描述］；

用于确定类似工程业绩的相关数据：（按照《福建省房屋建筑和市政基础设施工程特殊性划分标准（试行）》中规定的工程特征指标描述，适用于允许设置类似工程业绩的项目）；

2.4. 招标控制价（最高投标限价，下同）：_____元；

2.5. 工期要求：总工期为_____个日历天，定额工期_____个日历天（适用于国家或我省对工期有规定的项目）；其中各关键节点的工期要求为（如果有）_____

_____；

---

[1] 资料来源：福建省住房与城乡建设厅官网—信息公开，http://zjt.fujian.gov.cn，最后访问日期：2019 年 11 月 16 日。

2.6. 标段划分（如果有）：_____；

2.7. 质量要求：_____。

3. 投标人资格要求及审查办法

3.8. 本招标项目要求投标人须具备有效的不低于____级_____资质和《施工企业安全生产许可证》。（无须资质的项目，从其规定）

3.9. 投标人拟担任本招标项目的项目负责人（项目经理，下同）须具备有效的不低于____级____专业注册建造师执业资格（或建造师临时执业资格），并具备有效的安全生产考核合格证书（B证）。（无须资质的项目，从其规定）

3.10. 本招标项目（接受、不接受）联合体投标。招标人接受联合体投标的，投标人应优先选用福建省建筑业龙头企业作为联合体成员，自愿组成联合体的应由____为牵头人，且各方应具备其所承担招标项目承包内容的相应资质条件；承担相同承包内容的专业单位组成联合体的，按照资质等级较低的单位确定资质等级。

3.11. 本招标项目（应用、不应用）福建省建筑施工企业信用综合评价分值。应用福建省建筑施工企业信用综合评价分值的项目，投标人的企业季度信用得分为（房屋建筑、市政工程）类。应用福建省建筑施工企业信用综合评价分值的，投标人的企业季度信用得分不得低于60分；以联合体参与投标的，投标人的企业季度信用得分按具有（建筑工程、市政公用工程）施工总承包资质的联合体成员中的最低企业季度信用得分确定。投标人的企业季度信用得分，可通过福建省建筑施工企业信用综合评价系统（从福建住房和城乡建设网的"福建省住房和城乡建设综合监管服务平台"登录）查询。

3.12. 投标人"类似工程业绩"要求：_____个；"类似工程业绩"是指：自本招标项目在法定媒介发布招标公告之日的前五年内（含本招标项目在法定媒介发布招标公告之日）完成的并经竣工验收合格的_____。

3.13. 各投标人均可就本招标项目上述标段中的（具体数量）个标段投标，但最多允许中标（具体数量）个标段。（适用于分标段的招标项目）

3.14. 其他资格要求：_____。

3.15. 本招标项目采用（资格预审、资格后审）方式对投标人的资格进行审查。

3.16. 本招标项目不要求投标人在招投标期间缴纳农民工工资保证金。

4. 招标文件的获取

凡有意参加投标者，请于____年__月__日__时__分__秒至____年__月__日__时__分__秒通过（公共资源电子交易平台名称及网址）采取无记名方式免费下载电子招标文件等相关资料。本招标项目电子招标文件使用（电子招标文件编制工具软件名称及版本号）打开。投标人获取招标文件后，应检查招标文件的合法有效性，合法有效的招标文件应具有招标人和招标代理机构的电子印章；招标人没有电子印章的，须附招标人对招标代理机构的授权书。

5. 评标办法

本招标项目采用的评标办法：（经评审的最低投标价中标法/综合评估法/简易评标法）。

6. 投标保证金的提交

6.1. 投标保证金提交的时间：_____。

6.2. 投标保证金提交的金额：_____。

6.3. 投标保证金提交的方式：_____。

7. 投标文件的递交

7.1. 投标文件递交的截止时间（投标截止时间，下同）：_____年____月____日____时____分，投标人应在截止时间前通过（公共资源电子交易平台名称）递交电子投标文件；

7.2. 逾期送达的投标文件，公共资源电子交易平台将予以拒收。

8. 发布公告的媒介

本次招标公告同时在福建省公共资源交易电子公共服务平台（www.fjggfw.gov.cn）上发布。

9. 联系方式

招标人：_____

地址：_____，邮编：_____

电子邮箱：_____

电话：_____，传真：_____

联系人：_____

招标代理机构：_____

地址：_____，邮编：_____

电子邮箱：_____

电话：_____，传真：_____

联系人：_____

公共资源电子交易平台名称：_____

网址：_____

联系电话：_____

招投标监督机构名称：_____

地址：_____

联系电话：_____

公共资源交易中心名称：_____

地址：_____

联系电话：_____

（二）招标制度

招标投标是一个活动整体，没有招标就不会有投标；没有投标，采购人的招标就没有得到响应，也就没有开标、评标、定标以及合同签订、履行等事宜。投标是招标人以一定的方式邀请不特定或一定数量的自然人、法人或其他组织投标的活动。工程招标是指，"发包人在发包工程建设项目之前，通过公共媒介告示，或直接邀请潜在的投标人，根据招标文件所设定的包括功能、质量、数量、期限及技术要求等主要内容的标的，提出实施方案及报价，以从众投标人中择优选定承包人的一种经济活动"[1]。我国《招标投标法》第 10 条规定，"招标分为公开招标和邀请招标"。公开招标分为强制性公开招标和非强制性公开招标，强制性招标是公开招标的重点。

　　1. 强制公开招标

　　公开招标，是指招标人以招标公告的方式邀请不特定的法人或者其他组织投标。我国《招标投标法》第 3 条规定，"在中华人民共和国境内进行下列工程建设项目包括项目的勘察、设计、施工、监理以及与工程建设有关的重要设备、材料等的采购，必须进行招标：（一）大型基础设施、公用事业等关系社会公共利益、公众安全的项目；（二）全部或者部分使用国有资金投资或者国家融资的项目；（三）使用国际组织或者外国政府贷款、援助资金的项目。前款所列项目的具体范围和规模标准，由国务院发展计划部门会同国务院有关部门制订，报国务院批准。法律或者国务院对必须进行招标的其他项目的范围有规定的，依照其规定"。涉及国家安全、国家秘密、抢险救灾或者属于利用扶贫资金实行以工代赈、需要使用农民工等特殊情况，不适宜进行招标的项目，按照国家有关规定可以不进行招标。此外，需要采用不可替代的专利或者专有技术；或采购人依法能够自行建设、生产或者提供；或已通过招标方式选定的特许经营项目投资人依法能够自行建设、生产或者提供；或需要向原中标人采购工程、货物或者服务，否则将影响施工或者功能配套要求的，也可以不进行招标。我国《招标投标法实施条例》对强制招标事项作了进一步明确，规定工程建设项目，是指工程以及与工程建设有关的货物、服务。所称的工程，是指建设工程，包括建筑物和构筑物的新建、改建、扩建及其相关的装修、拆除、修缮等；所称与工程建设有关的货物，是指构成工程不可分割的组成部分，且为实现工程基本功能所必需的设备、材料等；所称与工程建设有关的服务，是指为完成工程所需的勘察、设计、监理等服务。根据上述规定，强制公开招标可分为工程类招标、货物类招标和服务类招标；也可以按照工程建设前后顺序，分为可行性研究招标、勘察设计招标、施工招标、材料设备采购招标、设备安装招标、工程咨询和建设监理招标、建设工程总承包招标等。

　　招标项目需要履行审批手续的，招标人应该按照国家规定，先履行审批手续，取得批准。招标人有权自行选择招标代理机构，委托其办理招标事宜。任何单位和个人不得以任何方式为招标人指定招标代理机构。招标人应当发布招标公告，并根据招标项目的特点和需要编制招标文件。招标文件不得要求或者标明特定的生产供应者以及含有倾向或者排斥潜在投标人的其他内容。有进行招标项目的相应资金或者资金来源已经落实，应当在招标文件中如实载明。招标人不得以不合理的条件限制或者排斥潜在投标人，不得对潜在投标人实行歧视待遇。招标人采用资格预审办法对潜在投标人进行资格审查的，应当发布资格预审公告、编制资格预审文件。资格预审应当按照资格预审文件载明的标准和方法进行。资格预审结束后，招标人应当及时向资格预审申请人发出资格预审结果通知书。未通过资格预审的申请人不具有投标资格。根据招标项目的具体情况，招标人可以组织潜在投标人踏勘项目现场，不得向他人透露已获取招标文件的潜在投标人的名称、数量以及可能影响公平竞争的有关招标投标的其他情况。招标人设有标底的，标底必须保密。招标人应当确

---

　　[1]　李启明主编：《土木工程合同管理》，东南大学出版社 2002 年版，第 60 页。

定投标人编制投标文件所需要的合理时间。招标人终止招标的，应当及时发布公告，或者以书面形式通知被邀请的或者已经获取资格预审文件、招标文件的潜在投标人。已经发售资格预审文件、招标文件或者已经收取投标保证金的，招标人应当及时退还所收取的资格预审文件、招标文件的费用，以及所收取的投标保证金及银行同期存款利息。

2. 邀请招标

邀请招标，又称"选择性竞争招标"，是指招标人以投标邀请书的方式邀请特定的法人或者其他组织投标。我国《招标投标法》第 3 条规定，"国务院发展计划部门确定的国家重点项目和省、自治区、直辖市人民政府确定的地方重点项目不适宜公开招标的，经国务院发展计划部门或者省、自治区、直辖市人民政府批准，可以进行邀请招标"。此外，存在技术复杂、有特殊要求或者受自然环境限制，只有少量潜在投标人可供选择；或采用公开招标方式的费用占项目合同金额比例过大情形的国有资金占控股或主导地位项目，也可以邀请招标。

招标人采用邀请招标方式的，应当向三个以上具备承担招标项目的能力、资信良好的特定的法人或者其他组织发出投标邀请书。招标人应根据招标项目本身要求，在投标邀请书中，要求潜在投标人提供有关资质证明文件和业绩情况，并对潜在投标人进行资格审查。招标人不得就同一招标项目向潜在投标人或者投标人提供有差别的项目信息；设定的资格、技术、商务条件与招标项目的具体特点和实际需要不相适应或者与合同履行无关；依法必须进行招标的项目以特定行政区域或者特定行业的业绩、奖项作为加分条件或者中标条件；对潜在投标人或者投标人采取不同的资格审查或者评标标准；限定或者指定特定的专利、商标、品牌、原产地或者供应商；依法必须进行招标的项目非法限定潜在投标人或者投标人的所有制形式或者组织形式等方式，以不合理条件限制、排斥潜在投标人或者投标人。

（三）投标制度

投标人，是指响应招标、参加投标竞争的法人或者其他组织。投标，是指具有适格资格和能力的投标人，根据招标人招标文件要求，提出实现招标项目任务的实施方案和报价，在规定的期限内提交标书的法律行为。依据我国《招标投标法》的规定，一般情况下投标人只能是法人或者其他组织，只有在依法招标的科研项目中，才允许个人参加投标。

1. 投标的一般规定

投标人应当具备承担招标项目的能力，国家有关规定对投标人资格条件或者招标文件对投标人资格条件有规定的，投标人应当具备规定的资格条件。投标人参加投标，不受地区或者部门的限制，任何单位和个人不得非法干涉。与招标人存在利害关系可能影响招标公正性的法人、其他组织或者个人，不得参加投标；单位负责人为同一人或者存在控股、管理关系的不同单位，不得参加同一标段投标或者未划分标段的同一招标项目投标。投标人应当按照招标文件的要求编制投标文件。投标文件应当对招标文件提出的实质性要求和条件作出响应，招标项目属于建设施工的，投标文件的内容应当包括拟派出的项目负责人与主要技术人员的简历、业绩和拟用于完成招标项目的机械设备等。投标人应当在招标文件要求提交投标文件的截止时间前，将投标文件送达投标地点。招标人收到投标文件后，应当签收保存，不得开启。投标人少于三个的，招标人应当依照本法重新招标。

两个以上法人或者其他组织可以组成一个联合体，以一个投标人的身份共同投标，联合体各方均应当具备承担招标项目的相应能力。联合体各方应当签订共同投标协议，明确约定各方拟承担的工作和责任，并将共同投标协议连同投标文件一并提交招标人。联合体各方在同一招标项目中以自己名义单独投标或者参加其他联合体投标的，相关投标均无效。联合体中标的，联合体各方应当共同与招标人签订合同，就中标项目向招标人承担连带责任。招标人不得强制投标人组成联合体共同投标，不得限制投标人之间的竞争。

2. 投标违法行为

我国《招标投标法》规定，投标人不得相互串通投标报价，不得排挤其他投标人的公平竞争，损害招标人或者其他投标人的合法权益；投标人不得与招标人串通投标，损害国家利益、社会公共利益或者他人的合法权益。投标人禁止以向招标人或者评标委员会成员行贿的手段谋取中标，亦不得以低于成本的报价竞标，以他人名义投标或者以其他方式弄虚作假，骗取中标。

投标人相互串通投标行为包括投标人之间协商投标报价等投标文件的实质性内容，投标人之间约定中标人，投标人之间约定部分投标人放弃投标或者中标，属于同一集团、协会、商会等组织成员的投标人按照该组织要求协同投标，以及投标人之间为谋取中标或者排斥特定投标人而采取的其他联合行动。另外，不同投标人的投标文件由同一单位或者个人编制，或不同投标人委托同一单位或者个人办理投标事宜，或不同投标人的投标文件载明的项目管理成员为同一人，或不同投标人的投标文件异常一致或者投标报价呈规律性差异，或不同投标人的投标文件相互混装，或不同投标人的投标保证金从同一单位或者个人的账户转出等行为，视为投标人相互串通投标。招标人与投标人串通投标行为包括招标人在开标前开启投标文件并将有关信息泄露给其他投标人，招标人直接或者间接向投标人泄露标底、评标委员会成员等信息，招标人明示或者暗示投标人压低或者抬高投标报价，招标人授意投标人撤换、修改投标文件，招标人明示或者暗示投标人为特定投标人中标提供方便，招标人与投标人为谋求特定投标人中标而采取的其他串通行为等。上述投标人相互串通投标，招标人与投标人串通投标行为均是违法行为，中标无效，并将追究相应人员的法律责任。

此外，使用通过受让或者租借等方式获取的资格、资质证书投标，使用伪造、变造的许可证件，提供虚假的财务状况或者业绩，提供虚假的项目负责人或者主要技术人员简历、劳动关系证明，提供虚假的信用状况的，均属于投标弄虚作假的行为。若骗取中标的，中标无效。

(四) 开标、评标与中标制度

1. 开标

开标，又称"唱标"，是指招标人将所有投标人的投标文件启封揭晓。我国《招标投标法》规定，"开标应当在招标文件确定的提交投标文件截止时间的同一时间公开进行；开标地点应当为招标文件中预先确定的地点"。投标人少于3个的，不得开标，招标人应当重新招标。开标由招标人主持，邀请所有投标人参加。开标时，由投标人或者其推选的代表检查投标文件的密封情况，也可以由招标人委托的公证机构检查并公证。经确认无误后，由工作人员当众拆封，宣读投标人名称、投标价格和投标文件的其他主要内容。开标过程应当记录，并存档备查。投标人对开标有异议的，应当在开标现场提出，招标人应当当场作出答复，并制作记录。

2. 评标

评标在整个招投标程序中直接决定着"投标人中谁最终中标"这一根本问题，是整个招投标程序上的重要环节。我国《招标投标法》对评标作出了原则性的规定，《招标投标法实施条例》有进一步细化。为了规范评标过程，国家计委等 7 部委于 2001 年 7 月颁布《评标委员会和评标方法暂行规定》（2013 年修正），财政部 2004 年颁布了《政府采购货物和服务招标投标管理办法》等具体规定。

（1）评标原则与规则。评标活动遵循公平、公正、科学、择优的原则。招标人应当采取必要措施，保证评标活动在严格保密的情况下进行。任何单位和个人不得非法干预或者影响评标过程和结果。有关行政监督部门依照国务院或者地方政府的职责分工，对评标活动实施监督，依法查处评标活动中的违法行为。

（2）评标委员会。招标人负责组建评标委员会。评标委员会负责评标活动，向招标人推荐中标候选人或者根据招标人的授权直接确定中标人。评标委员会成员名单一般应于开标前确定，评标委员会成员名单在中标结果确定前应当保密。评标委员会由招标人或其委托的招标代理机构熟悉相关业务的代表，以及有关技术、经济等方面的专家组成，成员人数为 5 人以上单数，其中技术、经济等方面的专家不得少于成员总数的 2/3。评标委员会设负责人的，评标委员会负责人由评标委员会成员推举产生或者由招标人确定。评标委员会负责人与评标委员会的其他成员有同等的表决权。

（3）评标委员会成员。评标委员会的专家成员应当从依法组建的专家库内的相关专家名单中确定。评标专家应符合从事相关专业领域工作满八年并具有高级职称或者同等专业水平；熟悉有关招标投标的法律法规，并具有与招标项目相关的实践经验；能够认真、公正、诚实、廉洁地履行职责等条件。投标人或者投标人主要负责人的近亲属；或项目主管部门或者行政监督部门的人员；或与投标人有经济利益关系，可能影响对投标公正评审的；或曾因在招标、评标以及其他与招标投标有关活动中从事违法行为而受过行政处罚或刑事处罚的，不得担任评标委员会成员。评标委员会成员应当客观、公正地履行职责，遵守职业道德，对所提出的评审意见承担个人责任。评标委员会成员不得与任何投标人或者与招标结果有利害关系的人进行私下接触，不得收受投标人、中介人、其他利害关系人的财物或者其他好处，不得向招标人征询其确定中标人的意向，不得接受任何单位或者个人明示或者暗示提出的倾向或者排斥特定投标人的要求，不得有其他不客观、不公正履行职务的行为。评标委员会成员和与评标活动有关的工作人员不得透露对投标文件的评审和比较、中标候选人的推荐情况以及与评标有关的其他情况。

（4）评标的准备与评审。评标委员会成员应当编制供评标使用的相应表格，认真研究招标文件，了解和熟悉招标的目标；招标项目的范围和性质；招标文件中规定的主要技术要求、标准和商务条款；招标文件规定的评标标准、评标方法和在评标过程中考虑的相关因素等内容。评标委员会应当审查每一投标文件是否对招标文件提出的所有实质性要求和条件作出响应，并根据招标文件，审查并逐项列出投标文件的全部投标偏差。投标偏差分为重大偏差和细微偏差。其中存在没有按照招标文件要求提供投标担保或者所提供的投标担保有瑕疵；投标文件没有投标人授权代表签字和加盖公章；投标文件载明的招标项目完成期限超过招标文件规定的期限；明显不符合技术规格、技术标准的要求；投标文件载明的货物包装方式、检验标准和方法等不符合招标文件的要求；投标文件附有招标人不能接受的条件；不符合招标文件中规定的其他实质性要求等情形，属于重大偏差。重大偏差属于未能对招标文件作出实质性响应，评标委员会应当作出否决投标处理。细微偏差是指投标文件在实质上响应招标文件要求，但在个别地方存在漏项或者提供了不完整的技术信息和数据等情况，并且补正这些遗漏或者不完整不会对其他投标人造成不公平的结果。细微偏差不影响投标文件的有效性。

在评标过程中，评标委员会发现投标人以他人的名义投标、串通投标、以行贿手段谋取中标或者以其他弄虚作假方式投标的，应当否决该投标人的投标。评标委员会发现投标人的报价明显低于其他投标报价或者在设有标底时明显低于标底，使得其投标报价可能低于其个别成本的，应当要求该投标人作出书面说明并提供相关证明材料。投标人不能合理说明或者不能提供相关证明材料的，由评标委员会认定该投标人以低于成本报价竞标，应当否决其投标。投标人资格条件不符合国家有关规定和招标文件要求的，或者拒不按照要求对投标文件进行澄清、说明或者补正的，评标委员会可以否决其投标。评标委员会否决不合格投标后，因有效投标不足三个使得投标明显缺乏竞争的，可以否决全部投标。投标人少于三个或者所有投标被否决的，招标人在分析招标失败的原因并采取相应措施后，应当依法重新招标。

经初步评审合格的投标文件，评标委员会应当根据招标文件确定的评标标准和方法，对其技术部分和商务部分作进一步评审、比较。评标方法包括最低投标价法、综合评估法或者法律、行政法规允许的其他评标方法。评标委员会在评标过程中发现的问题，应当及时作出处理或者向招标人提出处理建议，并作书面记录。评标完成后，评标委员会应当向招标人提交书面评标报告和中标候选人名单，评标报告由评标委员会全体成员签字。

3. 中标

中标，又称"定标"，是指在合法招标、投标、评标基础上，最终确定"标"的归属的程序，是招投标程序的终端环节。评标委员会推荐的中标候选人应当限定在1～3人，并标明排列顺序。中标人的投标应当符合能够最大限度满足招标文件中规定的各项综合评价标准；或能够满足招标文件的实质性要求，并且经评审投标价格最低（投标价格低于成本的除外）等条件之一。中标后，招标人不得再与投标人就投标价格、投标方案等实质性内容进行谈判。国有资金占控股或者主导地位的项目，招标人应当确定排名第一的中标候选人为中标人。排名第一的中标候选人放弃中标、因不可抗力提出不能履行合同，或者招标文件规定应当提交履约保证金而在规定的期限内未能提交，或者被查实存在影响中标结果的违法行为等情形，不符合中标条件的，招标人可以按照评标委员会提出的中标候选人名单排序依次确定其他中标候选人为中标人。依次确定其他中标候选人与招标人预期差距较大，或者对招标人明显不利的，招标人可以重新招标。招标人也可以授权评标委员会直接确定中标人。

中标人确定后，招标人应当向中标人发出中标通知书，同时通知未中标人，并与中标人在投标有效期内以及中标通知书发出之日起30日之内签订合同。中标通知书对招标人和中标人具有法律约束力。中标通知书发出后，招标人改变中标结果或者中标人放弃中标的，应当承担法律责任。招标人与中标人签订合同后5日内，应当向中标人和未中标的投标人退还投标保证金。

第七章　工程知识产权法律制度

"知识和技术的创新是个体的勤奋和智慧的结晶，在法治的社会当中，将这种创新确认为个体的私人所有物，并给予其法律上的权利保证是理所应当的。知识产权制度这一法律制度的作用，就在于保护新知识和新技术的所有权，并给予创新者更频繁的利益刺激。若不存在知识产权的保护，根本就不会有人拿个人的财产去为社会创造福利。"[1] 知识产权制度不仅能够在法律上保证创新者对其技术创新成果的合法占有和有效的利用，也已经成为开启人类的灵感之门、激发人类的创造力、促进生产力发展的最有效的制度保障，更是优化资源配置、推动社会和经济不断进步的动力，尤其是在当下的知识经济时代，知识产权制度的意义就更为重大。在工程勘察设计、施工运行、产品生产、技术服务等领域，知识产权制度同样发挥着激励企业技术创新，确保技术创新良性发展的积极作用。

一、知识产权概述

（一）知识产权的概念与特征

"知识产权，是人们对于自己的智力活动创造的成果和经营管理活动中的标记、信誉依法享有的一种无形财产权。"[2] 作为一种法律上的权利，知识产权具有主体、客体以及权利和义务三项内容。知识产权主体，又称"知识产权权利人"，是对知识产品或智力成果享有权利的个人或组织，可分为原始主体和继受主体。原始主体，是指通过自己的智力劳动，取得知识产品创造者身份的自然人或组织；继受主体，是指非知识产品、智力成果创造者，但根据知识产权所有人意志，通过权利转移方式而成为知识产权人的个人或组织。知识产权客体，是知识产权对象，也就是知识，具体包括智力成果、知识产品、知识信息、创造性成果和经营性标志等。知识产权的权利与义务，依据权利不同其内容也有所不同，后文将分别论述。

知识产权具有无形性、专有性、地域性和时间性特征。知识产权客体是以无形的知识产品形式出现的，人们通过感官并不能直接感受到它的存在，"权利作为主体凭借法律实现某种利益所可以实施行为的界限和范围，概为无外在实体之主观拟制"[3]。因此，无形性或非物质性是知识产权最基本的特征。专有性，是指知识产权为权利主体所专有，权利人以外的任何人，未经权利人同意或者法律的特别规定，都不能享有或者使用。地域性，是指知识产权的空间限制，即一国要授予的知识产权只在该国领域内受法律保护，对

---

[1]　[美]诺斯、罗伯斯·托马斯：《西方世界的兴起》，厉以平、蔡磊译，华夏出版社1999年版，第8页。

[2]　吴汉东：《无形财产权的若干理论问题》，载《法学研究》1996年第4期。

[3]　吴汉东：《关于知识产权本体、主体与客体的重新认识》，载《法学评论》2000年第5期。

其他国家不发生效力。如果一国的知识产权要在其他国家具有法律效力，必须依照该国的法律申请并获得批准，或者通过签订条约或协定相互承认他国批准的知识产权。知识产权专有性仅在法律规定的期限内才能得到法律保护；规定期限届满，知识产权客体就将成为社会公共财富，这就是知识产权的时间性。

（二）知识产权的保护范围

对于知识产权的保护范围，各国际组织和国家表述不尽一致，但大体相同。比如，依据《世界知识产权组织公约》，知识产权包括版权或著作权、邻接权、专利权、科学发现权、工业品外观设计权、商标和商业标记权、防止不正当竞争权等。《TRIPs协议》（《与贸易有关的知识产权协议》）规定，知识产权包括版权与邻接权、商标权、地理标志权、工业品外观设计权、专利权、集成电路图设计权、未披露过的信息权等。这两个重要国际公约、协议，均认为知识产权保护范围应涵盖发明、发现、作品、商标、商号、反不正当竞争等一切智力创作活动所产生的知识产品或智力成果。我国分别出台了《商标法》《专利法》《著作权法》和《反不正当竞争法》，对主要知识产权进行了完整保护。此外，还出台了《计算机软件保护条例》《植物新品种保护条例》和《集成电路布图设计保护条例》等，对特殊知识产权客体进行专门保护。为加强特殊领域的知识产权保护，我国陆续出台了《知识产权海关保护条例》《交通行业知识产权管理办法（试行）》《工程勘察设计咨询业知识产权保护与管理导则》等法律法规或规范性文件。其中，《交通行业知识产权管理办法（试行）》规定，交通行业知识产权，是指依照国家有关法律、法规规定或者合同约定，应该属于单位享有的知识产权，包括单位与他人共享的知识产权。具体包括专利权、商标权、著作权、技术秘密及商业秘密，以及单位的名号及各种服务标志，国家颁布的法律、法规所保护的其他智力成果和活动的权利等。《工程勘察设计咨询业知识产权保护与管理导则》规定，本导则所称的知识产权包括著作权及邻接权、专利权、专有技术（技术秘密）权、商业秘密权、商标及相关识别性标志权，以及依照国家法律、法规规定，或者由合同约定由企业享有的其他知识产权。

总之，我国对知识产权的保护基本覆盖了国际知识产权公约或协定的一切范围，并且在相关权利或领域又进行了细化。本书将着重论述著作权、专利权、商标权和商业秘密权。

二、著作权法律制度

"无传播即无权利。""随着印刷术的发现，作品的载体——图书的生产成本降低且可以成为商品，从而为印刷商（或作者）带来了收益；大量的复制与传播，使印刷者（或作者）无法像控制手抄本那样管领自己的无形财产，从而产生法律给予特殊保护的需要。"[1]于是，著作权应运而生。著作权和工业产权（主要包括专利权和商标权）共同构成了知识产权的重要组成部分。

---

[1] 吴汉东、王毅：《中国传统文化与著作权制度略论》，载《法学研究》1999年第4期。

※ "易查网"侵犯著作权罪案 [1]

上海玄霆公司系依法取得互联网出版和网络文化经营许可资质的有限责任公司。玄霆公司通过与《仙傲—雾外江山》等文字作品的作者签订《委托创作协议》，取得上述作品永久的独家信息网络传播权，并将上述作品在其经营的"起点中文网"（域名：www. qidian. com）上登载。

2006 年，易查公司在北京成立，注册并经营"易查网"（域名：yicha. cn），并设有小说、新闻、美图等多个频道，供移动电话用户在智能手机终端使用。于某系易查公司股东，并自 2010 年起担任该公司法定代表人及首席运营官。自 2012 年起，于某为提高"易查网"的用户数量，在未获玄霆公司许可的情况下，擅自使用软件，复制、下载玄霆公司发行于"起点中文网"网站上的《仙傲—雾外江山》等文字作品，存储在易查公司的服务器内，供移动电话用户在小说频道内免费阅读，再通过在"易查网"内植入广告，使用易查公司的银行账户收取广告收益分成。经上海辰星电子数据司法鉴定中心鉴定，易查公司的服务器内存储的文字作品中有 588 部与"起点中文网"的同名小说存在实质性相似。

2013 年 12 月 3 日，玄霆公司通过 EMS 方式，向易查公司寄出侵权通知函，要求易查公司立即断开、删除及停止提供附件所列的侵犯玄霆公司著作权的盗版作品共计 4000 余部。2014 年 4 月 21 日，被告人于某主动向公安机关投案，并如实供述了上述事实。同年 8 月 21 日，易查公司向玄霆公司支付人民币 800 万元，玄霆公司为此出具谅解书。2015 年 12 月 11 日，上海市浦东新区人民检察院指控易查公司、于某犯侵犯著作权罪，向上海市浦东新区法院提起公诉。

法院经审理认为，"易查网"在将其所谓"临时复制"的内容传输给触发"转码"的用户后，并未随即将相应内容从服务器硬盘中自动删除，被"复制"的小说内容仍可被其他用户再次利用，上述行为已明显超出转码技术的必要过程。据此可以认定，"易查网"直接向网络用户提供了涉案文字作品。易查公司未经著作权人许可，通过"易查网"传播他人享有著作权的文字作品 500 余部，情节严重，已构成侵犯著作权罪。于某作为易查公司直接负责的主管人员，亦应承担侵犯著作权罪的刑事责任。法院判决易查公司犯侵犯著作权罪，判处罚金人民币二万元；于某犯侵犯著作权罪，判处拘役三个月，缓刑三个月，罚金人民币五千元；易查公司违法所得予以追缴；扣押的硬盘予以没收。

转码技术是随着移动阅读逐渐普及产生的一项技术，本案是移动阅读网站不当使用转码技术构成侵犯著作权罪的案件。判决对"转码"技术实施的特点以及必要限度进行了详细阐释，从信息网络传播行为的本质出发，厘清了"转码"行为罪与非罪的界限。本案较好地展现了在技术飞速发展的时代背景下，知识产权司法保护在坚持技术中立的同时，如何结合技术事实认真厘清有关技术是否超越法律范围、侵犯他人合法权利的标准。对于以技术为挡箭牌，侵权情节严重，符合知识产权犯罪构成要件的行为，应依法给予刑事处罚。本案的裁判结果充分体现了人民法院处理科技进步带来的新型犯罪行为的司法智慧和司法能力，彰显了依法打击侵犯知识产权犯罪行为的力度和决心。

---

[1] 资料来源：北京知识产权法院官网—最高人民法院 2017 年中国法院 10 大知识产权案件，http://bjzcfy. chinacourt. gov. cn，最后访问日期：2019 年 11 月 16 日。

（一）著作权概述

1. 著作权概念

"著作权，亦称版权，是指作者或其他著作权人依法对文学、艺术或科学作品所享有的各项专有权利的总称。"[1] 著作权作为一个整体一般不可转让，但其中个别权能可以转让或继承。著作人身权不可剥夺、不可扣押并且不可强制执行，即使对于正在服刑的罪犯，其著作人身权同样应受到尊重、保护，他仍然对其作品享有署名权、修改权以及保护作品完整权。署名权、修改权以及保护作品完整权著作人身权的保护期限不受限制，具有永久性。

2. 著作权主体与客体

著作权主体，亦称"著作权人"，是指依法对文学、艺术和科学作品享有著作权的人，包括作品作者和其他著作权人。著作权主体可以是自然人、法人、非法人组织，特定条件下国家也可成为著作权主体。依我国《著作权法》的规定，著作权属于作者，法律另有规定的除外；我国公民、法人或者其他组织的作品，不论是否发表，均依法享有著作权。此外，演绎作品的作者享有独立的著作权，但其著作权的行使不得侵犯原作品的著作权。合作作品的著作权归全体合作作者共同享有，对可以分割的合作作品，作者对各自创作的部分可以单独享有著作权，但行使著作权时不得侵犯合作作品整体的著作权。汇编作品的著作权由汇编人享有，但不得侵犯原作品的著作权。影视作品著作权由制片者享有，但导演、编剧、作词、作曲摄影等作者享有署名权。一般情形下，职务作品的著作权由作者享有，但法人或者非法人单位有权在其业务范围内优先使用。如果主要是利用法人或者非法人单位的物质技术条件创作，并由法人或者非法人单位承担责任的工程设计、产品设计图纸及其说明、计算机软件、地图等职务作品，或者法律、法规规定或者合同约定著作权由法人或其他组织享有的职务作品，创作者仅享有署名权，著作权的其他权利归法人或者非法人单位享有。委托作品的著作权归属，由委托人和受托人通过合同约定，合同为明确约定或未订立合同的，著作权归受托人。美术作品的著作权属于作者，但美术作品原件的展览权由原件所有人享有。匿名作品由作品原件的合法持有人行使著名权以外的著作权；作者身份确定后，由作者或其继承人行使著作权。

著作权客体，是指接受著作权法保护的文学、艺术和自然科学、社会科学、工程技术等作品。作品是指文学、艺术和科学领域内具有独创性并能以某种有形形式复制的智力成果。我国《著作权法》第 3 条规定，"本法所称的作品，包括以下列形式创作的文学、艺术和自然科学、社会科学、工程技术等作品：（一）文字作品；（二）口述作品；（三）音乐、戏剧、曲艺、舞蹈、杂技艺术作品；（四）美术、建筑作品；（五）摄影作品；（六）电影作品和以类似摄制电影的方法创作的作品；（七）工程设计图、产品设计图、地图、示意图等图形作品和模型作品；（八）计算机软件；（九）法律、行政法规规定的其他作品"。第 5 条规定，"本法不适用于：（一）法律、法规，国家机关的决议、决定、命令和其他具有立法、行政、司法性质的文件，及其官方正式译文；（二）时事新闻；（三）历法、通用数表、通用表格和公式"。

---

[1] 吴汉东：《知识产权法》，法律出版社 2014 年版，第 33 页。

3. 著作权内容

著作权可分为著作人身权和著作财产权。著作人身权，是指作者对其创作的作品依法享有的以人身利益为内容的权利。著作人身权不同于一般的人身权，作者的死亡并不导致著作人身权的丧失，著作人身权永远归作者享有，不能转让，也不受著作权保护期限的限制。著作人身权包括发表权、署名权、修改权和保护作品完整权。著作财产权，是指著作权人依法使用作品，许可他人使用作品、转让著作权并因此获得经济利益的权利。著作财产权包括复制权、发行权、出租权、展览权、表演权、放映权、广播权、信息网络传播权、摄制权、改编权、翻译权、汇编权等。

（二）著作权取得、保护期限和限制

1. 著作权取得

著作权的取得，也称"著作权的产生"，一般是指著作权产生的法律事实和法律形式，具体而言是著作权因什么原因产生和符合什么形式产生。著作权取得制度可分为自动取得和注册取得两种。自动取得，是指著作权因作品创作完成、形成作品这一法律事实存在而自然取得，不再需要履行任何手续；注册取得，是指以登记注册作为取得著作权的条件，作品只有登记注册后方能产生著作权。世界各国大多采取自动取得制度，《伯尔尼公约》和《世界版权公约》也坚持自动取得主义，我国亦是如此。

2. 著作权保护期限

因著作人身权和著作财产权两种权利的性质不同，法律规定了不同的保护期限。作者的署名权、修改权、保护作品完整权，保护期不受限制。公民的作品，其人身权中的发表权的保护期为作者终生及其死亡后 50 年，截止于作者死亡后第 50 年的 12 月 31 日；如果是合作作品，截止于最后死亡的作者死亡后第 50 年的 12 月 31 日。法人或者其他组织享有的职务作品，其发表权、著作财产权的保护期为 50 年，截止于作品首次发表后第 50 年的 12 月 31 日，但作品自创作完成后 50 年内未发表的，《著作权法》不再保护。电影作品和以类似摄制电影的方法创作的作品著作财产权、摄影作品，其发表权的保护期为 50 年，截止于作品首次发表后第 50 年的 12 月 31 日，但作品自创作完成后 50 年内未发表的，本法不再保护。出版者的版式设计权的保护期为自首次出版后 10 年。表演者享有的表明身份、保护表演形象不受歪曲等保护期不受限制；其他权利的保护期为自该表演发生后 50 年。录音录像制作者许可他人复制、发行、出租、通过信息网络向公众传播其录音录像制品的权利的保护期为自首次制作完成后 50 年。广播电台、电视台享有转播、录制、复制权，其保护期为首次播出后 50 年。

3. 对著作权的限制

任何权利都不是无限制的，为了促进整个社会科学文化艺术事业的繁荣发展，在保护著作权人利益的同时，也要注意协调著作权人的利益和社会公众利益。因此，我国《著作权法》对著作权（主要著作财产权）作了若干限制规定，具体包括合理使用和法定许可使用两种制度。

（1）合理使用。合理使用，是指依据法律规定、不必经著作权人许可，也不必向其支付报酬而使用作品的制度。我国《著作权法》第 22 条规定，"在下列情况下使用作品，可以不经著作权人许可，不向其支付报酬，但应当指明作者姓名、作品名称，并且不得侵犯著作权人依照本法享有的其他权利：（一）为个人学习、研究或者欣赏，使用他人已经发表的作品；（二）为介绍、评论某一作品或者说明某一问题，在作品中适当引用他人已经发表的作品；（三）为报道时事新闻，在报纸、期刊、广播电台、电视台等媒体中不可避免地再现或者引用已经发表的作品；（四）报纸、期刊、广播电台、电视台等媒体刊登或者播放其他报纸、期刊、广播电台、电视台等媒体已经发表的关于政治、经济、宗教问题的时事性文章，但作者声明不许刊登、播放的除外；（五）报纸、期刊、广播电台、电视台等媒体刊登或者播放在公众集会上发表的讲话，但作者声明不许刊登、播放的除外；（六）为学校课堂教学或者科学研究，翻译或者少量复制已经发表的作品，供教学或者科研人员使用，但不得出版发行；（七）国家机关为执行公务在合理范围内使用已经发表的作品；（八）图书馆、档案馆、纪念馆、博物馆、美术馆等为陈列或者保存版本的需要，复制本馆收藏的作品；（九）免费表演已经发表的作品，该表演未向公众收取费用，也未向表演者支付报酬；（十）对设置或者陈列在室外公共场所的艺术作品进行临摹、绘画、摄影、录像；（十一）将中国公民、法人或者其他组织已经发表的以汉语言文字创作的作品翻译成少数民族语言文字作品在国内出版发行；（十二）将已经发表的作品改成盲文出版。前款规定适用于对出版者、表演者、录音录像制作者、广播电台、电视台的权利的限制"。

（2）法定许可使用。法定许可使用，是指根据法律的规定，使用者在使用他人已经发表的作品时可以不经著作权人的许可，但应向其支付报酬的制度。我国《著作权法》第23条、第33条、第40条、第43条和第44条规定了五种法定许可制度，具体内容为：为实施九年制义务教育和国家教育规划而编写出版教科书，除作者事先声明不许使用，可以不经著作权人许可；凡是著作权人向报社、杂志社投稿的，作品刊登后，除著作权人声明不得转载、摘编的外，其他报刊可以转载或者作为文摘、资料刊登，但应当按规定向著作权人支付报酬；录音制作者使用他人已经合法录制为录音制品可以不经著作权人许可，但应当按照规定支付报酬，著作权人声明不许使用的不得使用；广播电台、电视台使用他人发表的作品制作广播电视节目，可以不经著作权人许可，但应当支付报酬；广播电台、电视台播放已经出版的录音制品，可以不经著作权人许可。

（三）侵犯著作权的行为

"法律的力量仅限于禁止一个人损害别人的权利，而不能禁止其行使自己的权利。"[1] 侵犯著作权行为，是指未经作者或其他著作权人的同意，又无法律上的依据，擅自对受著作权法保护的作品进行利用或以其他非法手段使著作权人专有权利的行为。具体包括未经著作权人许可，发表其作品的；未经合作者许可，将与他人合作创作的作品当作自己单独创作的作品发表的；没有参加创作，为谋取个人名利，在他人作品上署名的；歪曲、篡改他人作品的；剽窃他人作品的；未经著作权人许可，以展览、摄制电影和以类似摄制电影的方法使用作品，或者以改编、翻译、注释等方式使用作品的，本法另有规定的除外；使用他人作品，应当支付报酬而未支付的；未经电影作品和以类似摄制电影的方法创作的作品、计算机软件、录音录像制品的著作权人或者与著作权有关的权利人许可，出租其作品或者录音录像制品的，本法另有规定的除外；未经出版者许可，使用其出版的图书、期刊的版式设计的；未经表演者许可，从现场直播或者公开传送其现场表演，

---

[1] 张文显：《法理学》，高等教育出版社、北京大学出版社1999年版，第100页。

或者录制其表演的；以及其他侵犯著作权以及与著作权有关的权益的行为等。

三、专利权法律制度

从历史发展维度考察，生产力水平提高，依靠技术创造的财富在社会总财富中所占的比例逐渐提高，这促使人们开始意识到技术的重要性。于是，专有技术保护呼声日益高涨，专利权就逐渐成为保护技术方案的最为重要的法律手段。专利权是知识产权制度的主要组成部分之一，其目的在于通过保护发明创造的专有权利，以促进科学技术的发展和进步。

※华为与三星专利纠纷系列案件[1]

2016 年 5 月，华为公司宣布在美国和中国提起对三星公司的知识产权诉讼。华为在诉讼中要求三星公司就其知识产权侵权行为进行赔偿，涉及通信技术的高价值专利和三星手机使用软件。这是中国企业第一次向手机巨头通过法律手段要求专利权。

2016 年 6 月，华为再度将三星起诉至泉州中级人民法院，诉称包括三星最新款 Galaxy S7（G9300）在内的共计 16 款三星手机产品涉嫌专利侵权，并索赔 8050 万元（含合理支出费用 50 万元）。

2016 年 7 月，三星在多地提出了对华为的专利侵权诉讼，其在起诉书中表示，其为"用于在移动通信系统中发送和接收随机化小区间干扰的控制信息的方法和装置""记录活动图像数据的方法和数码照相机"等六件专利的专利权人，其发现华为技术有限公司生产的、北京亨通达百货有限公司销售的华为 Mate8、荣耀等手机和平板电脑上分别使用了其专利权。主张赔偿经济损失和合理支出费用，共计 1.61 亿元。

2017 年 4 月份，泉州中级人民法院认定三星公司共计 22 款产品构成专利侵权，并判决三星公司停止制造、许诺销售、销售搭载涉案专利技术方案的移动终端共计 22 款 Galaxy 系列手机；三星公司赔偿华为终端公司经济损失 8000 万元及为制止侵权所支付的合理费用 50 万元。三星公司不服，上诉至福建高级人民法院。后，福建高级人民法院驳回了三星的上诉请求，维持一审判决。

2018 年 1 月 11 日上午，华为公司诉三星公司侵害发明专利权纠纷案在深圳中级人民法院知识产权法庭公开宣判。法院判决三星公司立即停止制造、销售、允诺销售等方式侵害华为专利权。三星公司不服，向广东高级人民法院提起上诉。

2019 年 5 月 14 日，经广东高院多次主持调解，华为公司和三星公司达成调解协议，双方均同意按照《专利许可协议》履行相关约定。至此，双方专利争端得以妥善解决。

（一）专利权概述

1. 专利权概念

专利权，一般简称为专利，是指专利权人在法定期限内对其发明创造享有的专有权利。任何发明创造，非经申请人向专利局提出申请并被批准授予专利权，不成为法律意义上的专利，哪怕该发明成果确实具有新颖性、创造性、实用性。专利权客体具有公开性，

---

[1]《华为与三星专利纠纷系列案件》，载《人民法院报》2019 年 5 月 15 日第 3 版。

发明创造获得专利权，必须向社会公开发明创造，这是取得专利权的前提条件。其公开的范围和程度必须达到专利法规定的要求。"基于激励理论，知识产权创造了市场权力。"[1] 专利权是一种专有权，或称"垄断权"，即专利权专属于权利人所有，权利人在法定期限内享有垄断的权利，未经权利人许可，其他人不得利用，否则构成侵权。

2. 专利权主体与客体

"专利权的主体，是指有权提出专利申请和获得专利权，并承担与此相应义务的人。"[2] 各国专利法都规定，自然人和法人可以申请并获得专利权。根据我国《专利法》的规定，发明人和设计人及其合法受让人、发明人和设计人工作单位以及外国的单位和个人都可以成为专利权的主体。

专利权客体，是指专利权主体的权利义务所共同指向的对象，即发明创造。我国《专利法》规定，发明创造是指发明、实用新型和外观设计。发明，是指对产品、方法或者其改进所提出的新的技术方案；实用新型，是指对产品的形状、构造或者其结合所提出的适于实用的新的技术方案；外观设计，是指对产品的形状、图案或者其结合以及色彩与形状、图案的结合所作出的富有美感并适于工业应用的新设计。此外，我国《专利法》第25条规定，"对下列各项，不授予专利权：（一）科学发现；（二）智力活动的规则和方法；（三）疾病的诊断和治疗方法；（四）动物和植物品种；（五）用原子核变换方法获得的物质；（六）对平面印刷品的图案、色彩或者二者的结合作出的主要起标识作用的设计。对前款第（四）项所列产品的生产方法，可以依照本法规定授予专利权"。

3. 专利权内容

专利权内容就是专利权人的权利和义务。专利权人的权利包括独占实施权（包括制造权、使用权、许诺销售权、销售权和进口权）、转让权、放弃权和标记权等。专利权人的义务主要是缴纳年费，不按规定缴纳年费视为自动放弃专利权。

（二）专利权授予条件

世界任何国家对发明创造授予专利权，都规定了一定的条件，如果不具备这些条件，其专利申请将被驳回。不具备条件要求的专利申请即使被授予专利权，也往往会被宣告无效。专利权授予条件可分为形式条件和实质条件。

1. 授予专利权的形式条件

授予专利权的形式条件，是指要求专利权的发明创造，应当以专利法及其实施细则规定的格式，书面记载在专利申请文件上，并依照法定程序履行各种必要的手续。文件或者手续如果不符合要求，应当在法律规定或者专利局指定的期限内补正，经过补正仍然不符合要求的，专利局将予以驳回。

2. 授予专利权的实质性条件

授予专利权的实质性条件，也称"专利性条件"，依据我国《专利法》的规定，要授予发明创造专利权，必须满足"三性"要求，即新颖性、创造性和实用性。发明、实用新型和外观设计三种专利权，对"三性"授予条件的要求并不完全一致。

（1）发明和实用新型授予专利权的实质条件。依据我国《专利法》的规定，新颖性，

---

[1]　冯晓青：《知识产权法哲学》，中国人民公安大学出版社2003年版，第197页。

[2]　冯晓青、刘友华：《专利法》，法律出版社2010年版，第86页。

是指在申请日以前，没有同样的发明创造在国内外出版物上公开发表过。这里的出版物，不但包括书籍、报纸、杂志等纸件，也包括录音带、录像带及唱片等影音件。在申请日以前，没有同样的发明或实用新型在国内公开使用过，或者以其他方式为公众所知。公开使用过，是指以商品形式销售或用技术交流等方式进行传播、应用，乃至通过电视和广播为公众所知。在申请日以前，没有同样的发明或实用新型由他人向专利局提出过申请，并公布在申请日后发表的专利申请文件中。创造性，是指专利申请同申请日前的现有技术相比，该发明具有突出的实质性特点和显著的进步，该实用新型具有实质性特点和进步。"突出的实质性特点"，是指与现有技术相比有本质上的差异，该领域的普通技术人员不能直接从已有技术中得出构成该发明创造的全部必要技术特征。"显著进步"，是指该发明或实用新型比现有技术有明显的技术优点。很明显，对于创造性的要求，发明要明显高于实用新型。实用性，也称"工业实用性"，是指发明或实用新型能够批量制造或应用，并能产生积极的效果。

（2）外观设计专利授予专利权的实质条件。我国《专利法》规定，授予专利权的外观设计，应当同申请日以前在国内外出版物上公开发表过或者国内公开使用过的外观设计不相同和不相近似。申请专利的外观设计不得与他人在先取得的合法权利相冲突。在先取得的合法权利包括商标权、著作权、企业名称权、肖像权、知名商品特有包装或装潢使用权等。外观设计被使用在产品上时能使人产生一种美感，增加产品对消费者的吸引力。因美感带有很强的主观因素，因此在判断时，应立足于本国本地区本民族的审美传统和审美习惯，从大多数人的角度进行分析。

（三）专利授权与终止

1. 专利申请与授权

专利权申请原则要坚持先申请、书面和单一性原则。我国《专利法》规定，两个以上申请人分别就同样的发明创造申请专利的，专利权授予最先申请人。若是在同一日申请的，应在收到专利机关的通知后自行协商确定申请人；若协商不成，则后果依具体情况而定。专利申请人提出专利申请、办理任何手续都应当采用书面形式。一份专利申请文件只能就一项发明创造提出专利申请，即"一发明一申请"原则。申请发明和实用新型专利应提交的文件包括请求书、说明书、说明书摘要和权利要求书等。说明书应全面、细致地介绍有关技术，以便使该领域的普通技术人员能够依据说明再现有关技术。申请外观设计应提交的文件包括请求书以及外观设计的图片或照片等。

我国《专利法》规定，发明专利的审批程序包括申请受理→初步审查→公布申请（自申请日起满18个月）→实质审查（申请日起3年内）→授权公告→无效请求及无效审查（自授权后任何时间）→专利权终止（自申请日起20年）。我国发明专利采用"早期公开、延迟审查"制度。专利局收到专利申请文件后，首先对申请文件的格式、法律要求、费用缴纳等情况作形式审查，经初审合格，在18个月时即公开其申请文件。自申请日起3年内，专利局可以根据申请人的请求，进行实质审查。实质审查主要是对发明是否符合授予专利的实质条件进行的。启动实质审查的主动权在申请人自己，申请人无正当理由逾期不请求实质审查的，该申请即被视为撤回。专利机关认为有必要的，可以自行对发明专利申请进行实质审查。实用新型和外观设计专利的审批程序较发明相对简单，包括受理申请→初步审查→授权公告。实用新型外观设计专利申请经形式审查合格后，即授予专利权，无须经过实质审查程序。经专利局公告授予的实用新型和外观设计专利，不符合专利法规定的，可以通过今后的无效程序予以补正。

2. 专利权终止

专利权终止，是指专利权因某种法律事实的发生而导致其效力消灭的情形。专利权终止的情形包括因期限届满而终止，因放弃而终止，因欠缴年费而终止等。专利权在期限届满前终止的，由国务院专利行政部门在专利登记簿和专利公报上登记和公告。此外，宣告无效的专利权视为自始即不存在。

（四）专利权的限制

专利权是一种排他性的独占专有权，从某种意义上讲，是对技术的一种垄断权。专利权人有权禁止他人未经许可而制造、使用或销售其专利产品，有权对未经许可的有关活动起诉和要求赔偿。但法律保护发明创造的目的，一方面是为了鼓励发明创造，另一方面也有利于发明创造的推广应用，促进科学技术进步和创新。因此，为平衡专利权人与专利技术使用者和社会之间的利益，有必要对专利权人的权利进行必要的限制。

1. 专利权的合理利用

根据我国《专利法》的规定，有下列情形之一的，不视为侵犯专利权。具体包括专利产品或者依照专利方法直接获得的产品，由专利权人或者经其许可的单位、个人售出后，使用、许诺销售、销售、进口该产品的；在专利申请日前已经制造相同产品、使用相同方法或者已经作好制造、使用的必要准备，并且仅在原有范围内继续制造、使用的；临时通过中国领陆、领水、领空的外国运输工具，依照其所属国同中国签订的协议或者共同参加的国际条约，或者依照互惠原则，为运输工具自身需要而在其装置和设备中使用有关专利的；专为科学研究和实验而使用有关专利的；为提供行政审批所需要的信息，制造、使用、进口专利药品或者专利医疗器械的；以及专门为其制造、进口专利药品或者专利医疗器械的。

2. 专利实施的强制许可

《专利法》规定了强制许可制度，强制许可也是对专利权独占性的一种限制。实施强制许可的法定情形具体如下：

（1）专利权人自专利权被授予之日起满三年，且自提出专利申请之日起满四年，无正当理由未实施或者未充分实施其专利的；专利权人行使专利权的行为被依法认定为垄断行为，为消除或者减少该行为对竞争产生的不利影响的。国务院专利行政部门根据具备实施条件的单位或者个人的申请，可以给予实施发明专利或者实用新型专利的强制许可。

（2）在国家出现紧急状态或者非常情况时，或者为了公共利益的目的，国务院专利行政部门可以给予实施发明专利或者实用新型专利的强制许可。

（3）为了公共健康目的，对取得专利权的药品，国务院专利行政部门可以给予制造并将其出口到符合中华人民共和国参加的有关国际条约规定的国家或者地区的强制许可。

（4）一项取得专利权的发明或者实用新型比前已经取得专利权的发明或者实用新型具有显著经济意义的重大技术进步，其实施又有赖于前一发明或者实用新型的实施的，国务院专利行政部门根据后一专利权人的申请，可以给予实施前一发明或者实用新型的强制许可。在依照前款规定给予实施强制许可的情形下，国务院专利行政部门根据前一专利权人的申请，也可以给予实施后一发明或者实用新型的强制许可。

（五）专利权保护期限和侵犯专利权行为

1. 专利权的保护期限

我国《专利权法》第 42 条规定，发明专利的保护期限为 20 年，实用新型和外观设计专利权的保护期限为 10 年，均自申请日起计算。对于享有优先权的专利申请，其专利权的保护期限不是自优先权日起计算，而是自专利申请人向中国国务院专利行政部门提交专利申请之日起计算。

2. 侵犯专利权行为

侵犯专利权的行为，是指违反专利法规定侵犯专利权，给权利人造成损害的行为。具体包括在未被授予专利权的产品或者其包装上标注专利标识，专利权被宣告无效后或者终止后继续在产品或者其包装上标注专利标识，或者未经许可在产品或者产品包装上标注他人的专利号；销售上述产品；在产品说明书等材料中将未被授予专利权的技术或者设计称为专利技术或者专利设计，将专利申请称为专利，或者未经许可使用他人的专利号，使公众将所涉及的技术或者设计误认为是专利技术或者专利设计；伪造或者变造专利证书、专利文件或者专利申请文件；其他使公众混淆，将未被授予专利权的技术或者设计误认为是专利技术或者专利设计的行为等。

四、商标权法律制度

商标是市场信息和声誉理念的重要承载者。随着社会经济的发展，商标在工程领域、企业经营中的作用愈发彰显，商标权也日益成为关系企业生存和发展的重要知识产权之一。

※ "稻花香"商标侵权纠纷案件[1]

福州米厂为第 1298859 号"稻花香 DAOHUAXIANG"注册商标专用权人，该商标于 1998 年 3 月提出申请，于 1999 年 7 月 28 日获准注册，核定使用商品为第 30 类大米。2009 年 3 月 18 日，黑龙江省农作物品种审定委员会出具的《黑龙江省农作物品种审定证书》记载：品种名称为"五优稻 4 号"，原代号为"稻花香 2 号"，推广区域为黑龙江省五常市平原自流灌溉区插秧栽培，该品种经区域试验和生产试验，符合推广优良品种条件，决定从 2009 年起定为推广品种。

2014 年 2 月 18 日，福州米厂经过公证程序，在福建新华都综合百货有限公司福州金山大景城分店（以下简称"大景城分店"）购买了一袋由五常市金福泰农业股份有限公司（以下简称"五常公司"）生产、销售的"乔家大院稻花香米"。大米实物包装袋正面中间位置以大字体标注有"稻花香（字体中空，底色黑色）DAOHUAXIANG"。福州米厂以五常公司生产、销售，大景城分店和新华都公司销售的产品侵害其商标权为由，提起诉讼。

一审法院认为，"稻花香"不构成通用名称，五常公司未经许可，在产品包装袋上使用与涉案商标非常近似的标志，容易误导消费者，侵害了涉案商标权。遂认定五常公司、

---

[1]　资料来源：最高人民法院官网—知识产权典型案例，http：//www.court.gov.cn，最后访问日期：2019 年 11 月 16 日。

大景城分店、新华都公司的行为构成侵权。二审法院认为，基于五常市这一特定的地理种植环境所产生的"稻花香"大米属于约定俗成的通用名称。五常公司在其生产、销售的大米产品包装上使用"稻花香"文字及拼音以表明大米品种来源的行为，主观上出于善意，客观上也未造成混淆误认，应属于正当使用。遂改判撤销一审判决，驳回福州米厂全部诉讼请求。福州米厂不服，向最高人民法院申请再审。

最高人民法院提审本案后认为，五常公司并无证据证明"稻花香"属于法定的通用名称。农作物品种审定办法规定的通用名称与商标法意义上的通用名称含义并不完全相同，不能仅以审定公告的名称为依据，认定该名称属于商标法意义上的通用名称。审定公告的原代号为"稻花香2号"，并非"稻花香"，在涉案商标权已在先注册的情况下，不能直接证明"稻花香"为法定通用名称。最高人民法院遂判决撤销二审判决，维持一审判决。本案涉及注册商标专用权与品种名称之间的关系、通用名称的判断标准等问题。最高人民法院通过对商标法中一些重要法律问题的阐释，如法定通用名称与约定俗成通用名称的判断标准，以及注册商标专用权与品种名称之间的区别与联系，明确了此类案件的裁判标准，较好地平衡了注册商标权人与品种名称使用人之间的利益关系，在充分保护商标权的前提下，维护了公平有序的市场竞争秩序。

（一）商标概念与分类

1. 商标概念

商标，俗称"牌子"，是商品和商业服务的标记，是商品生产者、经营者或服务提供者为了使自己生产、销售的商品或提供的服务，与其他商品或服务相区别而使用的一种标记。"商标具有表彰营业信誉、追踪商品来源、品质保证以及广告功能。从而具有保护社会大众免于对商品之来源或出处产生混淆、误认或欺蒙而得以认明商标，购买称心如意之物品；厂商之信誉亦因而获得保障，交易安全与公平竞争之秩序得以维护，工商企业亦才能正常发展。"[1]

"对商标所有者而言，商标之首要功能，在于它具有识别商品来源的作用。"[2] 因此，将企业特征显著、易于识别的标志用于商标，便是当然之举，但并不是所有标志都可用于商标使用。我国《商标法》规定，同中华人民共和国的国家名称、国旗、国徽、国歌、军旗、军徽、军歌、勋章等相同或者近似的，以及同中央国家机关的名称、标志、所在地特定地点的名称或者标志性建筑物的名称、图形相同的；同外国的国家名称、国旗、国徽、军旗等相同或者近似的，但经该国政府同意的除外；同政府间国际组织的名称、旗帜、徽记等相同或者近似的，但经该组织同意或者不易误导公众的除外；与表明实施控制、予以保证的官方标志、检验印记相同或者近似的，但经授权的除外；同"红十字""红新月"的名称、标志相同或者近似的；带有民族歧视性的；带有欺骗性，容易使公众对商品的质量等特点或者产地产生误认的；有害于社会主义道德风尚或者有其他不良影响的标志，不得作为商标使用。此外，县级以上行政区划的地名或者公众知晓的外国地名，不得作为商标。但是，地名具有其他含义或者作为集体商标、证明商标组成部分的除外；

---

[1] 曾陈明汝：《商标法原理》，中国人民大学出版社2003年版，第10页。

[2] 吴汉东、胡开忠：《无形财产权制度研究》，法律出版社2001年版，第434页。

已经注册的使用地名的商标继续有效。

2. 商标分类

按照不同标准，商标分为不同类别：

（1）按商标的构成不同，可分为平面商标和立体商标。平面商标，是由文字、图形、字母、数字和颜色组合，以及上述要素组合而成的商标；立体商标，是由三维标志构成的商标，如麦当劳的金色拱门标志。

（2）按商标的作用不同，可分为联合商标和防御商标。联合商标，是指商标所有人在同一种或类似商品上注册若干个与主商标相近似的一系列商标；防御商标，是指商标所有人在不同类别的商品或服务上注册相同商标，如海尔集团可以将"海尔"商标注册在除家电以外的其他商品或服务类别上。

（3）按商标的适用对象不同，可分为商品商标、服务商标、集体商标和证明商标。商品商标，是指生产者或经营者置于商品表面或商品包装上的标记；服务商标，是指服务的提供者用以证明自己所提供的服务项目和质量不同于他人的标记；集体商标，是指以团体、协会或者其他组织名义注册，供该组织成员在商事活动中使用，以表明使用者在该组织中的成员资格的标志；证明商标，是指由对某种商品或者服务具有监督能力的组织所控制，而由该组织以外的单位或者个人使用于其商品或者服务，用以证明该商品或者服务的原产地、原料、制造方法、质量或者其他特定品质的标志。

（4）按照商标是否经过注册，可分为注册商标和非注册商标。注册商标，是指经过商标注册管理机关依法核准注册的商标；非注册商标，是指未履行商标注册手续而直接使用的商标。尽管法律允许使用未注册的商标，但未注册商标不享有专用权，未注册商标的使用，一旦与他人注册商标构成混同，即可能构成侵权。

（二）商标注册

1. 商标注册申请人

我国《商标法》规定，自然人、法人或者其他组织在生产经营活动中，对其商品或者服务需要取得商标专用权的，应当向商标局申请商标注册；两个以上的自然人、法人或者其他组织可以共同向商标局申请注册同一商标，共同享有和行使该商标专用权。

2. 对注册商标的要求

我国《商标法》规定，任何能够将自然人、法人或者其他组织的商品与他人的商品区别开的标志，包括文字、图形、字母、数字、三维标志、颜色组合和声音等，以及上述要素的组合，均可以作为商标申请注册。申请注册的商标，应当有显著特征，便于识别，并不得与他人在先取得的合法权利相冲突。商标注册人有权标明"注册商标"或者注册标记。

商标的目的在于区别不同的商品和服务，可视性、区别性不明显的标志不能作为商标使用。《商标法》规定，仅有本商品的通用名称、图形、型号的，或仅直接表示商品的质量、主要原料、功能、用途、重量、数量及其他特点的，或其他缺乏显著特征的标志，不得作为商标注册。若这些标志经过使用取得显著特征，并便于识别的，也可以作为商标注册。以三维标志申请注册商标的，仅由商品自身的性质产生的形状、为获得技术效果而需有的商品形状或者使商品具有实质性价值的形状，不得注册。就相同或者类似商品申请注册的商标是复制、模仿或者翻译他人未在中国注册的驰名商标，容易导致混淆的，不予注册并禁止使用。就不相同或者不相类似商品申请注册的商标是复制、模仿或者翻译他人已经在中国注册的驰名商标，误导公众，致使该驰名商标注册人的利益可能受到损害的，不予注册并禁止使用。商标中有商品的地理标志，而该商品并非来源于该标志所标示的地区，误导公众的，不予注册并禁止使用；但已经善意取得注册的继续有效。

3. 商标注册原则

商标注册原则，是商标注册程序中注册申请人、注册管理机关等主体应当遵循的法律准则。我国商标注册原则包括自愿注册为主，强制注册为辅原则；申请在先为主，使用在先为辅的原则和优先权原则。

（1）自愿注册为主，强制注册为辅原则。自愿注册，是指商标使用人根据其意志，自由决定是否进行商标注册；强制注册，是指凡是使用的商标必须申请注册。我国《商标法》规定，除人用药品和烟草制品两类商品的商标必须注册外，其他商品或服务项目，原则上由使用人自主决定是否注册。

（2）申请在先为主，使用在先为辅原则。我国《商标法》规定，就同一种商品或者类似商品申请注册的商标与他人在先使用的未注册商标相同或者近似，申请人与该他人具有前款规定以外的合同、业务往来关系或者其他关系而明知该他人商标存在，该他人提出异议的，不予注册。当两个或两个以上的商标注册申请人，在同一种商品或类似商品上，以相同或近似的商标申请注册，并且双方的申请文件又在同一天提交商标局时，最先使用者取得商标注册。

（3）优先权原则。我国《商标法》规定，商标注册申请人自其商标在外国第一次提出商标注册申请之日起六个月内，又在中国就相同商品以同一商标提出商标注册申请的，依照该外国同中国签订的协议或者共同参加的国际条约，或者按照相互承认优先权的原则，可以享有优先权。商标在中国政府主办的或者承认的国际展览会展出的商品上首次使用的，自该商品展出之日起六个月内，该商标的注册申请人可以享有优先权。

4. 商标注册程序

（1）商标注册的申请。申请人在提交的商标注册申请中，应按商品分类表的规定，明确在哪一类商品的哪些具体商品可以使用该商标。申请商标注册可以委托代理机构代为代理，也可以直接向国家商标局办理，并按要求提交相关申请文件。

（2）初步审定和公告。我国《商标法》没有严格区分形式审查和实质审查，一般在商标局正式受理前，首先对申请文件和应办手续是否齐备进行审查，决定是否受理申请；受理之后，则须对商标的实体内容进行审查。实体内容审查之后，有两种结果：一是初步审定，予以公告；二是驳回申请和复审。

（3）商标的异议与核准。对于初步审定的商标，自公告之日起3个月内，任何人均可提出异议。对初步审定、予以公告的商标提出异议的，商标局应当听取异议人和被异议人陈述事实和理由，经调查核实后，作出裁定。当事人不服的，可以向商标评审委员会申请复审，对商标评审委员会的裁定仍不服的，可以向人民法院起诉。经裁定异议不能成立的，予以核准注册，发给商标注册证，并予以公告；经裁定异议成立的，不予核准注册。商标初步审定公告期满，没有人提出异议，或异议不能成立，当事人又不提请复审或复审理由不能成立时，商标局对申请注册的商标予以注册。申请注册的商标一经商标局核准，就标志着申请人取得了注册商标专用权。

（三）商标权

1. 商标权与商标专用权

商标权是商标法律制度的核心，我国《商标法》第 1 条规定，"为了加强商标管理，保护商标专用权，促使生产、经营者保证商品和服务质量，维护商标信誉，以保障消费者和生产、经营者的利益，促进社会主义市场经济的发展，特制定本法"。从此规定可看出，我国商标法律制度是以"商标专用权"来替代"商标权"。但实质上，商标权与商标专用权二者内涵并不相同。

商标权，是商标所有人对其商标的使用享有的支配权。商标权客体以注册商标为主，同时包括未注册商标。世界各国《商标法》均以注册商标专用权为保护重点，同时有条件地适度保护未注册商标，我国亦是如此。因此，一般意义上的商标权，通常是指注册商标专用权，是"法律赋予商标所有人对其注册商标进行支配的权利"[1]。

2. 商标权（商标专用权）主体、客体与内容

如前所述，我国《商标法》对商标权保护的核心是商标专用权，因此此处商标权主体、客体与内容，主要是针对商标专用权进行表述的。商标权（商标专用权）主体，称为商标权人（商标专用权人），是依法享有商标权（商标专用权）的自然人、法人或者其他组织。依据我国《商标法》的规定，自然人、法人或者其他组织均有权获得商标权（商标专有权）。商标权与商标专用权的客体间，存在着差别，商标权客体包括注册商标和未注册商标；商标专有权客体，仅为注册商标。商标权内容，是指商标权人（商标专用权人）对其商标依法享有的各种权利和应承担的义务。商标权在权利内容上，分为注册商标专用权和未注册商标正当权益。注册商标专用权，即通常意义上的商标权，包括专用权、禁止权、转让权、使用许可权等，其中注册商标专用权是一项最基本的权利，其他权利则是由专用权派生而来。未注册商标正当权益，是指对抗不正当注册的权利和在先使用权。商标权人（商标专用权人）义务，主要包括标明注册标记、正确使用注册商标、保证使用商品质量等。

（四）商标使用管理

1. 注册商标保护期限

我国《商标法》规定，注册商标的有效期为 10 年，自核准注册之日起计算。注册商标有效期满，需要继续使用的，商标注册人应当在期满前 12 个月内按照规定办理续展手续；在此期间未能办理的，可以给予 6 个月的宽展期。每次续展注册的有效期为 10 年，自该商标上一届有效期满次日起计算。期满未办理续展手续的，注销其注册商标。商标局应当对续展注册的商标予以公告。

2. 商标使用管理

我国《商标法》规定，商标使用，是指将商标用于商品、商品包装或者容器以及商品交易文书上，或者将商标用于广告宣传、展览以及其他商业活动中，用于识别商品来源的行为。使用未注册商标的商品不得粗制滥造，以次充好欺骗消费者；不得将未注册商标冒充注册商标。注册商标使用范围以核准注册的商品为限，可以在商品、商品包装、说明书或者其他附着物上标明"注册商标"或者注册标记®。使用注册标记，应当标注在商标的

---

　　[1]　刘春田主编：《知识产权法》，中国人民大学出版社 2000 年版，第 291 页。

右上角或者右下角。商标注册人在使用注册商标的过程中，不得自行改变注册商标、注册人名义、地址或者其他注册事项；注册商标成为其核定使用的商品的通用名称或者没有正当理由连续三年不使用的，任何单位或者个人可以向商标局申请撤销该注册商标。注册商标被撤销、被宣告无效或者期满不再续展的，自撤销、宣告无效或者注销之日起一年内，商标局对与该商标相同或者近似的商标注册申请，不予核准。

（五）注册商标专用权保护

经过商标局注册登记的商标，是受法律保护的，国家将运用法律手段制止和制裁一切商标侵权行为，保护商标权人的合法权益。商标侵权行为，是指违反商标法规定，侵犯他人注册商标专用权的行为。依据我国《商标法》的规定，侵犯注册商标专用权行为包括未经商标注册人的许可，在同一种商品上使用与其注册商标相同的商标的；未经商标注册人的许可，在同一种商品上使用与其注册商标近似的商标，或者在类似商品上使用与其注册商标相同或者近似的商标，容易导致混淆的；在同一种商品或者类似商品上将与他人注册商标相同或者近似的标志作为商品名称或者商品装潢使用，误导公众的；销售侵犯注册商标专用权的商品的；伪造、擅自制造他人注册商标标识或者销售伪造、擅自制造的注册商标标识的；未经商标注册人同意，更换其注册商标并将该更换商标的商品又投入市场的；故意为侵犯他人商标专用权行为提供便利条件（指为侵犯他人商标专用权提供仓储、运输、邮寄、印制、隐匿、经营场所、网络商品交易平台等），帮助他人实施侵犯商标专用权行为的；以及给他人的注册商标专用权造成损害的其他行为。

五、商业秘密权法律制度

在激烈的市场竞争中，商业秘密可以为权利人带来巨大经济利益，因此商业秘密对任何企业都十分重要。世界各个国家都十分重视企业商业秘密保护，我国亦是如此。加强商业秘密保护，有助于打击扰乱市场秩序的不良行为；有助于树立公平、诚实、信用的市场经营理念。

※侵犯商业秘密案件[1]

1990年，总部在香港的捷迅公司在东莞市大朗镇投资开办了一家来料加工企业（下称"捷迅厂"），经营范围为加工五金、电器制品（开关分线器）、五金首饰。2010年，捷迅厂发觉订单减少。经查，发现市场上出现了一家成为竞争对手的某电子公司。该公司成立于2009年12月，法定代表人杨某及其合伙人蒋某及管理人员郭某、唐某均为该厂离职高管。

捷迅厂认为，杨某等人利用其知悉的技术信息和经营信息，以低于老东家价格向某主要客户供应相同产品，给该厂带来巨大经济损失。2013年5月，捷迅厂向东莞市第二人民法院状告某电子公司及杨某等四人，要求立即停止侵犯其相关商业秘密，立即停止不正当竞争行为，不得向第三方泄露，销毁相关模具和侵权产品，并赔偿经济损失673多万元。

----

[1]　资料来源：最高人民法院官网—审判—民事案件，http：//www.court.gov.cn，最后访问日期：2019年11月16日。

法院经审理认为，该案关键在于某电子公司及杨某等人是否有侵犯捷迅厂的商业秘密。捷迅厂所称的技术秘密，部分可通过观察产品外部及测量获得，部分可通过网络查询获得，不属商业秘密。该厂的生产流程、某主要客户联系方式和货物要求等客户信息、供应商具体信息均不为公众所知悉，该厂与员工签订保密协议，采取了一定的保密措施，应作为商业秘密予以保护。杨某等人凭其原职务可接触到相关客户信息、供应商信息、相关生产流程。而两家公司的生产流程和生产线作业指导书完全一致，某电子公司成立不久即获某主要客户大量订单，且其产品部件供应商大部分与捷迅厂的供应商一致，供应的产品部件亦存在一致性。

2014年8月，东莞市第二人民法院作出一审判决，判令某电子公司和杨某等四人立即停止侵犯捷迅厂生产工艺流程、客户信息、供应商信息等商业秘密的行为，不得向第三方泄露上述商业秘密，不得利用上述商业秘密从事同类业务的经营，直至相关商业秘密已为公众知悉时止，并共同赔偿经济损失及维权费用320万元。一审宣判后，原、被告双方均不服，提起上诉。东莞市中级人民法院作出终审判决，驳回上诉，维持原判。

（一）商业秘密

依据我国《反不正当竞争法》的规定，商业秘密是不为公众所知悉，能为权利人带来经济利益，具有实用性并经权利人采取保密措施的技术信息和经营信息。其中技术信息和经营信息，具体包括设计、程序、产品配方、制作工艺、制作方法、管理诀窍、客户名单、货源情报、产销策略、招投标中的标底及标书的内容等。"营业秘密的意义在于因营业秘密所有人以其独特的、不为他人所知的方法，使得其产品或是服务在市场上具一定的特色或是优势，从而换取相当的经济上的利益。对于这样的经济上的利益，法律必须给予一定程度上的尊重和保护，方得使人人愿意以自己之力进行技术或是服务上的改进，促成市场上商品或服务的多元及独特性。同时，对于商业秘密所有人对于自己的独门方法欲以秘而不宣的方式来维持其竞争的优势，也必须加以尊重。"[1]

商业秘密具有秘密性、价值性和保密性三个基本特征。商业秘密的秘密性，是指作为商业秘密的信息是不为公众所知悉的。如果一种技术信息或者经营信息，是能够在公共渠道上，以普通方式获得的，这些信息就是公共信息，不属于商业秘密。商业秘密的价值性，是指作为商业秘密的信息能够为权利人带来经济利益。商业秘密所蕴含的经济利益，来源于其本身具有的商业价值，即可为持有者带来商机，并取得市场竞争优势。商业秘密的保密性，是指商业秘密持有人对其技术信息或经营信息所采取的合理的保密措施。商业秘密的秘密性，需要采用适当的保密措施保持，否则就难以凸显价值性。保密措施包括建立保密制度、与员工签订图纸保密协议、安装电子眼监控等。

（二）商业秘密权

商业秘密权，是指"权利人享有的对其商业秘密的占有、使用、收益和处分的权利，是法律赋予商业秘密持有人的一项知识产权"[2]。商业秘密权权利主体不是单一的，只要掌握商业秘密，并采取一定保密措施的个人或组织都可成为商业秘密权利人。因此，商

［1］谢铭洋、古清华等：《营业秘密法解读》，中国政法大学出版社2003年版，第80页。

［2］吴汉东主编：《知识产权法》，法律出版社2014年版，第331页。

业秘密权利主体不仅指商业秘密所有人，还包括因许可使用、授权、委托加工等方式，合法持有商业秘密的任何个人和组织。商业秘密权客体，就是商业秘密，即权利人采取保密措施的技术信息和经营信息。这些需要保密的信息，通常要通过隔离机器设备、为资料上锁等形式，来显示其不同寻常。因此，商业秘密应当是可辨识的。比如，世界知识产权组织国际局在《反不正当竞争示范法》中规定，"秘密信息必须是可辨认的，如记载在文件上或储存在数据中。尽管通过合同约定义务并不是必须的，权利人必须表明他将信息作为秘密对待的意图"。商业秘密权内容主要体现为五项权利，即身份权、保密权、使用权、收益权和处分权。身份权，是指开发者有权要求确认其对商业秘密的开发者身份；保密权，是指权利人有权对商业秘密进行保密，任何第三人不得干预；使用权，是指权利人有权依法按照商业秘密的性能和用途加以利用，以实现其使用价值；收益权和处分权，是指商业秘密权利人有权自由处置其商业秘密，有权通过使用、处分该商业秘密而获取经济利益。

商业秘密权客体是商业秘密，即权利人采取保密措施的技术信息和经营信息。权利人对其中技术信息相关权益保护，也可以采取保护专利权法律保护方式。专利权保护的是公开技术成果，而商业秘密权保护的商业信息却是需要保密的，因此如何选择适合的权益保护方式，需要权利人依据技术信息的具体情形衡量判断。一般情况下，权利人对需要保护的技术信息，在决定是采用专利保护还是商业秘密保护时，主要应从以下几方面考虑：如果产品的技术不是很复杂，很容易被破解，或通过反向工程获取，则应酌情考虑采用专利保护；如果无法达到专利所要求的新颖性、创造性和实用性，则应采用商业秘密保护；如果一项技术信息的"价值性"时间较短，需要随着市场的发展及时调整和改进，则采用商业秘密保护可以避免申请专利的烦琐登记程序；如果一项技术信息所能带来的经济效益有限，则较适宜采用商业秘密保护，因为维持专利有效需要缴纳年费，而且专利年费是逐年增加的。

（三）商业秘密权权利限制

现代社会对知识产权保护制度的推崇与遵循，使知识产权人可以通过拒绝许可他人使用等方式，达到排挤竞争对手，取得市场垄断地位之目的。"知识产权具有的垄断特性与市场竞争所标彰的自由存在着冲突，因此形成了知识产权与市场竞争之间自然的紧张关系。"[1] 作为现代知识产权重要类别之一的商业秘密权，是一种相对垄断权，但这种权利却可以存在多个相关权利主体。这就要对商业秘密权人的权利进行必要限制，以实现商业秘密权利人与其他相关权利人之间的利益平衡。

商业秘密权权利限制，是指权利主体在行使商业秘密权利时，存在某些限制性规定和措施，即在特定条件下，商业秘密的权利人无权主张权利。其功能在于平衡商业秘密权人与社会公众之间的利益关系，确保社会公众能接触和利用智力成果，以促进整个社会精神文明和物质文明的共同发展。对商业秘密权的必要限制，主要体现在以下方面：

一是反向工程。反向工程，是指通过对终端产品的分析研究，找出该产品的原始配方或者生产方法。商业秘密权的权利人投放到市场上流通的产品中所蕴含的商业秘密信息，

---

[1] Hart, Linda Fazzani. *Intellectual Propert Law* (second edition), Hampshire: Palgrave, Houndmills and Basingstoke, 2000, P. 217.

一旦被竞争对手通过反向工程分析研究获知，则其秘密性相对丧失，原拥有者也失去了相应的权利。

二是善意使用或披露。如果第三人不知道所涉信息为他人商业秘密，而加以使用或者披露，则因其无过错而不构成侵犯商业秘密的行为。

三是自行研发。由于商业秘密权的效力具有相对性，并且法律也并不排除在同一商业秘密之上有两个和两个以上的权利人。因此，商业秘密权利人不能禁止他人自行开发研究出相同的商业秘密，也不能禁止他人对自行研制出来的商业秘密采取商业秘密权保护。

（四）侵犯商业秘密权的行为

由于商业秘密包含着巨大的经济价值，使得它日益成为不正当竞争行为所侵害的对象。常见的侵犯商业秘密权的行为有两种，一是通过不正当手段获取商业秘密；二是违反保密义务而擅自披露商业秘密。我国《反不正当竞争法》规定，经营者及经营者以外的其他自然人、法人和非法人组织，以盗窃、贿赂、欺诈、胁迫、电子侵入或者其他不正当手段获取权利人的商业秘密；披露、使用或者允许他人使用以前项手段获取的权利人的商业秘密；违反保密义务或者违反权利人有关保守商业秘密的要求，披露、使用或者允许他人使用其所掌握的商业秘密；教唆、引诱、帮助他人违反保密义务或者违反权利人有关保守商业秘密的要求，获取、披露、使用或者允许他人使用权利人的商业秘密等行为，都是侵犯商业秘密的行为，应承担相应法律责任。

第八章　工程环保法律制度

人"不仅生活在自然中，而且生活在人类社会中"[1]。环境，是指人类赖以生存和发展的物质条件的综合体，我国《环境保护法》规定，"环境是指影响人类生存和发展的各种天然的和经过人工改造的自然因素的总体，包括大气、水、海洋、土地、矿藏、森林、草原、野生生物、自然遗迹、人文遗迹、风景名胜区、自然保护区、城市和乡村等"。其中所指"环境"既包括自然环境，也包括社会环境。自然环境，又称"地理环境"，即人类周围的自然界，包括大气、水、土壤、生物和岩石等。社会环境，是指人类在自然环境的基础上，为不断提高物质和精神文明水平，在生存和发展的基础上逐步形成的人工环境，如城市、乡村、工矿区等。事实上，实践中我们经常使用的"生态环境"一词，"把环境与生态叠加使用是不妥的，'生态环境'的准确表达应当是'自然环境'"[2]，不包括社会环境。我们经常谈及的环境问题，通常也是指自然环境问题。

环境问题的产生既源于自然界本身，也深受人类活动影响。造成环境污染和破坏的自然界自身原因包括火山爆发、地震、洪水、冰川运动等，我们通常称为自然灾害；人类活动导致环境污染和破坏的原因，主要是人类生产和生活活动违背自然规律，不恰当地开发利用环境所造成的。工程是人类社会最重要的生产活动，工程在创造物质财富的同时，也对环境造成了极大的破坏，致使空气污浊、噪声干扰、温度升高、气候干燥等环境污染问题多发。节约资源、降低能耗、环境保护和可持续发展等问题，也越来越成为工程领域普遍关注的热点。

※ **《"十三五"节能减排综合工作方案》（国发〔2016〕74号）摘要**[3]

一、总体要求和目标

（一）总体要求。全面贯彻党的十八大和十八届三中、四中、五中、六中全会精神，深入贯彻习近平总书记系列重要讲话精神，认真落实党中央、国务院决策部署，紧紧围绕"五位一体"总体布局和"四个全面"战略布局，牢固树立创新、协调、绿色、开放、共享的发展理念，落实节约资源和保护环境基本国策，以提高能源利用效率和改善生态环境质量为目标，以推进供给侧结构性改革和实施创新驱动发展战略为动力，坚持政府主导、企业主体、市场驱动、社会参与，加快建设资源节约型、环境友好型社会，确保完成"十

---

[1]　金瑞林、汪劲：《世纪环境法学研究评述》，北京大学出版社2003年版，第6页。

[2]　钱正英、沈国舫、刘昌明：《建议逐步改正"生态环境建设"一词的提法》，载《科技术语研究》2005年第2期。

[3]　资料来源："国家节能中心"官网，http://www.chinanecc.cn，最后访问日期：2019年11月17日。

三五"节能减排约束性目标，保障人民群众健康和经济社会可持续发展，促进经济转型升级，实现经济发展与环境改善双赢，为建设生态文明提供有力支撑。

（二）主要目标。到 2020 年，全国万元国内生产总值能耗比 2015 年下降 15％，能源消费总量控制在 50 亿吨标准煤以内。全国化学需氧量、氨氮、二氧化硫、氮氧化物排放总量分别控制在 2001 万吨、207 万吨、1580 万吨、1574 万吨以内，比 2015 年分别下降 10％、10％、15％和 15％。全国挥发性有机物排放总量比 2015 年下降 10％以上。

二、优化产业和能源结构

深入实施"中国制造 2025"，深化制造业与互联网融合发展，促进制造业高端化、智能化、绿色化、服务化。加快发展壮大新一代信息技术、高端装备、新材料、生物、新能源、新能源汽车、节能环保、数字创意等战略性新兴产业，推动新领域、新技术、新产品、新业态、新模式蓬勃发展。加强煤炭安全绿色开发和清洁高效利用，推广使用优质煤、洁净型煤，推进煤改气、煤改电，鼓励利用可再生能源、天然气、电力等优质能源替代燃煤使用。

三、加强重点领域节能

到 2020 年，工业能源利用效率和清洁化水平显著提高，规模以上工业企业单位增加值能耗比 2015 年降低 18％以上，电力、钢铁、有色、建材、石油石化、化工等重点耗能行业能源利用效率达到或接近世界先进水平；城镇绿色建筑面积占新建建筑面积比重提高到 50％；大城市公共交通分担率达到 30％；推动零售、批发、餐饮、住宿、物流等企业建设能源管理体系，建立绿色节能低碳运营管理流程和机制，加快淘汰落后用能设备，推动照明、制冷和供热系统节能改造；全国农村地区基本实现稳定可靠的供电服务全覆盖，鼓励农村居民使用高效节能电器；公共机构单位建筑面积能耗和人均能耗分别比 2015 年降低 10％和 11％；国家、省、地市分别对"百家""千家""万家"重点用能单位进行目标责任评价考核；"十三五"期间燃煤工业锅炉实际运行效率提高 5 个百分点，到 2020 年新生产燃煤锅炉效率不低于 80％，燃气锅炉效率不低于 92％。

四、强化主要污染物减排

控制重点区域流域排放；推进工业污染物减排；促进移动源污染物减排；强化生活源污染综合整治；重视农业污染排放治理；大力推广节约型农业技术，推进农业清洁生产。

五、大力发展循环经济

到 2020 年，75％的国家级园区和 50％的省级园区实施循环化改造，长江经济带超过 90％的省级以上（含省级）重化工园区实施循环化改造；餐厨废弃物资源化率达到 30％；再生资源回收利用产业产值达到 1.5 万亿元，再制造产业产值超过 1000 亿元；工业固体废物综合利用率达到 73％以上，农作物秸秆综合利用率达到 85％；初步形成废弃电器电子产品等高值废弃物在线回收利用体系；节能服务产业产值比 2015 年翻一番；累计完成 5.8 亿千瓦机组超低排放改造任务，限期淘汰 2000 万千瓦落后产能和不符合相关强制性标准要求的机组；再生资源替代原生资源量达到 13 亿吨，资源循环利用产业产值达到 3 万亿元。

六、实施节能减排工程

到 2020 年节能服务产业产值比 2015 年翻一番；到 2020 年累计完成 5.8 亿千瓦机组超低排放改造任务，限期淘汰 2000 万千瓦落后产能和不符合相关强制性标准要求的机组，石化企业基本完成挥发性有机物治理，75％以上的养殖场（小区）配套建设固体废弃物和污水贮存处理设施；再生资源替代原生资源量达到 13 亿吨，资源循环利用产业产值达到 3 万亿元。

七、强化节能减排技术支撑和服务体系建设

加快节能减排共性关键技术研发示范推广；推进节能减排技术系统集成应用；完善节能减排创新平台和服务体系。

八、完善节能减排支持政策

九、建立和完善节能减排市场化机制

十、落实节能减排目标责任

十一、强化节能减排监督检查

十二、动员全社会参与节能减排

·············

一、环境保护法律制度概述

（一）环境法

环境法，是"调整因保护和改善生活环境和生态环境，防治污染和其他公害而产生的各种社会关系的法律规范的总称"。[1] 环境法的目的，是通过防止自然资源破坏和环境污染来保护人类的生存环境，维护生态平衡，协调人类同自然的关系。

环境是以生态为重心的，而生态必须以自然科学为控制和管理的依据。因此，环境保护包括法律对环境保护社会关系的调整，必须与环境科学技术相结合，必须体现自然规律特别是生态科学规律的要求。这些要求往往通过一系列技术规范、环境标准、操作规程等形式体现出来，但环境法的目的在于"超越此一科技限界，而追求实证技术外之人文价值"。[2] 环境法保护的对象相当广泛，包括自然环境、人为环境和整个地球的生物圈；法律关系主体不仅包括一般法律主体的公民、法人及其他组织，也包括国家乃至全人类，甚至包括尚未出生的后代人；环境法调整的内容也相当广泛，不仅要防止大气污染、水污染、海洋污染、环境噪声污染、放射性污染、有毒化学品污染等，还要保护土地资源、森林资源、草原资源、水资源、矿产资源、物种资源、风景名胜资源和文化遗迹地等。

（二）环境保护法律制度

由于环境法调整的范围相当广泛，涉及的社会关系复杂，运用的手段多样，从而决定了其所采取的法律措施的综合性。它不仅可以适用诸如宪法、行政法、刑法等公法予以解决，也可以直接适用民法予以私法救济，甚至还可以通过国际法予以调整，不但包括上述部门法的实体法规范，也包括程序法规范。

1. 环境保护宪法性规定

宪法关于环境保护的规定，是环境法律制度的基础，是各种环境法律、法规、制度的立法依据。我国《宪法》规定，国家保护和改善生活环境和生态环境，防治污染和其他公

---

[1]　金瑞林、汪劲：《中国环境与自然资源立法若干问题研究》，北京大学出版社 1999 年版，第 7 页。

[2]　金瑞林：《环境法学》，北京大学出版社 1994 年版，第 28 页。

害；公民在行使自由和权利的时候，不得损害国家的、社会的、集体的利益和其他公民的合法的自由和权利；国家保障自然资源的合理利用，保护珍贵的动物和植物。禁止任何组织或者个人利用任何手段侵占或者破坏自然资源；一切使用土地的组织和个人必须合理地利用土地。

2. 环境保护基本法

《环境保护法》是我国环境保护的综合基本法，该法对环境保护的重大问题均作出了规定。明确环境法的基本任务，是保护和改善环境，防治污染和其他公害，保障公众健康，推进生态文明建设，促进经济社会可持续发展。确立了环境保护对象，即影响人类生存和发展的各种天然的和经过人工改造的自然因素的总体，包括大气、水、海洋、土地、矿藏、森林、草原、湿地、野生生物、自然遗迹、人文遗迹、自然保护区、风景名胜区、城市和乡村等；确定了环境保护优先、预防为主、综合治理、公众参与、损害担责等基本原则；制定了环境资源承载能力监测预警、生态保护红线、污染物总量控制、排污许可、环境影响评价、跨行政区域联合防治等环境保护基本制度。

3. 环境保护专项法

环境保护专项法，是针对特定的保护对象，或特定的污染防治对象，或者就环境保护的特定方面，制定的专项法律。它包括《环境影响评价法》《清洁生产促进法》《循环经济促进法》《海洋环境保护法》《水污染防治法》《大气污染防治法》《环境噪声污染防治法》《固体废物污染环境防治法》《放射性污染防治法》《水法》《土地管理法》《渔业法》《矿产资源法》《森林法》《草原法》《水土保持法》《野生动物保护法》和《城乡规划法》等。

4. 环境保护其他法律法规

环境保护的广泛性和复杂性，需要各效力层级法律法规共同作用，才能对环境法律关系进行有效调整。因此，环境保护除上述法律外，还包括相关法律、行政法规、地方法规和规章等其他法律制度。与环境保护相关的法律，如我国《民法典》中关于侵权责任承担的法律规定，《刑法》中有"破坏环境资源保护罪"专门规定等。行政法规，如《海洋石油勘探开发环境保护管理条例》《防治船舶污染海洋环境管理条例》《海洋倾废管理条例》《防止拆船污染环境管理条例》《防治陆源污染物污染损害海洋环境管理条例》《防治海岸工程建设项目污染损害海洋环境管理条例》以及《防治海洋工程建设项目污染损害海洋环境管理条例》等。在环境保护领域，地方性环境保护法规、规章数量非常多，以福建省为例，如《福建省城乡生活垃圾管理条例》《福建省节约能源条例》《福建省水资源条例》《福建省违法建设处置若干规定》《福建省大气污染防治条例》《福建省城乡供水条例》《福建省海岸带保护与利用管理条例》和《福建省多元化解纠纷条例》等。

二、环境影响评价与"三同时"法律制度

(一) 环境影响评价制度

"环境影响评价制度，是环境影响评价活动的法律化、制度化，是国家通过立法对环境影响评价的主体、对象、范围、内容、程序等进行规定而形成的有关环境影响评价活动

的一套规则。"[1]我国《环境保护法》规定，环境保护行政主管部门，应会同有关部门对管辖范围内的环境状况进行调查和评价，拟订环境保护规划，经计划部门综合平衡后，报同级人民政府批准实施。建设污染环境的项目，必须对建设项目产生的污染和对环境的影响作出评价，规定防治措施，经项目主管部门预审并依照规定的程序报环境保护行政主管部门批准。环境影响评价通常简称为环评。我国《环境影响评价法》第2条规定，"环境影响评价，是指对规划和建设项目实施后可能造成的环境影响进行分析、预测和评估，提出预防或者减轻不良环境影响的对策和措施，进行跟踪监测的方法与制度"。

※ 《中部地区发展战略环境评价系列报告之七——中部地区经济社会持续发展的重大资源环境问题》摘要[2]

为优化国土空间开发格局、促进发展方式转变、实现中部地区可持续发展，2013年环境保护部启动了中部地区发展战略环境评价工作。中部地区发展战略环境评价工作范围包括中原经济区、武汉城市圈、长株潭城市群、皖江城市带、鄱阳湖生态经济区等重点区域，涉及河南、安徽、山西、山东、河北、湖北、湖南、江西8个省份64个地市。评价区是我国统筹城乡发展，努力构建资源节约型和环境友好型国土空间开发格局的关键区域，是统筹工业化、城镇化和农业现代化，大力推动发展转型的难点区域。目前，评价工作已经结束，形成了《中部地区区域发展的五大战略定位》《中部地区生态环境保护的全局性与战略性》《中部地区在全国经济社会发展中的总体地位与趋势》《中部地区大气环境的基本特征与演变趋势》《中部地区水资源与水环境的基本特征与演变态势》《中部地区生态安全的基本格局与演变态势》《中部地区区域经济社会持续发展的重大资源环境问题》等七篇系列工作报告。其中《中部地区区域经济社会持续发展的重大资源环境问题》摘要如下：

一、粮食生产安全难以持续

农田面积萎缩。近十年来，农田面积减少达9132.4平方公里，约占全国农田减少面积的21.5%。其中，郑州、武汉、合肥、长沙、南昌以及冀南、皖东等地区应重点关注耕地面积萎缩问题。

农田质量较低。中原经济区地力较低（四等及以下）的耕地面积达7636.3万亩，占总耕地的64.2%；郑州、平顶山、安阳、驻马店等地应重点关注土壤肥力较弱问题，提高耕地平均质量等级。湖南东部地区的矿山开发使得农田土壤受重金属污染严重，出现"镉米"事件，引发了严重的社会经济后果；江西省无机污染物累计造成土壤污染总面积达39.3万公顷。

农业用水保障难度增大。部分区域迫于水资源短缺的压力，引用城市废水和工业废水灌溉农田，加剧了农作物污染问题。

农业面源污染影响突出。根据测算，长江中下游城市群中武汉城市圈和安徽省北部地

---

[1] 丁伟等：《中华人民共和国环境影响评价法与规划、设计、建设项目实施手册》，中国环境科学出版社2002年版，第50页。

[2] 资料来源："中国环境影响评价网"—战略环评，http://www.china-eia.com，最后访问日期：2019年11月17日。

区部分县 COD 污染量超过 5000 吨/年，面源污染较为严重。未来评价区大规模的畜禽养殖和种植业大规模化肥的使用，可能导致农业面源污染增加，进一步加剧对水体污染的影响。

二、流域生态安全难以维护

水资源供需矛盾突出。中原经济区水资源开发利用率较高，尤其在海河及黄河流域片区内，天然径流已十分稀少。海河、淮河流域濮阳市、淮南市、郑州市、开封市、鹤壁市、新乡市、焦作市、邢台市、邯郸市、运城市、聊城市、菏泽市等城市存在水资源过度开发问题，城市发展受到水资源短缺的制约。以郑州为中心的城市群以及其他主要中原城市的用水来源严重依赖地下水源，地下水超采严重。长江中下游城市群武汉、鄂州、马鞍山和铜陵已出现地表水资源开发过度问题，随着该区域水资源外调、用水量增长和污水排放量增加等问题的叠加，重点区域水资源供需矛盾也将进一步加剧。

水环境污染严重。海河、淮河、黄河、洞庭湖、汉江等流域部分支流水环境污染严重。淮河流域双洎河、黑河、惠济河、包河等支流，河南省辖黄河流域蟒河，安徽省辖淮河流域北岸入淮河干流过半支流，以及山西省辖运城汾河、涑水河、浍河及晋城丹河均为重度污染；洞庭湖流域长沙市湘江、浏阳河、捞刀河、靳江河，湘潭市湘江支流涟水，武汉市约 1/4 河流，荆州市豉湖渠、便河、西干渠，仙桃市通顺河等河流水质均为中度到重度污染，需要加强对重点流域水污染的防治，确保水环境质量全面改善，防范季节性水污染事件。巢湖、鄱阳湖、洞庭湖和武汉城市内湖等需关注富营养化问题。中原经济区地下水污染呈现由点状、条带状向面上扩散，由浅层向深层渗透，由城市向周边蔓延的态势。

三、人居环境安全难以保障

区域性大气污染特征凸显。评价区可吸入颗粒物污染严重，除九江、上饶、宣城外，各城市 PM10 年均浓度均超过国家二级标准。长江中下游城市群地区酸雨污染严重，已对人居环境、水生、农田、森林生态系统造成严重威胁。

城市复合污染严重。城市群地区煤烟型污染和以细颗粒物及臭氧为特征的大气复合污染并存，对人群健康风险不容忽视。

饮用水安全风险较高。淮河流域河南省、安徽省、山东省县级以上城镇饮水不安全水源地占 25.7%，其中，14.3% 的地表水源地属于不安全水源地，29.9% 的地下水源地为不安全水源地。长江中下游城市群 31 处国家重要饮用水源地中有 10 处不能 100% 达标；中原城市群各地市所辖县（市、区）农村普遍存在饮用水不安全问题，主要问题是饮用水氟、砷、盐、细菌学等指标超标。

1. 环境影响评价分类

我国环境影响评价可分为两种，即规划环评和建设项目环评。

（1）规划环评，就是关于规划的环境影响评价。规划环评的对象包括两类，一是综合性规划，包括土地利用规划和区域、流域、海域的建设、开发规划；二是专项规划，包括工业、农业、畜牧业、林业、能源、水利、交通、城市建设和旅游等部门的专项规划，以及国务院有关部门的专项规划和设区的市级以上人民政府及有关部门的专项规划等。我国《环境评价法》规定，综合性规划编制过程中应组织进行环境影响评价，编写该规划有关环境影响的篇章或者说明。未编写有关环境影响的篇章或者说明的规划草案，审批机关不予审批。对环境有重大影响的规划实施后，编制机关应当及时组织环境影响的跟踪评价，并将评价结果报告审批机关；发现有明显不良环境影响的，应当及时提出改进措施。专项规划在草案上报审批前，应组织进行环境影响评价，并向审批该专项规划的机关提出环境影响报告书。专项规划的编制机关在报批规划草案时，应当将环境影响报告书一并附送审批机关审查；未附送环境影响报告书的，审批机关不予审批。

（2）建设项目环评，就是关于具体建设项目的环境影响评价。我国《环境评价法》规定，一切对环境有影响的工业、交通、水利、农林、商业、卫生、文教、科研、旅游、市政等基本建设项目、技术改造项目、区域开发建设项目及引进的建设项目，都必须编制环境影响报告书或填报环境影响报告表。

2. 环境影响评价内容

综合性规划应编写该规划有关环境影响的篇章或说明，该篇章或说明应对规划实施后可能造成的环境影响作出分析、预测和评估，并提出预防或者减轻不良环境影响的对策和措施。专项规划的环境影响报告书应包括实施该规划对环境可能造成影响的分析、预测和评估，预防或者减轻不良环境影响的对策和措施，环境影响评价的结论等内容。

国家根据建设项目对环境的影响程度，对建设项目的环境影响评价实行分类管理。建设项目的环境影响评价分类管理名录，由国务院环境保护行政主管部门制定并公布。对可能造成重大环境影响的项目，建设单位应编制环境影响报告书，对产生的环境影响进行全面评价。其具体包括：建设项目概况，建设项目周围环境现状，建设项目对环境可能造成影响的分析、预测和评估，建设项目环境保护措施及其技术、经济论证，建设项目对环境影响的经济损益分析，对建设项目实施环境监测的建议，环境影响评价的结论。对可能造成轻度环境影响的项目，建设单位应编制环境影响报告表，对产生的环境影响进行分析或者专项评价；对环境影响很小、不需要进行环境影响评价的项目，建设单位应填报环境影响登记表。环境影响报告表和环境影响登记表的内容和格式，由国务院环境保护行政主管部门制定。

3. 环境影响评价程序

（1）评价形式筛选。环境影响评价形式不同，需要提交审批的材料不同，其应进行的评价程序也不同。依据我国《环境评价法》的规定，综合性规划编制过程中应组织进行环境影响评价，并附加有关环境影响的篇章或说明即可，不需单独提交环境影响报告；专项规划在草案上报审批前，应组织进行环境影响评价，并向审批该专项规划的机关提出环境影响报告书；对可能造成重大环境影响的项目，建设单位应编制环境影响报告书；对可能造成轻度环境影响的项目，建设单位应编制环境影响报告表；对环境影响很小、不需要进行环境影响评价的项目，建设单位应填报环境影响登记表。

（2）评价报告编写与审批。我国《环境评价法》规定，综合性规划未编写有关环境影响的篇章或者说明的，审批机关不予审批；专项规划的编制机关在报批规划草案时，未附送环境影响报告书的，审批机关不予审批。

建设项目的环境影响报告书、报告表，由建设单位按照国务院的规定报有审批权的环境保护行政主管部门审批。环境影响评价文件中的环境影响报告书或者环境影响报告表，应当由具有相应环境影响评价资质的机构编制。任何单位和个人不得为建设单位指定对其建设项目进行环境影响评价的机构。接受委托为建设项目环境影响评价提供技术服务的机构，应当经国务院环境保护行政主管部门考核审查合格后，颁发资质证书，按照资质证书规定的等级和评价范围，从事环境影响评价服务，并对评价结论负责。国务院环境保护行政主管部门对已取得资质证书的为建设项目环境影响评价提供技术服务的机构的名单，应当予以公布。为建设项目环境影响评价提供技术服务的机构，不得与负责审批建设项目环境影响评价文件的环境保护行政主管部门或者其他有关审批部门存在任何利益关系。建设项目的环境影响评价文件未依法经审批部门审查或者审查后未予批准的，建设单位不得开工建设。

此外，除国家规定需要保密的情形外，对环境可能造成重大影响、应当编制环境影响报告书的建设项目，建设单位应当在报批建设项目环境影响报告书前，举行论证会、听证会，或者采取其他形式，征求有关单位、专家和公众的意见。建设单位报批的环境影响报告书应当附具对有关单位、专家和公众的意见采纳或者不采纳的说明。

（二）"三同时"制度

"三同时"制度是指，"一切新建、改建和扩建的基本建设项目（包括小型建设项目）、技术改造项目以及自然开发项目和可能对环境有损害的建设项目，其中防止污染和其他公害的设施及其他环境保护设施，必须和主体工程同时设计、同时施工、同时投产使用的法律制度"[1]。我国《环境保护法》第26条规定，"建设项目中防治污染的设施，必须与主体工程同时设计、同时施工、同时投产使用。防治污染的设施必须经原审批环境影响报告书的环境保护行政主管部门验收合格后，该建设项目方可投入生产或者使用"。

1. "三同时"制度适用范围

依据国务院《建设项目环境保护管理条例》的规定，"三同时"制度适用于新建、改建和扩建项目，技术改造项目，一切可能造成环境污染和破坏的开发建设项目，确有经济效益的综合利用项目等。

2. "三同时"制度实施要求

（1）设计阶段实施要求。建设单位应在建设项目投入施工前，必须向环境保护行政主管部门上交初步设计的环保方案，获得审查批准后方能纳入建设计划之中。否则，建设部门和其他相关部门不予办理施工执照，物资供应部门不得提供材料和设备。

（2）施工阶段实施要求。建设单位与施工单位应当将环境保护的工程纳入施工计划和建设的进度当中。还要保证环保设施的施工材料充足、资金到位，做好施工过程中的组织与管理工作。施工中，施工单位要严防新的环境污染破坏，以保护施工现场的周围环境；项目竣工后，要修整被破坏的环境。

（3）使用阶段实施要求。建设单位在项目竣工后，必须按规定履行验收手续，获得批准后方能正式投入使用。建设项目投入试生产之日3个月内，建设单位应向行业主管部门、环境行政部门提交环保设施验收申请报告。环保主管部门应在规定时间内，完成验收批复或签署意见。对于那些已经建设完成并投入生产使用的环保设施，如果确实有必要拆除或闲置的，必须取得当地环境行政主管部门的同意。

---

[1] 黄明健：《环境法制度论》，中国环境科学出版社2004年版，第186页。

三、清洁生产与循环经济制度

（一）清洁生产制度

自人类进入工业社会以来，创造了日益耀目的社会发展成就，产生了极大的物质与精神财富。但随着人类改造自然的能力逐渐提高，环境污染和生态破坏也日趋严重，对人类的生存和发展也构成了严重威胁。为改善环境，减少并解决环境污染，世界各国纷纷行动起来，但收效甚微，人类也日益陷入"发展—污染—治理"的痛苦循环怪圈，难以自拔。为彻底解决发展中的环境污染和生态破坏问题，"清洁生产"作为一种全新发展理念，开始日益受到人们的关注与重视。

※《巴黎气候变化协定》[1]

《巴黎协定》全称为《巴黎气候变化协定》，是 2015 年 12 月 12 日在巴黎气候变化大会上通过，2016 年 4 月 22 日在纽约签署的气候变化协定，该协定为 2020 年后全球应对气候变化行动作出的安排。2016 年 9 月 3 日，中国全国人大常委会批准中国加入。

《巴黎协定》是继 1992 年《联合国气候变化框架公约》、1997 年《京都议定书》之后，人类历史上应对气候变化的第三个里程碑式的国际法律文本，形成 2020 年后的全球气候治理格局。《巴黎协定》共 29 条，当中包括目标、减缓、适应、损失损害、资金、技术、能力建设、透明度、全球盘点等内容。《巴黎协定》的主要目标是将本世纪全球平均气温上升幅度控制在 2 摄氏度以内，并将全球气温上升控制在前工业化时期水平之上 1.5 摄氏度以内。只有全球尽快实现温室气体排放达到峰值，本世纪下半叶实现温室气体净零排放，才能降低气候变化给地球带来的生态风险以及给人类带来的生存危机。

《巴黎协定》的意义在于推动世界各国，尤其是发达国家以"自主贡献"的方式，参与全球应对气候变化行动，积极向绿色可持续的增长方式转型，避免过去几十年严重依赖石化产品的增长模式，继续对自然生态系统构成威胁；促进发达国家继续带头减排，并加强对发展中国家提供财力支持，帮助后者减缓和适应气候变化。该协定生效后，在资本市场上，全球投资偏好未来将进一步向绿色能源、低碳经济、环境治理等领域倾斜。

目前，中国是少数几个履行《巴黎协定》承诺的国家之一。据世界银行数据，我国从 2005 年开始降低碳强度，累计节能量已占全球 50% 以上；可再生能源已经达到 6.5 亿千瓦装机，占全球装机容量的 28% 左右，规模居世界之首；太阳能电池板产量占全球 60%。2011 年起，我国开始碳排放权交易试点工作。截至 2017 年年底，碳排放成交量达到 2.7 亿吨二氧化碳，成交额超过 60 亿元；碳强度下降了 46%，提前 3 年实现了《巴黎协定》40%～45% 的上限目标；森林蓄积量增加 21 亿立方米，超额完成了 2020 年的目标；可再生能源占一次能源消费比重达 13.8%，距离所承诺的 2020 年达到 15% 还有一定距离，2020 年这个目标肯定能完成。

---

[1] 资料来源：中国碳排放交易网——政策法规，http：//www.tanpaifang.com，最后访问日期：2019 年 11 月 17 日。

1. 清洁生产

关于清洁生产，一般认为源于1976年欧共体在巴黎举行的"无废工艺和无废生产国际研讨会"，此次首次提出"消除造成污染的根源"理念。之后，欧共体理事会开始推行清洁生产政策，支持建立清洁生产示范工程。1989年，联合国环境规划署首次将清洁生产定义为，"将综合预防的环境保护策略持续地应用于生产过程和产品中，以期减少对人类和环境的风险"。1996年，联合国环境规划署又将清洁生产重新定义为，"是关于产品的生产过程的一种新的、创造性的思维方式"。

1995年，我国《固体废物污染环境防治法》第一次提出了清洁生产概念。2002年，《清洁生产促进法》首次将清洁生产定义为，"不断采取改进设计、使用清洁的能源和原料、采用先进的工艺技术与设备、改善管理、综合利用等措施，从源头上削减污染，提高资源利用效率，减少或者避免生产、服务和产品使用过程中污染物的产生和排放，以减轻或者消除对人类健康和环境的危害"。我国《清洁生产促进法》对清洁生产的定义是广义的，其不仅适用于工业过程，同样适用于农业、建筑业、服务业等行业及广阔的工程领域。

清洁生产的目标，是提高资源利用效率，减少和避免污染物的产生，保护和改善环境，保障人体健康，促进经济与社会的可持续发展。清洁生产是应用于企业的一种环境策略，其不仅是一种技术，更是一种意识或思想；清洁生产要求企业对自然资源和能源的利用尽量做到合理；清洁生产可使企业获得尽可能大的经济效益、环境效益和社会效益；清洁生产的实现手段，是新技术、新工艺采用和先进管理。因此，清洁生产也可称为"清洁管理"。

清洁生产的内容，包括清洁及高效的能源和原材料利用，清洁的生产过程和清洁的产品等。清洁及高效的能源和原材料利用，要求清洁利用矿物燃料，加速以节能为重点的技术进步和技术改造，提高能源和原材料的利用效率。清洁的生产过程，要求采用少废、无废的生产工艺技术和高效生产设备；尽量少用、不用有毒有害原料，减少生产过程中各种危险因素和有毒有害中间产品；组织物料再循环优化生产；组织和实施科学生产管理；进行必要污染治理，实现清洁、高效的利用和生产。清洁的产品，要求产品应具有合理的使用功能和使用寿命；产品本身及在使用过程中，对人体健康和生态环境不产生或少产生不良影响和危害产品；产品失去使用功能后，应易于回收、再生和复用等。

2. 清洁生产制度内容

（1）清洁生产引导与推行制度。我国《清洁生产促进法》规定，国务院清洁生产综合协调部门负责组织、协调全国的清洁生产促进工作，会同国务院环境保护、工业、科学技术部门和其他有关部门，编制国家清洁生产推行规划；国务院及其有关部门和省、自治区、直辖市人民政府，应当制定有利于实施清洁生产的财政税收政策、产业政策、技术开发和推广政策。国务院清洁生产综合协调部门中央预算应当加强对清洁生产促进工作的资金投入，用于支持国家清洁生产推行规划确定的重点领域、重点行业、重点工程实施清洁生产及其技术推广工作，以及生态脆弱地区实施清洁生产的项目。国务院和省、自治区、直辖市人民政府的有关部门，应当组织和支持建立促进清洁生产信息系统和技术咨询服务体系，向社会提供有关清洁生产方法和技术、可再生利用的废物供求以及清洁生产政策等方面的信息和服务。国家对浪费资源和严重污染环境的落后生产技术、工艺、设备和产品实行限期淘汰制度。国务院有关部门可以根据需要批准设立节能、节水、废物再生利用等环境与资源保护方面的产品标志，并按照国家规定制定相应标准。各级人民政府应当优先采购节能、节水、废物再生利用等有利于环境与资源保护的产品。

（2）清洁生产实施制度。我国《清洁生产促进法》规定，新建、改建和扩建项目应进行环境影响评价，对原料使用、资源消耗、资源综合利用以及污染物产生与处置等进行分析论证，优先采用资源利用率高以及污染物产生量少的清洁生产技术、工艺和设备。企业在进行技术改造过程中，应采用无毒、无害或者低毒、低害的原料，替代毒性大、危害严重的原料；采用资源利用率高、污染物产生量少的工艺和设备，替代资源利用率低、污染物产生量多的工艺和设备；对生产过程中产生的废物、废水和余热等进行综合利用或者循环使用；采用能够达到国家或者地方规定的污染物排放标准和污染物排放总量控制指标的污染防治技术。企业应在经济技术可行的条件下，对生产和服务过程中产生的废物、余热等自行回收利用，或者转让给有条件的其他企业和个人利用。企业应对生产和服务过程中的资源消耗以及废物的产生情况进行监测，并根据需要对生产和服务实施清洁生产审核。其中污染物排放超过国家或者地方规定的排放标准，或者虽未超过国家或者地方规定的排放标准，但超过重点污染物排放总量控制指标的；超过单位产品能源消耗限额标准构成高耗能的；使用有毒、有害原料进行生产或者在生产中排放有毒、有害物质的，应实施强制性清洁生产审核。企业可以根据自愿原则，按照国家有关环境管理体系等认证的规定，委托经国务院认证认可监督管理部门认可的认证机构进行认证，提高清洁生产水平。

（3）清洁生产激励制度。我国《清洁生产促进法》规定，国家鼓励和促进清洁生产。国务院和县级以上地方人民政府，应当将清洁生产促进工作纳入国民经济和社会发展规划、年度计划以及环境保护、资源利用、产业发展、区域开发等规划。国家鼓励开展有关清洁生产的科学研究、技术开发和国际合作，组织宣传、普及清洁生产知识，推广清洁生产技术。国家鼓励社会团体和公众参与清洁生产的宣传、教育、推广、实施及监督。国家建立清洁生产表彰奖励制度，对在清洁生产工作中作出显著成绩的单位和个人，由人民政府给予表彰和奖励；对从事清洁生产研究、示范和培训，实施国家清洁生产重点技术改造项目的，县级以上人民政府给予资金支持。国家设立的中小企业发展基金中，应根据需要安排适当数额用于支持中小企业实施清洁生产。依法利用废物和从废物中回收原料生产产品的，按照规定享受税收优惠。企业用于清洁生产审核和培训的费用，可以列入企业经营成本。

（二）循环经济制度

1. 循环经济

20 世纪 70 年代，"循环经济"作为一种超前发展理念，开始萌生。1990 年，英国环境经济学家 D. Pear 和 R. K. Turner 在其《自然资源和环境经济》一书中，首次提出了循环经济。循环经济，"体现资源之高效优化及循环利用，是减量化下的低耗和低排，是再利用和资源化下的高效，是一种将末端污染物转变成可以再次充分利用之资源的一种经济发展模式，是一种充分体现和贯彻可持续发展观的经济发展模式"[1]。我国《循环经济促进法》第 2 条规定，"本法所称循环经济，是指在生产、流通和消费等过程中进行的减量化、再利用、资源化活动的总称"。其中减量化，是指在生产、流通和消费等过程中减少资源消耗和废物产生；再利用，是指将废物直接作为产品或者经修复、翻新、再制造后继续作为产品使用，或者将废物的全部或者部分作为其他产品的部件予以使用；资源化，

---

[1] 李玉蕾：《论我国循环经济法律制度的完善》，河北地质大学 2016 年硕士学位论文。

是指将废物直接作为原料进行利用或者对废物进行再生利用。减量化、再利用和资源化既是循环经济的重要内容，也是循环经济发展的基本原则。

循环经济与清洁生产是紧密联系、互为支撑的。清洁生产要求在产品生产的整个周期中贯彻污染预防原则，从生产源头上减少资源耗费，开发资源的可循环利用，遏制污染产生，从而实现经济效益与环境效益双赢；循环经济崇尚环境友好，主张在产品和消费过程中，以最小的自然资源投入，得到最充分的产品产出，同时排放环境废物要尽可能最少，以减少和避免对环境的危害。循环经济提供了一种理想的经济发展模式，在环境与发展的矛盾与冲突之间，找到了合理的平衡点。

2. 循环经济制度内容

（1）减量化制度。我国《循环经济促进法》规定，从事工艺、设备、产品及包装物设计，应当按照减少资源消耗和废物产生的要求。国家鼓励和支持企业使用高效节油产品。开采矿产资源，应当统筹规划，制定合理的开发利用方案，采用合理的开采顺序、方法和选矿工艺。建筑设计、建设、施工等单位应当按照国家有关规定和标准，对其设计、建设、施工的建筑物及构筑物采用节能、节水、节地、节材的技术工艺和小型、轻型、再生产品。禁止损毁耕地烧砖，禁止生产、销售和使用黏土砖。鼓励和支持农业生产者采用节水、节肥、节药的先进种植、养殖和灌溉技术，推动农业机械节能，优先发展生态农业。国家机关及使用财政性资金的其他组织应当厉行节约、杜绝浪费，带头使用节能、节水、节地、节材和有利于保护环境的产品、设备和设施，节约使用办公用品。餐饮、娱乐、宾馆等服务性企业，应当采用节能、节水、节材和有利于保护环境的产品，减少使用或者不使用浪费资源、污染环境的产品。国家鼓励和支持使用再生水。国家在保障产品安全和卫生的前提下，限制一次性消费品的生产和销售。

（2）再利用和资源化制度。我国《循环经济促进法》规定，国家鼓励和支持农业生产者和相关企业采用先进或者适用技术，对农作物秸秆、畜禽粪便、农产品加工业副产品、废农用薄膜等进行综合利用，开发利用沼气等生物质能源；支持生产经营者建立产业废物交换信息系统，促进企业交流产业废物信息；鼓励和推进废物回收体系建设。县级以上人民政府应当统筹规划建设城乡生活垃圾分类收集和资源化利用设施，建立和完善分类收集和资源化利用体系，提高生活垃圾资源化率；支持企业建设污泥资源化利用和处置设施，提高污泥综合利用水平，防止产生再次污染。企业应按照国家规定，对生产过程中产生的粉煤灰、煤矸石、尾矿、废石、废料、废气等工业废物进行综合利用；应发展串联用水系统和循环用水系统，提高水的重复利用率；应采用先进或者适用的回收技术、工艺和设备，对生产过程中产生的余热、余压等进行综合利用。建设单位应当对工程施工中产生的建筑废物进行综合利用。

四、排污收费制度

排污收费，是在污染日益严重，环境污染问题普遍受到关注的背景下，逐渐创立和发展起来的污染防治的经济制度。征收排污费制度，以经济手段促使企业、事业单位和其他组织加强内部经营管理，节约、综合利用资源，在积极治理环境污染、改善环境质量等方面，取得了极大的环境、经济和社会效益。

※国家重点监控企业排污费征收公告（2017年第四季度）[1]

表 8-1

序号	地区	2017 年第四季度			具体公告情况
		征收户数	开单金额（单位：万元）	入库金额（单位：万元）	
1	北京市	73	2117.62	2032.30	北京市环境保护局
2	天津市	154	6147.83	6147.83	天津市环境保护厅
3	河北省	740	48577.50	48331.44	河北省环境保护厅
4	山西省	444	11367.16	8028.39	山西省环境保护厅
5	内蒙古自治区	379	9777.43	8806.07	内蒙古自治区环境保护厅
6	辽宁省	427	11397.40	10346.36	辽宁省环境保护厅
7	吉林省	247	3193.92	3161.94	吉林省环境保护厅
8	黑龙江省	275	5080.28	4334.72	黑龙江省环境保护厅
9	上海市	147	6578.01	6578.13	上海市环境保护局
10	江苏省	1012	32932.56	32871.64	江苏省环境保护厅
11	浙江省	798	5561.27	5561.06	浙江省环境保护厅
12	安徽省	408	8854.61	8441.51	安徽省环境保护厅
13	福建省	358	3187.86	3158.16	福建省环境保护厅
14	江西省	367	10908.87	10889.72	江西省环境保护厅
15	山东省	927	28867.26	28409.22	山东省环境保护厅
16	河南省	933	9886.6344	9675.1467	河南省环境保护厅
17	湖北省	488	1119.29	1105.70	湖北省环境保护厅
18	湖南省	666	8213.33	8196.32	湖南省环境保护厅
19	广东省	1118	6069.46	5891.57	广东省环境保护网
20	广西壮族自治区	459	4712.34	4660.89	广西壮族自治区环境保护厅
21	海南省	63	466.15	466.15	海南省环境保护厅
22	重庆市	247	3713.23	3713.23	重庆市环境保护厅
23	四川省	526	4907.18	4809.21	四川省环境保护厅
24	贵州省	247	4639.74	4639.74	贵州省环境保护厅
25	云南省	528	3055.36	3055.36	云南省环境保护厅
26	陕西省	382	7746.98	7181.25	陕西省环境保护厅
27	甘肃省	301	3871.22	3731.35	甘肃省环境保护厅
28	青海省	109	1464.97	1464.97	青海环保
29	宁夏回族自治区	143	4224.57	4083.96	宁夏环境保护网
30	新疆维吾尔自治区	201	7855.56	7601.54	新疆维吾尔自治区环保厅
31	新疆生产建设兵团	72	804.87	717.47	新疆生产建设兵团环保局

[1] 资料来源：生态环境部官网—环境监察局—排污收费，http://www.mee.gov.cn，最后访问日期：2019 年 11 月 17 日。

(一) 排污收费制度概念

"排污收费，是指环保部门对向环境排放污染物或者超过国家或地方排放标准排放污染物的排污者，按照所排放的污染物的种类、数量和浓度，征收一定数额的费用。排污收费制度，是指有关征收排污费的对象、范围、标准、程序以及排污费的征收、管理、使用和法律责任等规范的总称。"[1]

1979年，我国《环境保护法》首次确定排污收费制度，其中规定，"排放污染物超过国家或者地方规定的污染物排放标准的企业事业单位，依照国家规定缴纳超标准排污费，并负责治理"。为加强对排污费征收和使用的管理，2003年国务院颁布《排污费征收使用管理条例》，对排污收费征收、使用与管理等具体制度进行了详细规定。

环境资源作为公共物品，其占有上的非竞争性和非排他性，决定了任何人都能够占有环境资源。这就导致了人类无节制地开发有限自然资源，造成了生态环境的严重破坏。"公共物品的价值要在市场上得到体现，就需要政府采取一定的措施，对生态环境、自然资源等公共物品合理定价"[2]，通过价格引导，使社会资源得到调整，最终实现资源的合理配置。因此，排污收费制度就是利用经济杠杆，通过增加排污者排污行为的经济成本，使企业能够自觉维护生态环境，节约自然资源，遵守环境保护制度。

(二) 排污收费征收制度

1. 排污收费征收范围

我国《排污费征收使用管理条例》规定，直接向环境排放污染物的单位和个体工商户（排污者），应当缴纳排污费。排污者向城市污水集中处理设施排放污水、缴纳污水处理费用的，不再缴纳排污费。排污者建成工业固体废物贮存或者处置设施、场所并符合环境保护标准，或者其原有工业固体废物贮存或者处置设施、场所经改造符合环境保护标准的，自建成或者改造完成之日起，不再缴纳排污费。

2. 污染物排放种类与数量核定

我国《排污费征收使用管理条例》规定，排污者应向当地环境保护行政主管部门申报排放污染物的种类、数量，并提供有关资料。环境保护行政主管部门应按照核定权限，对排污者排放污染物的种类、数量进行核定。核定污染物排放种类、数量时，具备监测条件的，按照规定的监测方法进行核定；不具备监测条件的，按照规定的物料衡算方法进行核定。排污者使用国家规定强制检定的污染物排放自动监控仪器，对污染物排放进行监测的，其监测数据作为核定污染物排放种类、数量的依据。核定后，应书面通知排污者。

3. 排污费征收

我国《排污费征收使用管理条例》规定，国家相关部门根据污染治理产业化发展的需要、污染防治的要求和经济、技术条件以及排污者的承受能力，联合制定国家排污费征收标准。排污者应根据不同排放污染物，按照排放污染物的种类、数量和标准，缴纳排污费。污染物排放核定工作主管部门，应确定排污者应当缴纳的排污费数额，经公告后，向排污者送达排污费缴纳通知单。排污者应自接到排污费缴纳通知单之日起7日内，到指定银行缴纳排污费。排污者因不可抗力遭受重大经济损失的，可以申请减半缴纳排污费或者

---

[1] 韩德培：《环境保护法教程》，法律出版社2003年版，第106页。

[2] 蓝虹：《环境资源市场价格是环境资源的产权价格》，载《人文杂志》2004年第2期。

免缴排污费。排污者因未及时采取有效措施，造成环境污染的，不得申请减半缴纳排污费或者免缴排污费。排污者因有特殊困难不能按期缴纳排污费的，可以申请缓缴排污费，缓缴期限最长不超过 3 个月。对批准减缴、免缴、缓缴排污费的排污者名单，主管部门应予以公告，并注明批准减缴、免缴、缓缴排污费理由。

（三）排污收费使用与管理制度

我国《排污费征收使用管理条例》规定，排污费的征收、使用必须严格实行"收支两条线"，征收的排污费一律上缴财政，环境保护执法所需经费列入本部门预算，由本级财政予以保障。排污费必须纳入财政预算，列入环境保护专项资金进行管理，主要用于重点污染源防治，区域性污染防治，污染防治新技术、新工艺的开发、示范和应用等项目的拨款补助或者贷款贴息，任何单位和个人不得截留、挤占或者挪作他用。

县级以上人民政府环境保护行政主管部门、财政部门、价格主管部门应当按照各自的职责，加强对排污费征收、使用工作的指导、管理和监督。主管部门每季度向本级人民政府、上级财政部门和环境保护行政主管部门报告本行政区域内环境保护专项资金的使用和管理情况。审计机关应当加强对环境保护专项资金使用和管理的审计监督。

五、环境事故报告制度

（一）环境事故报告制度概念

环境事故报告制度，又称"环境污染与破坏事故报告及处理制度"，或"环境污染事故和环境紧急情况的报告及处理制度"，"是指发生事故或者其他突然事件，使环境受到或者可能受到严重污染或破坏时，事故或事件的当事人必须立即采取措施处理，及时向可能受到环境污染与破坏危害的公众通报，并向当地环境保护行政主管部门和有关部门报告，接受调查处理的法律制度"。[1]。

1982 年，我国《海洋环境保护法》首次确立了环境事故报告制度。此后，《环境保护法》《水污染防治法》《大气污染防治法》和《突发事件应对法》等法律都有相关制度规定。此外，《国家突发公共事件总体应急预案》和《国家突发环境事件应急预案》等，对此制度也都有规定。1987 年，原国家环保局发布《报告环境污染与破坏事故的暂行办法》，对环境事故报告制度作出了具体规定。2006 年，国家环保部发布《环境保护行政主管部门突发环境事件信息报告办法（试行）》；2011 年，环保部发布《突发环境事件信息报告办法》。以上两个《办法》进一步对环境事故报告制度作出了详尽规定。环境污染事故报告制度的确立，可使政府和环境保护监督管理部门及时掌握环境污染与破坏事故的情况，查明事故原因、确定危害程度，便于采取有效措施，防止事故的蔓延和扩大。也可使受到环境污染和破坏威胁的公众提前采取防范措施，避免或减少损失，最大限度地降低事故的危害程度。

---

[1] 曹霞、李鑫：《我国环境事故报告制度的实施困境与对策》，载《法学杂志》2015 年第 1 期。

※《甘肃省平凉市泾川县 2018 年"4·9"交通事故致柴油罐车泄漏次生重大突发环境事件调查报告》摘要[1]

2018 年 4 月 9 日 15 时 40 分，甘肃省平凉市泾川县发生柴油罐车道路交通事故，致柴油泄漏进入汭河后汇入泾河，造成跨甘肃、陕西两省突发环境事件。事件发生后，生态环境部高度重视，迅速派出应急办、西北督察局组成工作组赶赴现场，协调、指导两省地方政府和环保部门做好应急应对工作。通过甘肃、陕西两省共同努力，4 月 13 日 18 时始，受污染河段石油类浓度持续稳定达标，事件得到了妥善处置，甘肃、陕西两省先后终止应急响应。

按照《突发环境事件调查处理办法》的有关规定，生态环境部启动重大突发环境事件调查程序，成立调查组，按照"科学严谨、依法依规、实事求是、注重实效"的原则，通过现场勘察、资料核查、人员询问及专家论证，查明了事件原因和经过，认定此次事件是一起因交通事故致柴油罐车泄漏次生的重大突发环境事件。

此次事件中，事故罐车共载有柴油 31 吨，罐体内残存 7 吨，泄漏 24 吨。其中泄漏至汭河河堤后清理转运 11.6 吨，泄漏入河 12.4 吨。此次事件造成汭河、泾河下游 182 公里河段水体受到不同程度污染，其中甘肃省境内 72 公里，陕西省境内 110 公里。经排查，沿河无集中式饮用水源，未造成居民生活用水影响。经评估，此次事件应急处置阶段共造成直接经济损失 601.27 万元，其中甘肃省 364 万元，陕西省 237.27 万元。

事件发生后，甘肃、陕西两地相继启动了省、市、县三级政府突发环境事件应急响应，成立应急指挥部，统筹开展应对工作。生态环境部工作组紧急赶赴现场指导、协调两省联合开展应对。通过强化控源减污、应急监测、信息公开等措施，事件得到了妥善处置，避免了污染进一步扩大，并维护了社情舆情稳定。

（二）环境事故报告制度内容

1. 突发环境事件分级

突发环境事件，指突然发生，造成或者可能造成重大人员伤亡、重大财产损失和对全国或者某一地区的经济社会稳定、政治安定构成重大威胁和损害，有重大社会影响的涉及公共安全的环境事件。按照突发事件的严重性和紧急程度，突发环境事件可分为特别重大（Ⅰ级）、重大（Ⅱ级）、较大（Ⅲ级）和一般（Ⅳ级）四级。

（1）特别重大（Ⅰ级）突发环境事件。特别重大突发环境事件包括因环境污染直接导致 10 人以上死亡或 100 人以上中毒的；因环境污染需疏散、转移群众 5 万人以上的；因环境污染造成直接经济损失 1 亿元以上的；因环境污染造成区域生态功能丧失或国家重点保护物种灭绝的；因环境污染造成地市级以上城市集中式饮用水水源地取水中断的；1 类、2 类放射源失控造成大范围严重辐射污染后果的；核设施发生需要进入场外应急的严重核事故，或事故辐射后果可能影响邻省和境外的，或按照"国际核事件分级（INES）标准"属于 3 级以上的核事件；台湾地区核设施中发生的按照"国际核事件分级（INES）标准"属于 4 级以上的核事故；周边国家核设施中发生的按照"国际核事件分级（INES）标准"属于 4 级以上的核事故；跨国界突发环境事件等。

---

[1]　资料来源：生态环境部官网，http：//www.mee.gov.cn，最后访问日期：2019 年 12 月 10 日。

（2）重大（Ⅱ级）突发环境事件。重大突发环境事件包括因环境污染直接导致 3 人以上 10 人以下死亡或 50 人以上 100 人以下中毒的；因环境污染需疏散、转移群众 1 万人以上 5 万人以下的；因环境污染造成直接经济损失 2000 万元以上 1 亿元以下的；因环境污染造成区域生态功能部分丧失或国家重点保护野生动植物种群大批死亡的；因环境污染造成县级城市集中式饮用水水源地取水中断的；重金属污染或危险化学品生产、贮运、使用过程中发生爆炸、泄漏等事件，或因倾倒、堆放、丢弃、遗撒危险废物等造成的突发环境事件发生在国家重点流域、国家级自然保护区、风景名胜区或居民聚集区、医院、学校等敏感区域的；1 类、2 类放射源丢失、被盗、失控造成环境影响，或核设施和铀矿冶炼设施发生的达到进入场区应急状态标准的，或进口货物严重辐射超标的事件；跨省（区、市）界突发环境事件等。

（3）较大（Ⅲ级）突发环境事件。较大突发环境事件包括因环境污染直接导致 3 人以下死亡或 10 人以上 50 人以下中毒的；因环境污染需疏散、转移群众 5000 人以上 1 万人以下的；因环境污染造成直接经济损失 500 万元以上 2000 万元以下的；因环境污染造成国家重点保护的动植物物种受到破坏的；因环境污染造成乡镇集中式饮用水水源地取水中断的；3 类放射源丢失、被盗或失控，造成环境影响的；跨地市界突发环境事件。

（4）一般（Ⅳ级）突发环境事件。一般突发环境事件，是指除特别重大突发环境事件、重大突发环境事件、较大突发环境事件以外的突发环境事件。

2. 突发环境事件预警

我国《国家突发环境事件应急预案》规定，各级环境保护主管部门及其他有关部门要加强日常环境监测，并对可能导致突发环境事件的风险信息加强收集、分析和研判。对可以预警的突发环境事件，按照事件发生的可能性大小、紧急程度和可能造成的危害程度，将预警分为四级，由低到高依次用蓝色、黄色、橙色和红色表示。地方环境保护主管部门研判可能发生突发环境事件时，应当及时向本级人民政府提出预警信息发布建议，同时通报同级相关部门和单位。地方人民政府或其授权的相关部门，及时通过电视、广播、报纸、互联网、手机短信、当面告知等渠道或方式向本行政区域公众发布预警信息，并通报可能影响的相关地区。发布突发环境事件预警信息的地方人民政府或有关部门，应当根据事态发展情况和采取措施的效果适时调整预警级别；当判断不可能发生突发环境事件或者危险已经消除时，宣布解除预警，适时终止相关措施。

3. 突发环境事件报告

我国《突发环境事件信息报告办法》规定，突发环境事件的报告分为初报、续报和处理结果报告。初报，是在发现或者得知突发环境事件后首次上报。初报应当报告突发环境事件的发生时间、地点、信息来源、事件起因和性质、基本过程、主要污染物和数量、监测数据、人员受害情况、饮用水水源地等环境敏感点受影响情况、事件发展趋势、处置情况、拟采取的措施以及下一步工作建议等初步情况，并提供可能受到突发环境事件影响的环境敏感点的分布示意图。续报，是在查清有关基本情况、事件发展情况后随时上报，续报应当在初报的基础上，报告有关处置进展情况。处理结果报告，是在突发环境事件处理完毕后上报。处理结果报告应当在初报和续报的基础上，报告处理突发环境事件的措施、过程和结果，突发环境事件潜在或者间接危害以及损失、社会影响、处理后的遗留问题、责任追究等详细情况。突发环境事件信息应当采用传真、网络、邮寄和面呈等方式书面报告；情况紧急时，初报可通过电话报告，但应当及时补充书面报告。书面报告中应当载明突发环境事件报告单位、报告签发人、联系人及联系方式等内容，并尽可能提供地图、图片以及相关的多媒体资料。

4. 突发环境事件核实与处理

突发环境事件发生地环境保护主管部门在发现或者得知突发环境事件信息后，应当立即进行核实，对突发环境事件的性质和类别作出初步认定。对初步认定为一般（Ⅳ级）或者较大（Ⅲ级）突发环境事件的，应在四小时内向本级人民政府和上一级人民政府环境保护主管部门报告。对初步认定为重大（Ⅱ级）或者特别重大（Ⅰ级）突发环境事件的，应在两小时内向本级人民政府和省级人民政府环境保护主管部门报告，同时上报环境保护部。省级人民政府环境保护主管部门接到报告后，应当进行核实并在一小时内报告环境保护部。环保部在接到下级人民政府环境保护主管部门重大（Ⅱ级）或者特别重大（Ⅰ级）突发环境事件以及其他有必要报告的突发环境事件信息后，应当及时向国务院总值班室和中共中央办公厅秘书局报告。突发环境事件已经或者可能涉及相邻行政区域的，应及时通报相邻区域。环境保护主管部门应建立突发环境事件信息档案。报告涉及国家秘密的突发环境事件信息，应当遵守国家有关保密的规定。

第九章 工程争议解决法律制度

如前所述，工程具有高度的集成性和利益攸关性。工程活动综合利用了科学知识、经验技能、人、财、物等各种资源，是对科学、技术、经济、管理、社会、文化、环境等众多要素的集成、选择和优化。工程活动不仅汇聚了多种要素和资源，还吸收了投资、施工、组织、设计、产品使用等不同参与主体，这些参与者的利益诉求不同，对具体工程活动的利益、风险和代价期望值不同，因而成为工程活动重要的利益攸关者。工程活动中，重要利益攸关者之间由于利益诉求与期望值不同，往往会发生冲突，产生争议，需要构建相应制度解决争议，解决利益攸关方间争议，平衡冲突方间的利益纠葛。工程争议解决途径包括行政裁决与复议、和解、调节、仲裁与诉讼等制度。

一、行政裁决与复议制度

（一）行政裁决制度

1. 行政裁决概念

行政裁决，"是国家行政机关依据法律、法规的授权，以居间裁决者身份，对特定范围内与裁决机关行政管理职权密切相关的民事纠纷作出处理的具体行政行为"[1]。行政裁决，是行政主体对民事纠纷进行裁判的具体行政行为，具有公定力、确定力、拘束力、执行力。非经诉讼或者其他途径，任何人不能否定行政机关作出行政行为的法律效力。如果当事人不服行政机关对此作出的行政裁决，可以到法院进行诉讼，也就是说行政裁决在结果上具有非终局性。"行政权和司法权之间不单单是分立和制约的关系，已经出现了一定程度的融合，而这种融合的典型代表就是由行政机关解决部分民事争议，以及行政解决争议司法化的现象。"[2] 因此，行政裁决具有司法性。行政裁决机关居中裁判，公开、公正、公平地解决当事人之间的纠纷，无论从程序到结果，都使行政裁决具备了与司法裁判相类似的属性。

行政裁决与其他争议解决途径相比较，具有专业、快捷、综合、高效等优势。政府主管部门具有丰富的专业知识和管理经验，在解决特定争议中既可提高效率和效益，又可借助专家力量，使申请者得到较合理的裁决结果。行政机关具有多种解决争议的手段和资源，行政裁决可将政府各部门协调起来解决争议，做到综合、全方位解决争议。行政裁决适用程序简便、成本低廉，可大大降低争议解决成本。

---

[1] 应松年主编：《当代中国行政法》（下卷），中国方正出版社 2005 年版，第 1105 页。

[2] 张树义主编：《纠纷的行政解决机制——以行政裁决为中心》，中国政法大学出版社 2006 年版，第 33 页。

※ "充电器租售机"实用新型专利权无效宣告请求案[1]

作为共享经济的细分行业，共享充电宝的出现，解决了户外手机电量不足的难题，但该领域的专利纠纷也屡见不鲜。用户只需通过扫描二维码支付押金获得移动电源，就能为手机等设备进行充电。当充电完成后，将移动电源放回到保管仓内，就能退还押金。这种在今天看来非常便利的操作，在共享充电宝出现之前，还是一个技术难点。

2013 年 12 月 16 日，深圳拓特公司就该技术向国家知识产权局提交专利申请，并于 2014 年 6 月获得授权。获得授权后，深圳拓特将专利独家许可给深圳租电智能科技公司，后者就是在共享充电宝行业占有一定市场份额的云租电。

2016 年，深圳拓特公司认为深圳来电公司与深圳街电公司的相关产品，涉嫌落入涉案专利权利要求保护范围而构成专利侵权，将两家公司起诉至法院。这两家公司以深圳拓特的"充电器租售机"的实用新型专利不具备创造性为由，分别于 2017 年 8 月、2017 年 11 月向国家知识产权局专利复审委员会提出专利权无效宣告请求。

合议组经审理后，认为涉案专利在相近领域公开了整个机柜以及相关各模块整体架构的情况下，仅是存放对象不同并不能使整个方案具备创造性。故对两案合并，作出涉案专利权利要求 1—10 不具备创造性的审查决定，宣告涉案专利权无效。

2. 行政裁决种类

行政裁决并不是所有行政机关对所有事项都可以进行，只能是法律、法规明确授权行政机关，针对特定民事纠纷进行审理和裁决。目前，我国《土地管理法》《专利法》《商标法》《食品安全法》《环境保护法》《水污染防治法》《矿产资源法》《森林法》《草原法》《治安管理处罚法》和《药品管理法》等法律规范，对行政裁决事项范围和种类作出了明确规定。

（1）权属纠纷裁决。权属纠纷裁决，是指行政机关对发生在平等主体之间、与行政管理活动有关的财产所有权、使用权的归属争议所作的裁决。比如，行政机关对土地使用权纠纷裁决，对矿产资源利用、开采权纠纷裁决，对土地附着物所有权纠纷裁决等。

（2）侵权纠纷裁决。侵权纠纷裁决，是指行政机关对相对人与行政管理活动有关的合法权益受到他人侵犯并发生争议时，为制止侵权行为而作出的裁决。比如，版权管理机关对著作权纠纷所作的裁决，知识产权管理机关对专利权、商标权纠纷所作的裁决等。

（3）损害赔偿纠纷裁决。损害赔偿纠纷裁决，是指行政机关对发生在行政相对人之间的赔偿争议所作的裁决。比如，在治安管理中，行政相对人因违反治安管理法规并造成他人合法权益损害的，公安机关根据《治安管理处罚法》，就赔偿问题进行裁决；在环境保护管理中，对因违反环保规定排放污染物，造成他人合法权益损害而引起赔偿纠纷，由环保机关进行裁决等。

3. 行政裁决程序

行政裁决程序，是行政裁决的方式、步骤与顺序，一般分为申请、受理、审查和裁决四个环节。

---

[1]　资料来源：国家知识产权局官网—案例中心，http：//www.gnipa.gov.cn，最后访问日期：2019 年 12 月 1 日。

（1）申请。民事纠纷的当事人应向有权行政机关提出申请，要求行政机关对已发生的争议作出裁决，以保护自己的合法民事权益。

（2）受理。行政机关收到当事人的申请后，应当对申请内容进行初步审查，符合条件的，应当受理；不符合申请条件的，应及时告知当事人并说明理由。

（3）审查。行政机关受理当事人申请后，即开始对当事人争议进行审查，对有关事实和证据进行查证、核实；召集当事人进行调查、询问、辩论和质证；向证人了解情况；必要时可组织勘验、鉴定。

（4）裁决。行政机关经过审查认为事实清楚、证据确凿充分的，应及时作出行政裁决，并制作裁决书。同时告知当事人如果对裁决不服，可申请行政复议或提起行政诉讼。

（二）行政复议制度

1. 行政复议概念

行政复议，"是指公民、法人和其他组织认为行政主体的行政行为侵犯其合法权益，和行政主体之间发生争议，依法向行政复议机关提出申请，由行政复议机关依照法定程序，对引起争议的行政行为的合法性和适当性进行全面复查、审议并作出复议决定的行政行为"[1]。行政复议的宗旨是纠正违法行政，保护公民的合法权益，监督行政机关依法行政。

行政复议以合法、公平、公正、及时、便民为基本原则，复议程序时间短、操作便捷、花费少，与诉讼等其他救济手段相比较，具有其自身独有的优越性。行政复议作为行政机关内部的纠错制度，体现了成本与收益的正比例关系，该制度有利于及时、高效地解决行政相对人与行政机关之间的多种争议，密切行政机关与广大人民群众的干群关系，促进社会的和谐与稳定。

※深圳"蓝的"司机申请行政复议案件[2]

深圳"蓝的"，即深圳市电动出租车。2019年2月，大年初三傍晚，深圳王司机在机场外出租车平台排队候客，一乘客说要去东莞樟木头，距离有70多公里。出租车当时仪表盘显示续驶里程110公里，电量是31%，而机场至樟木头的距离在50～60公里之间，距离东莞樟木头最近的充电桩为16～21公里。王司机怕电量不足，告知乘客坐下一部车。后，王司机因电动出租车剩余电量不足"拒载"，被深圳市交通局执法人员作出罚款1000元的行政处罚。王司机对处罚决定不服，到深圳市司法局行政复议处（深圳市人民政府行政复议办公室）申请行政复议，要求撤销深圳市交通局对他的行政处罚决定。

深圳市司法局行政复议处受理案件后，认为对电动出租车，衡量其是否具有载客营运能力，应当基于电池损耗情况、行程距离、行程目的地与附近充电桩的距离等情形。考虑到王司机的"蓝的"电池持续使用近两年的损耗情况，以80公里作为行程距离，再加上到达后去往最近充电桩的距离，车确实存在到不了东莞或者到达后无法及时充电的风险。此外，王司机与乘客进行了沟通，主观上没有恶意拒载的故意，乘客也没有主动投诉。

---

［1］ 杨建顺：《行政规制与权利保障》，中国人民大学出版社2007年版，第552页。

［2］ 广东省司法厅官网—依法治省—行政复议案例，http://sft.gd.gov.cn，最后访问日期：2019年12月1日。

　　6月10日，在深圳市司法局行政复议处沟通协调之下，深圳市交通运输局决定主动撤销对王司机的行政处罚决定，王司机也撤回行政复议的书面申请，此案件得以圆满解决。

　　2. 行政复议机关及管辖

　　行政复议机关，是根据法律规定，有权受理复议申请，依法对原具体行政行为的合法性或适当性进行审查，并及时作出有效裁决的行政机关。我国《行政复议法》规定，对县级以上地方各级人民政府工作部门的具体行政行为不服的，由申请人选择，可以向该部门的本级人民政府申请行政复议，也可以向上一级主管部门申请行政复议。对海关、金融、国税、外汇管理等实行垂直领导的行政机关和国家安全机关的具体行政行为不服的，向上一级主管部门申请行政复议。对地方各级人民政府的具体行政行为不服的，向上一级地方人民政府申请行政复议。对国务院部门或者省、自治区、直辖市人民政府的具体行政行为不服的，向作出该具体行政行为的国务院部门或者省、自治区、直辖市人民政府申请行政复议。

　　3. 行政复议范围

　　行政复议范围，是指法律规定的行政机关受理行政争议案件范围。我国《行政复议法》规定，可以申请行政复议的事项包括对行政机关作出的警告、罚款、没收违法所得、没收非法财物、责令停产停业、暂扣或者吊销许可证、暂扣或者吊销执照、行政拘留等行政处罚决定不服的；对行政机关作出的限制人身自由或者查封、扣押、冻结财产等行政强制措施决定不服的；对行政机关作出的有关许可证、执照、资质证、资格证等证书变更、中止、撤销的决定不服的；对行政机关作出的关于确认土地、矿藏、水流、森林、山岭、草原、荒地、滩涂、海域等自然资源的所有权或者使用权的决定不服的；认为行政机关侵犯合法的经营自主权的；认为行政机关变更或者废止农业承包合同，侵犯其合法权益的；认为行政机关违法集资、征收财物、摊派费用或者违法要求履行其他义务的；认为符合法定条件，申请行政机关颁发许可证、执照、资质证、资格证等证书，或者申请行政机关审批、登记有关事项，行政机关没有依法办理的；申请行政机关履行保护人身权利、财产权利、受教育权利的法定职责，行政机关没有依法履行的；申请行政机关依法发放抚恤金、社会保险金或者最低生活保障费，行政机关没有依法发放的；认为行政机关的其他具体行政行为侵犯其合法权益的。

　　4. 行政复议程序

　　行政复议程序，是指行政复议机关办理行政复议案件应当遵循必要的步骤。行政复议程序分为三个步骤，即申请、受理和审查决定。

　　（1）行政复议申请。我国《行政复议法》规定，公民、法人或者其他组织认为具体行政行为侵犯其合法权益的，可以自知道该具体行政行为之日起六十日内提出行政复议申请；但是法律规定的申请期限超过六十日的除外。申请人申请行政复议，可以书面申请，也可以口头申请；口头申请的，行政复议机关应当当场记录申请人的基本情况，行政复议请求，申请行政复议的主要事实、理由和时间。公民、法人或者其他组织申请行政复议，行政复议机关已经依法受理的，或者法律、法规规定应当先向行政复议机关申请行政复议、对行政复议决定不服再向人民法院提起行政诉讼的，在法定行政复议期限内不得向人民法院提起行政诉讼。公民、法人或者其他组织向人民法院提起行政诉讼，人民法院已经依法受理的，不得申请行政复议。

（2）行政复议受理。我国《行政复议法》规定，行政复议机关收到行政复议申请后，应当在五日内进行审查，对不符合本法规定的行政复议申请，决定不予受理，并书面告知申请人；对符合本法规定，但是不属于本机关受理的行政复议申请，应当告知申请人向有关行政复议机关提出。法律、法规规定应当先向行政复议机关申请行政复议、对行政复议决定不服再向人民法院提起行政诉讼的，行政复议机关决定不予受理或者受理后超过行政复议期限不作答复的，公民、法人或者其他组织可以自收到不予受理决定书之日起或者行政复议期满之日起十五日内，依法向人民法院提起行政诉讼。

（3）行政复议审查决定。我国《行政复议法》规定，行政复议原则上采取书面审查的办法，但是申请人提出要求或者行政复议机关负责法制工作的机构认为有必要时，可以向有关组织和人员调查情况，听取申请人、被申请人和第三人的意见。在行政复议过程中，被申请人不得自行向申请人和其他有关组织或者个人收集证据。行政复议决定作出前，申请人要求撤回行政复议申请的，经说明理由，可以撤回；撤回行政复议申请的，行政复议终止。行政复议机关负责法制工作的机构应当对被申请人作出的具体行政行为进行审查，提出意见，经行政复议机关的负责人同意或者集体讨论通过后，按照相关规定分别作出维持决定、履行决定、变更决定、确认违法决定、撤销决定和重作决定等行政复议决定。对行政复议决定不服的，可以依照行政诉讼法的规定向人民法院提起行政诉讼，但是法律规定行政复议决定为最终裁决的除外。

公民、法人或者其他组织认为行政机关的具体行政行为侵犯其已经依法取得的土地、矿藏、水流、森林、山岭、草原、荒地、滩涂、海域等自然资源的所有权或者使用权的，应当先申请行政复议；对行政复议决定不服的，可以依法向人民法院提起行政诉讼。根据国务院或者省、自治区、直辖市人民政府对行政区划的勘定、调整或者征收土地的决定，省、自治区、直辖市人民政府确认土地、矿藏、水流、森林、山岭、草原、荒地、滩涂、海域等自然资源的所有权或者使用权的行政复议决定为最终裁决。

二、和解制度

和解，是指当事人在自愿互谅的基础上，就已发生争议进行协商并达成协议，自行解决争议的方式。和解是当事人之间自愿协商，互相让步或者一方让步，以解决双方争执的活动，没有第三者参加。争议在行政裁决和复议、仲裁、诉讼前或过程进行中，均可进行和解。和解没有专门的法律规定与特定的程序性要求，只要双方自愿，达成协议即可。当事人在进行和解时应坚持自愿、合法、平等原则。和解解决争议具有简便易行，经济、及时解决纠纷的优点，有利于维护争议双方的友好合作关系，有利于和解协议的执行。和解成功，争议双方达成和解协议，双方应当遵守；任何一方如果有反悔，可申请行政裁决和复议，或提起仲裁或诉讼。

三、调解制度

调解，是指双方当事人以外的第三者，以国家法律、法规和政策以及社会公德为依据，对争议双方进行疏导、劝说，促使他们相互谅解，进行协商，自愿达成协议，解决纠纷的活动。调解制度具有简捷、及时和经济的特点，有利于矛盾纠纷及时解决，防止矛盾纠纷激化和升级。调解方式多样，调解机构广泛，有利于争议方便解决。调解以法律法规为依据，在法律基础上强化以情感人，有利于争议顺利解决，矛盾纠纷迅速恢复。我国调解制度共有四种，即法院调解、仲裁调解、行政调解和人民调解。

（一）法院调解

法院调解，又称"诉讼内调解"，是法院通过协商解决纠纷、结束诉讼、维护合法权益，审结民商事案件的制度。我国《民事诉讼法》规定，法院审理民事案件，应当根据自愿和合法的原则进行调解；调解不成的，应当及时判决。法院应根据当事人自愿原则，在事实清楚的基础上，分清是非，进行调解，调解协议内容不得违反法律规定。调解达成协议，法院应制作调解书，调解书经双方签收后，即具有法律效力。调解未达成协议或调解书送达前一方反悔的，法院应及时判决。

（二）仲裁调解

仲裁调解，是在仲裁庭主持下进行的调解。我国《仲裁法》规定，仲裁庭在作出裁决前，可先行调解。当事人自愿调解的，仲裁庭应当调解；调解不成的，应当及时作出裁决。调解达成协议的，仲裁庭应制作调解书或根据协议结果制作裁决书；调解书与裁决书具有同等法律效力。调解书经双方签收后，即发生法律效力。调解书签收前当事人反悔的，仲裁庭应及时作出裁决。

（三）行政调解

行政调解，是特定行政机关主持的，以国家法律和政策为依据，以自愿为原则，通过说服、教育等方法，促使双方当事人互谅互让，达成协议，以解决民事争议或特定行政争议的活动。行政调解作为一种具体行政行为，在实际中应用非常广泛，如我国《治安管理处罚法》规定，对于违反治安管理行为，情节较轻的，公安机关可以调解处理。经调解，当事人达成协议的，不予处罚；经调解未达成协议或达成协议后不履行的，公安机关应依规对违反治安管理行为人给予处罚，并告知当事人可就民事争议依法向法院提起民事诉讼。

（四）人民调解

人民调解，又称"诉讼外调解"，是指人民调解委员会通过说服、疏导等方法，促使当事人在平等协商的基础上，自愿达成调解协议，解决民间纠纷的活动。我国《人民调解法》规定，人民调解委员会是依法设立在村民委员会、居民委员会及企业事业单位中调解民间纠纷的群众性组织。人民调解委员会调解民间纠纷，应当在自愿、平等的基础上进行，不得违背法律、法规和国家政策，不得收取任何费用；人民调解应尊重当事人权利，不得因调解而阻止当事人依法通过仲裁、行政、司法等途径维护自己的权利。经调解达成调解协议的，可制作调解协议书；当事人认为无须制作调解协议书的，可采取口头协议方式，调解员应记录协议内容。经调解达成的调解协议，具有法律约束力，当事人应按照约定履行。调解协议达成后，当事人之间就协议履行或者协议内容发生争议的，一方当事人可以向人民法院提起诉讼。

四、仲裁制度

（一）仲裁制度概述

1. 仲裁概念

仲裁是指"争议双方在争议发生前或发生后达成协议，自愿将争议交给第三者作出裁决，双方有义务执行的一种解决争议的方法"。[1] 目前，我国仲裁制度包括经济仲裁与劳动人事仲裁两类，经济仲裁又分为涉外经济仲裁和国内经济仲裁。工程争议的仲裁解决，主要是指经济仲裁，故本书主要论述经济仲裁制度。

"当事人意思自治原则不仅是世界各国仲裁制度的基本原则，而且是整个仲裁制度赖以存在的基石。"[2] 因此，当事人意思自治是仲裁制度的最大特点。工程争议发生后，是否将其提交仲裁、交给谁仲裁、仲裁庭的组成人员如何产生、仲裁适用何种程序规则和实体法，都是在当事人自愿的基础上，由当事人协商确定的。仲裁与和解、调解相比，更加注重规范性，增加了解决纠纷的可预见性；与诉讼相比，避免了法院诉讼过于法律化、费用太高、耗时太长等不利于商业交往的缺陷，更能适合人们对解决经济纠纷的经济、高效、透明度高等要求。此外，仲裁的专业性、灵活性、保密性、快捷性、经济性和相对独立性等，也是其制度的优势所在。

※厦门仲裁委员会裁决书（厦仲裁字［2007］第××××号）摘要[3]

一、案情

2002 年 4 月 1 日，厦门×房地产开发有限公司（申请人）与泉州市×装饰工程有限公司厦门分公司（被申请人）签订《房屋租赁契约》，约定泉州装饰公司向厦门房产公司承租嘉禾路××大厦 3G 单元，租赁用途为办公，租赁期限为 2002 年 4 月 1 日至 2003 年 4 月 1 日。2004 年 5 月 1 日，双方续签《房屋租赁契约》，租赁期限为 2004 年 5 月 1 日至 2005 年 4 月 30 日；租赁期满后，双方又口头约定租赁期限延续一年。租赁期间，泉州装饰公司经常无故拖欠房租，截至 2006 年 3 月 17 日，共欠租金 12810.00 元。

2006 年 4 月 30 日，租赁期满，厦门房产公司依据合同中约定的仲裁条款向厦门仲裁委员会申请仲裁，并提出如下仲裁请求：（1）裁令被申请人立即返还租赁房屋；（2）裁令被申请人支付拖欠租赁费及拒不搬离房屋的使用费 26689.50 元；（3）裁令被申请人支付违约金 4010.60 元；（4）裁令被申请人承担本案全部仲裁费用。

二、裁决

2007 年 4 月，仲裁庭对此案件裁决如下：

（1）被申请人应向申请人支付房屋租金和房屋使用费 18681.85 元；

（2）被申请人应向申请人支付违约金 3626.31 元；

（3）本案仲裁费 3840.00 元由被申请人承担人民币 2688.00 元，申请人承担人民币 1152.00 元。

被申请人应于本裁决书送达之日起 10 日内向申请人付清该笔款项。本裁决为终局裁决，自作出之日起发生法律效力。

---

[1] 《中国大百科全书·法学卷》，中国大百科全书出版社 1984 年版，第 807 页。

[2] 陈治东：《国际商事仲裁法》，法律出版社 1998 年版，第 9 页。

[3] 资料来源：厦门仲裁委员会官网—理论研究—裁决书选登，http://www.xmac.org.cn，最后访问日期：2019 年 12 月 1 日。

2. 仲裁适用范围

仲裁适用范围，是指哪些纠纷可以通过仲裁解决，哪些纠纷不能以仲裁来解决，即通常讲的"争议的可仲裁性"。我国《仲裁法》规定，平等主体的公民、法人和其他组织之间发生的合同纠纷和其他财产权益纠纷，可以仲裁；婚姻、收养、监护、扶养、继承纠纷以及依法应当由行政机关处理的行政争议不能仲裁。此外，有关劳动争议和农业集体经济组织内部的农业承包合同纠纷仲裁，适用其他规定。

3. 仲裁委员会

仲裁委员会，是常设性仲裁机构，是独立、公正、高效地解决平等主体的公民、法人和其他组织之间发生的合同纠纷和其他财产权益纠纷的常设仲裁机构。我国《仲裁法》规定，仲裁委员会可以在直辖市和省、自治区人民政府所在地的市设立，也可以根据需要在其他设区的市设立，不按行政区划层层设立。仲裁委员会独立于行政机关，与行政机关没有隶属关系。仲裁委员会应当有自己的名称、住所和章程，有必要的财产，有该委员会的组成人员，有聘任的仲裁员。仲裁委员会由主任一人、副主任二人至四人和委员七人至十一人组成。仲裁委员会的主任、副主任和委员由法律、经济贸易专家和有实际工作经验的人员担任。仲裁委员会的组成人员中，法律、经济贸易专家不得少于三分之二。仲裁委员会应当从公道正派的人员中聘任仲裁员。仲裁员应当符合通过国家统一法律职业资格考试取得法律职业资格，从事仲裁工作满八年的；从事律师工作满八年的；曾任法官满八年的；从事法律研究、教学工作并具有高级职称的；具有法律知识、从事经济贸易等专业工作并具有高级职称或者具有同等专业水平的等条件。

4. 仲裁协议

仲裁协议，是双方当事人在自愿、协商、平等互利的基础之上，将已发生或者可能发生的争议提交仲裁解决的书面文件。我国《仲裁法》规定，仲裁协议包括合同中订立的仲裁条款和以其他书面方式在纠纷发生前或者纠纷发生后达成的请求仲裁的协议。仲裁协议应有请求仲裁的意思表示、仲裁事项、选定的仲裁委员会等内容。仲裁协议是申请仲裁的必备材料，但协议中约定的仲裁事项超出法律规定的仲裁范围的；无民事行为能力人或者限制民事行为能力人订立的仲裁协议；一方采取胁迫手段，迫使对方订立仲裁协议的，仲裁协议无效。仲裁协议对仲裁事项或者仲裁委员会没有约定或者约定不明确的，当事人可以补充协议；达不成补充协议的，仲裁协议无效。仲裁协议独立存在，合同的变更、解除、终止或者无效，不影响仲裁协议的效力。仲裁庭有权确认合同的效力。当事人对仲裁协议的效力有异议的，可以请求仲裁委员会作出决定或者请求人民法院作出裁定。一方请求仲裁委员会作出决定，另一方请求人民法院作出裁定的，由人民法院裁定。

（二）仲裁程序

1. 仲裁申请与受理

申请仲裁，是指平等主体的公民、法人和其他组织，就合同纠纷和其他财产权益纠纷，根据仲裁协议，提请所选定的仲裁机构进行仲裁审理和裁决的行为。

我国《仲裁法》规定，当事人申请仲裁应当有仲裁协议，有具体的仲裁请求和事实、理由，并属于仲裁委员会的受理范围；应向仲裁委员会递交仲裁协议、仲裁申请书及副本。

仲裁委员会收到仲裁申请书之日起五日内，认为符合受理条件的，应当受理，并通知当事人；认为不符合受理条件的，应当书面通知当事人不予受理，并说明理由。当事人达成仲裁协议，一方向人民法院起诉未声明有仲裁协议，人民法院受理后，另一方在首次开庭前提交仲裁协议的，人民法院应当驳回起诉，但仲裁协议无效的除外；另一方在首次开庭前未对人民法院受理该案提出异议的，视为放弃仲裁协议，人民法院应当继续审理。

2. 仲裁庭组成

仲裁庭，是指由当事人选定或者仲裁委员会主任指定的仲裁员组成的，对当事人申请仲裁的案件，依仲裁程序进行审理并作出裁决的组织形式。我国《仲裁法》规定，仲裁委员会受理仲裁案件后，应及时组成仲裁庭。仲裁庭可以由三名仲裁员或者一名仲裁员组成。由三名仲裁员组成的，设首席仲裁员。当事人约定由三名仲裁员组成仲裁庭的，应当各自选定或者各自委托仲裁委员会主任指定一名仲裁员，第三名仲裁员由当事人共同选定或者共同委托仲裁委员会主任指定。第三名仲裁员是首席仲裁员。当事人约定由一名仲裁员成立仲裁庭的，应当由当事人共同选定或者共同委托仲裁委员会主任指定仲裁员。仲裁庭组成后，仲裁委员会应当将仲裁庭的组成情况书面通知当事人。如果仲裁员是本案当事人或者当事人、代理人的近亲属；与本案有利害关系；与本案当事人、代理人有其他关系，可能影响公正仲裁的；私自会见当事人、代理人，或者接受当事人、代理人的请客送礼的，必须回避；当事人也有权提出回避申请。

3. 仲裁审理

仲裁审理，是仲裁庭按照法律规定的程序和方式，对当事人交付仲裁的争议事项作出裁决的活动。我国《仲裁法》规定，开庭审理是仲裁的主要方式。如果当事人协议不开庭的，仲裁庭可以根据仲裁申请书、答辩书以及其他材料作出裁决，即进行书面审理。但是仲裁一般不公开进行，如果当事人协议公开的，可以公开进行，但涉及国家秘密的除外。

4. 仲裁和解、调解和裁决

我国《仲裁法》规定，当事人申请仲裁后，可以自行和解。达成和解协议的，可以请求仲裁庭根据和解协议作出裁决书，也可以撤回仲裁申请。仲裁庭在作出裁决前，可以先行调解。当事人自愿调解的，仲裁庭应当调解。调解不成的，应当及时作出裁决。经仲裁庭调解，双方当事人达成协议的，仲裁庭应当制作调解书。仲裁调解书经双方当事人签收后即发生法律效力，调解书与裁决书具有同等的法律效力。仲裁和解或调解不成功，或当事人不愿和解、调解的，仲裁庭应及时裁决。裁决应按照多数仲裁员的意见作出，如不能形成多数意见时，应按照首席仲裁员的意见作出。

（三）仲裁裁决效力与执行

1. 仲裁裁决效力

我国《仲裁法》规定，裁决书自作出之日起发生法律效力。当事人不得就已经裁决的事项再行申请仲裁，也不得就此提起诉讼，仲裁机构与其他任何机关或个人均不得随意变更已生效的仲裁裁决，仲裁裁决具有执行力。如果当事人提出证据，证明仲裁裁决存在没有仲裁协议；裁决的事项不属于仲裁协议的范围或者仲裁委员会无权仲裁；仲裁庭的组成或者仲裁的程序违反法定程序；裁决所根据的证据是伪造；对方当事人隐瞒了足以影响公正裁决的证据；仲裁员在仲裁该案时有索贿受贿、徇私舞弊、枉法裁决行为等情形的，应当自收到裁决书之日起 6 个月内向仲裁委员会所在地的中级人民法院申请撤销裁决。人民法院应当在受理撤销裁决申请之日起 2 个月内作出撤销裁决或者驳回申请的裁定。人民法院经组成合议庭审查，核实裁决存在上述情形之一的，应当裁定撤销。如果人民法院认定该裁决违背社会公共利益的，应当裁定撤销。

2. 仲裁裁决执行

发生法律效力的仲裁裁决具有执行力，当事人应当履行裁决。我国《民事诉讼法》规定，对依法设立的仲裁机构的裁决，一方当事人不履行的，对方当事人可以向有管辖权的人民法院申请执行。受申请的人民法院应当执行。如有证据证明仲裁裁决存在当事人在合同中没有订有仲裁条款或者事后没有达成书面仲裁协议的；裁决的事项不属于仲裁协议的范围或者仲裁机构无权仲裁的；仲裁庭的组成或者仲裁的程序违反法定程序的；裁决所根据的证据是伪造的；对方当事人向仲裁机构隐瞒了足以影响公正裁决的证据的；仲裁员在仲裁该案时有贪污受贿、徇私舞弊、枉法裁决行为等情形的，经人民法院组成合议庭审查核实，裁定不予执行。人民法院认定执行该裁决违背社会公共利益的，裁定不予执行。仲裁裁决被人民法院裁定不予执行的，当事人可以根据双方达成的书面仲裁协议，重新申请仲裁，也可以向法院起诉。

五、诉讼制度

诉讼，俗称"打官司"，是指"国家专门机关在当事人及其他诉讼参与人的参加下，依照法定程序办理案件的全部活动，以及进行此种活动的循序渐进的程序"[1]。这里的"国家专门机关是指人民法院"。按照解决实体问题的不同，诉讼可以分为刑事诉讼、民事诉讼和行政诉讼三类。

诉讼与其他争议解决方式相比较，具有国家性、法律性、程序性和强制性等特点。法院、法官通过诉讼活动，代表国家行使审判权。诉讼活动不仅要遵循程序法，还要遵循实体法，当事人和法院均需按照诉讼程序要求，按部就班地实施诉讼行为。诉讼中，法官处于中立裁判者的位置，保障双方当事人平等地行使诉讼权利。法官通过对双方当事人的主张和抗辩进行审理，根据双方当事人提供的证据资料，经过当事人双方质证、辩论，法院对案件作出裁判。

※闽侯县李林工艺厂与建瓯市财政局一审行政判决书（〔2019〕闽 0702 行初 72 号）摘要[2]

一、案情

2018 年 12 月 19 日，福建环闽工程造价咨询有限公司受第三人建瓯市殡仪馆（采购人）委托，依法在中国政府采购网上发布招标公告，采用招标方式组织建瓯市殡仪馆太平岭公墓卧式墓料货物类采购，数量 1400 套，总价 2072000 元〔采购项目编号：〔350783〕HMGC〔GK〕2018012 包号：1〕。经资格审查，闽侯县李林工艺厂、福州晟冠陶瓷有限公司、福建省闽侯县古山洲华兴特艺厂三家企业通过审查参与投标。2019 年 1 月 8 日，在环闽公司南平分公司进行公开开标，最终李林工艺厂以总价 203 万元的合同价格中标涉讼采购项目。2019 年 1 月 9 日，环闽公司向原告发出《建瓯市政府采购中标通知书》，确定李林工艺厂为涉讼采购项目的中标人。

---

[1] 刘玫、张建伟、熊秋红：《刑事诉讼法》，高等教育出版社 2014 年版，第 5 页。

[2] 资料来源：中国裁判文书网，http://wenshu.court.gov.cn，最后访问日期：2019 年 12 月 10 日。

2019 年 1 月 17 日，南安市泓海石业有限责任公司[1]向第三人环闽公司提出质疑，环闽公司予以答复，但泓海公司对答复并不满意。2019 年 3 月 1 日，泓海公司向建瓯市财政局提起投诉，理由是三家投标供应商报价呈规律性差异，存在串通投标行为且三家公司存在直接控股、管理关系，李林工艺厂不具备招标文件所要求的生产能力等。

建瓯市财政局受理投诉后调查发现如下事实：

1. 三家投标供应商的投标报价单价分别为 1450 元、1460 元、1470 元，呈现差价均为 10 元的规律性变化；

2. 李林工艺厂未提供履行合同所必需的设备清单，后补充的材料所列清单上购置相关设备的发票开票日期均为 2019 年 4 月 21 日，系在本案招投标项目结束之后；

3. 经工商部门协查，三家投标供应商不存在上下级管理关系和具有相同的高级管理人员关系。

2019 年 5 月 13 日，建瓯市财政局作出《投诉处理决定书》，认定案涉相关供应商报价存在规律性差异，李林工艺厂在参与投标时提供虚假材料，不符合招标文件要求，中标无效并决定予以废标。李林工艺厂认为被告所作决定错误且直接损害原告合法权益，向南平市延平区法院提起行政诉讼。

二、判决

法院经审理认为，根据《政府采购质疑和投诉办法》的规定，县级以上各级人民政府财政部门负责依法处理供应商投诉。建瓯市财政局依法具有处理供应商投诉的法定职责，在本案中被诉行政主体适格。建瓯市财政局在处理第三人泓海公司的三项投诉事项时，认定事实清楚，证据确凿，适用法律、法规正确，程序合法，其处理结果并无不当。故原告李林工艺厂请求撤销被告建瓯市财政局作出的《关于建瓯市殡仪馆太平岭公墓卧式墓料货物类采购包号 1 项目投诉处理决定书》（瓯财购决〔2019〕2 号）及请求确认被告的该行为违法的诉请，依据不足，法院不予支持。据此，判决如下：

1. 驳回原告闽侯县李林工艺厂的诉讼请求。

2. 案件受理费 50 元，由原告闽侯县李林工艺厂负担。

（一）刑事诉讼

狭义的刑事诉讼，是指在法院主持下进行的刑事审判活动。刑事诉讼是以落实国家刑罚权为目的的活动，不仅指审判活动，还包括立案、侦查、审查起诉、执行等多个环节或阶段。刑事诉讼参与人除必不可少的当事人外，在不同阶段还会涉及法院、公安机关、人民检察院、国家安全机关、监狱和军队保卫部门等不同国家权力机构，是一种非常复杂的诉讼活动和过程。因此，我国一般将刑事诉讼作广义理解，是指"国家专门机关在当事人及其他诉讼参与人的参加下，依照法律规定的程序和要求，查明犯罪事实、确认犯罪人并追究其刑事责任的活动"[2]。在工程领域，刑事诉讼一般仅适用于解决市场主体间相对

[1] 南安市泓海石业有限责任公司在公开开标前，在现场签到并提交密封纸质投标文件，但经网上核验，其投标保证金被福建省政府采购网上公开信息系统判定为未提交。因此，泓海公司未进入资格审查及投标环节。

[2] 张建伟主编：《刑事诉讼法》，高等教育出版社 2011 年版，第 6 页。

重大、严重的经济纠纷和争议，如因合同诈骗、严重侵害财产权利、严重违反市场秩序等行为引起的经济纠纷。

我国《刑事诉讼法》规定，刑事诉讼法的任务，是保证准确、及时地查明犯罪事实，正确应用法律，惩罚犯罪分子，保障无罪的人不受刑事追究，教育公民自觉遵守法律，积极同犯罪行为作斗争，维护社会主义法制，尊重和保障人权，保护公民的人身权利、财产权利、民主权利和其他权利，保障社会主义建设事业的顺利进行。对刑事案件的侦查、拘留、执行逮捕、预审，由公安机关负责；检察、批准逮捕、检察机关直接受理的案件的侦查、提起公诉，由人民检察院负责；审判由人民法院负责。国家安全机关依照法律规定，办理危害国家安全的刑事案件，行使与公安机关相同的职权。人民法院、人民检察院依法独立行使职权，不受行政机关、社会团体和个人的干涉。人民法院、人民检察院和公安机关进行刑事诉讼，必须依靠群众，必须以事实为根据，以法律为准绳。人民检察院依法对刑事诉讼实行法律监督。

人民法院审判案件，实行两审终审制，除本法另有规定的以外，一律公开进行。被告人有权获得辩护，人民法院有义务保证被告人获得辩护。未经人民法院依法判决，对任何人都不得确定有罪。人民法院、人民检察院和公安机关应当保障犯罪嫌疑人、被告人和其他诉讼参与人依法享有的辩护权和其他诉讼权利。犯罪嫌疑人、被告人自愿如实供述自己的罪行，承认指控的犯罪事实，愿意接受处罚的，可以依法从宽处理。如情节显著轻微、危害不大，不认为是犯罪的；犯罪已过追诉时效期限的；经特赦令免除刑罚的；依照刑法告诉才处理的犯罪，没有告诉或者撤回告诉的；犯罪嫌疑人、被告人死亡的；或存在其他法律规定免予追究刑事责任的，不追究刑事责任。已经追究的，应当撤销案件，或者不起诉，或者终止审理，或者宣告无罪。

（二）行政诉讼

行政诉讼，是指"公民、法人或者其他组织认为行政机关和行政机关工作人员的行政行为侵犯其合法权益时，依法向人民法院提起诉讼，由人民法院进行审理并作出裁判的活动"[1]。行政诉讼，俗称"民告官"，因此行政诉讼中的被告必须是有关国家行政机关，而作为当事人的原告是公民、法人和其他组织，如果被告不是行政机关，就不为行政诉讼。行政诉讼仅适用于解决不平等主体间的纠纷与争议，如对行政机关行政处罚或行政强制措施不服，而进行诉讼等。

我国《行政诉讼法》规定，公民、法人或者其他组织认为行政机关和行政机关工作人员的行政行为侵犯其合法权益，有权依照本法向人民法院提起诉讼。人民法院应当保障公民、法人和其他组织的起诉权利，对应当受理的行政案件依法受理。行政机关及其工作人员不得干预、阻碍人民法院受理行政案件。被诉行政机关负责人应当出庭应诉；不能出庭的，应当委托行政机关相应的工作人员出庭。人民法院设行政审判庭，依法对行政案件独立行使审判权，不受行政机关、社会团体和个人的干涉。人民法院审理行政案件，依法实行合议、回避、公开审判和两审终审制度；审理行政案件，以事实为根据，以法律为准绳，对行政行为是否合法进行审查。当事人在行政诉讼中的法律地位平等，有权进行辩论。人民检察院有权对行政诉讼实行法律监督。

---

[1] 王佑启主编：《行政法与行政诉讼法》，中国人民大学出版社 2008 年版，第 227 页。

人民法院受理公民、法人或者其他组织提起的行政诉讼范围包括：对行政拘留、暂扣或者吊销许可证和执照、责令停产停业、没收违法所得、没收非法财物、罚款、警告等行政处罚不服的；对限制人身自由或者对财产的查封、扣押、冻结等行政强制措施和行政强制执行不服的；申请行政许可，行政机关拒绝或者在法定期限内不予答复，或者对行政机关作出的有关行政许可的其他决定不服的；对行政机关作出的关于确认土地、矿藏、水流、森林、山岭、草原、荒地、滩涂、海域等自然资源的所有权或者使用权的决定不服的；对征收、征用决定及其补偿决定不服的；申请行政机关履行保护人身权、财产权等合法权益的法定职责，行政机关拒绝履行或者不予答复的；认为行政机关侵犯其经营自主权或者农村土地承包经营权、农村土地经营权的；认为行政机关滥用行政权力排除或者限制竞争的；认为行政机关违法集资、摊派费用或者违法要求履行其他义务的；认为行政机关没有依法支付抚恤金、最低生活保障待遇或者社会保险待遇的；认为行政机关不依法履行、未按照约定履行或者违法变更、解除政府特许经营协议、土地房屋征收补偿协议等协议的；认为行政机关侵犯其他人身权、财产权等合法权益的，以及法律、法规规定可以提起诉讼的其他行政案件。法院不受理对国防、外交等国家行为；行政法规、规章或者行政机关制定、发布的具有普遍约束力的决定、命令；行政机关对行政机关工作人员的奖惩、任免等决定；法律规定由行政机关最终裁决的行政行为等事项提起的诉讼。

（三）民事诉讼

民事诉讼，是指"法院在当事人和其他诉讼参与人的参加下，以审理、判决、执行等方式解决民事纠纷的活动以及由这些活动产生的各种诉讼关系的总和"。[1] 民事诉讼是解决工程争议的一种常见方式，对维护当事人的合法权益，防止纠纷扩大或激化，起到了重要的作用。

我国《民事诉讼法》规定，人民法院受理公民之间、法人之间、其他组织之间以及他们相互之间因财产关系和人身关系提起的民事诉讼。民事诉讼法的任务，是保护当事人行使诉讼权利，保证人民法院查明事实，分清是非，正确适用法律，及时审理民事案件，确认民事权利义务关系，制裁民事违法行为，保护当事人的合法权益，教育公民自觉遵守法律，维护社会秩序、经济秩序，保障社会主义建设事业顺利进行。

民事案件的审判权由人民法院行使。人民法院依照法律规定对民事案件独立进行审判，不受行政机关、社会团体和个人的干涉。人民法院审理民事案件，必须以事实为根据，以法律为准绳。民事诉讼当事人有平等的诉讼权利。人民法院审理民事案件，应当保障和便利当事人行使诉讼权利，对当事人在适用法律上一律平等。人民法院审理民事案件，应当根据自愿和合法的原则进行调解；调解不成的，应当及时判决。人民法院审理民事案件，依照法律规定实行合议、回避、公开审判和两审终审制度，当事人有权进行辩论。民事诉讼应当遵循诚实信用原则。人民检察院有权对民事诉讼实行法律监督。机关、社会团体、企业事业单位对损害国家、集体或者个人民事权益的行为，可以支持受损害的单位或者个人向人民法院起诉。

---

[1] 李浩主编：《民事诉讼法》，高等教育出版社 2007 年版，第 5 页。

第十章　工程法律责任制度

现代汉语中的"责任"一词，通常表达为"义务""过错"（谴责）或"处罚"（后果）等义。法律上的"责任"，产生于一定义务的违反，没有义务就没有责任，因此责任是义务的结果，义务是责任的原因。"如果将人类社会相互依存之生活面，称之为生活正态面；将人类社会生活有侵害破坏之生活面，称之为生活反态面的话，正态面下之权利，乃原权利；反态面下之权利，乃救济权。正态面下之义务，一转变为反态面时，即为责任。"[1]

一、法律责任的概述

（一）法律责任概念

"法律责任是由特定法律事实所引起的对损害予以补偿、强制履行或接受惩罚的特殊义务，亦即由于违反第一性义务而引起的第二性义务。"[2] 第一性义务（原有义务）与第一性权利（原有权利）相对，是由法律直接规定的，或由法律关系主体依法通过其积极活动而设定的义务，其内容是不许侵害他人权利，或适应权利主体要求而作出一定行为的义务。第二性义务（补救义务）与第二性权利（补救权利）相对应，其内容是法律关系主体的违反或违约行为发生后，所应承担的法律责任，如违约责任、侵权责任、行政责任或刑事责任等。也就是说，法律关系主体违反了第一性义务，就产生了第二性义务，也就是产生了其所应承担的相应法律责任。

法律责任作为一种特殊义务，其中包含强制性因素，这种强制性因素来源于法律主体的同意、承诺，抑或是国家或其他共同体的外在强力。这些因素形成社会共同体的理性约束，排除了任何法律主体运用暴力强制的合法性、正当性。行为的规范评价是法律责任的价值本位，对于合法规范行为，法律给予肯定赞许的评价、承认和保护；对悖于规范行为，法律给予否定不赞许的评价。否定性评价就体现在法律责任的认定和归结中，也就是说法律责任是法律对行为评价的结果。某一行为，如被刑事法律否定，就形成刑事责任；被民事法律否定，会形成民事责任；被行政法律否定，则形成行政责任。因此，法律责任是带有强制性的不利法律后果，法律责任的设定，是全体社会成员共同选定的一种博弈规则，并自愿遵守该游戏规则。

法律责任是由法律规定，由一定国家机关依法追究，必要时以国家强制力保证实施的。因此，"法律责任的认定和追究，只能由国家专门机关依照法定程序来进行"[3]，非

---

[1]　曾世雄：《损害赔偿法原理》，中国政法大学出版社2001年版，第3页。

[2]　张文显：《法理学》，高等教育出版社、北京大学出版社2011年版，第122页。

[3]　孙国华主编：《法理学》，法律出版社1995年版，第417页。

国家机关的社会组织和公民个人都无权追究违法者的法律责任。法律责任依性质和价值本位的不同，可分为四种，即民事责任、刑事责任、行政责任和违宪责任，其中民事责任又分为违约责任和侵权责任。违宪责任是国家机关及其工作人员、各政党、社会团体、企事业单位和公民的言论或行为违背宪法的原则、精神和具体内容因而必须承担一种相应的政治法律责任，一般不会在工程领域直接发生。工程领域中的违法、违规或违约行为，都有可能导致违约责任、侵权责任、刑事责任或行政责任承担。

（二）法律责任功能

法律对应当维护的利益加以认定和规定，并以法律上的权利或权力、义务作为保障这些利益的手段。法律责任的目的在于通过使当事人承担不利法律后果，保障法律上的权利或权力、义务得以生效，实现法的价值。法律责任的目的要通过法律责任的功能来实现，法律责任功能包括预防、救济和惩罚三种。

1. 预防功能

法律责任的预防功能，就是通过使违法者、违约人承担法律责任，教育违法者、违约人和其他社会成员，减少或杜绝违法犯罪或违约行为发生。"法律责任是行为人由于违法行为、违约行为或者由于法律规定而应承受的某种不利的法律后果。"[1] 法律责任通过设定违法犯罪和违约行为必须承担的不利法律后果，表明社会和国家对这些行为持有否定态度。这不仅对违法犯罪或违约者具有教育、震慑作用，也可以教育其他社会成员依法办事，不做有损于社会、国家、集体和他人合法利益的事情。

2. 救济功能

法律责任的救济功能，就是救济法律关系主体受到的损失，恢复受侵犯的权利。"法律责任是对违反法律上的义务关系或侵犯法定权利的违法行为所作的否定性评价和谴责，是依法强制违法者承担的不利后果，作出一定行为或禁止其作出一定行为，从而补救受到侵害的合法权益，恢复被破坏的社会关系和社会秩序的手段。"[2] 法律责任通过设定一定的财产责任，赔偿或补偿在一定法律关系中受到侵犯的权利或者在一定社会关系中受到损失的利益。民事责任是一种典型救济责任，因此民事责任是一种财产责任民事责任，其主要功能在于救济当事人权利，赔偿或补偿当事人损失。

3. 惩罚功能

法律责任的惩罚功能，就是惩罚责任人，维护社会安全与秩序。"法律责任是由于违反法定义务及契约义务或不当行使权利（力），法律迫使行为人或其关系人所处的受制裁、强制和给他人以补救的必为状态。"[3] 惩罚是法律责任的首要功能，法律通过对违法、违规、违约者剥夺其财产，或剥夺其身体自由，甚至剥夺其生命等责任承担方式，使其感受到痛苦，同时使受损者获得财产或精神补偿。刑事责任是一种典型的惩罚性法律责任，是所有法律责任中最严厉的一种，惩罚是其主要内容。

---

[1] 林仁栋：《马克思主义法学的一般理论》，南京大学出版社 1990 年版，第 186 页。

[2] 赵震江、付子堂：《现代法理学》，北京大学出版社 1999 年版，第 481 页。

[3] 周永坤：《法理学——全球视野》，法律出版社 2000 年版，第 264 页。

※天津港"8·12"爆炸事故经过及处理结果[1]

2015年8月12日，位于天津市滨海新区天津港的瑞海公司危险品仓库发生火灾爆炸事故，造成165人遇难（其中参与救援处置的公安现役消防人员24人、天津港消防人员75人、公安民警11人，事故企业、周边企业员工和居民55人）、8人失踪（其中天津消防人员5人，周边企业员工、天津港消防人员家属3人）、798人受伤（伤情重及较重的伤员58人、轻伤员740人），304幢建筑物、12428辆商品汽车、7533个集装箱受损，造成直接经济损失68.66亿元。

2015年8月18日，经国务院批准，成立由公安部、安全监管总局、监察部、交通运输部、环境保护部、全国总工会和天津市等有关方面组成的国务院天津港"8·12"瑞海公司危险品仓库特别重大火灾爆炸事故调查组，邀请最高人民检察院派员参加，并聘请爆炸、消防、刑侦、化工、环保等方面专家参与调查工作。

调查组查明，事故的直接原因是：瑞海公司危险品仓库运抵区南侧集装箱内硝化棉由于湿润剂散失出现局部干燥，在高温（天气）等因素的作用下加速分解放热，积热自燃，引起相邻集装箱内的硝化棉和其他危险化学品长时间大面积燃烧，导致堆放于运抵区的硝酸铵等危险化学品发生爆炸。

调查组认定，瑞海公司严重违反有关法律法规，是造成事故发生的主体责任单位。该公司无视安全生产主体责任，严重违反天津市城市总体规划和滨海新区控制性详细规划，违法建设危险货物堆场，违法经营、违规储存危险货物，安全管理极其混乱，安全隐患长期存在。调查组同时认定，有关地方党委、政府和部门存在有法不依、执法不严、监管不力、履职不到位等问题。根据事故原因调查和事故责任认定结果，调查组另对123名责任人员提出了处理意见，建议对74名责任人员给予党纪政纪处分，其中省部级5人，厅局级22人、县处级22人、科级及以下25人；对其他48名责任人员，建议由天津市纪委及相关部门视情予以诫勉谈话或批评教育；1名责任人员在事故调查处理期间病故，建议不再给予其处分。

随后，公安机关对24名相关企业人员依法立案侦查并采取刑事强制措施（其中瑞海公司13人，中介和技术服务机构11人）。检察机关对25名行政监察对象依法立案侦查并采取刑事强制措施［其中正厅级2人、副厅级7人、处级16人；包括交通运输部门9人、海关系统5人、天津港（集团）有限公司5人、安全监管部门4人、规划部门2人］。

2016年11月7日至9日，"8·12"天津滨海新区爆炸事故所涉27件刑事案件一审分别由天津市第二中级人民法院和9家基层法院公开开庭进行了审理。法院经审理查明，天津交通、港口、海关、安监、规划、海事等单位的相关工作部门及具体工作人员，未认真贯彻落实有关法律法规，违法违规进行行政许可和项目审查，日常监管严重缺失；相关部门负责人和工作人员存在玩忽职守、滥用职权等失职渎职和受贿问题，最终导致了"8·12"天津滨海新区爆炸事故重大人员及财产损失。被告人瑞海公司前董事长于学伟归案后主动供述其为瑞海公司违规办理港口危化品经营资质，多次向时任天津市交通运输和港口管理局副局长李志刚、时任港口管理处处长冯刚请托，送给李志刚、冯刚财物共计15.75万元。

---

[1]　资料来源：搜狐网—搜狐新闻，http://www.sohu.cn，最后访问日期：2016年11月2日。

基于上述事实，法院依法作出一审判决。瑞海公司董事长于学伟构成非法储存危险物质罪、非法经营罪、危险物品肇事罪、行贿罪，予以数罪并罚，依法判处死刑缓期 2 年执行，并处罚金人民币 70 万元；瑞海公司前副董事长董社轩、前总经理只峰等 5 人构成非法储存危险物质罪、非法经营罪、危险物品肇事罪，分别被判处 15 年有期徒刑到无期徒刑不等刑罚；瑞海公司其他 7 名直接责任人员分别被判处 3 年到 10 年有期徒刑不等的刑罚。中滨安评公司犯提供虚假证明文件罪，依法判处罚金 25 万元；中滨安评公司前董事长、总经理赵伯扬等 11 名直接责任人员分别被判处 1 年 6 个月到 4 年不等的有期徒刑。时任天津市交通运输委员会主任武岱等 25 名国家机关工作人员分别被以玩忽职守罪或滥用职权罪判处 3 年到 7 年不等的有期徒刑，其中李志刚等 8 人同时犯受贿罪，予以数罪并罚。

二、违约责任

（一）违约责任与归责原则

违约责任，也称"违法合同的民事责任"，是指"合同当事人因违反合同义务所承担的责任"[1]。我国《民法典》规定，当事人一方不履行合同义务或者履行合同义务不符合约定的，应当承担继续履行、采取补救措施或者赔偿损失等违约责任；当事人一方明确表示或者以自己的行为表明不履行合同义务的，对方可以在履行期限届满之前要求其承担违约责任。

任何一种法律责任认定，都必须要依循一定的归责原则。归责原则是确定行为人承担法律责任的根据和标准。违约责任归责原则，是确定违约当事人民事责任的法律原则。我国《民法典》"合同编"对违约责任归责原则采用二元结构体系，即以无过错原则为基础，以过错责任原则为补充。无过错责任，又称"严格责任"，是指只要一方当事人不履行或者不适当履行合同义务给另一方当事人造成损害，就应承担违约责任，不问其是否有过错。过错责任原则，是指一方当事人不履行或者不适当履行合同义务时，应以该当事人主观过错作为确定违约责任构成依据。过错责任归责原则在违约责任中的适用，主要表现在供电人责任（《合同法》第 179 条、第 180 条、第 181 条等条）、承租人保管责任（《合同法》第 222 条）、承揽人责任（《合同法》第 262 条、第 265 条等条）、建设工程合同中的承包人过错责任（《合同法》第 280 条、第 281 条等条）、寄存人未履行告知义务责任（《合同法》第 370 条）、保管人责任（《合同法》第 371 条）等方面。

（二）违约责任构成要件

违约责任构成要件，是指违约当事人应具备何种条件才应承担违约责任。依我国《民法典》"合同编"规定，违约责任一般应具备违约行为、损害后果、违约行为与损害后果间因果关系三个要件。

1. 违约行为

违约行为，是指合同当事人违反合同义务的行为。违约行为是违约责任的基本构成要件，没有违约行为，也就没有违约责任。根据违约行为发生的时间，违约行为可分为预期

---

[1] 王利明、房绍坤、王轶：《合同法》，中国人民大学出版社 2002 年版，第 282 页。

违约和实际违约；实际违约又可分为不履行和不符合约定履行；不符合约定履行又可分为迟延履行、瑕疵履行和不适当履行等。

2. 损害后果

违约责任所要承担的损害后果是实际发生的损害，损害应是确定的，是能够通过金钱加以计算的，一般仅限于财产损害，不包括非财产损害（精神损害）。损害包括直接损害和间接损害两种。直接损害是实存财产利益的减损，如买卖合同中，卖方依约交付货物，而买方却违约未支付价款，卖方付出的货物即直接损失；间接损害是未来可以得到利益的丧失，这种未来利益具有取得的可能性，可以直接转化为实在财产利益。

3. 违约行为与损害后果之间的因果关系

"意志自由应与行为自由相结合，这样才可以更全面地说明法律责任的正当性。行为自由选择的形式或能力与选择的具体内容相结合，所决定的行为选择可能性的限度，就是法律责任合理性限度的基础。"[1] 因此，违约责任承担中当事人仅对其应预见到的损害负责。如果损害是不可预见的，则不存在因果关系，违约当事人也不应对这些损害承担责任。

（三）免责事由

免责，是指在合同履行过程中，因出现了法定免责条件和合同约定免责事由而导致合同不能履行，债务人将被免除履行义务和违约责任。免责事由，又称"免责条件"，是法律规定或合同中约定的，当事人对其不履行或者不适当履行合同义务，免于承担违约责任的条件。违约责任的免责事由通常包括不可抗力、受害人过错和免责条款三种。

不可抗力，是不能预见、不能避免且不能克服的客观情况。不可抗力作为免责事由以其发生于合同履行期间为条件，如果不可抗力发生于一方当事人迟延履行后，则迟延履行当事人不得以不可抗力作为免责事由。受害人过错，是受害人对违约行为，或者违约损害后果的发生，或者扩大存在过错。免责条款，是合同当事人约定的排除或者限制其将来可能发生的违约责任条款。但应当注意，如果合同中约定对造成对方人身伤害，因故意或者重大过失造成对方财产损失的免责条款，则无效，当事人对此类损害仍应当承担赔偿责任。

（四）违约责任承担方式

违约行为的复杂性决定了承担违约责任方式的多样性。我国《民法典》"合同编"规定，违约责任的承担方式主要包括支付违约金、损害赔偿、继续履行以及采取其他补救措施等。

违约金，是指不履行或不完全履行合同义务的违约方按照合同约定，支付给非违约方一定数量金钱。违约金责任方式的适用，当事人应事先在合同中约定，当一方违约，即应向对方支付违约金。损害赔偿，是违约责任中的一种重要形式，是合同当事人由于不履行合同义务或者履行合同义务不符合约定，给对方造成损失时，由违约方以其财产赔偿对方所蒙受的财产损失的一种违约责任形式。损害赔偿责任的承担应遵循完全赔偿、合理预见、减轻损害、损益相抵和责任相抵等原则。继续履行，是当事人一方不履行合同义务或者履行合同义务不符合约定时，另一方当事人可要求其在合同履行期届满后，继续按照原

---

[1]　叶传星：《法律责任的哲学根据》，载《法制与社会发展》1998 年第 6 期。

合同所约定的主要条件继续完成合同义务。其他补救措施主要适用于合同履行质量不符合约定的违约情形，如《民法典》"合同编"规定，质量不符合约定的，受损害方可根据标的性质以及损失大小，要求对方承担修理、更换、重做、退货、减少价款或者报酬等违约责任。

三、侵权责任

（一）侵权责任与归责原则

侵权责任，是"规定侵权行为及其法律责任的法律规范的总称"[1]。侵权责任是民事主体因违反法定义务而应承担的不利法律后果。法定义务是通过法律强制性规范、禁止性规范设定的义务，违反此种义务，即构成侵权行为责任。侵权责任产生的基础是侵权行为，侵权责任正是行为人实施侵权行为应承担的法律后果。我国《民法典》第120条规定，"民事权益受到侵害的，被侵权人有权请求侵权人承担侵权责任"。

归责原则是侵权责任的核心内容，只有确立了合理归责原则，才能确定侵权行为的责任承担。侵权责任归责原则包括过错责任、无过错责任和公平责任。过错责任，也叫"过失责任"，是以行为人主观过错为承担侵权责任的基本条件的认定责任原则。过错责任可分为一般过错和过错推定。我国《民法典》"侵权责任编"第1165条规定，"行为人因过错侵害他人民事权益造成损害的，应当承担侵权责任。依照法律规定推定行为人有过错，其不能证明自己没有过错的，应当承担侵权责任"。无过错责任，是在确定侵权责任时，不考虑行为人是否有过错，也无须推定行为人具有过错，但其适用范围由法律特别规定。《民法典》"侵权责任编"第1166条规定，"行为人造成他人民事权益损害，不论行为人有无过错，法律规定应当承担侵权责任的，依照其规定"。

依据归责原则的不同，侵权责任可分为一般侵权责任和特殊侵权责任。

1. 一般侵权责任

一般侵权责任，是指因行为人对因故意或过失侵害他人财产权和人身权，并造成损害的违法行为应当承担的民事责任。一般侵权责任适用的是过错责任归责原则。一般侵权责任构成，需要同时满足加害行为、损害事实、加害行为与损害事实间因果关系、过错四个要件。

加害行为，又称"侵权行为"，是指侵犯他人权利或合法利益的行为。加害行为可分为侵害人身权行为和侵害财产权行为，又可以分为单独加害行为、共同加害行为、教唆帮助行为和共同危险行为等。损害事实，是指他人财产或者人身权益所遭受的不利影响，包括财产损害、非财产损害，非财产损害又包括人身损害和精神损害。因果关系，是指各种现象之间引起与被引起的关系。侵权法上的因果关系包括责任成立的因果关系和责任范围的因果关系。责任成立的因果关系，是指行为与权益受侵害之间的因果关系，考量的问题是责任的成立。责任范围的因果关系，是指权益受侵害与损害之间的因果关系，涉及的是责任成立后责任形式以及大小的问题。过错，是指行为人应受责难的主观状态。过错分为故意和过失两种形式。故意是行为人明知自己的行为会发生侵害他人权益的结果，并且希望或者放任这种结果发生的主观状态；过失是行为人应当预见自己的行为可能发生侵害他

---

[1]　马克思主义理论研究和建设工程重点教材《民法学》编写组：《民法学》，高等教育出版社2019年版，第411页。

人权益的结果，但却因为疏忽大意而没有预见，或者已经预见而轻信能够避免的主观状态。过失又分为重大过失和一般过失。

除法律法规另有规定外，一般侵权行为都适用一般过错责任原则，侵权责任构成必须要满足上述四个构成要件；否则，只要其中一项不满足，则无须承担侵权责任。我国《民法典》"侵权责任编"规定，一般侵权责任免责事由包括受害人故意、第三人行为、不可抗力和紧急避险等。此外，理论上还有自助行为、行使权利、受害人同意以及执行职务等事由。

2. 特殊侵权责任

特殊侵权责任，又称"特殊侵权行为的民事责任"，是指当事人基于自己有关的行为、物件、事件或者其他特别原因致人损害，依照法律法规的特别规定，应对他人的人身、财产损失所应当承担的民事责任。特殊侵权责任不适用过错责任，其责任构成一般不需要过错要件，或不考虑过错要素，在归责原则上，通常适用无过错责任和过错推定责任。

依据我国《民法典》"侵权责任编"规定，特殊侵权责任主要包括特殊主体责任、产品责任、机动车交通事故责任、医疗损害责任、环境污染责任、高度危险责任、饲养动物损害责任和物件损害责任。其中特殊主体责任又分为监护人责任、完全民事行为能力人丧失意识后的侵权责任、用人者责任、因提供劳务致害责任与自身受害责任、网络侵权责任、违反安全保障义务的侵权责任、无民事行为能力人和限制民事行为能力人受害时教育机构的侵权责任、第三人侵权时教育机构的侵权责任等。法律对特殊侵权行为的免责事由作出严格规定。一般免责事由通常包括不可抗力和受害人故意。此外，受害人的过错、第三人的过错、加害人没有过错或者履行了法定义务也可能基于特别规定成为免责事由。

（二）侵权责任承担方式

我国《民法典》第 179 条规定，"承担民事责任的方式主要有：（一）停止侵害；（二）排除妨碍；（三）消除危险；（四）返还财产；（五）恢复原状；（六）修理、重作、更换；（七）继续履行；（八）赔偿损失；（九）支付违约金；（十）消除影响、恢复名誉；（十一）赔礼道歉。法律规定惩罚性赔偿的，依照其规定。本条规定的承担民事责任的方式，可以单独适用，也可以合并适用"。《侵权责任法》第 15 条规定，"承担侵权责任的方式主要有：（一）停止侵害；（二）排除妨碍；（三）消除危险；（四）返还财产；（五）恢复原状；（六）赔偿损失；（七）赔礼道歉；（八）消除影响、恢复名誉。以上承担侵权责任的方式，可以单独适用，也可以合并适用"。停止侵害，是指被侵权人对于侵害其合法权益的正在进行的或继续之中的侵权行为有权请求法院予以终止，它可以适用于各种侵权行为，只要这种违法行为正在进行之中或在延续的情形下。排除妨碍，是由侵权人解除因其行为引起的妨碍他人正常行使权利和实现利益的客观事实状态，这种方式主要适用于物权，特别是相邻权受到侵害的场合；危险是对将来的、有造成侵权损害后果可能的事实和状态而言的，处在此种状态中的被侵权人有权请求法院要求侵权人予以消除。返还财产是侵权人将其非法占有的或管理的财产转移给被侵权人；如果该财产不复存在，只得赔偿损失或承担其他责任。恢复原状主要适用于财产损害场合，请求恢复原状需具备两个条件，一是被损害的物有恢复到原状的可能，二是该物有恢复到原状的必要。赔偿损失是最常见的侵权责任承担方式，它不仅可能适用于侵害财产权益的场合，也可以适用于侵害人身权益的情形，损失的范围不仅包括积极损失还包括消极损失，赔偿损失一般以实际损害为限。赔礼道歉，是侵权人以口头或书面的形式向被侵权人承认错误、表示歉意，它主要适用于侵害人身权益的情形。消除影响，是指侵权人在不良影响所及的范围内消除对被侵权人的不利后果；恢复名誉是指侵权人在其造成损害所及的范围内恢复被侵权人的名誉于其未曾受损的状态。它们通常只适用于侵害人身权益的情况。

四、行政责任

（一）行政责任与归责原则

"作为与民事责任、刑事责任相对立的行政责任，其主体既包括行政主体与行政人，也不能把相对人排除在外。"[1]因此，"行政责任是指行为人（包括行政主体与相对人）由于违反行政法律规范的规定，所承担的一种强制性行政法律后果"[2]。行政责任，是在行政过程中由于行政主体和相对人的良性互动状态被打破，产生违法行政和行政违法而引起的法律责任。行政主体与相对人作为不同的社会角色，在行政法律关系中权利义务不同，违法状态不同，归责原则不同，责任实现的形式也不一样，从而承担不同的责任。行政机关作为行政主体实施的违法行为是违法行政，其应承担的法律责任是一种国家责任，主要责任形式是行政赔偿以及对具体违法行政人员的问责或追责；行政相对人的违法行为是行政违法，其责任承担方式主要是接受行政处罚。

行政责任的归责原则，是指行政主体及其工作人员因为行使行政权行为或由于其管理的公有财产致人损害后，或行政相对人行政违法行为损害国家、集体或社会利益时，应依何种根据使其承担法律责任的根本规则。行政责任的归责原则，是判定行政主体及其公务员，或行政相对人的某一行为是否违法，应当承担法律责任和如何承担法律责任的基本标准和依据。行政责任的归责原则上承行政法的基本原则和精神，下联具体行政责任规范及其实施，对行政责任的构成要件、举证责任分配、责任承担形式等起着决定性作用。

行政责任归责原则主要有过错原则和违法原则，其中过错原则又分为一般过错和过错推定。一般过错责任，主要适用于对公务员行政追偿责任情形。我国《国家赔偿法》规定，赔偿义务机关赔偿损失后，应当责令有故意或者重大过失的工作人员或者受委托的组织或者个人承担部分或者全部赔偿费用。对有故意或者重大过失的责任人员，有关机关应当依法给予处分；构成犯罪的，应当依法追究刑事责任。过错推定原则，主要适用于行政机关责任承担情形。我国《行政诉讼法》规定，被告（行政主体）对作出的行政行为负有举证责任，应当提供作出该行政行为的证据和所依据的规范性文件。不提供或者无正当理由逾期提供证据，视为没有相应证据。该法关于被告行政诉讼举证责任倒置的规定，就是过错推定原则的具体体现。违法责任原则，主要适用于行政主体的赔偿责任和行政相对人行政违法责任、违法原则，只要求把国家机关或行政相对人的客观行为违法作为归责根据，不考虑主观上是否有过错。比如，我国《国家赔偿法》规定，行政机关及其工作人员在行使行政职权时有侵犯公民人身权、财产权情形的，受害人有取得赔偿的权利；《行政处罚法》规定，公民、法人或者其他组织违反行政管理秩序的行为，应当给予行政处罚。

---

[1] 胡建森：《行政违法问题探究》，法律出版社 2000 年版，第 549 页。

[2] 应松年：《行政法与行政诉讼法词典》，中国政法大学出版社 1992 年版，第 209 页。

（二）行政责任承担方式

行政责任按承担的主体不同，可分为行政主体承担的行政责任、公务员承担的行政责任和行政相对人承担的行政责任。

行政主体承担行政责任的具体方式包括：通报批评；赔礼道歉，承认错误；恢复名誉，消除影响；返还权益；恢复原状；停止违法行为；履行职务；撤销违法的行政行为；纠正不适当的行政行为；行政赔偿等。公务员承担行政责任的具体方式包括：通报批评，承担赔偿损失的责任、接受行政处分等。我国《公务员法》规定，机关应当对公务员的思想政治、履行职责、作风表现、遵纪守法等情况进行监督，开展勤政廉政教育，建立日常管理监督制度。对公务员监督发现问题的，应当区分不同情况，予以谈话提醒、批评教育、责令检查、诫勉、组织调整、处分。对公务员涉嫌职务违法和职务犯罪的，应当依法移送监察机关处理。对公务员的处分分为警告、记过、记大过、降级、撤职和开除。

行政相对人承担行政责任的具体方式包括：承认错误，赔礼道歉；接受行政处罚；履行法定义务；恢复原状，返还财产；赔偿损失等。我国《行政处罚法》规定，行政处罚的种类包括警告，罚款，没收违法所得、没收非法财物，责令停产停业，暂扣或者吊销许可证、暂扣或者吊销执照，行政拘留，法律、行政法规规定的其他行政处罚等。如果外国人或外国组织在我国境内活动时，违反了我国行政管理义务也要承担行政责任，具体责任承担方式除上述外，还包括限期离境、驱逐出境、禁止离境等特殊方式。

五、刑事责任

（一）刑事责任与归责原则

刑事责任，是"基于实施犯罪行为而产生，由代表国家的司法机关追究的，实施犯罪行为的人依法承担的接受刑事法规定的惩罚和否定的法律评价的责任"。[1] 刑事责任是因为行为人实施犯罪行为而产生的，没有犯罪行为就没有刑事责任。行为人违反民事、行政或经济法律行为都不可能承担刑事责任，只有这种行为上升到犯罪行为才会承担刑事责任。刑事责任具有人身依附性，即刑事责任只能由犯罪行为人来承担。这一点与侵权或违约责任不同，侵权或违约责任承担不具有人身依附性，他人可以代为承担责任。刑事责任是要通过刑罚来实现的，刑罚是刑事责任的具体承担方式。我国《刑法》规定，刑罚分为主刑和附加刑，其中主刑包括管制、拘役、有期徒刑、无期徒刑和死刑；附加刑包括罚金、剥夺政治权利、没收财产。附加刑可以附加于主刑适用，也可以独立适用。此外，对于犯罪的外国人，还可以独立适用或者附加适用驱逐出境。

刑事责任归责原则包括罪过责任和严格责任，其中罪过责任是一般原则，严格责任是例外原则。罪过责任，是指在确定行为人的刑事责任时，除了要有危害结果外，还要求行为人主观上存在罪过，无罪过则无犯罪。我国刑法分则规定的 400 多种犯罪行为，绝大多数适用罪过责任原则进行归责。其中的罪过，是指刑法所否定的行为人对自己的行为所造成的危害社会的结果所持有的一种主观心理态度，包括故意过失。严格责任，是指行为人实施危害行为时，尽管其主观罪过形式不明确，但造成了危害社会的结果，行为人对此亦要承担刑事责任。严格责任在我国刑法中适用情形较少，如对巨额财产来源不明罪认定

---

[1] 马克昌：《刑罚通论》，武汉大学出版社 1995 年版，第 8 页。

时，司法机关只需证明被告拥有的财产与其合法财产之间存在巨大差额这一事实，无须求证被告主观上是否有罪过；被告只有说明这些差额财产的合法来源才能免除其罪责。

（二）刑事责任与犯罪构成

犯罪构成，又称"犯罪构成要件"，是决定某一具体行为的社会危害性及其程度，为该行为构成犯罪所必需的一切客观和主观要件的有机统一，是使行为人承担刑事责任的根据。但"作为抽象的法律规定本身，犯罪构成并不能直接成为刑事责任发生的根据，它只是为确定这种根据，即认定一定的行为在法律上构成犯罪提供了一个法定的判断标准。可以说，犯罪构成是犯罪与刑事责任之间必不可少的连接纽带，这正是罪刑法定主义的实质意义之所在"[1]。根据犯罪构成理论，任何一种犯罪成立都必须具备四个构成要件，即犯罪主体、犯罪主观方面、犯罪客体和犯罪客观方面。

1. 犯罪主体

犯罪主体，是指实施危害社会行为，应当接受刑罚处罚，负相应的刑事责任的自然人和单位。犯罪主体应具有刑事责任能力，刑事责任能力是犯罪主体具备的刑法意义上的辨认、控制自己行为以及承担刑事责任的能力。刑事责任能力主要有完全刑事责任能力、限制刑事责任能力和无刑事责任能力。无刑事责任能力即行为人由于年龄及生理方面的原因，无法控制和辨认自己行为的能力，犯罪后也不需要承担刑事责任。我国《刑法》规定的无刑事责任能力主要包括未满 14 周岁的未成年人和精神病人。限制刑事责任能力，是因为年龄、精神状况和生理功能等方面的原因，使该类行为人在实施犯罪行为时具有一定的控制和辨认能力，但又无法充分认识行为的性质，控制和辨认能力不足，因此刑法上给予从轻或减轻处罚，主要包括十四周岁至十八周岁的未成年人、七十五周岁以上的老年人和部分精神病人。完全刑事责任能力实施了犯罪行为时，应当依法负全部刑事责任，当然符合其他可从轻、减轻处罚条件的除外。我国完全刑事责任能力人包括年满十六周岁以上的人、精神正常时的"间歇性精神病人"及醉酒的人。犯罪主体以自然人为主，但也有部分犯罪可以以单位为主体，同时在部分犯罪中对自然人主体也有特殊身份要求。比如，非法生产、销售专用间谍器材、窃听、窃照专用器材，非法使用窃听、窃照专用器材，非法侵入计算机信息系统等罪中，单位就能够成为犯罪主体；打击报复会计、统计人员罪的犯罪主体，只能是公司、企业、事业单位、机关、团体的领导人等特殊主体。

2. 犯罪主观方面

犯罪主观方面，是指行为人在实施犯罪时对行为及其危害结果所持的心态，这种心态，又称"罪过"，分为故意和过失两类。我国《刑法》规定，明知自己的行为会发生危害社会的结果，并且希望或者放任这种结果发生，因而构成犯罪的，是故意犯罪。故意犯罪，应当负刑事责任；应当预见自己的行为可能发生危害社会的结果，因为疏忽大意而没有预见，或者已经预见而轻信能够避免，以致发生这种结果的，是过失犯罪，过失犯罪，法律有规定的才负刑事责任。

3. 犯罪客体

犯罪客体，是指行为人所侵犯的我国刑法所保护的社会关系。我国《刑法》对犯罪行为侵犯的同一类型犯罪客体进行了类型划分，确定了十种犯罪类型，分别是危害国家安全

---

[1] 简明：《论犯罪构成与刑事责任的关系》，载《法学评论》1990 年第 12 期。

罪，危害公共安全罪，破坏社会主义市场经济秩序罪，侵犯公民人身权利、民主权利罪，侵犯财产罪，妨害社会管理秩序罪，危害国防利益罪，贪污贿赂罪，渎职罪和军人违反职责罪。

4. 犯罪客观方面

犯罪客观方面，是犯罪行为的外在客观表现，具体包括危害行为、危害结果、危害行为与危害结果之间的因果关系以及行为的时间、地点、方法、对象等内容。危害行为，是行为人在有意识的状态下实施的危害社会的身体动作，具体表现形式包括作为和不作为。危害结果，是指行为的人危害行为对直接客体所造成的损害事实，危害结果具有客观性、因果性、损害性和多样性等特征。危害行为与危害结果具有因果联系，具体是指危害行为导致了危害结果的发生，危害结果是由危害行为引起的。根据罪刑法定、责任自负等刑法基本原则指导，行为人只需对自己的危害行为和危害结果承担刑事责任。犯罪行为的时间、地点、方法、对象等对定罪量刑也具有重要意义，如暴力干涉婚姻自由中只有用暴力方法才构成犯罪；破坏武器装备、军事设施、军事通信罪如发生在战时，则应从重处罚等。

（三）工程领域可能发生犯罪行为与刑事责任承担

我国《刑法》将犯罪划分为十种类型，其中危害国家安全和军人违反职责这两类犯罪涉及工程领域不多，其他八类犯罪行为在工程领域都会大量发生。比如，危害公共安全犯罪中的放火罪、决水罪、以危险方法危害公共安全罪、暴力危及飞行安全罪、铁路运营安全事故罪、消防责任事故罪等，破坏社会主义市场经济秩序犯罪中的走私核材料罪、集资诈骗罪、信用证诈骗罪、偷税罪、假冒注册商标罪、串通投标罪、逃避商检罪等，侵犯公民人身权利、民主权利犯罪中的非法拘禁罪、强迫职工劳动罪、非法侵入住宅罪、侵犯通信自由罪等，侵犯财产犯罪中的职务侵占罪、挪用资金罪、挪用特定款物罪、故意毁坏财物罪、破坏生产经营罪等，妨害社会管理秩序犯罪中的煽动暴力抗拒法律实施罪、非法侵入计算机信息系统罪、扰乱无线电通讯管理秩序罪、妨害作证罪、破坏监管秩序罪、故意损毁名胜古迹罪、妨害国境卫生检疫罪、医疗事故罪、非法处置进口的固体废物罪、滥伐林木罪等，危害国防利益犯罪中的阻碍军事行动罪、战时拒绝军事征用罪等，贪污贿赂犯罪中的行贿罪、单位行贿罪、私分国有资产罪等，渎职犯罪中的故意泄露国家秘密罪、违法发放林木采伐许可证罪、放纵制售伪劣商品犯罪行为罪等等。

以上这些工程领域可能发生的犯罪行为，有的将面临较轻刑罚，如我国《刑罚》规定，串通投标罪，情节严重的，处三年以下有期徒刑或者拘役，并处或者单处罚金；逃避商检罪，情节严重的，处三年以下有期徒刑或者拘役，并处或者单处罚金。有的依据犯罪行为的具体情形，刑罚轻重不同，如我国《刑罚》规定，非法侵入计算机信息系统罪，处三年以下有期徒刑或者拘役；情节严重的，处三年以下有期徒刑或者拘役，并处或者单处罚金；情节特别严重的，处三年以上七年以下有期徒刑，并处罚金。有的会被处以较重刑罚，如我国《刑罚》规定，放火、决水、爆炸以及投放毒害性、放射性、传染病病原体等物质或者以其他危险方法致人重伤、死亡或者使公私财产遭受重大损失的，处十年以上有期徒刑、无期徒刑或者死刑。

| 工程伦理篇 |

"工程是人类有组织、有计划、按照项目管理方式进行的成规模的建造或改造活动。大型工程涉及经济、政治、文化等多方面的因素，对自然环境和社会环境造成持久的影响。"[1] "前现代社会中，没有风险观念，其原因在于，人们把危险当作命中注定危险要么来自上帝，要么仅仅来源于人们认为是理所当然地存在着的世界风险理念与实施控制的抱负，特别是控制未来的观念密切相关。虽然风险社会概念或许使人想到一个危险性增大的世界，但是情况并不一定是这样。实际上，这是一个越来越一心关注未来还有安全的社会，风险观念由此产生。"[2] 现代科技在工程领域的应用与发展越来越快，越来越深入，已经引发了一系列难以控制或预知的不良后果或伤害，产生了工程风险，如工程活动引发的社会公平正义问题、环境问题、工程安全问题等等。

风险，是"围绕相对于预期而可能出现的种种不同结果的变化，是在一定条件下某种自然现象、生理现象或社会现象是否发生，及其对人类的社会财富和生命安全是否造成损失和损失程度的客观不确定性"[3]。工程风险，是"影响工程活动目标实现的各种不确定因素的集合"[4] "是不以人的意志为转移并超越人们主观意识的客观存在"[5]。这些风险的存在，使自然生态遭到破坏，人类健康受损，甚至造成人类可持续发展面临危机，使社会发展变得极其复杂。

工程不是科技在自然界的单纯运用，而是工程师、科学家、管理者乃至使用者等群体围绕工程这一内核所展开的集成性与建构性的活动。"工程之中存在着丰富的社会伦理问题。"[6] 工程活动集成了技术、经济、社会、自然和伦理等多种要素，其中伦理要素关注的是工程师等行为主体在工程实践中如何能够"正当地行事"的问题。所谓"正当地行事"，是指工程师的职业行为要正确、妥善处理好人与自然界、社会个体与整体、社会个体与个体间利益的关系，为社会创造更多、更好的工程产品。正确处理好这些伦理关系，创造好工程，解决工程中的公众福利、健康和安全以及公平正义等伦理问题，对工程活动风险进行必要伦理评价是每一位工程师必做的、前提性工作。工程风险伦理评价，就是在工程伦理视角下，对工程风险问题进行全面剖析，根据工程风险造成的危害现状，采取必

---

[1] 朱京：《论工程的社会性及其意义》，载《清华大学学报（哲学社会科学版）》2004年第2期。

[2] ［英］安东尼·吉登斯、克里斯多弗·皮尔：《现代性——吉登斯访谈录》，尹宏毅译，新华出版社2000年版，第221页。

[3] 马步云：《现代化风险初探》，复旦大学2006年博士学位论文。

[4] 程鹏：《工程风险中人的不确定因素管理研究》，载《聊城大学学报（社会科学版）》2012年第2期。

[5] 张磊：《不同合同形式下工程风险分担方式的研究》，载《才智》2011年第17期。

[6] 张松：《国内工程伦理研究综述》，载《湖南工程学院学报（社会科学版）》2005年第4期。

要、完善的工程措施，以达到有效规避工程风险、减少工程事故、推动工程活动更好地为人类社会发挥正效益之目的。

  本篇内容主要针对环境工程、化学工程、建设工程、网络与信息工程、材料与机械制造工程、生物工程以及核工程等领域存在的主要伦理问题进行分析，对工程师进行伦理风险提醒，以利于工程师在具体工程活动中以积极心态面对伦理问题，并采取正确措施预防、减少伦理风险的发生。

第十一章　环境工程伦理

一、环境工程中的伦理问题

（一）环境工程概述

环境工程，是环境科学的分支，主要研究保护和合理利用自然资源，利用科学手段解决环境污染问题，改善环境质量，促进环境保护与社会发展。环境工程的产生背景，是全球日益严重的环境问题。"环境问题是指由于人类不恰当的生产活动引起全球环境或区域环境质量的恶化，出现了不利于人类生存和发展的问题。"[1] 人类的社会活动必定会对环境，尤其是自然环境造成一定的影响，甚至破坏，因此环境破坏、污染问题早已有之。但是，到 20 世纪中叶，随着人类工业化的迅猛发展，环境污染已成为全球必须要重视，并且是无法回避的严峻问题。

目前，人类置身于生活了几百万年的地球，不得不面对污染严重、环境急剧恶化的窘境和生存危机。地球环境污染与生存环境恶化表现在臭氧层破坏、全球气温上升、生物多样性锐减、大气污染、水污染、水土流失、土地荒漠化、酸雨、固体废弃物堆积、资源枯竭等诸多方面。这些环境问题产生的根本原因，在于人类对自然资源的索取速度，超过了资源本身及其替代品的再生速度；向环境排放废弃物的数量，超过了自然环境的自洁能力。简而言之，就是人类对自然环境的利用，超出了环境容量极限，破坏了自然环境的稳定性，最终导致了人类自身的生存危机。于是，减少环境污染、保护人类生存环境等问题，日益引起重视，并成为全球性问题。由此，环境科学孕育而生。

环境科学，是研究人与环境的相互关系，防治环境污染及其所造成的公害，保护和改善人类环境质量的科学。环境科学在宏观上，研究人类同环境之间相互作用、相互促进、相互制约的对立统一关系，揭示社会经济发展和环境保护协调发展的基本规律；在微观上，研究环境中的物质，尤其是人类活动排放的污染物在有机体内迁移、转化和积累的过程及其运动规律，探索其对生命的影响及其作用机理等。环境科学的显著特点是综合性强，主要运用地学、生物学、化学、医学、工程学以及社会学、管理学、经济学、教育学、法学等多种学科的有关理论、技术和方法来研究、解决环境问题。这些自然科学、社会科学和工程科学相互渗透、相互交叉，形成多种分支学科，其中属于自然科学的有环境地学、环境生物学、环境化学、环境物理学和环境医学等，属于社会科学的有环境法学、环境经济学和环境管理学等，属于工程科学的有环境工程学等。

环境工程是汇集了土木工程、公共卫生工程及有关工业技术，形成和发展起来的工程科学技术，其主要任务是防治环境污染和提高环境质量。环境工程主要包括大气环境污染

---

[1]　朱蓓丽编著：《环境工程概论》，科学出版社 2001 年版，第 2 页。

防治工程、水环境污染控制工程、噪声环境污染控制工程、固体废物污染控制及资源化工程和其他污染控制工程。

大气环境污染防治工程，是研究控制和预防大气污染，改善大气质量的工程技术措施，包括大气质量管理、烟尘治理技术、气体污染物的治理技术、酸雨防治和大气污染综合防治等。水环境污染防治工程，是研究治理和预防水体污染，改善和保护水环境质量，合理利用水资源的工艺技术和工程措施，包括水体自净规律及其利用、城市污水处理及其利用、工业废水处理、水系污染综合防治，给水水源的净化处理，水环境标准研究和非点源水体污染防治等。噪声环境污染控制工程，是研究控制噪声源的声输出、噪声传播和接收的工程技术措施，包括噪声控制标准和噪声防治措施等。固体废物污染控制及其资源化工程，是研究工业废渣、城市垃圾和放射性固体废弃物的处理和回收利用的技术工艺措施，包括固体废弃物无害化处置、固体废弃物管理、固体废弃物综合利用及放射性固体废弃物的处置等。其他污染控制工程，包括放射性污染控制、振动控制、热污染控制和光污染控制等工程。

近些年，环境工程已成为绿色经济、循环经济、再生经济和环保经济的重要构成部分，各个国家都予以了足够重视，并取得了丰硕成果。环境工程的开展与实施，减少了自然资源消耗，缓解了环境破坏、污染速度，使自然环境得到了一定程度的恢复，人类生存环境也得到了极大改观。

（二）环境工程中的伦理问题

作为以造物为宗旨的工程活动，其本身即是人类利用自然、改造自然的过程，对自然资源的利用与消耗是不可避免的。当代社会，随着生态危机问题的日益凸显，人们开始反思自身，反思人与自然的分裂，以及对自然进行征服、驾驭的态度问题，人们逐渐认识到应当对自然采取理性敬畏的态度，以获得人与自然的和谐发展。工程活动中，无论强调对自然资源的有限利用，还是强调有限制地对自然界合理改造，抑或是强调人与自然和谐发展，其实质都是在思考、处理人与自然间的关系。

事实上，人与自然之间存在着高度的统一性，人类的生存离不开自然这一物质基础。在人类社会的发展过程中，需要不断地同自然界进行物质与能量的交换。和谐的自然生态环境能够促进人类社会的发展，恶化的自然生态环境则会对人类的生存造成一定的危害。"人本身是自然界的产物，是在他们的环境中并且和这个环境一起发展起来的"，因此人类社会的发展，依赖于自然界生态系统的平衡与发展。[1]自然界生态系统的平衡、稳定与发展，也离不开人类社会的发展，"在整个生态系统的背景中，人的完整是源自人与自然的交流，并由自然支撑的，因而这种完整要求自然相应地也保持一种完整"[2]。人类作为自然界中唯一有理性的动物，在协调人与自然的关系中人类应该承担起主要责任，在满足人类自身生存与发展的同时，也要尊重自然、保护自然。因此，人与自然和谐是人类追求的一个理想的生存状态。

基于对人与自然关系的重新定位与思考，在近代"以人为中心"主流思想的基础上，

---

[1]《马克思恩格斯全集》（第20卷），人民出版社1971年版，第38页。

[2]［美］霍尔姆斯·罗尔斯顿：《哲学走向荒野》，刘耳、叶平译，吉林人民出版社2001年版，第32页。

产生了"环境中心主义"思潮，继而产生了"生态整体主义观"。"生态整体主义观"从两个方面很好地揭示了人与自然之间的关系："一是人是自然界长期进化的产物，自然界为人类社会提供生存空间、劳动对象与物质资料，人类社会的发展离不开自然界的稳定与发展；同时，现实的自然界是处在一定社会关系中的'社会的自然'，实现自然界的发展，完成自然养育人类这一自然之子的义务，同样离不开人类社会的发展。"[1] 在这种观念的指导下，现代工程也逐渐抛弃了"技术中立论""功能中心主义"等观念，开始思考如何在工程活动中处理好人与自然的关系。在工程活动中，工程师逐渐考量在利用自然、改造自然的过程中，如何合理利用自然资源，如何对自然界进行有限制的改造，等问题。于是，环境保护、可持续发展等观念，逐渐成为工程师处理人与社会关系的基本伦理原则。

正是在环境保护、可持续发展观念、职业基本伦理原则的指引与感召下，工程师开始反思工程活动对环境造成的各种严重后果，开始弥补职业过失。于是，便催生了环境工程。环境工程就是研究、实施如何保护和合理利用自然资源，利用科学手段解决环境污染问题，改善环境质量，促进环境保护与社会发展的专门科技领域。因此，工程活动领域，环境工程师应秉承可持续发展等观念，带头担负起环境伦理责任，切实做到维护生态平衡，保护环境。工程师是环境工程活动极其重要的参与主体，在具体工程职业活动中将面临生态安全、减少环境消耗、避免二次污染与破坏、人与自然和谐发展等伦理问题，这些都考验着环境工程师的能力、素养与智慧。

二、维护生态安全，促进可持续发展

日益严重的环境污染、破坏，导致资源枯竭、人类生存危机，人们开始思考如何保护、合理利用自然资源，解决环境污染问题，改善环境质量，于是催生了环境工程。因此，维护生态环境安全是环境工程师的天职与本分。

生态安全，又称"环境安全"或"生态环境安全"，与它对应的概念是"生态危机"或"环境风险"。"生态安全概念可以从正负两个方面表述，它的正面表述是：干净的空气，清洁的水，肥沃的土壤，丰富多彩的生命，良好的生态结构，健全的生命维持系统，丰富的自然资源，这些是人类在地球上健康生活、持续生存和发展的条件，是人类社会、政治、经济和文化发展的自然基础，其良好状态标志着人类的生态安全性。生态安全的负面表述是：水、空气、土壤和生物受到污染；森林滥伐、草原沙漠化和荒漠化、水土流失、耕地减少、土壤退化，生态受到破坏；水源、能源和其他矿产资源严重短缺。它以环境污染和生态破坏的形式出现，表示地球生命系统维持生命的能力下降，自然条件和自然资源支持经济和社会持续发展的能力削弱，严重损害人类利益，威胁人类生存，表示安全受到威胁，成为人类安全的问题。"[2]

---

[1] 王顺玲：《生态伦理及生态伦理教育研究》，北京交通大学 2013 年博士学位论文。

[2] 余谋昌：《论生态安全的概念及其主要特点》，载《清华大学学报（哲学社会科学版）》2004 年第 2 期。

※《地球生命力报告 2018》摘要[1]

《地球生命力报告 2018》内容显示，构成现代人类社会的一切，包括福利和奢华享受，都是由大自然来提供的，而且我们将继续需要这些自然资源来维持生存和创造繁荣。人类所有经济活动最终都依赖自然提供的服务，使之成为国家财富中极为重要的组成部分。据估计，在全球范围内，大自然每年提供约价值 125 万亿美元的服务。

全球有 8500 种濒危或近危物种。导致生物多样性下降的主要原因是过度开发和农业生产。自公元 1500 年以来灭绝的所有植物、两栖动物、爬行动物、鸟类和哺乳动物物种中，有 75％是因过度开发或农业活动或在两者共同作用下而消亡的。除了过度开发和农业之外，入侵物种是另一个常见威胁，它们的传播与航运等贸易活动息息相关。通过农业污染、筑坝、火灾和采矿等产生的污染和干扰是额外的压力来源。气候变化正在发挥日益增加的作用，并已开始在生态系统、物种甚至基因层面产生影响。

在过去 50 年里，人类生态足迹（衡量人类对自然资源消耗的量尺）增加了约 190％。目前，地球上只有 1/4 的土地基本上没有受到人类活动的影响。到 2050 年，这一比例预计会下降到仅仅 1/10，其中湿地受影响最大，在近代已经损失了 87％。影响全球土壤生物多样性丧失的原因包括污染和营养过剩、过度放牧、集约化农业、火灾、土壤侵蚀、荒漠化和气候变化等。

"2018 地球生命力指数"（LPI）显示，最近数十年，地球物种消失的速度是数百年前的 100～1000 倍。从 1970 年到 2014 年野生动物种群数量消亡了 60％；全球鱼类、鸟类、哺乳动物、两栖动物和爬行动物的数量相较 1970 年平均下降了 60％，而且消亡速度正在加快，鸟类、哺乳动物、两栖动物、珊瑚以及苏铁科植物这五大物种消亡加速尤其严重。淡水生态系的生物数量减少速度最快，达 83％。从地域上来看，热带地区（尤其是南美洲、中美洲和加勒比地区）的物种数量下降明显，与 1970 年相比损失了 89％。《地球生命力报告 2018》最后指出，人类活动是全球生物多样性急剧下降的最大威胁。

环境工程活动中，工程师应忠诚履行职责，维护生态安全，并做好以下工作：

（一）工程师要摒弃"人类中心主义"，弘扬"生态整体"价值观

"人类中心主义"认为人作为有意识的主体，在对自然的关系中，一切认识和行动，都是立足于人类的生存和发展需要，为了人类的利益。人在成为世界中心的同时，也就获得了对于世界的无限特权，人类有权要求自然提供人类所需要的一切，"整个世界一起为人服务，没有任何东西不能拿来使用并结出果实。……各种动物和植物创造出来是为了给他提供住所、衣服、食物或药品的，或是减轻他的劳动，或是给他快乐和舒适；万事万物

---

[1]《地球生命力报告》由世界自然基金会和伦敦动物学会联合发布。该《报告》自 1998 年以来，每 2 年发布一次。《报告》主要内容是在全球范围内监测代表 4005 个物种的 16704 个动物种群，发布地球生命力指数（LPI），衡量地球生物多样性的变化。伦敦动物学会（ZSL），是一家有关科学、自然保护和教育的国际组织，其使命是在全球实现和促进动物及其栖息地的保护；世界自然基金会（WWF），是世界上规模最大、经验最丰富的独立保护组织之一，网络遍布全球 100 多个国家、拥有 500 多万支持者，其使命是遏止地球自然环境的恶化，创造人类与自然和谐相处的美好未来。

似乎都为人做人事，而不是为它们自己做事"[1]。人类保护自然环境，是因为人的生存离不开自然环境，自然环境为人类的生存提供物质资源等基本生活资料，因此这种保护自然与动物的理由，并不是为了自然环境或动物本身，而是为了人的利益。总之，"人类中心主义"的核心主张为利益是所有伦理关系的中心、出发点与归宿点。

近代到现代社会，人类长期受"人类中心主义"影响，以人为核心的价值思考与选择，使人与自然的关系日益紧张，甚至发展到今天难以回复的边界，人们开始痛定思痛，重新思考、定位人与自然的关系。于是，"非人类中心"的"生态整体"价值观出现了。"生态整体"价值观认为："每一种生物都有自己适应环境的特殊方式，它们独特的存在方式赋予了它们继续存在下去的权利。所有生物的存在都是目的与手段的统一。不论是作为目的还是作为手段，它们都拥有存在下去的资格。'论证了资格也就论证了权利。'"[2]人类是生态共同体的一员，并对生态系统中的其他成员，如植物、动物等非人自然物负有道德义务。人类社会的发展，依赖于自然界生态系统的平衡与发展；同时，自然界生态系统的平衡、稳定和发展也离不开人类社会的发展。生态整体主义观从两个方面很好地揭示了人与自然之间的关系，即人是自然界长期进化的产物，自然界为人类社会提供生存空间、劳动对象与物质资料，人类社会的发展离不开自然界的稳定与发展；现实的自然界是处在一定社会关系中的自然，实现自然界的发展，完成自然养育人类这一自然之子义务，同样离不开人类社会的发展。

2022年10月16日，党的二十大于胜利召开，习近平总书记在大会报告中明确指出，十年来"我们坚持绿水青山就是金山银山的理念，坚持山水林田湖草沙一体化保护和系统治理，全方位、全地域、全过程加强生态环境保护，生态文明制度体系更加健全，污染防治攻坚向纵深推进，绿色、循环、低碳发展迈出坚实步伐，生态环境保护发生历史性、转折性、全局性变化，我们的祖国天更蓝、山更绿、水更清"。"在充分肯定党和国家事业取得举世瞩目成就的同时，必须清醒看到，我们的工作还存在一些不足，面临不少困难和问题。主要有：……；生态环境保护任务依然艰巨；……；等等"。"对这些问题，我们已经采取一系列措施加以解决，今后必须加大工作力度"。

总之，只有正确处理好人与自然的关系，才能尊重自然，爱护自然，维护好生态环境与安全。

（二）工程师应恪守职业精神，维护生态安全

生态安全问题在全球化的历史背景下，以环境污染和生态破坏威胁人类生存的方式表现出来，成为全人类的共同问题，具有全球性。因此，任何国家、地区，所有人都应积极行动起来，为维护地球生态安全作出应有贡献，对于环境工程师，更是其应履行的职业职责，应恪守的职业精神。

生态安全是由一系列环境要素综合表现的安全性表示。这些环境要素包括支持地球生命，支持人类生存和社会经济发展的海洋生态系统、森林生态系统、草地生态系统、农田生态系统、大气、水源和其他资源等七大生态要素。这些要素具有极强的综合性，每一种生态安全要素的重大变化，都会影响其他安全要素，特别是重大生态安全要素的破坏，都

---

[1] 吴国盛：《让科学回归人文》，江苏人民出版社2003年版，第82页。
[2] 刘湘溶、李培超：《论自然权利》，载《求索》1997年第4期。

会成为制约经济发展和危及人类安全的根源。党的二十大报告指出，"从现在起，中国共产党的中心任务就是团结带领全国各族人民全面建成社会主义现代化强国、实现第二个百年奋斗目标，以中国式现代化全面推进中华民族伟大复兴"。"中国式现代化是人与自然和谐共生的现代化。人与自然是生命共同体，无止境地向自然索取甚至破坏自然必然会遭到大自然的报复。我们坚持可持续发展，坚持节约优先、保护优先、自然恢复为主的方针，像保护眼睛一样保护自然和生态环境，坚定不移走生产发展、生活富裕、生态良好的文明发展道路，实现中华民族永续发展"。因此，环境工程师应秉承环境工程基本要旨，心怀职业理想，恪守职业精神，以保护和合理利用自然资源，解决环境污染，改善环境质量，促进环境保护与社会发展为己任；应坚持可持续发展理念，积极维护海洋、森林、草地和农田生态系统安全，防止并消解大气、水源污染，节约利用各种自然资源，保持蓝天碧水，充当地球生态安全的积极守卫者。

三、减少环境消耗，促进资源再生

随着工程活动的持续、深入发展，人与自然间的矛盾突出显现为自然资源紧缺，甚至有的资源已经耗尽或即将耗尽，使人类发展难以持续。于是，工程活动如何减少自然资源消耗，如何使已经消耗的自然资源尽可能地重新利用、再生，成为工程师处理人与自然关系必须要思考的伦理命题。在此基础上，循环经济理念与生产方式便应运而生。循环经济，是"体现资源之高效优化及循环利用，是减量化下的低耗和低排，是再利用和资源化下的高效，是一种将末端污染物转变成可以再次充分利用之资源的一种经济发展模式，是一种充分体现和贯彻可持续发展观的经济发展模式"[1]。循环经济的主要内容包括对生产、流通和消费过程中的资源消耗进行减量化、再利用、资源化。其中减量化，是指在生产、流通和消费等过程中减少资源消耗和废物产生；再利用，是指将废物直接作为产品或者经修复、翻新、再制造后继续作为产品使用，或者将废物的全部或者部分作为其他产品的部件予以使用；资源化，是指将废物直接作为原料进行利用或者对废物进行再生利用。

※中国再生资源行业发展报告（2019）摘要[2]

2018 年，随着污染防治攻坚战持续推进，环保督察力度进一步加大，钢铁、有色金属等行业减少原生矿产资源的使用量，不断提高废钢铁、废有色金属等环保原料的使用比例，我国再生资源回收总量增长较快。

2018 年，我国废钢铁、废有色金属、废塑料、废轮胎、废纸、废弃电器电子产品、报废机动车、废旧纺织品、废玻璃、废电池十大类别的再生资源回收总量为 3.20 亿吨，同比增长 13.4%。其中，废钢铁和废旧纺织品回收量涨幅较为明显，分别同比增长 22.3% 和 8.6%；废纸和废玻璃回收量出现下滑，分别同比减少 6.1% 和 2.8%。2018 年，我国十大品种再生资源回收总值为 8704.6 亿元，同比增长 15.3%，除废纸回收价值有所下降外，其余再生资源品种回收价值均有所增长。其中报废机动车增幅最高，同比增长

---

[1] 李玉蕾：《论我国循环经济法律制度的完善》，河北地质大学 2016 年硕士研究生论文，第 5 页。

[2] 该《报告》由商务部流通业发展司、中国物资再生协会联合发布。

36.9%；废轮胎增幅相对最小，仅同比增长 1.8%。

2018 年，经济下行压力加大，且各地环保稽查执行力度加大，为适应经济环境变化，再生资源回收行业加强自身改革，加快创新步伐，一批具有竞争力的新型回收企业脱颖而出，一些回收企业依托良好的运营管理机制，通过跨行业、跨市场合作，解决回收成本高、发展不规范等行业痛点，实现可持续发展。同时，一些国有企业、上市公司、互联网企业进入再生资源回收行业，加快传统回收企业创新转型步伐。例如，格力电器投资数十亿元在全国设立了多个再生资源公司，从事无害化拆解处理废弃电器电子产品和报废汽车工作。

随着电子商务、快递、外卖等新兴业态的迅猛发展，快递包装袋、带有大量胶带的纸箱、塑料餐盒等消耗量快速上升，由于分布广、重量轻、附加值低、利用成本高等问题，单纯靠市场机制不能有效回收，再加上回收后的加工利用成本高，难以形成完整的再生资源回收利用产业链。我国低值再生资源回收瓶颈仍未突破，尚未形成回收、仓储、物流、再利用的高效产业链。以废玻璃为例，我国居民端废玻璃的回收率不足 10%。目前，大量低值再生资源混入生活垃圾，加大了后端回收分拣难度，能进入回收利用环节的只是少量，多数作为普通垃圾进行焚烧或填埋处置。近年来，农村地区再生资源回收需求逐步上升，而农村地区、城乡接合部及县级城市的再生资源回收能力相对滞后，回收站点少，且布局不合理，缺少分拣加工设备设施，无法提供再生资源回收、运输、储存、分拣等配套服务，客观阻碍了农村再生资源回收量的提升。

环境工程活动中，工程师应遵循循环经济减量化、再利用和资源化的重要内容和基本原则，做好以下工作：

（一）减少资源（尤其是不可再生资源）消耗，维护可持续发展

"自然资源，即在一定的技术经济条件下，自然界中可被人类利用的可用于生产和生活的一切物质。"[1] 自然资源是人类生存、发展的自然基础，是社会生产过程中不可缺少的物质要素。自然资源按是否能够再生，可划分为不可再生资源和可再生资源。不可再生资源，是指人类开发利用后，在相当长的时间内，不可能再生的自然资源。不可再生资源是在地球长期演化历史过程中，在一定阶段、一定地区、一定条件下，经历漫长的地质时期形成的，具有有限性和不可再生性，如煤、石油、天然气、金属和非金属矿产等。可再生资源，也称"可更新资源"，是指可以重新利用的资源，或在短时期内可再生，或是可循环使用的自然资源。可再生资源的再生速度一般大于或等于人类开发利用的速度，如耕地、水、森林、草原等。

自然资源是自然界中天然存在的自然物，人类不可能改变自然资源的丰富和贫乏状况，更不能随心所欲地制造自然资源。不可再生资源因其不具备自我更新能力，随着不断使用，存量逐渐减少；可再生资源虽具有自我更新能力，可以通过不断的更新从而保持数量和质量的平衡，但因人类工程活动的数量与速度太多、太快，致使其更新能力变弱。也就是说，不管资源是否可以再生，面对人类不断增长的欲望与需求，资源的稀缺性日益严峻，对于不可再生资源而言，这种稀缺性往往意味着资源枯竭。

---

[1] 杨艳林：《资源经济发展》，科学出版社 2004 年版，第 2 页。

党的二十大报告指出，"我们要推进美丽中国建设，坚持山水林田湖草沙一体化保护和系统治理，统筹产业结构调整、污染治理、生态保护、应对气候变化，协同推进降碳、减污、扩绿、增长，推进生态优先、节约集约、绿色低碳发展"。"立足我国能源资源禀赋，坚持先立后破，有计划分步骤实施碳达峰行动。完善能源消耗总量和强度调控，重点控制化石能源消费，逐步转向碳排放总量和强度'双控'制度。推动能源清洁低碳高效利用，推进工业、建筑、交通等领域清洁低碳转型。"因此，环境工程师应以减少资源消耗为己任，在工程活动中要多进行减量化伦理思考，谨慎抉择工程材料。从事工艺、设备、产品及包装物设计，应当优先选择采用易回收、易拆解、易降解、无毒无害或者低毒低害的材料和设计方案。设计产品包装物应防止过度包装，造成资源浪费和环境污染。对在拆解和处置过程中可能造成环境污染的电器电子等产品，不得设计使用国家禁止使用的有毒有害物质。工业活动应采用先进或者适用的节水技术、工艺和设备，制定并实施节水计划。在电力、石油加工、化工、钢铁、有色金属和建材等工程活动中，应以洁净煤、石油焦、天然气等清洁能源替代燃料油。制造内燃机和机动车应采用节油技术，减少石油产品消耗量。建筑工程中，对其设计、建设、施工的建筑物及构筑物应采用节能、节水、节地、节材的技术工艺，并多使用小型、轻型和再生材料，禁止使用黏土砖。农业工程中，要采用节水、节肥、节药的先进种植、养殖和灌溉技术，推动农业机械节能，优先发展生态农业。开采矿产资源，应采用合理的开采顺序、方法和选矿工艺，对具有工业价值的共生和伴生矿实行综合开采、合理利用，对尾矿应采取保护措施，防止资源损失和生态破坏。

（二）变废为宝，提高资源重复利用率

"发展循环经济追求的不是简单地降低资源消耗，而是使资源得到高效利用和循环利用，从源头预防环境污染，达到提高资源利用效率和减少废物排放的目的。原材料利用的减量化以及废物的回收利用，一直是中国资源节约的主要手段，也是循环经济的重要内涵之一。"[1]因此，环境工程师在做到尽量减少资源消耗，谨慎抉择工程材料的同时，更应注重资源的循环利用。

工程师在工程设计中，应注意各类工程废物的交换利用、能量梯级利用、土地集约利用、水的分类利用和循环使用，以及共用基础设施等问题；要对工业生产过程中产生的粉煤灰、煤矸石、尾矿、废石、废料、废气等工业废物进行综合利用；应发展串联用水系统和循环用水系统，提高水的重复利用率，应采用先进技术、工艺和设备，对生产过程中产生的废水进行再生利用；应采用先进或者适用的回收技术、工艺和设备，对生产过程中产生的余热、余压等进行综合利用；应对工程施工中产生的建筑废物进行综合利用，对农作物秸秆、畜禽粪便、农产品加工业副产品、废农用薄膜等进行综合利用；应对废电器电子产品、报废机动车船、废轮胎、废铅酸电池等特定产品进行拆解或者再利用；积极探索对机动车零部件、工程机械、机床等产品的再制造和轮胎翻新的工艺与技术。

---

[1] 李广、李健：《循环经济模式下的资源利用问题分析》，载《天津理工大学学报》2006年第3期。

四、避免对环境产生再次污染与破坏

环境工程的任务与目的，是利用科学手段解决环境污染问题，改善环境质量，促进环境保护与社会发展。党的二十大报告指出，"大自然是人类赖以生存发展的基本条件。尊重自然、顺应自然、保护自然，是全面建设社会主义现代化国家的内在要求。必须牢固树立和践行绿水青山就是金山银山的理念，站在人与自然和谐共生的高度谋划发展"。因此，无论是环境工程企业，还是环境工程师都应肩负起企业的社会责任、职业职责，避免对环境产生再次污染与破坏。

※ "环保企业不环保"——重庆首旭环保科技有限公司污染环境案[1]

重庆首旭环保公司是具有工业废水处理二级资质的企业。2013年12月5日，首旭环保公司与重庆藏金阁物业公司签订协议，约定首旭环保公司自2013年12月5日至2018年1月4日，运行重庆藏金阁电镀工业中心废水处理项目。首旭环保公司承诺保证中心排入污水处理站的废水得到100%处理，确保污水经处理后出水水质达标，杜绝废水超标排放和直排行为发生。在运营该项目的过程中，项目现场管理人员发现1号调节池有渗漏现象，向首旭环保公司法定代表人程龙报告。程龙召集项目工作人员开会，要求利用1号调节池的渗漏偷排未经完全处理的电镀废水。项目现场管理人员遂将未经完全处理的电镀废水抽入1号调节池进行渗漏。2016年5月4日，重庆市环境监察总队现场检查发现了该偷排行为。经采样监测，1号调节池内渗漏的废水中六价铬、总铬浓度分别超标29.5倍、9.9倍。

对此案，重庆市渝北区人民法院一审认为，被告单位首旭环保公司违反国家规定，非法排放含有重金属的污染物超过国家污染物排放标准3倍以上，严重污染环境，其行为已构成污染环境罪。被告人程龙作为首旭环保公司的法定代表人，系首旭环保公司实施污染环境行为的直接负责的主管人员；首旭环保公司项目现场管理人员是首旭环保公司实施污染环境行为的直接责任人员，均构成污染环境罪。鉴于各被告人分别具有自首、坦白等情节，以污染环境罪判处首旭环保公司罚金80000元；判处程龙等人有期徒刑并处罚金。

重庆地处长江上游和三峡库区腹地，人民法院通过依法审理重点区域的环境资源案件，严惩重罚排污者，构筑长江上游生态屏障。本案中，首旭环保公司作为具有工业废水处理资质的企业，在受托处理工业废水过程中，明知调节池有渗漏现象，依然将未经完全处理的电镀废水以渗漏方式直接向长江干流排放，严重污染长江水体，应当依法承担刑事责任。在首旭环保公司承担刑事责任后，重庆市人民政府、重庆两江志愿服务发展中心以重庆藏金阁物业公司、首旭环保公司为共同被告，分别提起生态环境损害赔偿诉讼和环境民事公益诉讼，要求二被告依法承担生态环境修复等费用，并向社会公开赔礼道歉。人民法院通过审理刑事案件以及省市人民政府提起的生态环境损害赔偿诉讼、社会组织提起的环境民事公益诉讼，充分发挥环境资源审判职能作用，为服务和保障长江流域生态文明建设提供了较好范本。

---

[1] 资料来源：中国法院网—"人民法院环境资源审判保障长江经济带高质量发展典型案例"，http：//www.chinacourt.org，最后访问日期：2018年11月28日。

环境工程活动中，工程师应安全守规，审慎履行职责，做好以下工作：

（一）以确保工程安全为前提，防止产生再次污染事故

工程活动既是一种"人为"活动，又是一种"为人"活动，与人类命运福祉息息相关，但"工程活动的过程和结果往往是不很确定的，工程有或然性和风险性，工程必须有安全系数的考虑和留有余地"[1]。也就是说，工程师在工程实践中，必然要面对各种类型的安全问题，毫无风险、绝对安全的工程活动是不存在的。工程活动中，工程安全可表现为生产安全、信息安全和环境安全等，这些内容都是以人道主义、生命价值为伦理道德基础的。党的二十大报告指出，"坚持以人民为中心的发展思想。维护人民根本利益，增进民生福祉，不断实现发展为了人民、发展依靠人民、发展成果由人民共享，让现代化建设成果更多更公平惠及全体人民"。因此，对工程安全的践行与维护，实质上是对生命至上、以人为本工程基本伦理原则坚守的具体体现。

环境工程师在工程活动中，应强化安全责任意识，对尚未发生的不确定性事件能够采取有效的预防和处理措施，降低工程风险。在工程立项、规划、设计、施工等过程中都要严格遵守质量标准和安全技术规范，对于违反安全技术规范、以次充好和偷工减料等行为必须予以制止，并制定出有效的防范和治理方案，使生命、社会、自然环境都处于安全状态，防止对生态环境产生再次污染。

（二）坚守技术与职业规范、忠诚履责

"工程师有职业义务，遵守工程标准的操作程序和规范，并按其合同约定履行其工作的责任，这是工程师的基本职责。"[2] 工程师的职业责任具体包括工程标准责任、职业伦理责任及合同责任，目前判断工程产品好或坏，工程师优或劣，对伦理职责履行程度的评价更优于其他职责。忠诚履责是工程师的基础伦理要求与规范，如果工程师连忠诚履责都没有做到，那么以人为本、公平正义或可持续发展等伦理原则都会悬于空中楼阁。

当前的工程安全问题所蕴含的技术复杂程度越来越高，影响也越来越深远。从工程项目的立项到规划，从设计到施工，从验收到运行使用，其中任何一个阶段违背工程安全规律，违反技术操作规程，都将造成工程缺陷，形成安全隐患。因此，工程师应高度重视工程安全，要对技术负责，在操作时不可背离技术实施规范，必须严格按照操作守则中的规定进行，把质量放在第一位，承担起对他人和社会的责任；要正确处理工程活动中的各种利益关系，特别是个人利益和社会公共利益的关系，不应无视工程产品质量，侵害社会公共利益以获取个人利益；要坚决抵制工程活动中的腐败现象，绝不同流合污，始终严控工程产品质量，维护社会公共利益。

---

[1] 陈昌曙：《陈昌曙技术哲学文集》，东北大学出版社 2002 年版，第 181 页。

[2] ［美］查尔斯·哈里斯：《工程伦理：概念与案例》，丛杭青、沈琪等译，北京理工大学出版社 2018 年版，第 51 页。

第十二章　化学工程伦理

一、化学工程中的伦理问题

（一）化学工程概述

人类之衣、食、住、行、用，无不与化学有关，"农、轻、重、吃、穿、用，样样离不开化学"[1]。化学工程是生产过程中，利用化学原理和化学技术手段，对已有的物质进行整合、加工、生产和开发，使之变成目的物的实践活动；是以化学知识为依托，以化学品的生产获利为目的，以化学反应为主要生产过程的物质再造过程；是"以物理学、化学和数学为基础，并结合工业经济基本法则，主要研究化学工业中的物理变化和化学变化过程及其有关机理和设备的共性规律，并把这些规律应用到化工装置的开发、设计、操作、控制、管理、强化以及自动化等过程中，在化工工艺与化工设备之间起着承上启下的桥梁和纽带作用"[2]的工程活动。化学工程是随着化学工业的发展，形成并发展起来的。

当代社会，化学工业是任何国家经济的重要基础工业，化学工业为农业提供化肥、农药、塑料薄膜等农用生产资料；为轻纺、建材、冶金、国防、军工及其他工业提供各种配套原材料；为微电子、信息、生物工程、航天技术等为代表的高技术产业提供新型化工材料和新产品；为人们的衣、食、住、行提供各种化工产品。化学工业是现代工业经济中最具活力，有待开发且竞争力极强的一个部门，化学工业与整个工业相辅相成，在经济发展中起着支柱作用。

从 20 世纪 80 年代开始，科学技术快速渗入化学工程发展过程中。随着高新技术革命向深度和广度进展，信息、管理科学和新能源技术等进入化工领域，化学工程产生了一些新的边缘技术，如医学化学工程、电化学工程、地热化学工程、表面界面工程等。21 世纪，化学工业开始由传统工业过渡到以新材料、精细化学品和专用化学品、生物技术为主体的技术密集型产业。可以预见，精细化、个性化、绿色化将是化学工业、化学工艺及化学工程的发展大趋势。

（二）化学工程中的伦理问题

化学工程是一个持续变化的工程，化学工程的运行过程需要不断与周围系统进行物质交换。因此，化学工程与生态环境和人的生命健康安全关系紧密。现代社会中，化学工程越来越重要，其产生的负效应也就愈加明显，这种负效应主要是环境污染和生态破坏，具体表现为大气污染、臭氧层破坏、全球变暖、海洋污染、淡水资源污染、生物多样性减

---

[1]　仲崇立：《绿色化学导论》，化学工业出版社 2000 年版，第 9 页。

[2]　李德华编著：《化学工程基础》，化学工业出版社 2017 年版，第 3 页。

少、环境公害、有毒化学和危险废物、土地退化和沙漠化和森林锐减等。于是，人们开始思考化学工程该如何发展的问题。

1902 年，美国海洋生物学家莱切尔·卡逊在其著作《寂静的春天》中，揭露了美国农业、商业为追逐利润而滥用农药的事实，对美国不分青红皂白地滥用杀虫剂而造成生物及人体受害的情况进行了猛烈的抨击。该书中论述，"这些没有选择性的化学药品具有杀死每一种'好的'和'坏的'昆虫的力量，它们使得鸟儿的歌唱和鱼儿在河里欢悦静息下来，使树叶披上一层致命的薄膜，并长期滞留在土壤里，造成这一切的原来目的可能仅仅是为了少数杂草或昆虫。谁相信在地球表面上施放有毒的烟雾怎么不给所有生命带来危害呢？它们不应该叫作'杀虫剂'，而应该称为'杀生剂'"[1]。可以说，《寂静的春天》的发表，吹响了对化学工程反思的号角，拉开了对化学工程进行伦理思考的大幕。在此基础上，逐渐产生了"绿色化学"发展观。

"绿色"代表着环境，是环境保护的代名词，象征着生命、自然、和谐与和平。"绿色"现已成为一种全新社会发展理念，并广泛应用于各领域，如绿色食品、绿色材料、绿色设计、绿色产品、绿色管理、绿色技术、绿色化学等。绿色化学，是指"环境友好化学，从设计、生产、运用环境友好品，而且生产过程是环境友好的过程，从而防止污染，降低环境和人类健康受到危害的危险"[2]。绿色化学的目的，是把原有化学和化学生产的技术路线方式从原来的"先污染，后治理"改为"从源头上根除污染"，这使绿色化学从源头上避免和消除了对环境的伤害，避免了对生态环境有毒有害的原料、溶剂和试剂、催化剂的使用和产生。

"工程活动是以一种既包括科学技术要素又包括非技术要素的系统集成为基础的物质性实践活动。"[3] 化学工程是一个系统，既包括化学科学、化学工程原理，又包括对化学技术的人文考量。因此，绿色化学发展理念就是从社会而非技术的角度看化学工程，是将化学工程活动中涉及的工程与生态、工程与环境、工程与人的关系，置于伦理学的角度下进行判断、考量。这种判断、考量是在全球环境污染加剧、资源危机的震撼下，人类经过反思，重新调整自己的行为，并在困境下重新选择的结果。绿色化学发展理念内涵包括不让废物产生而不是让其生成后再处理；最有效地设计化学反应和过程，最大限度地提高原子经济性；尽可能不使用、不产生对人类健康和生态环境有害有毒的物质；尽可能有效设计功效卓越而又无毒无害的化学品；尽可能不使用辅助物质，如须使用也应是无毒无害的；在考虑生态环境和经济利益的同时，尽可能使能耗最低；技术和经济上可行时应以可再生资源为原料；应尽可能避免衍生反应；尽可能使用性能优异的催化剂；应设计功能终结后可降解为无害物质的化学品；应发展实时分析方法，以监控和避免有毒有害物质的生产；尽可能选用安全的化学物质，最大限度地减少化学事故发生；不让废物产生而不是让其生成后再处理等内容。

化学工程师应坚持以人为本、环境保护和可持续发展原则，关注工程活动的生态合理性，尽可能不对或尽量少对生态环境进行破坏；要确保工程活动有利于自然界生命和生态

[1] ［美］莱切尔·卡逊：《寂静的春天》，吕瑞兰、李长生译，科学出版社 1979 年版，第 39 页。

[2] 胡常伟：《绿色化学原理和应用》，中国石化出版社 2002 年版，第 27 页。

[3] 殷瑞钰等：《工程与哲学》，北京理工大学出版社 2007 年版，第 11 页。

系统的健全发展，提高环境质量；要在工程活动中善待和敬畏自然，建立人与自然的友好伙伴关系，实现生态的可持续发展。在具体职业活动中，化学工程师将面临人的生命与健康安全、环境保护、人与自然和谐发展等伦理问题，这些都考验着工程师的能力、素养与智慧。

二、将人的生命与健康安全作为首要职业价值追求

人类不像其他生物那样只有比较简单甚至近乎单一的需求，相反，人类的生活需求是多方面的，而实现这些目标的社会资源和机会却是有限的，难以满足和支持社会主体所有价值目标同时实现。工程活动利益主体的多元化，使伦理价值冲突变得更为常见和复杂，工程师要经常面对人与自然、生命与经济利益、经济效益与社会效益、职业操守与对雇主忠诚、公平与效率等伦理价值冲突，时刻面临价值选择两难境地。如何进行理性抉择，是对工程师综合能力与素质的重大考验。

如前所述，人类生活与社会发展离不开化学工业与化学产品，但化学工业的深入发展、化学产品的广泛使用，反过来又会给人类自身与自然界带来不利后果，如何在二者间寻求最佳利益平衡？依据现实考量，绿色化学当是一条必由之路。一般来讲，"绿色化学产品应该具有两个特征：①产品本身必须不会引起环境污染或健康问题，包括不会对野生生物、昆虫或植物造成损害；②当产品被使用后，应该能循环或易于在环境中降解为无害物质"[1]。因此，绿色化学发展理念既是当今化学工业发展的必然趋势，更是工程师"以人为本"基本职业伦理原则的必然要求。

※江苏响水天嘉宜化工有限公司"3·21"特别重大爆炸事故[2]

2019年3月21日14时48分，位于江苏省盐城市响水县生态化工园区的天嘉宜化工有限公司发生特别重大爆炸事故，造成78人死亡、76人重伤，640人住院治疗，直接经济损失19.86亿元。3月22日，国务院江苏响水"3·21"特别重大爆炸事故调查组成立。事故调查组由应急管理部牵头，工业和信息化部、公安部、生态环境部、全国总工会和江苏省政府参加，聘请爆炸、刑侦、化工、环保等方面专家参与调查。通过反复现场勘验、检测鉴定、调阅资料、人员问询、模拟实验、专家论证等，查明此次事故是一起长期违法贮存危险废物导致自燃，进而引发爆炸的特别重大生产安全责任事故。

事故调查组查明事故的直接原因是天嘉宜公司旧固废库内长期违法贮存的硝化废料持续积热升温导致自燃，燃烧引发爆炸。事故调查组认定，天嘉宜公司无视国家环境保护和安全生产法律法规，刻意瞒报、违法贮存、违法处置硝化废料，安全环保管理混乱，日常检查弄虚作假，固废仓库等工程未批先建。相关环评、安评等中介服务机构严重违法违规，出具虚假失实评价报告。事故调查组同时认定，江苏省各级应急管理部门履行安全生产综合监管职责不到位，生态环境部门未认真履行危险废物监管职责，工信、市场监管、规划、住建和消防等部门也不同程度存在违规行为。响水县和生态化工园区招商引资安全

[1] 闵恩泽：《绿色化学与化工》，化学工业出版社2001年版，第91页。

[2] 《江苏响水天嘉宜化工有限公司"3·21"特别重大爆炸事故》：载《齐鲁晚报》2019年11月16日第2版。

环保把关不严，对天嘉宜公司长期存在的重大风险隐患视而不见，复产把关流于形式。江苏省、盐城市未认真落实地方党政领导干部安全生产责任制，重大安全风险排查管控不全面、不深入、不扎实。

江苏倪家巷集团有限公司法定代表人，董事长兼总经理、江苏天嘉宜化工有限公司实际控制人倪成良，江苏天嘉宜化工有限公司总经理张勤岳，江苏天工大成安全技术有限公司董事长单国勋等44人，因涉嫌非法储存危险物质罪、重大劳动安全事故罪、污染环境罪、提供虚假证明文件罪，被公安机关立案侦查并采取刑事强制措施。响水生态化工园区党工委书记朱从国、响水县应急管理局局长孙锋、响水县时任环保局局长温劲松等15名公职人员，因涉嫌严重违纪违法被监察立案调查并采取留置措施。纪检监察机关对江苏省委常委、常务副省长樊金龙，副省长费高云，以及响水县、盐城市和省应急管理厅、生态环境厅等单位46名公职人员，进行了严肃问责，并分别给予警告、严重警告、记过和免职等党纪或政务处分。

"生命是自然人作为民事主体的前提和基础，是自然人最高的人格利益。"[1]化学工程活动中，工程师应将人的生命健康安全作为首要利益考量要素，并做好以下工作：

（一）要将人的生命健康安全利益置于工程价值考量优先顺位

化学工程的排放物、产生物，会通过人的呼吸、食物摄取、皮肤接触等方式直接进入人体，会造成人体生理指标发生异常，或对人体组织黏膜、神经等造成损伤，引起人体器官病变，甚至诱发癌变。比如，酒精、甲醛等化学品会使男性精子异常导致胎儿畸形；铅含量过高会导致幼儿发育迟缓和多动等。工程是人类有意识、具有主观能动性地改造世界的活动，工程活动应是能够给人类带来益处的活动。党的二十大报告指出，"江山就是人民，人民就是江山"；"必须坚持在发展中保障和改善民生，鼓励共同奋斗创造美好生活，不断实现人民对美好生活的向往"；"我们要实现好、维护好、发展好最广大人民根本利益，紧紧抓住人民最关心最直接最现实的利益问题"；"人民健康是民族昌盛和国家强盛的重要标志"。因此，关爱人的生命与健康，当是工程活动的使命与初衷。

工程活动中，化学工程师应对人的生命健康保持足够敬畏与尊重；要坚持不伤害原则，在工程选址和论证时，依据外部条件不同，公正对待不同经济环境、生活环境、认知水平下的自然环境和人。要逐步淘汰高污染、高能耗、高危害的化学工程，并禁止新的同类化学工程立项；不能以牺牲生存环境和人的健康为代价，将危害周期长、危害性能大、高污染、受禁止的产业转移到欠发达地区。要尽量减少人体暴露在化学品环境中的时间，或降低化学物质进入人体的机会；要提倡和使用低毒、低污染的农药及相应所用的表面活性剂、填料、溶剂和助剂，以水基制剂取代油基制剂，以水分散性颗粒剂取代粉状制剂，提高农药的使用效率，并减少农药残留。要谨慎对待生产中的各种细微变化，防止这些细微变化酿成化学事故灾难，对工人和周围群众造成重大损害。

（二）要减少化学工程对人体生命健康的间接危害

庞大、繁多的化学工程活动会对生态系统产生重大负面影响，如二氧化碳、氮、磷等化学品的大量投入或过度排放，会引起环境温度升高、水体含氧量降低等自然生存环境的

---

[1] 魏振瀛：《民法》，北京大学出版社、高等教育出版社2016年版，第629页。

大波动，导致局部生物习性发生变化、生态结构发生转化，导致一些生物被自然所淘汰，破坏原有的生态平衡；化学工程的产物通过水体、土壤等被生物吸收，并在生物体内累积，一些难分解的化学品进入生态系统的循环中，在食物链中不断累积，从而引起整个地区生物体的灾难性恶果。这些负面影响都会间接地影响人类的生存与发展，对人体造成一定的损害。

工程活动中，化学工程师应致力于开发对环境无毒害的工艺方法和产品，着力解决化学产品的污染问题。不仅要考虑该化学品在制造与使用时的危害性，还应考虑使用后处置所带来的危害性，应关注化学产品对环境和生物的无害性研究，要以降解产物的形式，减少对人、自然和环境的危害的考虑，如研究可降解的塑料、生产不含氯的新型杀虫剂等。要减少杀虫剂、除草剂、去污剂、化肥等化工产品及化工工业废水排放量，保持水源清洁，避免这些污染物进入水体，对人体健康产生直接和长期危害，对人类和水生生物群落构成严重的威胁。要减少农药、化肥、微量元素、未经处理的粪便、垃圾和城市污水对土壤进行污染，避免"污染土壤"产出的"带毒食物"进入人体，对人体造成危害。

（三）要采取各种措施，预防、防止化学工程事故发生

化学品的影响需要通过一定的反应时间、达到一定的浓度累积才能显现，往往具有滞后性。因此，化学工程风险极具潜在性，这些潜在性风险在工程初期一般不能表现出来，成为工程隐患。工程活动中，防止意外事故的发生是极其重要的，化学工程师应慎重选择物质及物质的状态，包括使用固体或低蒸汽压物质替代易挥发液体或气体，避免大量使用卤素分子，而用带原子的试剂替代，将化学意外包括泄漏、爆炸、火灾等的可能性降到最低。应尽量使用最新物理、化学、生物手段和方法，从源头上根除污染，以化学与生态协调发展为宗旨，来研究环境友好的新反应、新过程、新产品，这是国际化学化工研究前沿的发展趋势和我国可持续发展战略的要求，也是化学工程师的职责。唯有此，才能有效避免化学意外事故危害人的健康和生命，恶化生态和生存环境，造成巨大经济损失。

三、维护生态平衡与安全

化学品在给人类创造物质和便利的同时，其生产和使用过程消耗了大量自然资源，也给人类和环境也带来了伤害。因此，化学工程师在工程活动中向自然索取时，要承担起环境破坏的责任。化学工程师应在消耗资源与不破坏环境、不危害人类之间寻求平衡，从源头上消除污染，维护生态平衡与安全。

※2005 年松花江水污染事件[1]

2005 年 11 月 13 日，吉林石化公司双苯厂一车间发生爆炸，爆炸共造成 5 人死亡、1 人失踪，近 70 人受伤。爆炸发生后，约 100 吨苯类物质（苯、硝基苯等）流入松花江，在江面上产生长达 80 公里的污染带，苯含量一度超标 108 倍。污染带先通过了吉林省多个市县，后进入黑龙江省境内，经哈尔滨、佳木斯等多个市县，在松花江口注入黑龙江。污染带沿黑龙江向东流动，进入俄罗斯境内，经俄罗斯犹太自治州、哈巴罗夫斯克边疆

---

[1]《中石油吉林石化双苯厂爆炸事故及松花江水污染事件》，http://www.safehoo.com/Item/1556690.aspx，最后访问日期：2019 年 11 月 30 日。

区、哈巴罗夫斯克、共青城、尼古拉耶夫斯克等城市，最后注入太平洋。此次爆炸事故造成了松花江水严重污染，沿岸数百万居民的生活受到影响。

经调查，双苯厂车间爆炸的直接原因，是硝基苯精制岗位外操人员违反操作规程，在停止粗硝基苯进料后，未关闭预热器蒸气阀门，导致预热器内物料气化；恢复硝基苯精制单元生产时，再次违反操作规程，先打开了预热器蒸汽阀门加热，后启动粗硝基苯进料泵进料，引起进入预热器的物料突沸并发生剧烈振动，使预热器及管线的法兰松动、密封失效，空气吸入系统，由于摩擦、静电等原因，导致硝基苯精馏塔发生爆炸，并引发其他装置、设施连续爆炸。另外，事故原因还包括中石油天然气公司吉林石化分公司及双苯厂对安全生产管理重视不够、对存在的安全隐患整改不力、安全生产管理制度存在漏洞、劳动组织管理存在缺陷等。

经调查，造成松花江水污染的直接原因，是双苯厂没有事故状态下防止受污染的"清净下水"流入松花江的措施，爆炸事故发生后，未能及时采取有效措施，防止泄漏出来的部分物料和循环水及抢救事故现场消防水与残余物料的混合物流入松花江。其他原因包括吉化分公司及双苯厂对可能发生的事故会引发松花江水污染问题没有进行深入研究，有关应急预案有重大缺失；吉林市事故应急救援指挥部对水污染估计不足，重视不够，未提出防控措施和要求；中石油天然气公司对环境保护工作重视不够，对吉化分公司环保工作中存在的问题失察，对水污染估计不足，重视不够，未能及时督促采取措施；吉林市环保局对水污染问题重视不够，没有按照有关规定全面、准确地报告水污染程度，没有及时向事故应急救援指挥部建议采取措施等。

事件发生后，国家环保总局和沿江各省市积极处理江水污染问题，落实松花江流域水污染整治工作，确保沿江群众吃上干净水。同时，中国向俄罗斯提供必要援助，以帮助其应对污染。相关责任人员被依法追责，并承担相应法律责任。

化学工程活动中，工程师应坚持工程发展与自然并重理念，妥善处理人与自然的关系，并做好以下工作：

（一）要评估工程对环境可能产生的不利后果，时刻不忘维护生态平衡

化学工程在施工、运行过程中，自然环境或社会因素的变化都可能诱发工程风险，这种风险对自然和人类带来的负面影响是难以逆转的，对其进行生态恢复治理也将面临周期长、可逆转性差等困难。化学工程中的原料、产物、废弃物等对人体的负面影响更直接，这些化学品会直接导致人体健康受损，甚至死亡。加之，化学工程的监控难度较大，工程师一定要谨慎从事，在工程中要预估化学工程风险，做好防范措施。工程师应注重工艺选择的科学性，优先选择技术成熟、普遍推行的，对环境影响小，废弃物处理效果好的工艺流程和工程设备，坚决摒弃即将淘汰的，原料消耗大、副产物多的落后工艺。化学工程师在对待工程中的工艺选择时，应遵循预防性伦理的要求和保守性原则，要预估新技术、新工艺的负面影响，谨慎选择使用化学新工艺和新产品，避免因追求建立大型标杆工程和使用新型化学品带来的副作用。

（二）要忠诚履行职责，尤其是环境生态责任

实践中，工程师经常要面临作为雇员的伦理责任和作为社会公众的伦理责任的两难抉择。此时，工程师应在考虑企业利益的同时，将人和环境安全、人的生存保障和环境效益放在首位。工程师应更注重化学产物的循环利用和无害化处理，更倾向于节能减排和绿色生产要求的新技术选择；要严格遵循操作规程，按照已设计好的工艺流程按规实施操作，对于工程设计中未能完全考虑的环节，应尽到建议和主动实施义务；应如实将工程中的隐患及时反映给工程决策者和工程监督者，通过科学决策降低工程爆发大规模极端影响事件的可能；要严谨对待生产中的细微变化，严格按照国家标准要求对原料、产品的每一项指标进行理化分析，对于原料中的元素组成和含量的变化应该给予重视，并及时反馈给化学工程设计者以调整工艺流程，确保工程安全。

四、促进人与自然和谐、可持续发展

"长期以来，人类以地球的主人身份，自然的征服者自居，忽视了其他物种和自然界万物的内在价值。在现代，物种大规模灭绝等生态灾难，主要由地球上人类活动造成的。现代人类拥有灭绝其他物种的一切手段。但我们必须承认，人类和它们是休戚相关的，它们和人类共同拥有地球。人类只有善待生物、善待地球才能拯救自己。"[1] 因此，促进人与自然和谐、可持续发展，是化学工程师的应尽职责。

※化肥造成的面源污染问题[2]

化肥，是化学肥料的简称，是指用化学方法制成的含有一种或几种农作物生长需要的营养元素的肥料。化肥分为单元肥料和复合肥料两类，只含有一种可标明含量的营养元素的化肥称为单元肥料，如氮肥、磷肥、钾肥等；含有氮、磷、钾三种营养元素中的两种或三种且可标明其含量的化肥，称为复合肥料或混合肥料。工程实践中，磷肥、氮肥、钾肥是植物需求量较大的化学肥料。

化肥作为一种重要的农业生产资料，在促进农业生产发展和保障粮食安全方面起到了至关重要的作用。据联合国粮农组织（FAO）统计，化肥在对农作物增产的总份额中占40%～60%。中国能以占世界7%的耕地养活了占世界22%的人口，化肥起到了举足轻重的作用。1998年，我国化肥产量达2956万吨，占世界总产量的19%，居世界第一位。2016年，化肥生产达到70004.92万吨，其中农用化肥投入量约为5984万吨，占85.426%。目前，我国化肥使用还普遍存在过量投入、不合理投入等问题，经调查我国农作物的亩均化肥投入量约为21.9kg，约为当前世界亩均施肥水平的3倍。

化肥过量及不合理投入会产生大量的化肥面源污染。面源污染通常是相对于点源污染而言的，农业面源污染是指在农业生产活动中，由化肥、农药、固体废弃物等分散污染源所引起的对河流、湖泊、大气等生态系统的污染。这些污染物为农业生产环境带来了严重的负外部性影响，大量田间试验和相关研究表明化肥面源污染破坏了土壤微生物的多样性以及土壤结构，造成了水体污染等。这些被污染破坏过的水土资源一旦用于农业生产，则必然会对农业生产状况造成严重损害。化肥的过量及不合理投入除了破坏农业生产环境外，所形成的农业面源污染还可能会进一步威胁到农业生产状况，并进而对粮食生产造成

---

[1] 曹孟勤：《试论解决生态危机的根本出路》，载《南京师范大学学报（社会科学版）》2007年第4期。

[2] 刘聪：《中国农业化肥面源污染的成因及负外部性研究》，浙江大学2018年博士学位论文。

负外部性影响。

化肥过量及不合理投入会产生 Zn、Cu、Co 和 Cr 等重金属污染物，直接危害人体健康。从化肥的原料开采到加工生产，总是给化肥带进一些重金属元素或有毒物质。中国施用的化肥中，磷肥约占 20%，磷肥的生产原料为磷矿石，它含有大量有害元素 F 和 As，同时磷矿石的加工过程还会带进其他重金属 Cd、Cr、Hg、As、F，特别是 Cd。另外，利用废酸生产的磷肥中还会带有三氯乙醛，对作物造成毒害。长期施用化肥，会造成土壤中重金属元素富集，这些重金属为农作物所吸收。人类通过食用农作物，将重金属元素吸收到体内，会对人体健康造成损害。

党的二十大报告指出，"我们要推进美丽中国建设，坚持山水林田湖草沙一体化保护和系统治理，统筹产业结构调整、污染治理、生态保护、应对气候变化，协同推进降碳、减污、扩绿、增长，推进生态优先、节约集约、绿色低碳发展"。在人与自然的关系中，人类处于主动地位。当人的行为违背了自然规律，必然导致人与自然的失衡。化学工程的发展需要大量不可再生资源作为原材料或能源，人们必须要面对资源转化过程中污染排放、资源紧缺等问题。因此，兼顾环境和资源承载能力，促进绿色化学发展与应用，使社会可持续发展，是化学工程活动进一步发展无法回避问题。化学工程活动中，工程师不应仅关注工程活动本身，还应重视人类与自然的和谐和可持续发展。化学工程师应以科学态度对待资源，使资源的利用符合生态规律，符合可持续发展的要求；应重视绿色化学制造和工艺技术应用，使化学生产有利于生命健康的药品，有利于生态环境的化学用品，从源头上消除污染；要充分利用每个原料原子，尽量不产生污染，又充分利用资源；应采用无毒、无害的原料、溶剂、助剂和催化剂，通过无害的反应过程，节约能源，生产对社会安全、对环境友好、对人身体有益的产品。

总之，化学工程与自然、人类生活密切相关，减少或降低化学产品对自然和人类生活环境危害与污染，不仅使化学工程活动得以持续发展，也维护了人类自身发展环境，强化了人与自然的和谐关系。

第十三章 建设工程伦理

一、建设工程中的伦理问题

（一）建设工程概述

"建设工程""建筑工程""土木工程""土木建筑工程""建筑土木工程"等，这些概念似是而非，看似没有差别，却又显然不同。事实上，无论理论研究还是工程实践中，对建设工程范围的理解与表达都是不一致的。

土木工程，是指利用各种材料、设备，通过勘测、设计、施工、保养和维修等工程技术活动，建造各类土地工程设施的统称。其中"各类土地工程设施"包括房屋、道路、铁路、管道、隧道、桥梁、运河、堤坝、港口、电站、飞机场、海洋平台、给水排水以及防护工程等。建筑工程，是为新建、改建或扩建房屋建筑物和附属构筑物设施所进行的规划、勘察、设计和施工、竣工等各项技术工作和完成的工程实体以及与其配套的线路、管道、设备的安装工程。其中"房屋建筑物"包括厂房、剧院、旅馆、商店、学校、医院和住宅等，"附属构筑物设施"包括房屋建筑配套的水塔、自行车棚和水池等。"线路、管道、设备的安装"是指与房屋建筑及其附属设施相配套的电气、给排水、暖通、通信、智能化和电梯等线路、管道、设备的安装活动。总之，从上述解释可以看出，建筑工程涵盖于土木工程之中。建筑与土木工程是基本建设的重要工程领域，不仅涉及区域与城市规划、工业与民用建筑物的设计，还涉及各类工程设施与环境的勘测、设计、施工和维护。

我国《建设工程质量管理条例》规定，"建设工程，是指土木工程、建筑工程、线路管道和设备安装工程及装修工程"。依据立法精神，可将建设工程理解为，"为人类生活、生产提供物质技术基础的各类建筑物和工程设施的统称"。建设工程按照自然属性可分为土木工程、建筑工程、线路管道安装工程和装修工程四类。其中土木工程，是指产出物为公路、铁路、桥梁、隧道、水利工程、矿山、构筑物等兴工构建及相关活动构成的过程；建筑工程，亦称房屋建筑工程项目，是指产出物为房屋工程兴工构建及相关活动构成的过程；线路管道安装工程，是指产出物为安装完成的送变电、通信等线路，给排水、污水、化工等管道，机械、电气、交通等设备，动工安装及相关活动构成的过程；装修工程，是指构成装修产品的抹灰、油漆、木作等及相关活动构成的过程。

建设工程涉及多方参与主体，主要包括建设单位、勘察设计单位、施工单位和工程监理单位。此外，还包括政府及工程产品使用者等其他主体。建设单位，指具有工程发包主体资格和支付工程价款能力的当事人以及取得该当事人资格的合法继承人；勘察设计单位，指由发包人委托的负责工程勘察设计并取得相应工程勘察设计资质等级证书的单位；施工单位，指被发包人接受的具有工程施工承包主体资格的当事人以及取得该当事人资格的合法继承人；工程监理单位，指发包人委托的负责工程监理并取得相应工程监理资质等级证书的单位。

（二）建设工程中的伦理问题

如前所述，建设工程领域涉及建设、勘察设计、施工和监理等建设主体，政府监管主体及工程产品使用者等多方主体参与。不同的参与主体，其利益追求目标是不同的。利益追求目标不同，促使各种参与主体和具体职业个体对工程活动的价值判断不同，对自身职业行为的职业伦理要求也不同。由此，在工程活动过程中，或在工程产品使用中都产生了与工程活动初衷不一致，甚至相背离的现象。"技术进步的最大害处在于用它来毁灭人类生命和辛苦赢得的劳动果实，就像我们老一辈人在世界大战中毛骨悚然地经历的那样。"[1] 随着建设工程活动日益扩大，工程技术广泛、深入应用，建设工程领域的资源消耗、土地紧张、生态环境损坏、环境污染以及能源危机等一系列问题相继出现。这些都在向我们发出警示。

建设工程活动不仅仅是技术应用过程，从不同视角观察建设工程活动，就会发现工程活动中存在经济、文化、政治、技术及伦理等不同问题，其中伦理问题和其他问题是相互关联的，并且密切结合在一起，甚至渗透其中。因此，建设工程活动的参与者无论在各种工程建设活动中，还是监管、使用过程中都要承担起社会责任，要坚持正确的价值观、利益观，彰显强烈的伦理道德意识，遵守工程伦理准则，妥善处理各种伦理问题。

工程师是建设工程活动极其重要的参与主体，在具体工程职业活动中将面临质量与安全、人文关怀、环境保护与可持续发展、文化保护与传承等各种伦理问题，这些都考验着建设工程师的能力、素养与智慧。

二、严把质量与安全关

党的二十大报告指出，"我们要坚持以推动高质量发展为主题，把实施扩大内需战略同深化供给侧结构性改革有机结合起来，增强国内大循环内生动力和可靠性，提升国际循环质量和水平，加快建设现代化经济体系，着力提高全要素生产率，着力提升产业链供应链韧性和安全水平，着力推进城乡融合和区域协调发展，推动经济实现质的有效提升和量的合理增长"。建设工程的质量与安全，对任何工程活动参与者均影响重大。对于建设、勘察设计或施工单位来讲，涉及企业利润、人员安全及企业形象与长远发展；对于政府来讲，涉及监管不力、公众安全和社会稳定；对于工程产品使用者而言，涉及人身财产安全，甚至繁衍生息；对于工程师来讲，关涉其个人薪酬待遇、职业生涯与荣誉以及职业整体的社会声誉。因此，建设工程的质量与安全问题关系重大，任何工程参与主体均不可掉以轻心，作为建设工程活动具体操作与实施者的工程师更应如此。

※2009 年上海"楼倒倒"事件[2]

2009 年 6 月 27 日，上海闵行区"莲花河畔景苑"小区，一栋在建的 13 层住宅楼全部倒塌，造成一名工人死亡。随后，上海市组成由安监局牵头负责，14 位勘察、设计、

---

[1] H. 波塞：《技术及其社会责任问题》，邓安庆译，载《世界哲学》2003 年第 6 期。

[2] 资料来源：半岛网—半岛都市报，西陆网—上海倒楼事件，http://www.baudao.cn，最后访问日期：2019 年 12 月 15 日。

地质、水利、结构等相关专业专家参加的专家组，对事故原因进行调查。

专家组调查后，认定此起事故是一起重大责任事故，且实属罕见，社会影响恶劣，性质非常严重。事故的直接原因是紧贴倒塌楼房北侧，在短时间内堆土过高，最高处达10米左右；与此同时，倒塌楼房南侧的地下车库基坑正在开挖，开挖深度4.6米，大楼两侧的压力差使土体产生水平位移，过大的水平力超过了桩基的抗侧能力，导致房屋倾倒。事故间接原因主要有六个方面：一是土方堆放不当。在未对天然地基进行承载力计算的情况下，建设单位随意指定将开挖土方短时间内集中堆放于倒塌楼房北侧。二是开挖基坑违反相关规定。土方开挖单位，在未经监理方同意、未进行有效监测，不具备相应资质的情况下，也没有按照相关技术要求开挖基坑。三是监理不到位。监理方对建设方、施工方的违法、违规行为未进行有效处置，对施工现场的事故隐患未及时报告。四是管理不到位。建设单位管理混乱，违章指挥，违法指定施工单位，压缩施工工期；总包单位未予以及时制止。五是安全措施不到位。施工方对基坑开挖及土方处置未采取专项防护措施。六是围护桩施工不规范。施工方未严格按照相关要求组织施工，施工速度快于规定的技术要求。

通过调查和责任认定，相关部门依据有关法律法规，共对6家单位进行处罚。其中建设单位梅都房地产公司、总包单位众欣建筑公司，对事故发生负有主要责任；土方开挖单位索途清运公司，对事故发生负有直接责任；基坑围护及桩基工程施工单位胜腾基础公司，对事故发生负有一定责任。依据相关法律法规的规定，对上述单位分别给予经济罚款，其中对梅都房地产公司和众欣建筑公司，均处以法定最高限额罚款。对众欣建筑公司建筑施工企业资质证书及安全生产许可证予以吊销。待事故善后处理工作完成后，吊销梅都房地产公司房地产开发企业资质证书。监理单位光启监理公司，对事故发生负有重要责任，吊销其工程监理资质证书。工程监测单位协力勘察公司对事故发生负有一定责任，予以通报批评处理。

法院认为，秦某、张某、夏某、陆某、张某、乔某作为工程建设方、施工单位、监理方的工作人员以及土方施工的具体实施者，在建设工程项目的不同岗位和环节中，本应上下衔接、互相制约，却违反安全管理规定，不履行、不能正确履行或者消极履行各自的职责、义务，最终导致楼房整体倾倒。这6人均已构成重大责任事故罪，且属情节特别恶劣，分别判处5年、4年或3年有期徒刑。

为确保建设工程质量与安全，工程师应坚守如下职业伦理精神与规范：

（一）忠诚履责，恪尽职守，尽到职业本分

"工程师有职业义务，遵守工程标准的操作程序和规范，并按其合同约定履行其工作的责任，这是工程师的基本职责。"[1] 无论是工程师的工程标准责任、职业伦理责任还是合同责任，在工程活动中都是必须要忠诚履行的，只有忠诚履行了这些职业责任，其他以人为本、公平正义或可持续发展等职业伦理原则才能够真正得到落实和实现。建设工程中，如果建设工程师只追求人情世故，照顾领导面子，注重个人薪酬与职位，看重企业经济利益，忽略质量责任；设计工程师只追求经济利益和效率，忽略工程项目质量与安全责

---

[1] [美] 查尔斯·哈里斯：《工程伦理：概念与案例》，丛杭青、沈琪等译，北京理工大学出版社2018年版，第51页。

任；监理工程师为了获得经济利益，对不符合质量标准的工程"睁一只眼闭一只眼"，让不符合使用的工程投入使用，不真正履行监管责任。这些行为不仅是对工程师职业精神与职业操守的背叛、背离，也是对社会与公众极不负责的表现，是令人唾弃的。

（二）严守建设工程质量与安全规程，依法依规执业

"现实中具体的法律规则几乎都是伦理精神的产物，它们直接或间接地体现着某一特定道德原则与伦理规范的要求。而某一道德规则能否进入法律（尤其是刑法）领域，则可集中检验出该社会（至少是立法者）对它的重视程度。"[1] 工程师作为建设工程活动的重要主体，不仅要遵守社会一般公民普遍应遵守的法律法规，更重要的是要遵守工程法律法规，认真履行其工程质量与安全责任。工程师在进行工程活动时，要将质量与安全放在工作首位，不能只考虑工程利益、个人利益，忽略如何预防和减少安全事故发生；要更多考虑建设工程项目的合理性设计，减少安全隐患。不要只考虑利润，一味地降低成本，不顾及工程产品的质量安全问题；要对工程质量进行严格检查，杜绝质量与安全隐患。唯有此，工程活动过程才是安全的，工程产品才是质量过硬的，才能称得上是好工程、好产品；唯有此，才能为个人、为职业群体、为企业赢得好远景、好声誉、好口碑。

（三）践行职业伦理精神，实现职业公正理想

"一个人的价值应该看他贡献什么，而不应该看他取得什么""一个人对社会的价值首先取决于他的感情、思想和行动对增进人类利益有多大的作用。"[2] 好工程，就是在坚持以人为本的前提下，兼顾社会公平正义、可持续发展理念指导下进行的工程活动；而非仅考虑工程效率或经济性，忽视了相关利益关系人的利益诉求。建设工程实践中，企业作为经济体，追逐利润是其首要目标。为了获取最大利润，企业有时会不择手段，甚至会以牺牲公众利益作为代价，如偷工减料、以次充好等，这些往往会直接影响工程质量与安全。此时，工程师应将职业伦理规范与社会公共利益置于企业利益之前，要对职业忠诚，坚持诚实、正直标准，不弄虚作假，不实施违法犯罪行为；要对社会忠诚，确保公众健康与安全不受侵害。不能为企业的违法、不道德活动保守秘密，甚至帮助企业实现非法、违法的愿望或企图；要实现真正的职业忠诚，而非片面的忠诚，从而使工程师职业光辉得以绽放，职业价值得以彰显。

三、坚持以人为本

党的二十大报告指出，"中国共产党领导人民打江山、守江山，守的是人民的心。治国有常，利民为本。为民造福是立党为公、执政为民的本质要求。必须坚持在发展中保障和改善民生，鼓励共同奋斗创造美好生活，不断实现人民对美好生活的向往"。"我们要实现好、维护好、发展好最广大人民根本利益，紧紧抓住人民最关心最直接最现实的利益问题，坚持尽力而为、量力而行，深入群众、深入基层，采取更多惠民生、暖民心举措，着力解决好人民群众急难愁盼问题，健全基本公共服务体系，提高公共服务水平，增强均衡性和可及性，扎实推进共同富裕。"工程活动是以人为主体、以人为前提、以人为动力、以人为目的的，体现了人类改造自然界的主动性、创造性。因此，"以人为本"也就成为

---

[1] 胡旭晟：《论法律源于道德》，载《法制与社会发展》1997年第4期。

[2] ［美］爱因斯坦：《爱因斯坦文集》（第3卷），商务印书馆1979年版，第35页、第145页。

工程师的核心伦理观，是工程师处理工程活动中各种伦理关系最基本的伦理原则。"马克思主义的'以人为本'既不同于人本主义，也不同于人类中心主义。它关注的人是现实的人、具体的人，关注的是这些现实、具体的人如何实现全面发展，因而它进一步关注的是人与自然之间的关系和人与人之间的关系以及这两种关系之间的协调。"[1]

※国务院《汶川地震灾后恢复重建总体规划》摘要[2]

2008年9月23日，国务院印发《汶川地震灾后恢复重建总体规划》。该《规划》指出，中国将用3年左右的时间，耗资1万亿元，完成四川、甘肃、陕西重灾区灾后恢复重建的主要任务，使广大灾区基本生活条件和经济社会发展水平达到或超过灾前水平。《规划》全文约25000字，15章，涉及重建基础、总体要求、空间布局、城乡住房、城镇建设、农村建设、公共服务、基础设施、产业重建、防灾减灾、生态环境、精神家园、政策措施、重建资金、规划实施等。

《规划》坚持以人为本、民生优先原则。要把保障民生作为恢复重建的基本出发点，把修复重建城乡居民住房摆在突出和优先的位置，尽快恢复公共服务设施和基础设施，积极扩大就业，增加居民收入，切实保护灾区群众的合法权益。根据《规划》，受灾群众的安置主要在规划区内就地就近安置，不搞大规模外迁。人口安置的对象主要是耕地和宅基地因灾严重损毁、无法在原村民小组范围内生产生活的农村人口；坚持就地就近分散安置为主，尊重本人意愿，实行农业安置与务工安置相结合。少数民族人口的安置应尊重其生产生活习俗，原则上在本民族聚居区安置。

《规划》强调要加强精神家园的恢复重建，要加强心理疏导，体现人文关怀，重塑积极乐观向上的精神面貌，坚定自力更生、艰苦奋斗的信心，弘扬伟大抗震救灾精神和中华民族优秀传统文化。

建设工程活动中坚持以人为本的基本伦理原则，工程师应做好以下工作：

(一) 建设工程活动与产品要以人为中心

坚持以人为本，就是要实现以人的全面发展为目标，从人的根本利益出发谋发展、促发展，不断满足人们日益增长的物质文化需要，切实保障人民群众的政治、经济和文化权益，让发展的成果惠及全体人民。从法律与伦理视角看以人为本，就是要"展示人性、弘扬人道、尊重人格、保护人权、促进平等、保障自由"[3]。

以"以人为本"基本原则指导建设工程实践，就是要求工程活动与产品使用都要坚持"以人为中心"。要把人的生存、人的尊严、人的价值看作是至高无上的，工程设计、施工或工程产品的使用必须正确对待人、面向人、适应人、支持人的劳动和生活。要克服以技术为中心、以功能为中心的设计与施工理念，要深入地理解人的生理、心理需要和行为特

---

[1] 陈向义：《"以人为本"与人本主义、人类中心主义辨正》，载《贵州社会科学》2005年第1期。

[2] 资料来源：中国新闻网—国内新闻，http://www.chinanews.com，最后访问日期：2008年9月24日。

[3] 朱兵强：《人本法律思想解读——以人为中心的考察》，华中科技大学2010年硕士学位论文。

征，体现对人的关怀为原则来设计、实施工程活动并提供好的工程产品。建设工程产品的舒适性、安全性、方便性、易识别性、可达性、私密性等要求，要依据不同使用者的需求均应有所体现。比如，大型商场、超市的残疾人专用通道，大型公众场合厕所的残疾人专用方便器等。

建设工程活动中的"以人为中心"，还体现为工程活动要尽量减少对周边人造成负面影响。比如，水利开发工程的特点就是移民数量众多，搬迁难度大，安置难度大。在移民管理过程中，不仅要确保移民安置所需的宅基地，还要解决移民搬迁后的生产劳作和生活方式。对于移民而言，熟悉的家园、固有的生产模式遭到破坏，生产性财产及收入来源消失；乡村熟悉的人际关系网被打散重组、家族群体分离；原有的社会架构及文化特征、人文风情被改变；新环境的资源竞争程度可能更加激烈等等，这些都将加剧移民的不安全感和抵触心理。因此，建设工程活动要尽量避免大量移民，如国务院《汶川地震灾后恢复重建总体规划》中提出，受灾群众安置总的原则是，主要在规划区内就地就近安置，不搞大规模外迁。人口安置的对象主要是耕地和宅基地因灾严重损毁、无法在原村民小组范围内生产生活的农村人口。再如，有地方修建的铁路仅距村民住房五六米远，且高度相当，通车后，周边居民感觉火车在屋顶跑，而且行车的噪声、灯光、引起的尘土污染等将严重影响周边民众的生产、生活；有的地方交通高架桥工程与地面道路形成落差，且没有安装防护措施，就会发生高架桥上汽车冲到桥下的极度危险事情，直接威胁桥下群众的人身与财产安全。

（二）建设工程活动与产品要体现人文关怀

人文关怀是指，"对人自身的存在和发展中所遇到的各种问题的关注、探索和解答，它所体现的是一种人文精神"[1]、"独特的人道主义，包含着对人的尊严、自由和权利的执着追求"[2]。对人文关怀理念的重视，是现代社会文明进步的标志。建设工程活动或产品体现人文关怀，不仅是为了实现人类与环境的和谐统一，更重要的是将建设工程或产品上升到精神层次、文化层次，有利于人人相亲，有利于传统保留。

比如，"客家人文背景对福建土楼建筑的影响意义深远，客家人自古便有的崇敬祖先、沿袭传统、重视教育、团结奋进、吃苦耐劳的特质，这些特质是形成福建土楼建筑风格的文化底蕴，这个活着的建筑成为世界文化遗产并不仅仅是建筑本身的荣耀，更是客家文化自身的骄傲"[3]。再如，城市交通工程设计与施工要考虑私人交通与公共交通、行人与车辆、机动车与非机动车的统一性和整体性；要考虑交通设施和识别系统的系统化和人性化等问题。国务院《汶川地震灾后恢复重建总体规划》中提出，各级政府要指导和帮助灾区群众尽快恢复重建自主管理的社区（村民委员会）组织，构建灾区群众和谐和睦、团结互助的邻里关系，发挥社区对安定人心、增进情感、反映民意、化解矛盾、提供服务等方面的重要功能；要营造关心帮助孤儿、孤老、孤残的社会氛围等。

---

　　[1]　贾高建：《马克思主义与人文关怀》，载《理论研究》2000年第4期。

　　[2]　程遂行：《探解马克思存在论的根本维度：人文关怀》，载《西南民族学院学报（哲学社会科学版）》2002年第9期。

　　[3]　薛圣言、陈晶：《浅析客家人文背景对福建土楼建筑的影响》，载《安徽建筑》2012年第4期。

四、关注环境，践行可持续发展

"可持续发展"缘起于"以人为本"工程基本伦理原则。可持续发展理念要求，社会发展不仅要满足人类的各种需求，还要关注各种经济活动的生态合理性，保护生态资源，不对后代人的生存和发展构成威胁。"伦理思维的改变就是人们的自我反省和约束所带来的，所以人们对于目前环境破坏所带来的生态危机的反思，是关于伦理道德的一个新的研究对象。即把人与自然的关系纳入伦理思维的框架之中，借助道德的手段来实现人与自然的和谐发展。"[1] 可持续发展原则要求工程师在工程活动中，尽可能不对或尽量少对生态环境进行破坏，要确保工程活动有利于自然界生命和生态系统的健全发展，提高环境质量；要在工程活动中善待和敬畏自然，建立人与自然的友好伙伴关系，实现生态的可持续发展。

※秦岭别墅事件始末[2]

秦岭，被尊为华夏龙脉，素有"国家中央公园"和"陕西绿肺"之称，是重要的生态安全屏障，具有调节气候、保持水土、涵养水源、维护生物多样性等诸多功能。然而，自20世纪90年代以来，一些人开始盯上秦岭的"好山好水"，违规兴建别墅，试图将"国家公园"变为"私家花园"，导致大量耕地、林地被圈占，开发乱象形成"破窗效应"，严重破坏了生态环境。此期间，中央虽然曾三令五申，地方也出台多项政策法规，但仍屡禁不止，直至失管失控。

2014年5月以来，习近平总书记曾先后五次对这一问题作出重要批示指示，但仍得不到解决。2018年7月15日，总书记第六次作出批示，要求"由中纪委（监察委）牵头，有关部门参加，首先从政治纪律查起，彻底查处整而未治、阳奉阴违、禁而不绝的问题"。2018年7月下旬，中央指派中纪委副书记、国家监委副主任徐令义担任专项整治工作组组长，专项整治工作组入驻陕西，与当地省市区三级政府联合开展针对秦岭违建别墅的整治行动。

截至2018年11月初，秦岭北麓西安境内共清查出1194栋违建别墅，其中依法拆除包括西安院子、秦岭山水、草堂山居、群贤别业等知名别墅1185栋，依法没收9栋，改造后用于公共事业。依法收回国有土地4557亩，退还集体土地3257亩，实现了从全面拆除到全面复绿。

秦岭别墅事件引起了陕西省政坛剧烈震动。陕西省政协原副主席祝作利、省人大原副主任魏民洲、原副省长冯新柱、陕西省委常委（秘书长）钱引安先后落马。西安市长上官吉庆被责令辞职，后被降为副厅级非领导职务，并给予留党察看两年处分；西安市政协原副主席程群力被降为厅级非领导职务。2019年1月，陕西省委原书记赵正永涉嫌严重违纪违法，接受中央纪委国家监委纪律审查和监察调查。

---

[1] 胡国华：《对西部大开发中生态伦理问题的探讨》，南京航空航天大学2005年硕士学位论文，第10页。

[2] 《秦岭别墅6次批示拆不动 背后究竟有哪些隐情》，载《新民周刊》2019年第3期。

建设工程活动中践行环境保护和可持续发展理念，工程师应做好以下工作：

（一）节约资源，减少材料与能源消耗，创造绿色工程产品

工程活动对生态环境的破坏，会给人们造成生理、心理上的众多不利影响。因此，工程师在工程活动中要在践行"以人为本"基本原则的基础上，坚持绿色发展理念，尊重自然，保护自然，争创绿色工程产品。

土地是人类生存发展之本，建设工程活动要尽可能少占用土地，尽量不占用耕地，推动土地资源节约集约利用。工程活动要尽力减少对自然的干扰，在工程活动过程的材料生产及运输、建造、使用、维修、改造、拆除等各个环节，均要重视生态环境保护和资源节约，并创造健康、舒适、绿色工程产品，使工程活动、工程产品与周围生态环境相融合。工程师要贯彻环境保护总体指导方针，提高能源和原材料的利用效率，采用无毒、无害或者低毒、低害的原料，替代毒性大、危害严重的原料；采用资源利用率高、污染物产生量少的工艺和设备，替代资源利用率低、污染物产生量多的工艺和设备，实现清洁、高效生产；要把建设工程垃圾尽量减少到最低限度，对产生的废物、废水和余热等，要进行综合利用或者循环使用。工程过程中要尽量使用再生材料，从保护臭氧层、减少温室气体排放到生物多样性、减少废气和废物排放。

（二）坚持"三同时"制度，减少、降低环境污染

"三同时"制度是指，"一切新建、改建和扩建的基本建设项目（包括小型建设项目）、技术改造项目以及自然开发项目和可能对环境有损害的建设项目，其中防止污染和其他公害的设施及其他环境保护设施，必须和主体工程同时设计、同时施工、同时投产使用的法律制度"[1]。"三同时"，是从源头上治理污染，避免"建设—污染—治理"生态环境治理怪圈的必要制度措施。

工程建设与环境保护之间的矛盾冲突，是建设工程活动无法回避，又极其重要的重大问题。党的二十大报告指出，"坚持精准治污、科学治污、依法治污，持续深入打好蓝天、碧水、净土保卫战。加强污染物协同控制，基本消除重污染天气。统筹水资源、水环境、水生态治理，推动重要江河湖库生态保护治理，基本消除城市黑臭水体。加强土壤污染源头防控，开展新污染物治理。提升环境基础设施建设水平，推进城乡人居环境整治"。工程师在工程建设过程中，要积极履行环境伦理责任，要走出"建设—污染—治理"生态环境治理怪圈，认真执行"三同时"制度，采取各种措施，减少各种环境污染物的排放。比如，严格检查进出工地的大型车辆的清洁工作，就会避免由于大型机械进出场带来的扬尘问题；采取设置钢筋加工棚等措施，以减少钢筋加工过程中伴随的噪声问题，减少工程建设活动对周边的居民生活带来的不便；在土方回填过程中，考虑土壤、水环境等保护的因素，杜绝价格低廉的回填土，避免带有有害废弃物的土进入工程现场，避免土壤污染和水污染等问题；要坚守职业伦理底线，不能为了实现经济利益或者缩短工期，进行污染环境的建设工程设计、施工等活动。

（三）贯彻新发展理念，积极促进人与自然和谐共生

"理念是行动的先导，一定的发展实践是由一定的发展理念引领的。"[2] 2015 年 10

---

［1］黄明健：《环境法制度论》，中国环境科学出版社 2004 年版，第 186 页。

［2］习近平：《以新发展理念引领发展》，载《人民日报》2016 年 4 月 29 日。

月，习近平总书记在党的十八届五中全会上提出并全面阐述了创新、协调、绿色、开放、共享这五大发展理念，并在《中共中央关于制定国民经济和社会发展第十三个五年规划的建议》中强调，"发展理念是战略性、纲领性、引领性的东西，是发展思路、发展方向、发展着力点的集中体现"。2018年3月，第十三届全国人民代表大会第一次会议通过《中华人民共和国宪法修正案》，增写"贯彻新发展理念"。关于"绿色"新发展理念，胡锦涛总书记在阐述科学发展观时提出，科学发展观以绿色、低碳、循环为特征，摒弃"先污染后治理"的发展模式，兼顾发展与生态，实现科技带动经济与保护生态环境相彰的发展道路。2015年，习近平总书记提出"绿山青山就是金山银山"的绿色发展理念，指出建立绿色循环发展模式，是实现"绿""富"共赢，让生态文明在全社会扎根，实现人与自然和谐共处的必由之路。

"绿色"发展理念，要求工程师在建设工程规划设计中，要将绿色生态作为建设目标和基本原则，在追求建设工程经济效益的基础上，更多考究社会综合效益；要对建设工程的移民征地、生态环境影响等进行充分考察、评估，优化工程线路和施工工艺，确保工程在建设阶段和今后产品使用过程中，不对沿线群众和生态环境造成不利影响。同时，要将工程产品持久运行带来的隐患，降至最低限度。要确保将"人与自然和谐共生"理念融入建设工程设计，要以资源和生态环境保护优先为原则，尤其注重工程活动与周边山水人文相协调，让工程产品凸显历史人文特色。建设工程施工中，要采用节能、节水、节地、节材的技术工艺和小型、轻型、再生产品；禁止损毁耕地烧砖，禁止生产、销售和使用黏土砖；要建立污泥资源化利用和处置设施，提高污泥综合利用水平，防止产生再次污染。采用先进或适用的回收技术、工艺和设备，对建设工程过程中产生的废料、废气、余热、余压和建筑废物等要进行综合利用；要尽可能建立串联用水系统和循环用水系统，提高水的重复利用率。

五、传承与保护传统文化

文化是一个很宏观的概念，其内涵极其丰富，人类学之父爱德华·泰勒将文化定义为，"包括全部的知识、信仰、艺术、道德、法律、风俗以及作为社会成员的人所掌握和接受的任何其他的才能和习惯的复合体"[1]。联合国教科文组织通过的《保护世界文化和自然遗产公约》规定，"文物、建筑群、遗址为文化遗产"。我国《中国文物古迹保护准则》（2015版）第1条规定，"本准则适用对象统称为文物古迹。它是指人类在历史上创造或遗留的具有价值的不可移动的实物遗存，包括古文化遗址、古墓葬、古建筑、石窟寺、石刻、近现代史迹及代表性建筑、历史文化名城、名镇、名村和其中的附属文物；文化景观、文化线路、遗产运河等类型的遗产也属于文物古迹的范畴"。该《准则》对文物古迹确定的保护范围，同联合国教科文组织《保护世界文化和自然遗产公约》中的文化遗产范围基本一致。

文物古迹（或文化遗产）具有历史的见证价值；具有人类艺术创作、审美趣味和特定时代典型风格的实物见证艺术价值；具有人类创造性，科学技术成果本身或创造过程的实物见证科学价值；具有在知识记录和传播、文化精神传承、社会凝聚力产生等方面的社会

---

[1] ［英］爱德华·泰勒：《原始文化》，连树声译，广西师范大学出版社2005年版，第1页。

效益和价值；具有包含记忆、情感、教育等内容的社会价值；具有包含文化多样性、文化传统延续及非物质文化遗产要素等相关内容的文化价值。党的二十大报告指出，要"加大文物和文化遗产保护力度，加强城乡建设中历史文化保护传承，建好用好国家文化公园。坚持以文塑旅、以旅彰文，推进文化和旅游深度融合发展"。因此，建设工程活动中必须要树立"保护为主"的理念，并将其贯穿于工程活动始终，进行合理的工程设计、施工等伦理实践活动，实现文化遗产保护与工程建设相互促进，共同发展。

※西安城市建设与文物保护的兼容相济发展[1]

西安，十三朝古都，是丝绸之路的东方起点，先后有十三个朝代在此建都，拥有周、秦、汉、唐四大古都宫城遗址。到了近代，除钟鼓楼、大小雁塔、明城墙等少数建筑外，大多数古代土木建筑都掩埋于地下，成为遗址保护区。西安仅四大古都遗址就有 100 余平方公里，其他大小文化遗址不计其数，更无论历代帝陵、名臣墓冢等遗址。在国内像西安这样遗址遍布，环绕城市，与建成区高度重合的城市很少，这些在外界看来是西安不可多得的宝贵财富，但在很长一段时间里，却成为西安发展的沉重"包袱"。

"一五"计划时期，苏联援建的 156 个工业项目有 17 个落在西安，但由于当时大量遗址都亟待保护，导致许多大型工业项目一时无法落地。1958 年，国家曾计划在汉长安城遗址内建设飞机发动机厂，但在西安文物部门的强烈反对下另迁新址。70 年代，西安市政府再次拒绝了"二汽"在汉长安城建厂的计划。为保护大明宫遗址区不被二环路穿过，最终将规划的二环路向北推了 1 公里左右。二环西北角的连续三个近 90°的拐弯也是为了绕开汉长安城，三环、绕城也都避开了汉长安城。由于汉长安城的存在，二环与三环之间也很难再增加新的环线。

大遗址保护并没有阻止西安城市建设发展的步伐，西安开始重新思考审视如何把"包袱"变为"财富"，在城市建设与文物保护上兼容相济发展。西安市规定，在地铁建设线路开工之前，文物部门都会对地铁沿线进行文物勘探和考古发掘；任何建设过程中发现了文物都必须停工，待文物部门进行发掘保护之后才能继续施工。西安文物层基本在地下 5米以上，地铁埋深在 15 米到 20 米之间，地下铺设可以通过加大埋深避开文物层。地铁1、2、4、6 四条线路进入古城区域，穿过城门都要双线避绕，从门洞下方穿过，下穿到地下 30 米以下限速缓行，最大限度减少对城墙的影响。地铁经过钟楼、大雁塔等古建筑时还铺设了减震轨道，光为了减震使用的钢弹簧复制板道床 1 公里就要 2000 多万元。地铁车辆行驶在这一段就好像走在了海绵垫上，有效地吸收了地铁运行带来的震动波。这也是国内减震技术中的最高等级。2 号线光用于文物保护工程的投资就有 2577 万元，仅为了避让明城墙和钟楼工程措施费用就超过 1 亿元，西安每年类似这样保护文物花出去的投资非常巨大。地铁 6 号线分成两期建设，也是因为工程经过钟楼时需要国家文物局对钟楼的震动测试通过后才予以批复。钟楼站 6 号线站台和 2 号线站台换乘距离相距近 300 米，原因就是车站上方，除了钟楼是文物以外，钟楼书店和钟楼邮局也是省级重点文物。因此，西安就成为国内地铁建设速度最慢的城市。

---

[1]《央视点赞西安！文物保护与城市建设如何兼得？》，http：//www.sohu.com/a/148107137_735537，最后访问日期：2019 年 12 月 20 日。

西安努力在遗址保护和城市发展中寻求平衡，尽可能做到城市建设与文物保护的兼容相济发展，为国内其他地区的城市规划与建设工程提供了良好样板。

建设工程活动同文化保护与传承较好衔接，工程师应做好以下工作：

（一）坚持"保护优先"理念，最大可能地保护文化遗产

"保护为主、抢救第一"一直是我国文物（文化遗产）保护的基本原则。"保护为主"是文化遗产保护工作方针的核心，要求在任何时候、任何情况下，都要把文化遗产保护和保存放在主要位置。文化遗产作为人类社会发展的历史文化遗存，有着不可再生的突出特点。"抢救第一"是弥补文化遗产保护不足的一种方法，同时也是文化遗产所具有的不可再生性理念在工作中的体现。

工程师在建设工程项目开展前期，要严格遵守建设规划和建设审批程序，建设方案要在文物部门认可后，由文物部门委托具有考古勘探资质的单位对建设地块进行考古勘探，并进行考古发掘后，才可进行工程建设设计。在设计阶段，要以前期文物勘查结果为依据，由设计单位协同文物、建设、施工单位对建设区域内的文物设计保护方案，制定相应的应急措施，并对设计方案的可行性进行科学合理的论证，把损害文物的风险降到最低限度。在施工过程中，要选择文物保护意识较强、经验比较丰富的挖掘工人；挖土时，如果发现土质、土层颜色改变，也就是有回填土时，就要考虑当地可能有文物；当钎探出现异常区或土层颜色改变时，说明存在文物，就不要再用机械挖土而要改用人工挖。当文物露头时，千万不能自己动手开挖，而要报告文物部门并对文物现场进行保护。在竣工验收阶段，由文物、质检、监理、设计、咨询等相关专家组成验收小组，检查文物保护的相关资料是否齐全；根据验收规范，检查施工过程中文物保存的完好程度，文物保护方案的施工工艺是否符合实际要求，对需要整改的问题及时提出并要求整改。总之，工程师在工程建设中，要不断增强热爱中华民族的意识，坚持科学发展观，正确处理当前利益和长远利益的关系，不能因为一己私利而损害祖先遗留下来的弥足珍贵的文物遗产。

（二）建设工程要对文化遗产进行克制性的有效开发利用

文化是民族生存和发展的重要力量，为一个民族的生生不息提供了强大的精神支撑。"一个民族总是要强调一些有别于其他民族的风俗习惯、生活方式上的特点，并赋予其强烈的感情，把它升华为代表本民族的标志"[1]、"当一个民族的文化存在，这个民族就存在着"[2]。现实中，文化遗产保护和经济发展存在着无法回避的矛盾，如何在矛盾中寻求平衡，是一个困难问题。比如，我国住房和城乡建设部、国家文物局自2011年起展开了国家历史文化名城、名镇、名村保护工作检查，结果显示有13个国家级历史文化名城的历史文化街区已经在城市建设中消失了，有18个文化名城只剩1个历史文化街区，另外还有超过一半的历史文化街区不合格。一些地方政府为追求更多的经济利益，或受政绩工程及面子工程的驱使，打着发展文化旅游旗号，违反"修旧如旧"政策规定，拆毁了大批真的珍贵物质文化遗产，而打造了一系列由传统城镇村街改造而成的"仿真品"，使传

---

[1] 邵培仁、林群：《中华文化基因抽取与特征建模探索》，载《徐州师范大学学报（哲学社会科学版）》2012年第2期。

[2] 费孝通：《关于民族识别问题》，载《中国社会科学》1980年第1期。

统文化遗产遭受了极大破坏。

建设工程活动中，要对建设工程活动的经济利益保持一定克制，要对文化遗产、文物古迹做到能保护则保护，能不动则不动，尽量保持其原貌。在特殊情况或一定条件下，出于保护需要也可以对文化遗产进行开发利用，但一定要保持在合理开发限度内，即真正实现对文物古迹的完整保护。建设工程对文化遗产进行开发利用，要实现"保护—开发—发展"的动态良性循环，断不可一味追求经济效益，而对文物古迹进行破坏性开发。否则，就违背了文化遗产的保护初衷。比如，《北京历史文化名城保护规划》规定，应树立旧城危改与名城保护相统一的思想；历史文化保护区内的危房，必须严格按历史文化保护区保护规划实施，以"院落"为单位逐步更新，恢复原有街区的传统风貌。建设单位必须处理好与保护有关的工作才能申报危旧房改造方案。危改项目的前期规划方案必须包括历史文化保护专项规划，内容包括街区的历史沿革、文物保护单位的保护、有价值的历史建筑及遗存的保护、古树名木和大树的保护、对传统风貌影响的评价、环境改善的措施等。国务院在《汶川地震灾后恢复重建总体规划》中提出，要保护和传承优秀的民族传统文化，保护具有历史价值和少数民族特色的建筑物、构筑物和历史建筑，保持城镇和乡村传统风貌。避开自然保护区、历史文化古迹、水源保护地以及震后形成的有保留价值的新景观。同步规划建设环保设施。历史文化名城名镇名村的恢复重建，要尽可能保留传统格局和历史风貌，明确严格的保护措施、开发强度和建设控制要求；历史文化街区内受损轻微、格局完整的建筑，应对重点部位进行加固或修缮；确需重建的，其外观要延续传统样式，尽可能利用原有建筑材料或构件；恢复重建历史文化街区内损毁的现代建筑，应与整体风格相协调；对拟申报国家级、省级历史文化名城名镇名村的，应在恢复重建中切实保护其历史文化特色和价值等等。

（三）建设工程要与文化遗产、文化传统有机融合

"文物古迹的保护经历了从单体保护向实物与活动、文化氛围、环境（这里的环境是自然环境与人文环境的综合体）等的共同恢复的整体性保护过程，整体性保护强调的是人与物的和谐统一。"[1]文化保护是整体的保护，对文物古迹和文化遗产保护，要做到保护与建设开发相统一；要做到工程建设与文化遗产、文化传统有机融合；要让文化活起来，让文物动起来，这样才能实现文化保护与传承的真正价值。现实中，有些建设工程项目为了最大限度地实现经济利益，任性地追求高度、华丽装修和现代设计，而忽视与周边文化遗产相统一、与文化传统相协调，不仅使工程构筑物因突兀而失去了美感，而且破坏了文化遗产周边环境，使文化传统难以为继。

党的二十大报告指出，"我们要坚持马克思主义在意识形态领域指导地位的根本制度，坚持为人民服务、为社会主义服务，坚持百花齐放、百家争鸣，坚持创造性转化、创新性发展，以社会主义核心价值观为引领，发展社会主义先进文化，弘扬革命文化，传承中华优秀传统文化，满足人民日益增长的精神文化需求，巩固全党全国各族人民团结奋斗的共同思想基础，不断提升国家文化软实力和中华文化影响力"。因此，工程师设计、实施工程建设项目，要了解、知悉、研究地方的历史人文、民族文化和历史传统，这样才能使工程产品融于传统文化环境氛围之中，才会具有长久生命力与文化传承与生长力。比如，

---

[1] 林美珍：《文物古迹保护与开发的博弈分析》，华侨大学2004年硕士学位论文。

《北京历史文化名城保护规划》规定，文物保护单位、历史文化保护区，是旧城保护的重点区域，这些区域必须按历史原貌保护的要求进行高度控制。对有可能形成新的对景的建筑，要通过城市设计，对其周围建筑的高度、体量和造型提出控制要求。旧城内新建建筑的形态与色彩应与旧城整体风貌相协调；对旧城内新建的低层、多层住宅，必须采用坡屋顶形式；已建的平屋顶住宅，必须逐步改为坡顶；旧城内具有坡屋顶的建筑，其屋顶色彩应采用传统的青灰色调，禁止滥用琉璃瓦屋顶。

第十四章　网络与信息工程伦理

一、网络信息工程中的伦理问题

（一）网络与信息工程概述

现代社会是信息时代，信息时代的"网络"特指互联网，是"通过通信线路（有线或者无线），将多台在地理位置上是分散的，但相互独立工作的计算机互相连接起来，以达到通信与信息资源共享的计算机网络"[1]。也就是说，互联网与计算机网络同义。互联网是人类在通信技术上的一次伟大革命，自互联网诞生以来，不断开拓创新，对人类的影响亦不断深化。随着社会的进步和技术的发展，互联网的概念和定义越发的丰富和多元，当前世界范围内移动智能终端飞速发展，移动互联中组成网络的不再是传统意义上的计算机，而是移动智能设备，移动互联正改变着人们的生活，成为互联网重要的组成部分。

互联网是信息社会的必要支撑，随着计算机网络不断向更高级的网络形态发展，向人类社会各领域渗透，计算机网络的应用潜力似乎是无止境的。互联网缩短了时空的距离，加快了信息收集和传递的速度，扩大了各种信息资源共享的范围，已经成为继报纸、广播和电视之后的第四媒体。互联网信息的有效利用，提高了传统产业生产效率。互联网创造了新的就业机会，信息行业成为第三产业中规模增长最快、财富积累最迅速的行业之一。互联网造就了新的商业模式——电子商务，随之而来的网上银行、电子钱包、电子数据交换等技术降低了交易的成本，促进了经济活动的繁荣。互联网开辟了电子化管理的时代，电子政务带来了新的管理模式。互联网促进了科学技术的加速发展，科研人员都习惯于上网查找资料，新科技成果通过互联网，可以很快地得到推广和应用。互联网使上网成为绝大部分人的生活习惯，并给人们带来了快捷与自由、开放与互动的乐趣。互联网为各种文化交流提供了良好平台，促进了各种文化传统的融合，使世界变得越来越小。

计算机网络是计算机技术与通信技术发展和结合的产物，基于此产生了网络工程活动。网络工程以网络通信技术和计算机技术为基础，突出计算机软硬件系统、数字通信系统、计算机网络系统、网络安全技术和网络管理技术，是按计划进行的以工程化的思想、方式、方法，设计、研发和解决网络系统问题的生产活动。现代社会，互联网改变了人们的生活方式，改变了社会生产方式，也左右着未来社会的发展，因此任何一个国家对网络工程活动都极度重视。

信息，"是对事物运动状态或存在方式的不确定性的描述。也就是说，通信过程是一种不确定性的消除过程，如果原来的不确定性消除得越多，获得的信息也就越多；如果原来的不确定性全部消除，就获得全部的信息；如果原来的不确定性都没消除，就没有获得

---

[1]　唐子才、梁雄健：《互联网规制的理论与实践》，北京邮电大学出版社 2008 年版，第 8 页。

任何信息"。这是信息论之父——香农在他的著名论文《通信的数学理论》中对信息的定义，也是迄今为止比较权威的定义。简而言之，"信息是指事物存在的状态、过程及其结果的表征，它可以通过存在物之间及存在物内部构成要素之间的相互作用表现出来，是物质存在、运动的状态、轨迹、趋势的连续的、完整的数据集合"[1]。随着计算机的出现和逐步普及，信息对整个社会的影响逐步提高到一种绝对重要的地位。信息量、信息传播的速度、信息处理速度及应用信息的程度等，都以几何级数方式在增长，这些都离不开信息技术的支持与发展。

信息技术是时代主题。当今时代是以知识和信息为基础的信息时代，在这样的时代里，信息技术不仅是社会进步和生产力发展的主要推动力，而且已成为主导全球经济发展格局、引导社会发展进程的核心要素。信息技术，"是用于扩展人类信息器官功能的一种技术，主要包括信息的获取技术、信息的传输技术、信息的处理技术和信息的应用技术"[2]。信息技术体系包括基础技术、支撑技术、主体技术和应用技术四个基本层次。信息技术的基础技术，主要是指新材料技术和新能量技术，实质上就是来源于材料和能量技术的进步。信息技术的支撑技术，主要是指机械技术、电子技术、微电子技术、激光技术和生物技术等，所有的信息技术都要通过这些技术手段来具体地实现，由此产生了机械信息技术、电子信息技术、激光信息技术和生物信息技术等。信息技术的主体技术，是指感测、通信、智能和控制等四大基本技术。信息技术的应用技术，是指针对各种实用的目的，由信息技术的四大基本技术繁衍出的各种各样的具体技术群类，具体是指信息技术在工业、农业、国防、交通运输、科学研究、文化教育、商业贸易、医疗卫生、体育运动、文学艺术、行政管理、社会服务、家庭劳动等各个领域中的应用。

信息技术的广泛应用，产生了信息工程活动，催生了信息产业。信息工程，是将信息科学原理应用到工农业生产部门中去，而形成的技术方法的总称。目前，对信息产业与信息工程的理解并不一致，发达国家对信息工程活动界定一般比较宽泛。美国商务部认为，信息产业是提供信息产品和服务的产业，并将信息产业划分为两大部门，共包括13大类306个小类；日本认为信息产业是一切与各种信息的生产、采集、加工、存储、流通、传播与服务等有关的产业，包括机器、信息媒介、软件等信息技术产业群和数据库、咨询、报道、出版、文化、教育等信息服务产业群。我国对信息产业也有狭义和广义的不同理解。狭义信息产业一般是仅指电子信息产业，包括电子信息产品制造业、软件业和电信业；广义信息产业认为，除电子信息产业外，还包括印刷出版、广播电视、咨询服务、金融保险、文教、科技服务等行业领域。总之，信息工程是现代社会重要的，极具发展潜力"朝阳工程"，与我们的生活息息相关，在带来生活便利与高效社会生产的同时，引领人类社会逐步进入信息时代，开创新未来。

（二）网络与信息工程中的伦理问题

计算机与网络技术的迅速发展和广泛应用，引领人类逐步进入大数据时代。大数据是一场信息技术革命，是在计算机和互联网等技术的基础上发展起来的。它的本质是从数据

---

［1］ 郑友敬等：《信息化与经济发展——"信息化与经济发展"国际研讨会纪要》，载《数量经济技术经济研究》1994年第2期。

［2］ 徐宗本、张苗生：《信息工程概论》，科学出版社2011年版，第11页。

的视角来看待这个世界，这个世界的一切都可以用数据来表达，这个世界就是一个程序化、数据化的世界。任何事物，包括人的主观意识都可以通过对其历史数据的分析而作出判断，以此来了解人的思想倾向、兴趣爱好、心理状况、将来有可能做的事情等等。大数据时代的网络技术、计算机技术、人工智能等多种现代技术综合发展，使得这些数据信息的获取更加简单，数据的存储更加便捷。"网络的构造在技术上一向开放，而且会持续开放。一方面，这种开放是原始设计者的结果。另一方面，这个系统的开放性也来自早期电脑高手与网络老手带动的持续创新和自由接触机会，而这些人——成千上万地充斥于网络之中。"[1] 网络世界超越了时间和空间这一束缚，以流动的时空替代特定时空，在虚拟的网络世界中，庞大的信息可以轻便地存储，过去和未来可以在特定的信息里互动，人类的意识可以无限开拓。在网络活动中，人们既可以接受信息，也可以反馈信息、传递信息，实现了接受者与创造者"双重角色"于一身，使得人们更乐意接入网络和参与网络活动，继而又促进了网络世界扩张。

互联网是人类在通信技术上的一次伟大革命，但我们不能仅仅从技术角度上去看待互联网，因为互联网的成功不仅在于技术层面的革命，更重要的是对人的影响。互联网为我们带来如此之多利益的同时，也对人类社会提出了诸多挑战，如互联网的安全问题比以往任何信息系统的安全问题都更为突出，也更加难以解决；互联网的虚拟性在给我们带来方便和乐趣的同时，也给网络犯罪提供了可乘之机，而且较传统犯罪更难控制；信息时代竞争起点的不平衡性，导致贫富分化进一步加剧；互联网使世界更趋于同一，使民族文化、习俗和传统的多样性保护受到挑战等等。计算机犯罪、黑客、病毒、软件盗版、网络信息安全和侵犯隐私权等问题与网络技术应用如影随行，不仅对人们的生活产生了重大影响，也对现实社会的伦理道德观念和伦理规则带来重大挑战。如何让计算机与网络技术进一步深入发展；如何规范网络与信息工程活动行为，促进网络社会健康发展，是网络与信息工程师无法回避，并亟待解决的问题。

二、认识网络与计算机技术的两面性，充分预估风险

"信息科学技术革命给人类带来的不仅仅是一种科学技术上的进步，而且是社会的全面信息化的进步，这种进步导致了生产方式、生活方式、认识方式上极为深刻的变革。"[2] "互联网的崛起，是 20 世纪下半叶一个重要的经济、政治、社会与文化事件。今天，由于互联网的兴起所引发的数字化、信息化和全球化革命，正以极其迅捷的速度广泛影响着人们的社会生活，并全方位地改变着社会的面貌，改变着我们的思考方式、行为倾向、社会形态以及自我认同。"[3] 技术本身是中立的，但其研发与应用过程是具有伦理价值判断的，因此网络与信息工程师应充分认识网络与计算机技术的两面性，预估并有效防范风险，让网络与计算机技术造福人类。

[1]　[美] 曼纽尔·卡斯特：《网络社会的崛起》，夏铸九、王志弘等译，社会科学文献出版社2003 年版，第 139 页。

[2]　邬焜：《信息哲学》，商务印书馆 2005 年版，第 3 页。

[3]　黄少华、翟本瑞：《网络社会学》，中国社会科学出版社 2006 年版，第 3 页。

※国家计算机网络应急技术处理协调中心（CNCERT）简介[1]

国家计算机网络应急技术处理协调中心（简称"国家互联网应急中心"，英文简称"CNCERT"或"CNCERT/CC"），成立于 2001 年 8 月，为非政府非营利的网络安全技术中心，是中国计算机网络应急处理体系中的牵头单位。作为国家级应急中心，CNCERT 的主要职责是：按照"积极预防、及时发现、快速响应、力保恢复"的方针，开展互联网网络安全事件的预防、发现、预警和协调处置等工作，维护公共互联网安全，保障关键信息基础设施的安全运行。

CNCERT 在中国大陆 31 个省、自治区、直辖市设有分支机构，并通过组织网络安全企业、学校、社会组织和研究机构，协调骨干网络运营单位、域名服务机构和其他应急组织等，构建中国互联网安全应急体系，共同处理各类互联网重大网络安全事件。目前，CNCERT 积极发挥行业联动合力，发起成立了国家信息安全漏洞共享平台（CNVD）、中国反网络病毒联盟（ANVA）和中国互联网网络安全威胁治理联盟（CCTGA）。同时，CNCERT 积极开展网络安全国际合作，致力于构建跨境网络安全事件的快速响应和协调处置机制，是国际著名网络安全合作组织 FIRST 的正式成员，以及亚太应急组织 APCERT 的发起者之一。截至 2018 年，CNCERT 已与 76 个国家和地区的 233 个组织建立了"CNCERT 国际合作伙伴"关系。CNCERT 还积极参加亚太经合组织、国际电联、上合组织、东盟、金砖等政府层面国际和区域组织的网络安全相关工作。

国家互联网应急中心的业务范围包括依托公共互联网网络安全监测平台开展对基础信息网络、金融证券等重要信息系统、移动互联网服务提供商、增值电信企业等安全事件的自主监测。同时还通过与国内外合作伙伴进行数据和信息共享，以及通过热线电话、传真、电子邮件、网站等接收国内外用户的网络安全事件报告等多种渠道发现网络攻击威胁和网络安全事件。依托对丰富数据资源的综合分析和多渠道的信息获取实现网络安全威胁的分析预警、网络安全事件的情况通报、宏观网络安全状况的态势分析等，为用户单位提供互联网网络安全态势信息通报、网络安全技术和资源信息共享等服务。对于自主发现和接收到的危害较大的事件报告，CNCERT 及时响应并积极协调处置，重点处置的事件包括：影响互联网运行安全的事件、波及较大范围互联网用户的事件、涉及重要政府部门和重要信息系统的事件、用户投诉造成较大影响的事件，以及境外国家级应急组织投诉的各类网络安全事件等。作为网络安全检测、评估的专业机构，按照"支撑监管，服务社会"的原则，以科学的方法、规范的程序、公正的态度、独立的判断，按照相关标准为政府部门、企事业单位提供安全评测服务。CNCERT 还组织通信网络安全相关标准制定、参与电信网和互联网安全防护系列标准的编制等。

网络与信息工程活动中，工程师应以当代伦理价值标准衡量新技术开发与应用，主动预估并防范风险，并做好以下工作：

（一）要对网络与信息技术的应用风险进行精准评估、预判

互联网是一个开放的社会，在开放的网络空间之中，网络用户没有国籍、种族和性别

---

[1] 资料来源：国家计算机网络应急技术处理协调中心官网，http://www.cert.org.cn，最后访问日期：2019 年 12 月 15 日。

区分，每个人都可以成为网络社会的一员，这种开放性赋予了人们前所未有的新能力。每个成员和整个世界都被虚拟化、信息化、数据化了，人们在认知世界的过程中，并不再简单地通过感性去感知这个世界，而开始用数据量化方式来认识事物与世界。此种情况下，网络会自动覆盖我们生活的方方面面，不管你是否情愿，你的信息会与社会整体信息实现一定程度的共享，在扩大我们获取信息的渠道的同时，也使隐私保护难上加难。

网络与信息技术应用过程中的上述显现特征，给现实社会秩序带来了严峻挑战，产生了网络语言暴力、网络低俗信息、传播不实信息、侵犯个人隐私、侵犯知识产权、破坏网络运行等种种网络伦理失范行为。这些网络伦理失范行为利用计算机技术，通过计算机网络，影响范围更广，与现实社会所表现出同样行为内容相比较，更具有不确定性，难以防范性。网络伦理失范行为不仅危害他人的利益，对失范行为人自身的身心健康发展起着阻碍作用，同时也破了坏网络社会的和谐，给社会造成了极大的消极影响。因此，工程师不能仅看到网络与信息技术广阔的应用前景，不能仅对网络工程与计算机技术成就振臂高呼，更应对相关技术应用风险进行准确评估、预判，预先采取防范措施，以减少网络伦理失范行为的发生。

（二）要为网络与信息工程活动创造的"虚拟世界"确定行为技术规则

计算机与网络技术的应用，产生了网络社会、虚拟世界等一系列全新的、对人类的认识产生了极大影响的事物。虚拟世界，是人类实践借助计算机技术及其数字化符号的呈示，不断超越现实世界为人类思维和行动在时空及其他维度上所设置的局限性，为人类行动开辟出的全新领域。在虚拟的网络社会中，人们的交往显得非常自由，人与人的感情不像现实社会中那么深，有的人把网络空间视为一个猎奇、宣泄或者满足欲望的场所。尤其是互联网时代的年轻人，他们对网络技术的过度依赖，以致个性缺失，思维模式固化，文化素质、道德修养日趋下降，这些都导致网络伦理问题激增。有的网络伦理问题在现存的伦理道德框架之下可以得到解决，但有的伦理问题并没有适当的伦理道德来约束，因此工程师需要面对网络技术应用现实，注重网络空间的行为规则确立，以减少网络伦理问题。

网络虚拟世界是在计算机与网络技术基础上产生的，因此在计算机系统和网络技术应用中，预设一定的规范性程序，确立网络行为规则，是解决网络伦理问题的预防性措施，也会取得事半功倍之效果。工程师应具有网络信息安全防护意识，要利用防火墙、防病毒、防攻击入侵检测、数据加密与身份认证等技术，对网络信息采集、保存和使用行为进行规范；要对所开发研究的安全防护技术与产品，应集成防病毒、防火墙、入侵检测和安全评估、数据加密、安全认证等多种功能于一体，做到从"信息的入库—用户进入储存系统—信息的获取"的整个流程都有安全防护技术作保障；要在信息安全防护技术与产品的开发研究中未雨绸缪，具有高度的预见性和前瞻性，对反安全技术的发展趋势有准确的预判和评估，着力于研发具有自身知识产权和核心竞争力的安全防护技术与产品。

三、提升工程技术能力，确保网络信息安全

随着计算机技术的发展，人们进入了网络时代。"电脑网络的建立与普及将彻底改变人类生存及生活的模式，而控制与掌握网络的人就是人类未来命运的主宰者。谁掌握了信

息、控制了网络，谁就拥有整个世界。"[1] 网络的普及和其共享性，给我们的生活和工作以及学习都带来了非常大的便利，但人们在享受互联网的发展带来的诸多好处的同时，网络攻击，盗取、泄露或倒卖个人信息等网络信息安全问题也在不断地出现。

网络信息安全，分为网络安全和信息安全两个层面。网络安全包括硬件平台、操作系统、应用软件等系统安全和运行服务安全。信息安全，主要是指数据安全，包括数据加密、备份、程序等。"网络安全和信息化是事关国家安全和国家发展、事关广大人民群众工作生活的重大战略问题，要从国际国内大势出发，总体布局，统筹各方，创新发展，努力把我国建设成为网络强国。""没有网络安全就没有国家安全，没有信息化就没有现代化，建设网络强国，要有自己的技术，有过硬的技术；要有丰富全面的信息服务，繁荣发展的网络文化；要有良好的信息基础设施，形成实力雄厚的信息经济；要有高素质的网络安全和信息化人才队伍；要积极开展双边、多边的互联网国际交流合作。建设网络强国的战略部署要与'两个一百年'奋斗目标同步推进，向着网络基础设施基本普及、自主创新能力显著增强、信息经济全面发展、网络安全保障有力的目标不断前进。"[2]

※ 《2019 年上半年我国互联网网络安全态势》报告摘要[3]

2019 年 8 月，中共中央网络安全和信息化委员会办公室、国家互联网信息办公室国家计算机网络应急技术处理协调中心，发布《2019 年上半年我国互联网网络安全态势》报告。部分内容摘要如下：

2019 年上半年我国互联网网络安全状况特点

（一）个人信息和重要数据泄漏风险严峻

2019 年年初，在我国境内大量使用的 MongoDB、Elasticsearch 数据库相继曝出存在严重安全漏洞，可能导致数据泄漏风险，凸显了我国数据安全问题的严重性。CNCERT 抽样监测发现，我国境内互联网上用于 MongoDB 数据库服务的 IP 地址约 2.5 万个，其中存在数据泄漏风险的 IP 地址超过 3000 个，涉及我国一些重要行业。Elasticsearch 数据库也曝出了类似的安全隐患。经过分析，CNCERT 发现这两个数据库均是在默认情况下，无须权限验证即可通过默认端口本地或远程访问数据库并进行任意的增、删、改、查等操作。在数据库启用连接公共互联网前，用户需做好相关安全设置以及数据库访问安全策略，才能有效避免数据泄漏风险。

（二）多个高危漏洞曝出给我国网络安全造成了严重安全隐患

2019 年以来，WinRAR 压缩包管理软件、Microsoft 远程桌面服务、Oracle WebLogic wls-9-async 组件等曝出存在远程代码执行漏洞，给我国网络安全造成了严重安全隐患。以 Oracle WebLogicwls-9-async 组件存在反序列化远程命令执行"零日"漏洞为例，该漏洞容易利用，攻击者利用该漏洞可对目标网站发起植入后门、网页篡改等远程攻击操作，对我国网络安全构成了较为严重的安全隐患。这些基础软件广泛应用在我国基础

---

[1] 马刚：《美国的新经济与信息革命》，载《经济论坛》2014 年第 10 期。

[2] 《习近平谈治国理政》（第 1 卷），外文出版社 2014 年版，第 197 页、第 198 页。

[3] 资料来源：中共中央网络安全和信息化委员会办公室（国家互联网信息办公室）官网—安全报告，http://www.cac.gov.cn，最后访问日期：2019 年 12 月 16 日。

应用和通用软硬件产品中，若未得到及时对应的 CNVD 编号：WinRAR 系列任意代码执行漏洞（CNVD-2019-04911、CNVD-2019-04912、CNVD-2019-04913 与 CNVD-2019-04910）、Microsoft 远程桌面服务远程代码执行漏洞（CNVD-2019-14264）、Oracle WebLogic wls9-async 反序列化远程命令执行漏洞（CNVD-C-2019-48814）。修复，容易遭批量利用，造成严重危害。同时，近年来"零日"漏洞收录数量持续走高，在 2019 年上半年 CNVD 收录的通用型安全漏洞数量中，"零日"漏洞收录数量占比 43.3%，同比增长 34.0%，因这些漏洞在披露时尚未发布补丁或相应的应急策略，一旦被恶意利用，将可能产生严重安全威胁。针对安全漏洞可能产生的危害，CNVD 持续加强对重大高危漏洞的应急处置协调，2019 年上半年通报安全漏洞事件万余起。

（三）针对我国重要网站的 DDoS 攻击事件高发

正像前期预测，2019 年具有特殊目的针对性更强的网络攻击越来越多。2019 年上半年，CNCERT 监测发现针对我国重要网站的 CC 攻击事件高发。攻击者利用公开代理服务器向目标网站发起大量的访问，访问内容包括不存在的页面、网站大文件、动态页面等，由此来绕过网站配置的 CDN 节点直接对网站源站进行攻击，达到了使用较少攻击资源造成目标网站访问缓慢甚至瘫痪的目的。2019 年上半年，CNCERT 抽样监测发现，针对我国境内目标的 DDoS 攻击中，来自境外的 DDoS 攻击方式以 UDP Amplification FLOOD 攻击、TCP SYN FLOOD 攻击方式等为主，其中又以 UDPAmplification FLOOD 攻击方式占比最高约 75%。

（四）利用钓鱼邮件发起有针对性的攻击频发

2019 年上半年，CNCERT 监测发现恶意电子邮件数量超过 5600 万封，涉及恶意邮件附件 37 万余个，平均每个恶意电子邮件附件传播次数约 151 次。钓鱼邮件一般是攻击者伪装成同事、合作伙伴、朋友、家人等用户信任的人，通过发送电子邮件的方式，诱使用户回复邮件、点击嵌入邮件正文的恶意链接或者打开邮件附件以植入木马或间谍程序，进而窃取用户敏感数据、个人银行账户和密码等信息，或者在设备上执行恶意代码实施进一步的网络攻击活动，因欺骗迷惑性很强，用户稍不谨慎就很容易上当。其中，对通过钓鱼邮件窃取邮箱账号密码情况进行分析，CNCERT 监测发现我国平均每月约数万个电子邮箱账号密码被攻击者窃取，攻击者通过控制这些电子邮件对外发起攻击。例如 2019 年年初，某经济黑客组织利用我国数百个电子邮箱对其他国家的商业和金融机构发起钓鱼攻击。

网络与信息工程活动中，工程师应努力提升工程技术能力，确保网络信息安全，并做好以下工作：

（一）工程师应忠诚履责，努力提升工程技术能力

忠诚履责是工程师应坚守的首要职业伦理原则。工程师只有在接受、认可职业精神，热爱职业的基础上，才能更好地履行职业责任。工程师职业精神是工程师在工作过程中体现出来的精神风貌，职业精神的最终体现为职业行为，具体表现为创业、敬业、志业、爱业、乐业、勤业和廉业等内容。工程活动中，工程师只有忠诚履行了上述职业责任，其他以人为本、公平正义或可持续发展等伦理原则才能够真正得到落实和实现。

互联网、大数据等技术的迅速发展，是以计算机、网络、云计算等技术手段为基础

的，要想使网络信息安全得以实现，提高工程师的专业技术水平是最重要的。工程师应不断提高科技水平，积极参与并推进科技研发工作，创新发展计算机、网络与大数据等网络信息安全技术；应强化检测防火墙、危险漏洞扫描系统和预防计算机病毒系统等网络信息安全设备的功能性，通过改进数据销毁程式，完善分布式网络访问控制系统，提升攻击追踪危险数据以及数据的存取和审计技术，确保互联网的各个关键技术节点的数据安全；应对相关的网络环境进行可操作的技术控制，达到净化网络环境的目标；应对关系国家的军事安全、经济安全等核心数据进行加密处理，根据具体情况设置多层数据管理制度，限制相关数据管理员的个人最大权限，在最大限度上维护数据安全，保护数据库的正常运行。

（二）工程师应确保计算机与网络技术应用安全

网络安全分为系统安全和运行服务安全，系统安全包括硬件平台、操作系统、应用软件安全；运行服务安全即保证服务的连续性、高效率。计算机网络的设计初衷是资源共享、分散控制、分组交换，这决定了互联网具有大跨度、虚拟性、无边界特征。开放性使黑客可以轻而易举地进入各级网络，并将破坏行为迅速地在网络中传播；虚拟性使计算机网络无法有效识别网络用户的真实身份，操作者能比较容易地在数据传播过程中改变信息内容。此外，计算机网络的传输协议及操作系统也存在设计上的缺陷和漏洞，从而导致各种被攻击的潜在危险层出不穷。

党的二十大报告指出，"强化国家安全工作协调机制，完善国家安全法治体系、战略体系、政策体系、风险监测预警体系、国家应急管理体系，完善重点领域安全保障体系和重要专项协调指挥体系，强化经济、重大基础设施、金融、网络、数据、生物、资源、核、太空、海洋等安全保障体系建设"。工程师应积极采取防火墙、VPN、防毒墙、入侵检测、入侵防御、漏洞扫描等被动或主动技术，维护网络安全。同时，要大力推进网络安全核心技术的发展，不断推出新的网络安全技术和安全产品。工程师应在安全产品中集成防病毒、防火墙和入侵检测，访问控制、安全策略等更多功能要素，使网络安全设施更加具有整体性；应提高网络发现、防御和对抗安全威胁的能力，今后计算机网络不但要具有保护网上主机系统、网上终端系统、网上应用系统的能力，更关键的是使网络本身也具有自我保护能力、自我防御能力、自我修复和愈合的能力。工程师应研制密码芯片、特殊CPU、主板及操作系统等安全内核，以减少网络终端被各种网络攻击行为攻破的可能性。工程师应加强网络系统生存性技术的研究开发，提高网络和系统的抵抗力、识别机制、攻击后的服务恢复及自适应与进化能力。

（三）工程师应确保网络信息数据安全

网络信息安全除包括硬件、软件和运行服务等基础安全外，主要是指信息数据安全，即网络中存储及流通的信息数据安全，也就是保护网络中的数据不被篡改、非法增删、复制、解密、显示、使用等。网络信息，是指利用信息技术以数字形式进行获得、加工、处理，并能以网络为载体进行传播、存储、共享的信息。网络信息与传统信息交换模式不同，时间上将信息的发出过程和接收过程基本同步，中间基本没有传统信息的在时间上的滞后性，对其保护更加困难。网络信息处于空间上的虚拟状态，没有传统信息空间上的限制，其本身数量和范围突破了领土界限，使安全保护问题伴生着不同层面的时际、区际和人际上的冲突。此外，网络信息处在高度公开的状态，在这种状态下的信息极易被记录、传播、篡改和监控，也导致其安全维护变得难上加难。

党的二十大报告指出，要"加强个人信息保护"。工程师应积极利用防火墙、防病毒、防攻击入侵检测、数据加密与身份认证等技术，对网络信息采集、保存和使用行为进行规范；应积极开发信息采集甄别技术系统，采用双信息源或多信息源来对信息进行比较分析、通过基本常识、逻辑思维和权威的评判来确定信息的可靠性与真实性；应集成防病毒、防火墙、入侵检测和安全评估、数据加密、安全认证等多种功能于一体，做到从"信息的入库—用户进入储存系统—信息的获取"的整个流程都有安全防护技术作保障；应重点研发和掌握网络信息的控制与过滤、网络身份的认证等技术，对每一个网页的内容进行分类，并根据内容特性加上标签，同时由计算机软件对网页的标签进行监控，以限制对特定网页内容的检索，从而起到对违法、有害的网络信息进行筛选和过滤的作用。

四、坚守保密职责，保护并合理利用网络信息

工程师在工程实践活动中，扮演着雇员与职业人员的双重角色，这两种不同角色使工程师肩负着对雇主（企业）忠诚、对职业忠诚、对社会忠诚三重不同的使命。"与对雇主愚忠相对应的是负责的忠诚，我们将其界定为，对雇主的利益予以应有的尊重，而这仅在对雇员个人的和职业伦理的约束下才是可能的。负责的忠诚概念是一种试图同时满足两种要求的中间方式：仅仅当不与最基本的个人或职业责任相冲突的时候，工程师应该是忠诚的雇员。"[1] 作为劳动者的工程师，其忠诚义务的内容有三种，即"服从义务，即雇员在劳动中要服从雇主的指挥安排；保密义务，即雇员不得披露雇主的商业秘密；增进义务，即雇员在劳动过程中要以谨慎的注意义务提供劳动"[2]。可见，正是工程师忠诚职业伦理基本原则产生了保密职业职责。

网络信息，是利用信息技术以数字形式进行获得、加工、处理，并能以网络为载体进行传播、存储、共享的信息。网络与信息工程中，工程师面对的信息可分为三类，即雇主所有信息，收集并使用的社会组织与个人信息。对这些信息工程师应积极、主动履行保密职责，禁止不合理使用，甚至非法扩散。

※美国"棱镜门"事件[3]

棱镜计划（PRISM）是一项由美国国家安全局（NSA）自2007年小布什时期起开始实施的绝密电子监听计划，该计划代号为"US-984XN"。美国情报机构一直在9家美国互联网公司中进行数据挖掘工作，从音频、视频、图片、邮件、文档以及连接信息中分析个人的联系方式与行动。监控内容包括信息电邮、即时消息、视频、照片、存储数据、语音聊天、文件传输、视频会议、登录时间和社交网络资料细节等，其中包括两个秘密监视项目，即监视、监听民众电话的通话记录和监视民众的网络活动。

2013年6月，美国前中情局（CIA）职员爱德华·斯诺登将两份绝密资料交给英国《卫报》和美国《华盛顿邮报》，并告之媒体何时发表。按照设定的计划，2013年6月5

---

[1] 顾剑、顾祥林：《工程伦理学》，同济大学出版社2015年版，第102页。

[2] 潘峰：《劳动合同附随义务研究》，中国法制出版社2010年版，第2页。

[3] 资料来源：百度百科—"棱镜门"，http：//baike.baida.cn，最后访问日期：2019年12月17日。

日，英国《卫报》将"棱镜"计划向世界公布。从欧洲到拉美，从传统盟友到合作伙伴，从国家元首通话到日常会议记录，美国惊人规模的海外监听计划在前中情局雇员爱德华·斯诺登的揭露下，引发美国外交地震。

"棱镜门"事件展示了强大的信息安全产业基础对国家安全的重要作用，美国凭借其在信息技术上的巨大优势，掌握了国际网络空间的实际控制权，在美国的掌控下，信息网络充满风险。近几年，美国实现了新兴信息技术的快速发展，持续采取多种政策措施对云计算和大数据等新兴信息技术进行支持。在云计算方面，美国将其定位为维持国家核心竞争力的重要手段之一，在大数据研发方面，美国将其提高到国家战略的层面，形成了全体动员格局。

美国的棱镜计划反映了当今网络安全等问题，事关国家安全和社会发展，事关广大人民群众的工作和生活。因而，在互联网快速发展的今天，我们必须认真对待网络世界所出现的新现象以及所产生的新问题。

网络与信息工程活动中，工程师应坚守职业操守，履行保密职责，并做好以下工作：

（一）工程师应提升职业伦理认知高度，依法保守国家秘密

我国《保密法》规定，"国家秘密是关系国家安全和利益，依照法定程序确定，在一定时间内只限一定范围的人员知悉的事项"。国家秘密作为信息的一种，具备信息的价值性、无形性和自由流动性等特征。国家秘密信息和国家安全利益之间具有较强的联系性，我国按国家秘密信息与国家利益关联程度，将其划分为三个等级，即秘密、机密和绝密。国家秘密信息直接关系国家的安全利益，因而任何机构、组织、团体或者个人都有保守国家秘密的义务。

传统国家秘密载体是纸介质涉密载体，即以文字、图形、符号等书面形式记录国家秘密信息的介质，如国家秘密文件、文稿、档案、电报、信函、图纸及其他图文资料等。网络环境下国家秘密的表现形式更加多样、更趋复杂，不仅包括光纤、电缆、软盘、硬盘等更多信息存储介质种类，而且包括高科技处理信息时遗留的电磁波。从实践中来看，网络环境下国家秘密泄露分为两类，一类是计算机泄密，另一类是网络泄密。计算机泄密指的是计算机的硬件环境本身疏忽所造成的失、泄密。这类泄密包括计算机电磁波辐射泄密，即通过电源线和信号线辐射或者计算机处理机、显示器所具有的较强电磁辐射而泄露信息涉密存储介质，如优盘、移动硬盘、光盘等遗失或被盗，他人侵入计算机物理环境从中拷取相关信息等。网络泄密，主要表现为在网络传输过程中信息的被窃取，以及通过网络传输管道侵入涉密计算机窃取信息。此外，保管、接触或使用国家秘密的网络信息工程师，也存在因不慎或故意泄密的可能性。

保守国家秘密是每个公民应尽之义务。首先，网络与信息工程师应加强自律，提升职业伦理认知高度，将保护国家秘密信息之职责与义务，转化为发自内心的责任感，不故意泄露国家秘密，也不要因工作懈怠、疏忽，致使国家秘密泄露。其次，应积极采取技术手段对国家秘密可能泄露的途径进行阻断、隔离，如对可能产生信息辐射的元器件、集成电路、连接线等采取防辐射措施，将信息辐射抑制到最低限度；采取身份鉴别、监视报警、加密技术等措施，防范非法用户获知或使用资源信息；以及采取作特殊标记防止文件被复制，密文加密方式使文件不能被读取，利用消磁手段彻底销毁文件等具体防范措施。最后，应加强保密关键应用技术研发，研制技术先进、自主可控、安全实用的关键技术产品，进一步加大保密技术装备的推广应用力度，不断提升计算机与网络系统的安全等级，减少泄密或被侵入的可能性。

（二）工程师应保护商业秘密，合理使用商业信息

我国《反不正当竞争法》规定，"商业秘密是不为公众所知悉，能为权利人带来经济利益，具有实用性并经权利人采取保密措施的技术信息和经营信息"。其中技术信息和经营信息，具体包括设计、程序、产品配方、制作工艺、制作方法、管理诀窍、客户名单、货源情报、产销策略、招投标中的标底及标书内容等。网络环境中的商业秘密，是指在网络空间存储、传输的，并且具有相当的实用性的，并经权利人采取了合理的保密措施的技术性信息和经营性信息。对于网络与信息工程师而言，网络环境中的商业秘密包括两类：一是其所知悉的雇主相关技术信息和经营信息；二是与其职业相关，在职业活动中知悉、使用或保存的其他企业（经营者）的技术信息和经营信息。对上述商业秘密，工程师都应积极履行职业职责，对其进行谨慎、合理使用，以维护相关权利人利益。

网络环境下，企业拥有的商业秘密是以信息化工具为依托在网络上进行收集、储存、传输的。由于网络平台的开放性，许多难以预测的危险都可能导致商业秘密泄露或彻底消失，使得企业遭受重大损失。因此，网络与信息工程活动中工程师只有掌握和研发更多更先进的技术，才能更好地对雇主或其他企业商业秘密形成更有效的保护。技术保护措施是网络环境下对商业秘密最基本最直接的保护手段，网络与信息工程师首先应利用防火墙、数据加密、数字签名和数字认证等技术，使自己的商业秘密在网络传输过程中不为未经授权的人知悉，并防止外界人员非法侵入系统、窃取和篡改商业秘密。其次，还要对重要的信息进行备份，防止关键技术信息、经营管理信息因为病毒而丢失。最后，可通过诸如对员工使用网络行为进行监视、文件加密等方法，保证一般人不能随便接触到重要商业秘密信息，他人也难以复制或轻易窃取重要商业秘密信息。

（三）工程师应尊重并保护个人隐私，不随意使用、扩散个人信息

个人信息是指，"与特定个人相关联的、反映个体特征的具有可识别性的符号系统，包括个人身份、工作、家庭、财产、健康等各方面的信息"[1]。个人信息可以区分为一般信息和个人敏感信息，其中个人敏感信息是指与个人私人生活安宁等密切相关的信息，如个人的家庭住址、身份证号码、银行账号等，也就是我们通常讲的隐私。"隐私是一种与公共利益、群体利益无关，当事人不愿他人知道或他人不便知道的个人信息，当事人不愿他人干涉或他人不便干涉的个人私事，以及当事人不愿他人侵入或他人不便侵入的个人领域"[2]。我国法律规定，任何组织和个人需要获取他人个人信息的，应当依法取得并确保信息安全，并不得非法收集、利用他人的个人信息。对隐私的保护的基本目的是保护个人的安宁与安全感，维护自然人的人格尊严，使其免受精神痛苦，树立良好的道德风尚，实现个人与社会的和谐发展和社会的安定。

随着网络的飞速发展，网络环境中的个人敏感信息范围已经由传统以文字、纸张为载

---

[1]　马克思主义理论研究与建设工程重点教材《民法学》编写组：《民法学》，高等教育出版社2019年版，第122页。

[2]　梁慧星、廖新仲：《隐私的本质与隐私权的概念》，载《人民司法》2003年第4期。

体的信息、资料，扩展到个人博客、E-mail、QQ、微信等无形虚拟空间中的网络个人数据、网页浏览痕迹、网上聊天记录和购物消费记录等。网络的普及及各种应用软件的广泛使用，给人们的生活带来了便利，但也给个人信息和隐私保护带来了巨大冲击。如当我们使用购物软件时，购物浏览记录会被采集，个人喜好会被知悉；当使用网约挂号服务时，医疗预约记录会被采集，个人健康信息会被泄露；当使用网约车等服务时，联系方式会被采集，实时位置会被锁定；更有别有用心之人会利用电磁波拦截、激光监听、追踪软件、远程监控等网络技术手段，轻易获取、拦截或利用我们的个人信息或隐私。可以说，网络环境下对个人信息与隐私保护已变得非常危急，甚至可以毫不夸张地讲，网络时代的个人信息与隐私已无"藏身之地"。如果任由此种情形野蛮发展，长此以往，人们会对网络技术带来的快捷与便利失去信任，甚至可能会导致有人因担心个人信息与隐私遭受泄露，而拒绝网络技术，或远离、放弃网络服务。

网络与信息工程活动中，工程师应面对网络技术应用与发展现实，尊重个人信息权益，并积极利用技术手段保护个人信息与隐私。首先，在收集网络用户的个人隐私信息时，应如实地告知收集时间，收集范围和用途，保证不随意篡改收集的信息，并符合约定的范围和目的去使用。其次，未经网络用户同意，无权在网络上披露其个人隐私信息，网络用户有权知悉与其个人信息的相关内容，并有权随时查阅。最后，要做到合理利用网络用户隐私信息，也可以出于司法、政府、国家安全以及其他需要，披露网络用户隐私信息。此外，网络用户发现有人利用网络侵害其个人信息或隐私时，网络工程师在接到情况反馈后，有义务及时采取技术措施中止侵权行为，阻止网络用户的利益损害进一步扩大。

五、主动反制网络侵权行为

网络侵权行为，"指在互联网环境中，利用网络因过错或法律的特别规定而侵犯国家、集体或他人的民事权益而应承担相应民事责任的行为"[1]。网络侵权行为是在网络空间中实施的，或者与网络有关，离开网络就不可能有网络侵权行为的发生。网络的虚拟性和民事主体身份的虚拟化，网络侵权行为具有极大的隐蔽性。网络侵权行为可侵害知识产权、隐私权、名誉权、姓名权、肖像权、财产权等多种客体，侵权行为也呈现出多样化，如黑客的攻击，对传统作品的非授权上传，对数字作品的非法下载、复制，非法链接和搜索引擎，网络域名的恶意抢注，个人隐私信息的非法披露和利用等。网络侵权手段和侵权行为与现代高科技密不可分，侵权行为人往往具有一定的计算机和网络知识，具备技术优势，使侵权行为具有智能化、技术化的特点。网络传播范围的全球性，网络传播速度的快速性，都使侵权行为所造成的行为损害会更加严重。总之，网络侵权作为网络环境中衍生出的一种新型侵权行为，较之于传统侵权行为有很大不同，工程师应充分认识其危害性，积极采取反制措施，净化网络环境。

---

[1] 屈茂辉、凌立志主编：《网络侵权行为法》，湖南大学出版社2002年版，第5页。

※《中央网信办、工业和信息化部、公安部、市场监管总局关于开展 App 违法违规收集使用个人信息专项治理的公告》[1]

近年来，移动互联网应用程序（App）得到广泛应用，在促进经济社会发展、服务民生等方面发挥了不可替代的作用。同时，App 强制授权、过度索权、超范围收集个人信息的现象大量存在，违法违规使用个人信息的问题十分突出，广大网民对此反应强烈。落实《网络安全法》《消费者权益保护法》的要求，为保障个人信息安全，维护广大网民合法权益，中央网信办、工业和信息化部、公安部、市场监管总局决定，自 2019 年 1 月至12 月，在全国范围内组织开展 App 违法违规收集使用个人信息专项治理。现将有关事项公告如下：

一、App 运营者收集使用个人信息时要严格履行《网络安全法》规定的责任义务，对获取的个人信息安全负责，采取有效措施加强个人信息保护。遵循合法、正当、必要的原则，不收集与所提供服务无关的个人信息；收集个人信息时要以通俗易懂、简单明了的方式展示个人信息收集使用规则，并经个人信息主体自主选择同意；不以默认、捆绑、停止安装使用等手段变相强迫用户授权，不得违反法律法规和与用户的约定收集使用个人信息。倡导 App 运营者在定向推送新闻、时政、广告时，为用户提供拒绝接收定向推送的选项。

二、全国信息安全标准化技术委员会、中国消费者协会、中国互联网协会、中国网络空间安全协会，依据法律法规和国家相关标准，编制大众化应用基本业务功能及必要信息规范、App 违法违规收集使用个人信息治理评估要点，组织相关专业机构，对用户数量大、与民众生活密切相关的 App 隐私政策和个人信息收集使用情况进行评估。

三、有关主管部门加强对违法违规收集使用个人信息行为的监管和处罚，对强制、过度收集个人信息，未经消费者同意、违反法律法规规定和双方约定收集、使用个人信息，发生或可能发生信息泄露、丢失而未采取补救措施，非法出售、非法向他人提供个人信息等行为，按照《网络安全法》《消费者权益保护法》等依法予以处罚，包括责令 App 运营者限期整改；逾期不改的，公开曝光；情节严重的，依法暂停相关业务、停业整顿、吊销相关业务许可证或者吊销营业执照。

四、公安机关开展打击整治网络侵犯公民个人信息违法犯罪专项工作，依法严厉打击针对和利用个人信息的违法犯罪行为。

五、开展 App 个人信息安全认证，鼓励 App 运营者自愿通过 App 个人信息安全认证，鼓励搜索引擎、应用商店等明确标识并优先推荐通过认证的 App。

特此公告。

中央网络安全和信息化委员会办公室
工业和信息化部　公安部　市场监管总局
2019 年 1 月 23 日

---

[1]　资料来源：公安部网络违法犯罪举报网站，http://www.mps.gov.cn，最后访问日期：2019年 12 月 20 日。

网络与信息工程活动中，工程师应严守岗位职责，采取技术反制手段，防范、消解网络侵权行为的发生，并做好以下工作：

（一）工程师应以净化网络环境为己任，提高防范意识

网络环境中，主体的虚拟性与网络的快捷性使人们变得越来越独立，对周围的事物越来越漠不关心，道德意识和责任意识的表现为一定下降和弱化，主动或被动的侵权行为多有发生，甚至已经达到习以为常、熟视无睹之程度。为打击网络侵权行为，净化网络环境，从2011年起，全国"扫黄打非"工作小组办公室、国家互联网信息办公室、工业和信息化部和公安部先后开展了清理整治制作贩卖枪支爆炸物品违法信息、网络淫秽色情信息等多项"净网行动"。"净网行动"中，相关部门集中清理论坛、贴吧、博客、微博客、社交网站、搜索引擎、网络硬盘、即时通信群组中的违法信息，以及利用网络电视棒、网络存储器、手机存储卡等设备预装、复制、传播违法信息的电脑及手机销售商、维修店。采取责令网站删除违法信息，关闭违法信息网店及相关栏目，冻结发布、传播信息账号，约谈网站管理人员，查处大案要案等具体措施，取得了积极有效的效果。

网络世界是自由的，但这种自由不是绝对的，每个人在利用网络实现生活与工作的便利的同时，也应积极行动起来，共同维护网络环境的安全与和谐，使其健康发展。网络与信息工程活动中，工程师应以净化网络环境为己任，提高防范意识，积极防御网络侵权行为的发生。工程师应公开承诺净化网络环境，绝不利用职务之便从事网络侵权行为，更不能助纣为虐，帮助他人实施网络侵权行为，以树立职业良好形象，取得网络用户信赖；工作中，应自觉遵守法律法规与职业规范，自觉践行职业伦理原则，积极履责，采取各种措施防范、预防侵权行为的发生；对自己知悉的侵权行为应主动阻止，防止其危害性扩大。

（二）工程师应采取技术反制手段，预防网络侵权行为的发生

要有效地防止网络侵权行为的发生，先进的技术手段必不可少。网络与信息工程活动中，工程师应在终端设备或系统运行程序中安装杀毒软件、查杀木马软件和防火墙，随时清除网络用户电脑中的病毒和盗取个人信息的木马，抵御黑客攻击；通过设置密码，或者对邮件、重要文档等加密，防止作品、个人信息等被非法侵入；设置软件过滤技术审查网络用户言论，禁止其侵权言论发表；采用网络监控技术手段，随时监控登录者信息的输入、传播、使用等过程，以方便对网络侵权行为的监督和控制。为防止他人利用网络侵害个人信息或商业秘密，工程师可利用防火墙、数据加密、数字签名和数字认证等技术，使自己的商业秘密在网络传输过程中不为未经授权的人知悉，并防止外界人员非法侵入系统、窃取和篡改商业秘密。对网络用户信息设置技术使用许可，未经许可无法下载或使用该用户信息。工程师应及时采取技术措施中断正在进行的网络侵权行为，以减少用户损失。

（三）工程师应主动出击，对网络侵权行为迎头打击

我国《民法典》规定，"网络用户利用网络服务实施侵权行为的，被侵权人有权通知网络服务提供者采取删除、屏蔽、断开链接等必要措施。网络服务提供者接到通知后未及时采取必要措施的，对损害的扩大部分与该网络用户承担连带责任。网络服务提供者知道网络用户利用其网络服务侵害他人民事权益，未采取必要措施的，与该网络用户承担连带责任"。可见，工程师对网络侵权行为的防范与制止既是其法律义务，也是其应履行的伦理责任。

　　网络与信息工程活动中，工程师首先应主动采取积极的预防措施，以减少侵权行为的发生。要不断提高网络与计算机技术水平，利用技术手段阻止侵权行为人侵入他人电脑或者网络空间，截取、覆盖他人信息，窃听、窃取、删除他人网络交流内容，伪造、修改他人私人资料，恶意骚扰、披露信息，网络监视，跟踪刺探；利用技术手段对商标、著作等知识产权客体进行自动跟踪保护，当侵权行为人未经权利人许可擅自使用、抄袭和剽窃、转载、链接他人作品，或将他人知名商标作为自己的标识，系统能够自动预警，并及时提醒权利人。其次，要经常性地关注网络空间环境，对违法行为、侵权行为及时主动制止；对网络用户提出的阻止他人侵害行为的请求，要及时处理，以避免用户损失扩大。总之，工程师应发挥其职业技能优势，忠诚履行职责，真正担负起网络空间环境卫士的神圣职责，坚守住网络空间这一方神圣净土。

第十五章 材料与机械制造工程伦理

一、材料与机械制造工程中的伦理问题

(一) 材料与机械制造工程概述

大千世界中的材料无所不包、无处不在。吃、穿、住、行，每个人每天会碰到诸如金属、橡胶、磁性、光电等众多材料，小到一根针、一张纸、一个塑料袋、一件衣服，大到交通工具、医疗器械、工程建筑、信息通信、航天航空，处处都有材料的身影。材料，是人类用于制造物品、器件、构件、机器或其他产品的各类物质，是人类赖以生存和发展的物质基础。材料总是和一定的使用场合相联系，可由一种或若干种物质构成。同一种物质，由于制备方法或加工方法的不同，可成为用途迥异的不同类型和性质的材料。由于构成材料物质的多样性，对材料的分类也没有统一标准。比如，以物理化学属性为标准，材料可分为金属材料、无机非金属材料、有机高分子材料和不同类型材料所组成的复合材料；以用途为标准，材料可分为电子、航空航天、核、建筑、能源和生物等材料；以功能为标准，材料可分为结构材料与功能材料两大类；以性质为标准，材料可分为传统材料与新型材料等等。

从材料发展的视角观察，人类文明的发展史就是一部如何更好地利用材料和创造材料的历史，材料的不断创新和发展，极大地推动了社会经济的发展。20世纪70年代，人们就把信息、材料和能源誉为当代文明的三大支柱；80年代，以高技术群为代表的新技术革命，又把新材料、信息技术和生物技术并列为新技术革命的重要标志。材料科学，是有关材料成分、组织与工艺流程对于材料性质与用途的影响规律的知识与运用。材料科学是一种近年来形成的交叉学科和应用科学，与工程技术的联系较为密切，人们往往把材料科学与工程联系在一起，称为"材料科学与工程"。近年来，又称为"材料科学技术"。材料工程"是指运用材料科学的理论知识和经验知识，为满足各种特定需要而发展、制备和改进各种材料的工艺技术"[1]。

材料科学与工程包括材料的结构与成分、合成与加工、性质（性能）和效能四个方面。材料的结构与成分，是指每个特定材料都含有一个以原子和电子尺度到宏观尺度的结构体系，对于大多数材料，所有这些结构尺度上化学成分和分布是立体变化的，这是制造该种特定材料所采用的合成和加工的结果；材料的合成与加工，是指建立原子、分子和分子集体的新排列，在从原子尺度到宏观尺度的所有尺寸上对结构进行控制，以及高效而有竞争力地制造材料和零件的演变过程；性质，是材料功能特性和效用的定量度量和描述，材料的性质表示了其对外界刺激的整体响应；材料的效能，又称"材料的使用性能或效

---

[1] 胡珊、李珍、谭劲等编：《材料学概论》，化学工业出版社2012年版，第1页。

果"，是指材料在使用条件下的表现，包括环境影响、受力状态、材料特征曲线，乃至寿命估计等。

机械是现代社会进行生产和服务的六大要素（人、资金、信息、能量、材料和机械）之一，并且能量和材料的生产还必须有机械的参与。机械，是机器和机构的总称。机器都是由许多构件组合而成的；组成机器的各运动实体之间有确定的相对运动关系；能实现能量的转换，代替或减轻人的劳动，完成有用的机械功，凡具有这些特征的实体组合体都称为机器。机器在我们生活中有很多，如内燃机、发电机、电梯、机器人及各种机床等。因此，机器就是人为的实体组合，它的各个部分之间有确定的相对运动，并能代替和减轻人类的体力劳动，完成有用的机械功或实现能量的转换。机构是具有确定相对运动的各种实物的组合，即符合机器的前两个特征。机构主要用来传递和变换运动，而机器主要用来传递和变换能量，从结构和运动学的角度分析，机器与机构之间并无区别。机器是由若干不同零件组装而成的，零件是组成机器的基本要素，即机器的最小制造单元。一部完整的机器基本上由原动机、工作机和传动装置三部分组成，较复杂的机器还包括控制部分，如控制离合器、制动器、变速器等，它能够使机器的原动部分、传动装置和工作部分按一定的顺序和规律运动，完成给定的工作循环。

机械工程，"是以有关的自然科学和技术科学为理论基础，结合在生产实践中积累的技术经验，研究和解决在开发、设计、制造、安装、运用和修理各种机械中的全部理论和实际问题的一门应用学科"[1]。机械的种类繁多，根据用途不同，可分为动力机械，如电动机、内燃机、发电机、液压机等，主要用来实现机械能与其他形式能量间的转换；加工机械，如轧钢机、包装机及各类机床等，主要用来改变物料的结构形状、性质及状态；运输机械，如汽车、飞机、轮船、输送机等，主要用来改变人或物料的空间位置；信息机械，如复印机、传真机、摄像机等，主要用来获取或处理各种信息等。机械在其研究、开发、设计、制造、运用等过程中都要经过几个工作性质不同的阶段，按这些不同阶段，机械工程可分为机械科研、机械设计、机械制造、机械运用和维修等。

（二）材料与机械制造工程中的伦理问题

工程的本质是生产实践活动，是人类生存发展所依赖的一项基本实践活动。任何工程的存在并不是孤立的，工程不仅是一个大系统，而是更大系统的一部分，要与周围自然环境、社会因素相互联系并产生重要影响。在工程系统中，各种工程关系相互影响，尤其是工程人员职业行为会对自然界、人类社会、公众或社会个体，产生独特、重要影响。材料与机械制造工程活动中，作为重要参与主体的工程师，如何实现工程活动的正面影响，消减负面影响，不仅直接关涉工程成败，更是其职业价值的实现与体现。

工程是人类改造现实物质世界的手段，由于工程本身的复杂性，对于每一项工程的目标确定、规划、实施以及产品使用，人们都要进行深入的研究，以寻求最佳的设计方案。工程活动中"要达到高度的技术完善，人必须使自己服从他的创造物的要求"[2]。工程作为一种建造活动，必须要服从自然规律，体现了工程活动的客观性。工程活动必然要有

---

[1] 郭绍义主编：《机械工程概论》，华中科技大学出版社 2015 年版，第 6 页。

[2] 朱海林：《技术伦理、利益伦理与责任伦理——工程伦理的三个基本维度》，载《科学技术哲学研究》2010 年第 6 期。

人参与，这样工程活动就具有了一定主观性的价值体现，单纯的建造活动也变成了伦理与技术相互作用的过程，工程活动中会充斥丰富的伦理意蕴。因此，工程活动中必然会出现伦理问题。

现代工程理念要求工程师在工程活动中，要秉承基本伦理原则，遵循基本伦理规范，在满足人们需要和要求的同时，尽可能减少对自然生态环境、他人和社会造成消极影响，以避免、防范工程活动伦理问题的发生。工程师是材料与机械制造工程活动最重要的参与主体，在具体职业活动中将面临人性化、绿色环保、真诚创新和工业遗产保护等各种伦理问题，这些问题时时刻刻考验着工程师的专业知识与技能、综合素养与伦理智慧。

二、秉承工程活动的人性化思考

对工程师具体工作中的人性化要求，源于"以人为本"伦理原则基础。人性化是一种理念，是让技术和人的关系协调，即让技术的发展围绕人的需求来展开。具体体现为技术开发与实施要围绕工程产品使用者的生活和操作习惯，既能满足使用者的功能诉求，又能满足消费者的心理需求。工程领域人性化理念是早期工业工程师、心理学家、管理专家和效率专家共同思考与探索的结果，他们通过对工程产品共同的人性化设计、生产，来精简制造业务，以使得设备有更好的工作效率。材料与机械制造工程中的人性化，是指材料与机械制造工程师在材料研发、产品设计与生产过程中，要充分考虑人的行为习惯、人体的生理结构、人的心理情况、人的思维方式等，在原有产品基本功能和性能的基础上，对产品进行优化，使用户使用起来非常方便、舒适。人性化是在材料研发、产品设计与生产过程中，对人的心理生理需求和精神追求的尊重和满足，是工程领域中的人文关怀，是对人性的尊重。

※7·23甬温线特别重大铁路交通事故[1]

2011年7月23日20时30分05秒，甬温线浙江省温州市境内，由北京南站开往福州站的D301次列车以99公里/小时的速度，与以16公里/小时速度前行杭州站开往福州南站的D3115次列车发生动车组列车追尾事故。事故造成D3115次列车第15、16位车辆脱轨，D301次列车第1位至第5位车辆脱轨（其中第2、3位车辆坠落瓯江特大桥下，第4位车辆悬空，第1位车辆除走行部之外车头及车体散落桥下；第1位车辆走行部压在D3115次列车第16位车辆前半部，第5位车辆部分压在D3115次列车第16位车辆后半部），动车组车辆报废7辆、大破2辆、中破5辆、轻微小破15辆，事故路段接触网塌网损坏、中断上下行线行车32小时35分，造成40人死亡、172人受伤，直接经济损失19371.65万元。

经调查认定，"7·23"甬温线特别重大铁路交通事故是一起因列控中心设备存在严重设计缺陷、上道使用审查把关不严、雷击导致设备故障后应急处置不力等因素造成的责任事故。事故发生的原因是，通信信号集团公司所属通信信号研究设计院在LKD2-T1型列

---

[1] 资料来源：百度百科—"7·23甬温线特别重大铁路交通事故"，http：//baike.baidu.cn，最后访问日期：2019年12月25日。

控中心设备研发中管理混乱，通信信号集团公司作为甬温线通信信号集成总承包商履行职责不力，致使为甬温线温州南站提供的设备存在严重设计缺陷和重大安全隐患。国家铁道部在 LKD2-T1 型列控中心设备招投标、技术审查、上道使用等方面违规操作、把关不严，致使其上道使用。雷击导致列控中心设备和轨道电路发生故障，错误地控制信号显示，使行车处于不安全状态。上海铁路局相关作业人员安全意识不强。

在事故抢险救援过程中，国家铁道部和上海铁路局存在处置不当、信息发布不及时、对社会关切回应不准确等问题，在社会上造成不良影响。铁道部原部长刘志军、原副总工程师兼运输局原局长张曙光等 54 名事故责任人员受到严肃处理。

材料与机械制造工程活动中，工程师应在以下方面进行人性化思考：

（一）以人为本，确保工程产品安全

"以人为本"是当代社会新发展理念的核心要求。党的十九大报告明确要求，发展"坚持以人民为中心""人民是历史的创造者，是决定党和国家前途命运的根本力量。必须坚持人民主体地位，坚持立党为公、执政为民，践行全心全意为人民服务的根本宗旨，把党的群众路线贯彻到治国理政全部活动之中，把人民对美好生活的向往作为奋斗目标，依靠人民创造历史伟业"。材料与机械制造工程活动中，工程师要时刻谨记，并践行这一核心发展理念要求。

党的二十大报告指出，"推进安全生产风险专项整治，加强重点行业、重点领域安全监管"。材料与机械制造工程师坚持"以人为本""以人民为中心"，就是要以人为主体，以人为前提，以人为动力，以人为目的，其中首要任务是确保工程产品材料、设计、生产，尤其是使用的安全性。"工程活动的过程和结果往往是不很确定的，工程有或然性和风险性，工程必须有安全系数的考虑和留有余地。"[1] 因此，工程师在工程项目论证，工程产品设计、施工、管理和维护过程中，应当充分考虑工程产品的安全可靠性，尊重、维护公众的健康和生命，或者至少使其不受伤害。"技术仅是一种手段，它本身并无善恶。一切取决于人从中造出什么，它为什么目的而服务于人，人将其置于什么条件之下。"[2] 材料工程师在材料研发、选用中，要首先考虑其安全性，不能对人体、自然界造成危害。如存在一定危害，但又不得不对某种材料进行必要的开发利用，要采取积极的安全事故防范措施，将危害降至最低。比如，对核材料的开发和使用，对其安全性的重视与防范就一直是高于使用性的。机械制造工程师在机械产品设计、研发与生产中，首先要保证其安全性能，以保证产品使用者人身、财产安全。比如，对汽车产品设计、研发与生产，不能为迎合市场与消费者需求，仅关注其速度、驾驶体验、外观设计和经济成本等要素，对关键的安全要求一刻都不能放松。

（二）在确保工程产品功能的前提下，充分满足使用者的各种需求

"以人为本是工程伦理观的核心，是工程师处理工程活动中各种伦理关系最基本的伦

---

［1］　陈昌曙：《陈昌曙技术哲学文集》，东北大学出版社 2002 年版，第 181 页。
［2］　刘大椿：《在真与善之间》，中国社会科学出版社 2000 年版，第 49 页。

理原则。"[1] 因此，工程设计与工程产品必须把"人"的位置放在核心地位，要充分考虑人的需求。我国造桥专家茅以升在桥梁工程中，曾讲过"不论行车或走船，总不要因为过桥而使人感到不适，或是激烈震动，或是骤然改变方向，使桥形成一个'关'。如果车在桥上走，如同在路上走一样，船在桥下过，如同河上没有桥一样，有桥恍如无桥，这种桥就算是造得真好了。但是，对行人来说，有桥也并非坏事，能在一座桥上走走，饱览河上风光，两岸景色，岂不令人心旷神怡"[2]。他的这番论述，对材料与机械制造工程师应该会有很大启示。

工程产品要满足使用者的各种需求，就要用"以人为中心"理念，代替"功能中心主义"，材料与机械制造工程师无论在材料研发、产品设计与生产过程中，都要将"人性化"因素注入工程活动当中，赋予工程产品以"人性化"品格，使其具有情感、个性、情趣和生命。要体现工程产品的人性化，首先要从产品要素上着手，分析产品的各种形式要素，通过产品设计的造型、色彩、装饰和材料等形式要素变化，来实现产品的人性化设计。比如，颜色纯度高、明度强的产品一般很受儿童、青年的喜爱；成年人则对灰黑色系列的稳重感产品比较易于接受等。人们之所以对产品有需求，就是要获得其使用价值，即功能。如何使工程产品的功能更加方便人们的生活，更多、更新考虑到人的新需求，是产品材料研发、产品设计与生产的重要出发点。比如，汽车驾驶座椅座面前缘略微降低形成圆角、两侧略微上翘以使腿部与座面贴合，能对人体起到较好的支撑作用；座位材料应满足坐姿的压力分布不均匀原则，材料的选择和布置应尽量靠近人体坐姿压力分布曲线图，压力大的部分采用弹性模量小的材料，压力小的部分采用弹性模量较大的材料，使材料在人体压力下的变形程度相当，使座面对人体各部分的支撑一致等。

总之，现代人的消费观念已经不仅仅满足于获得产品的使用价值，工程师应从产品使用者的生活形态出发，无论在材料研发、产品设计或生产过程中，都要充分考量"人性化、情感化"因素，以心理为圆心，以生理为半径，构建人与工程产品之间的和谐关系。

三、追求绿色环保

绿色环保理念在我国具有悠久历史。人是自然的一部分，与自然和谐共生是实现人自身生存和发展的基础。老子曾云"人法地，地法天，天法道，道法自然"，其含义是要人类效法大地的厚道和仁慈，让更多的生命和平共处，维持生态平衡而可持续生存下去；庄子曾云"天地与我并生，万物与我为一"，意谓人类应追求"天人合一"境界，即人类只有爱护大自然，大自然才能呵护人类，人与自然才能和谐共存、共生。随着工程技术的发展和工程活动的深化，环境保护与可持续发展问题已引起人类的广泛关注，绿色环保与可持续发展作为现代工程师的基本伦理原则，也已被普遍接受与认可。

---

[1] 宁先圣、胡岩：《工程伦理准则与工程师的伦理责任》，载《东北大学学报（社会科学版）》2007年第5期。

[2] 茅以升：《没有不能造的桥——彼此的抵达》，百花文艺出版社2009年版，第174页。

※塑料，这个污染全球的"超级垃圾"到底有多严重？[1]

塑胶是一种以合成的或天然的高分子聚合物，可任意捏成各种形状最后能保持形状不变的材料或可塑材料产品。塑料具有抗腐蚀能力强，不与酸、碱反应；制造成本低；耐用、防水、质轻；容易被塑制成不同形状；具有良好绝缘功能等优点；同时也具有回收利用分类困难，成本高；易燃烧，并产生有毒气体；核心成分（石油）资源有限；填埋不易腐烂，无法自然降解；耐热性能较差，易于老化等缺点。

20世纪40年代，塑料开始在发达国家大量投入使用，在给人类生活带来便利的同时，目前已泛滥成灾，成为地球"超级垃圾"，头号污染。不论在珠穆朗玛峰山巅、蒙古高原湖泊，还是在太平洋最深处的海底世界，甚至在人迹罕至的南极和北极海域，都发现有塑料污染的踪迹。相关报告数据显示，从2004年到2014年，全球塑料产量增加了38%；近些年，全球每年产生约3亿吨塑料垃圾，平均有500万至1300万吨的塑料垃圾直接倾倒入海，相当于每分钟向大海倾倒满满一车的塑料。海洋里大量的塑料垃圾日益威胁到海洋生物的生存以及旅游业、渔业和商业的发展，据保守估计，塑料垃圾每年给海洋生态系统造成的经济损失高达130亿美元。预计到2050年，海洋中塑料垃圾重量加起来将超过鱼类总重量。

德国和瑞士研究人员在德国多地、瑞士阿尔卑斯山区以及北极地区采集雪样并检测，结果发现微塑料在这些地区的雪样中均大量存在。其中，德国南部某乡村公路雪样中微塑料最多，浓度达到每升15.4万个；北极雪的样品中的微塑料也不少，可达每升1.44万个。英国普利茅斯大学对英国捕捞的鳕鱼、黑线鳕、鲭鱼和贝类等海产品进行研究，发现其中1/3体内都含有塑料垃圾。澳大利亚纽卡斯尔大学一项新研究显示，塑料污染已侵入到人类体内。全球人均每周仅通过饮用水就会摄入1796个塑料微粒，按重量算这些塑料微粒约为5克，等同于一张信用卡所用的塑料。

材料与机械制造工程活动中，工程师应坚持绿色环保、可持续发展理念与原则，并做好以下工作：

（一）优先选用绿色环保、轻型、节能、低耗材料，避免浪费

恩格斯在《自然辩证法》一书中讲道，"我们不要过分陶醉于我们对自然界的胜利。对于每一次这样的胜利，自然界都报复了我们"。人是自然界的产物，作为自然系统的重要单元，人和其他生命形式一样，是从自然界中获取物质和能量才能维系生命，只有保持自然环境的清洁、保证自然生态系统的自我调节功能不受损害，才有人类社会的健康可持续发展。目前，我国工程活动总体上仍以传统材料为主，其中钢铁、有色金属、石化、化工、建材、黄金、稀土等原材料工业规模巨大。这些传统材料的生产与获取，耗费自然资源巨大，产生大量污染，并使生态环境遭受严重破坏，并且很多都是不可再生资源，耗尽后将无以为继。因此，选用新型环保、节能、低耗材料，是必由之路和不二选择。

---

[1]《地球微塑料污染报告：人均每周饮水摄入量相当于一张信用卡》，http：//www. thepaper, cn/newDetail＿forward＿4305527，最后访问日期：2019年12月29日；《塑料，这个污染全球的"超级垃圾"到底有多严重？》，http：//wap. ycwb. com/208＿03/26/content＿26150373. htm，最后访问日期：2019年12月29日。

随着科学技术的发展，人们在传统材料的基础上，根据现代科技的研究成果，开发出新材料。新材料可分为金属材料、无机非金属材料、有机高分子材料和先进复合材料。2013 年 6 月 10 日，工信部印发《新材料产业标准化工作三年行动计划》，提出要以支撑新材料产业发展为核心，以重点项目和重点工程为依托，加快重点新材料研制步伐，以促进新材料产业健康发展，增强产业竞争力。要加强对丁基橡胶等特种橡胶及专用助剂、聚酰胺等工程塑料及制品、电池隔膜、光学功能薄膜、特种分离膜及组件、环境友好型涂料以及功能性化学品等先进高分子材料；碳纤维、玄武岩纤维、树脂基、陶瓷基、高端玻璃增强纤维等高性能复合材料；纳米粉体材料、石墨烯、超导材料及原料、生物材料及制品、智能材料等前沿新材料标准制定。要以高强钢筋、功能性膜材料、特种玻璃、稀有金属材料、稀土功能材料、复合材料等领域标准为枢纽，面向电子信息、高端装备等领域对新材料的需求，构建上下游联合、优势互补、良性互动的标准制修订与实施机制，提高新材料标准适用性，充分发挥标准对产业发展的支撑和引领作用。

该《计划》中提及的各种新材料，不仅体现了科技进步，还引领了绿色环保、节能、低耗新理念。材料与机械制造工程师应紧随产业发展步伐，依托产业新技术发展，秉承绿色环保、可持续发展理念，在工程活动中优先选用绿色环保、轻型、节能、低耗的新材料，减少资源耗费，对生态环境负责，构建人与自然和谐共生环境。

（二）创新设计理念，采取新工艺，生产绿色环保节能工程产品

工程活动是人类改造自然的手段，而工程活动必须遵循自然规律。因此，人类在工程设计中，要善待生物和自然界。任何工程设计首先要确定工程目的，工程"设计目的是人类的一种内在属性和特有能力。随着文明的进步和社会的发展，随着人越来越成为自觉和自为的人，设立目的的问题是对个人、对由个人组成的集体以及人类社会越来越重要"[1]。工程设计的目的不仅要包含人对工程功能的需要，还应包括生态环境保护之内容。因此，工程师在现代机械工程设计中，应该具有"天人合一"的整体思维，使设计在满足产品功能属性的同时向满足生态与环境属性发展。材料与机械制造工程师进行先期工程设计之时，不仅要优先考虑选用绿色环保、轻型、节能、低耗的新材料，还应创新设计理念，积极采取新工艺，生产绿色环保工程产品。

比如汽车工程领域，从 19 世纪 80 年代德国人发明第一辆汽车开始，人类为盲目追求汽车性能（主要是速度）和利润最大化，设计生产了高性能跑车，如只能乘坐两人的布加迪·威龙跑车，配备了 16 缸 64 气门引擎，其排量高达 8 升，百公里加速不到 3 秒，极速可达 406 千米/时。这种过度的设计追求虽然使汽车的使用功能达到了最大化，却没有考虑产品的资源属性和环境属性，不利于人类社会的长远发展。近十几年，汽车工程领域开始对绿色设计理念重视起来，设计者开始跳出"功能中心主义"的束缚，转为以"绿色、节能"为核心。在汽车设计中不仅要考虑功能、性能、寿命、成本等技术和经济属性，更要重点考虑产品在生产、使用、废弃和回收过程中对环境和资源的影响。基于这种环保理念的指引，不仅电动汽车、太阳能汽车和排量可变汽车诞生了，而且开始研究汽车如何从"摇篮"到"摇篮"的回收再利用技术。

---

[1] 陈凡：《工程设计的伦理意蕴》，载《伦理学研究》2005 年第 6 期。

（三）坚持循环生产，注重工程产品回收再利用

循环经济，"体现资源之高效优化及循环利用，是减量化下的低耗和低排，是再利用和资源化下的高效，是一种将末端污染物转变成可以再次充分利用之资源的一种经济发展模式，是一种充分体现和贯彻可持续发展观的经济发展模式"[1]。循环经济包括减量化、再利用、资源化等内容，其中的再利用，是将废物直接作为产品或者经修复、翻新、再制造后继续作为产品使用，或者将废物的全部或者部分作为其他产品的部件予以使用；资源化，是将废物直接作为原料进行利用或者对废物进行再生利用。材料与机械制造工程师在具体的工程活动中，应减少资源消耗和废物产生，采用先进、适用技术，对工程废物进行综合利用，对工程产品进行回收利用，以减少资源消耗，维护生态平衡。

材料与机械制造工程师在设计中，要考虑产品在整个生命周期内对环境的影响，并研究产品在使用和再循环时对环境的影响，着重处理好三个问题。一是要注重机械产品的材料选择及管理。应选择无毒、无污染、易回收、可重复使用、易分解材料，对稀有贵重材料尽量少用。应将含有有害成分的材料分开堆放，对已完成寿命周期的产品对其有用和废弃部分，可分别采用回收或工艺处理，使产品对环境污染减少至最低限度，降低材料成本。二是对机械产品进行可回收性设计。在新产品的设计、开发中，尽应可能利用使用过的，或废弃产品中的零部件及材料。应考虑产品零部件或材料回收的可能性、回收价值大小、回收处理办法、回收处理结构工艺等问题，并进行可回收性的经济评估，使废弃物减少到最低限度。三是要对机械产品进行可拆卸性设计。设计要做到合理使用原材料并保证机器零部件拆装方便，零部件经过翻新处理后可以重新利用，优化机器的资源利用率，实现机械产品的再利用、再循环和再制造。

四、践行真诚创新

"工程是现实的、直接的生产力，是创新活动的主战场。"[2] 2012 年，党的十八大提出，实施创新驱动发展战略。2015 年，中共中央、国务院出台《关于深化体制机制改革加快实施创新驱动发展战略的若干意见》，指导全国深化体制机制改革，加快实施创新驱动发展战略。中央党史和文献研究室出版的《习近平关于科技创新论述摘编》中，提出坚持把创新作为引领发展的第一动力，并确立了我国科技创新"三步走"战略目标，即到 2020 年时进入创新型国家行列，到 2030 年时进入创新型国家前列，到新中国成立 100 年时成为世界科技强国。建设现代创新型社会和创新型国家，迫切需要工程创新，工程师是工程活动的主体，在工程实践中担任着重要角色。因此，工程创新就成为工程师不可回避的职业责任与时代担当。

---

[1]　李玉蕾：《论我国循环经济法律制度的完善》，河北地质大学 2016 年硕士学位论文。
[2]　辽宁省普通高等学校创新创业教育指导委员会：《创造性思维与创新方法》，高等教育出版社 2013 年版，第 7 页。

※机械工业"百强企业"破产：8 年获补 15 亿，涉科研造假 [1]

山东常林集团的前身是成立于 1943 年，1991 年更名为山东手扶拖拉机制造厂。1996 年，由国有企业改制为民营股份制企业，更名为山东常林机械集团股份有限公司，主营农业机械；1999 年，常林开始涉足工程机械行业，其振动压路机销量一度在全国名列前茅；2009 年，常林集团成功入选"2009 年中国机械工业百强企业"，排第 73 位。自 2009 年起，常林开始将高端工业元件研发作为其着重发力点。

然而，从 2014 年 4 月到 2018 年 5 月，常林因各种纠纷被起诉 47 次。自 2016 年 1 月 1 日起，常林集团先后被各地法院执行判决结果 21 次，法人代表也登上了全国法院失信被执行人名单。自 2015 年 7 月，常林开始出现拖欠员工薪资情况，并在 2016 年开始大规模蔓延。2017 年 7 月 24 日，山东临沭县法院受理了常林集团的破产重组请求。当时进入破产程序的有山东常林机械集团股份有限公司及四家关联公司，包括力士德工程机械股份有限公司、山东中川液压有限公司、山东常林铸业有限公司、临沭县常发房地产有限公司。经过评估，上述五家公司资产总额为 44.29 亿元，负债总额为 66.93 亿元。2018 年 5 月 24 日，法院公告宣布为常林集团及关联公司等 19 家公司的破产重组招募投资人。常林集团进入破产程序后，诸多光环随之消失，其在科技研发领域的诸多疑点也开始浮出水面。

2009 年，常林集团被认定为国家高新技术企业，开始频频以注重科研形象示人，尤其以中川液压主导的液压元件开发为重。据报道，中国液压工业的规模在 2017 年已经成为世界第二，但产业大而不强。一些高技术含量元件，如额定压力 35MPa 以上高压柱塞泵，有 90% 以上依赖进口。在国内工程机械企业当中，即使如"三一重工"这样的龙头企业，高端设备中的核心液压部件依然采用进口。据统计，2010 年至 2015 年，常林集团至少申报了 30 个项目。其中获得国家专款资助的项目至少 13 个，累计获得国家专款支持资金近 15 亿元，年均 2.5 亿元，相当于"三一重工"2015 年净利润的两倍。从科研项目的内容来看，常林集团获得资助的省级与国家级项目当中至少有 8 个项目与液压技术相关，如"山东省液压技术重点实验室""工程机械高端液压元件及系统""50 吨及以上挖掘机成套液压系统研制和应用示范"等。

2012 年 8 月 7 日，一场"高端液压元件新产品及产业化发布会"在常林集团举办，与会专家对中川液压拿出的两款液压轴向柱塞泵、一款回转马达、一款主阀进行评议。最后，中川液压的高端液压产品成功通过国家级鉴定。时任中国液压与气动密封件工业协会理事长在会上宣布，"中川液压的成就表明我国液压产业发展已从测绘、仿制'跟风'阶段，开始向掌握核心技术，进行自主创新阶段迈进"。然而，据内部员工透漏，中川液压的一款液压泵是模仿日本川崎设计的，鉴定产品是将日本川崎的泵的油漆涂掉，换上中川的标牌，才通过了鉴定。另外，中川液压在创立时曾宣传称聘有日本液压专家 25 人、瑞典专家 8 人，从事液压系统的研发及生产控制工作，但实际上均不存在。

2013 年，常林集团力士德公司开始开发所谓"节能挖掘机"。2015 年，力士德"神挖"的实机被造出。在宣传中，力士德声称"神挖"与同等功率的挖掘机相比能够节能

---

[1] 《机械工业"百强企业"破产：8 年获补 15 亿，涉科研造假》，http://m.sohu.com/a/235557382_115239，最后访问日期：2019 年 12 月 31 日。

50％，提升效率100％。这一宣传数字在挖掘机业界引起了一片质疑声。实际上，当时国内生产的液压元件尚未达到能够如此精准调校的技术水平，而力士德"神挖"所采用的液压元件正是来自中川液压的112泵。相关专家表示，"液压是机械产品里的高端产品，做液压元件需要有一种工匠精神，需要有一种精神、一种灵魂融入其中。那种'大跃进'，喊口号是不行的"。

材料与机械制造工程活动中，工程师应遵守创新精进职业规范，做好以下工作：

（一）创新是工程师的职责与使命

从历史看，工程师是推动技术发展、产业革命的主力。回顾人类社会现代物质文明进步的历程，可以毫不夸张地说，"工程科学技术在推动人类物质文明中的进步中一直起着发动机的作用"[1]。工程创新是人类利用物理制品对周围世界进行重建的过程，是一个包括问题界定、解决方案的提出和筛选、工程试验和评估、实施和运行等环节的知识与社会力量的物质化过程。工程活动本身具有高度复杂性，工程创新的内涵也极其丰富，具体包括具有应用新科学理论的工程创新，应用新技术的工程创新，改进原有技术的工程创新，把原有技术以新方式综合集成起来的工程创新，非技术因素的工程创新等。总之，工程创新不是简单地线性过程，而是从规划、设计创新、到实施，并与其他要素融合的过程，是工程演化的过程和环节，是集成性创新。因此，工程创新迫切需要工程师创新能力的提高，否则工程创新就是一句空话。

创新能力是工程师素质能力的重要组成部分，也是当代衡量工程师是否具备高素质能力的重要指标。工程创新本质上是不断创新、不断被模仿、不断再创新的一个周期性过程，这就需要工程师在工程创新活动的周期里，不断地通过实践进行创新，以达到能力的提升；工程具有集成性特点，这就要求工程师应着重提升集成创新能力，在工程实践中既要注重关键技术要素的创新，也应重视非技术要素的创新；工程师在提升工程创新能力中要注意创新量的积累，不断进行整合、总结，最终达成质的飞跃；工程活动中的创新是普遍存在的，工程师在注重工程普遍性创新的同时，也要关注具体工程活动对创新的不同要求。工程师的创新能力源于创新意识，根植于创新品格。工程师只有不断在工程活动中跨越工程创新壁垒，躲避工程创新陷阱，才能实现内在创新能力的提升；才能在工程活动中求精求进、不断提升工程品质，并获得工程产品使用者的认可。

当前，无论从全球经济还是从中国经济来看，都在经历着一次技术大变革和结构大调整。因此，材料与机械制造工程领域要把高水平的创新作为重要内容，要做到"鼎新"与"革故"并重，无中生有，有中生新，新中求进。要推动新技术、新产业、新业态和新模式的融合创新和跨界发展，加强健康、生态、环保、安全等领域的共性关键技术研究，依靠科技创新解决材料与机械制造工程活动中的技术难题。

（二）创新要符合规范性要求

"在我们这个时代，每一种事物好像都包含有自己的反面。我们看到，机器具有减少人类劳动和使劳动更有成效的神奇力量，然而却引起了饥饿和过度的疲劳。而技术的创

---

　　［1］　徐匡迪：《工程师——从物质财富的创造者到可持续发展的实践者》，载《中国表面工程》2004年第6期。

新，似乎是以道德的败坏为代价换来的。我们的一切发现和进步，似乎结果是使物质力量具有理智生命，而人的生命则化为愚钝的物质力量。现代工业、科学与现代贫困、衰颓之间的这种对抗，是显而易见的、不可避免的和毋庸争辩的事实。"[1] 任何事物都有其两面性，当代科技创新在带给人们积极向上，充满幸福与希望的同时，也给人类带来了威胁、灾难与危机。

"创新是对已有创造成果的改进、完善和应用，是建立在已有创造成果基础上的再创造。就此而言，已有的创造成果可以是有形的事物，如各种产品；也可以是无形的事物，如理论、技术、工艺、机构等。无论是技术创新还是非技术创新，均是一个复杂且动态的非线性过程。"[2] "从工程发展的历史来看，一切工程都是先根据经验，然后尝试，等到知其成败，再从成败中推求出法则，研究出理论，然后从新的理论，再创造出新的工程，但其最初根源是实践而非理论工程。"[3] 虽然科技创新有其自身的相对独立性，但它绝不是一个抽象或者孤立的领域，它总是受到各种社会经济关系、社会制度，以及社会意识形态制约。也就是说，科技创新只有在符合规律性的基础之上，并满足目的性要求，维持二者统一，才能使科技创新不断地造福于人类。

"事实上，人的目的是客观世界所产生的，是以它为前提的。"[4] 材料与机械制造工程师在创新中，首先要符合客观规律，这样才能支配客观世界从而实现创新之目的。创新只有在符合规律性和目的性的基础上，才能尊重客观事物的客体尺度与工程主体的需求尺度，真正的创新目的才能得以实现；只有通过掌握和运用客观规律，来实现人的需求目的，如此创新才会得到现实的肯定。

（三）创新要诚实，不抄袭，不作假

脚踏实地、实事求是、务实求真、严谨诚信，是科技人员的高尚精神境界和良好道德情操。只有如此，他们的创新成果才能经得起时间和实践的检验。美国休斯敦大学商学院对学术诚信，简洁直观地理解为"做正确的事，即使在没有人注视你的时候"[5]。习近平总书记多次强调，"要营造良好学术环境，弘扬学术道德和科研伦理"。然而，在"大众创业、万众创新"的背景下，在科技创新中确实出现了一些违背科研诚信的行为，如学术抄袭、论文造假、侵占他人成果、伪造学术身份、骗取科技补贴等等。这样的行为严重背离了工程师"守法奉献、敬业守分、创新精进、真诚服务"的职业伦理规范与职业精神。

材料与机械制造工程师在创新中，要涵养科学精神，加强研发行为自律，用务实的研发、设计行为，用扎实的创新成果推动科技进步。俄国哲学家赫尔岑曾讲道，"科学决不能不劳而获，除了汗流满面而外，没有其他获得的方法"。因此，工程师应以求是、发现、发展、创新为己任，不可以功利为目的投机取巧，与追求科学真理背道而驰；在突出自我特色和创新同时，要尊重前人研究贡献，要保证创新成果质量。工程师创新要秉承锲而不

---

[1] 《马克思恩格斯选集》，人民出版社 1995 年版，第 378 页。

[2] 李伯聪：《工程创新：突破壁垒和躲避陷阱》，浙江大学出版社 2010 年版，第 29 页。

[3] 茅以升：《架起通向科学的桥——茅以升科普创作精选》，北京科学普及出版社 2009 年版，第 122 页。

[4] 约瑟夫·本·戴维：《科学家在社会中的角色》，四川人民出版社 1988 年版，第 67 页。

[5] 张月红：《学术与诚信："做正确的事，即使在没人注视时"》，载《健康报》2018 年 2 月 10 日第 4 版。

舍，不怕艰难困苦的探索精神，要耐得住寂寞，知难而上，任何急功近利的创新行为，都不会获得高质量成果；否则会催生抄袭、造假行为。

五、保护工业遗产

工业遗产有狭义和广义之分。狭义的工业遗产，是以采用新材料、新能源、大机器生产为特征的工业革命后的工业遗产；广义的工业遗产，包括史前时期加工生产石器工具的遗址、古代资源开采、冶炼、水利等大型工程遗址等工业革命以前各个历史时期中反映人类技术创造的遗产。通说一般取工业遗产狭义表述。国际工业遗产保护协会提出，"为工业活动而建造的建筑物、所运用的技术方法和工具，建筑物所处的城镇背景，以及其他各种有形和无形的现象，都非常重要"；认为工业遗产是具有历史、技术、社会、建筑或科学价值的工业文化遗存。这些遗存包括"建筑物和机械、车间、作坊、工厂、矿场、提炼加工场、仓库、能源产生转化利用地、运输和所有它的基础设施以及与工业有关的社会活动场所如住房、宗教场所、教育场所等"。

"工业遗产的历史价值在于它见证了工业社会生产方式、生产关系的发展和变化，我们可以从设备工艺中了解当时的生产状态，从厂房车间的结构中了解工人之间的关系，从空间布局关系中了解工人与企业主的关系，从工业产品中了解当时社会的生产能力和消费水平，所以我们可以说工业遗产是工业文明的见证，也是全球化背景下维系空间历史感的一种力量。"[1] 总之，工业遗产具有独特的技术、历史、社会、建筑和科学价值，因此工程师对工程领域的工业遗产应尽到善待、保护义务与职责。我国台湾地区的《中国工程师信条实施细则》就提出，工程师应尊重自然，要维护生态平衡，珍惜天然资源，保存文化资产；要利用先进科技，保存文化资产，与工程需求有所冲突时，应尽可能降低对文化资产的冲击。

※南京晨光 1865 科技·创意产业园 [2]

当代，对工业遗址的改造开发与保护，越来越得到企业、政府、社会与公众认可。与旅游产业相对接，体现特色旅游、全域旅游理念，对工业遗址进行有效开发、改造，不仅使工业旅游成为新的旅游时尚，也给企业和当地带来新机遇。目前，我国已有一些对工业遗址改造、开发的成功案例，南京晨光 1865 科技·创意园产业就是典型代表。

晨光 1865 科技·创意产业园是由江苏省南京市秦淮区政府和晨光集团创办的，2007 年 9 月正式开园。园区占地面积 21 万平方米，有 9 幢清代建筑、19 幢民国建筑，总建筑面积 10 万平方米，犹如一座工业建筑的历史博物馆。园区分为时尚生活休闲、科技创意研发、工艺美术创作、酒店商务和科技创意博览五个功能区，致力于建造成国内知名的融科技、文化、旅游、商业为一体的综合性生活地标和创意产业中心。

晨光 1865 科技·创意产业园原址为 1865 年清朝洋务运动期间，时任两江总督的李鸿章在此创建的金陵机器制造局。金陵机器制造局开创了我国近代工业和兵器工业发展的先

---

[1]　夏铸九：《对台湾当前工业遗产保存的初期观察：一点批判性反思》，载《台湾大学建筑与城乡研究学报》2005 年第 13 期。

[2]　http：//nj.5Isoolou.com/bangonglou_1.html，最后访问日期：2019 年 12 月 29 日。

河，拥有当时最先进的设备，所生产的新式枪炮的产量和质量均占当时全国之首，是国内目前最大的近现代工业建筑群。

李鸿章创办金陵机器制造局时，其聘请的顾问马格里是英国人，因此厂区格局参照了英国的工业建筑风格，厂房内都是从欧洲各国引进的当时世界一流的机械设备。目前园区内保留有7处晚清厂房，其中历史最悠久的是建于同治五年（1866）的"机器正厂"。清代的这里最先制造出中国第一门克鲁森式架退炮和加提林轮回枪，也最先仿制成功第一挺马克沁机枪。1889年，金陵机器制造局已拥有各种机器设备近千台，工匠1700多人，可制造20余种军用产品，成为当时我国的四大军火生产基地之一。辛亥革命后，金陵机器制造局先后更名为金陵制造局、金陵兵工厂，并在1937年11月西迁重庆。1938年3月，改成21兵工厂，1945年迁回南京，后改成60兵工厂。作为民国时期最大的军工企业，目前园区内存有民国时期的19座厂房。

1949年4月29日，第二野战军后勤军械部接管工厂，后改属军委军械部，改厂名为"军械工厂"。1952年12月，长治三〇七厂迁来南京与军械工厂合并成为"国营三〇七厂"，对外称（第二厂名）"国营晨光机器厂"，这期间主要生产82毫米迫击炮。这也就是"南京晨光1865创意产业园"中"晨光"的由来。1980年，改名为"南京晨光机械厂"，开始生产航空产品，这里成为研制和生产航天产品的核心保密区域。

2006年，晨光集团主要生产设备搬迁。至此，生产100多年的厂区，停下了机器。2007年，在南京市秦淮区政府和晨光集团的共同打造下，开始对原军工项目搬迁、腾空的老厂房保护性修缮，将工业遗存与文化创意嫁接，构成一种新型的"产业景观"。

材料与机械制造工程活动中，工程师应保护工业遗产，传承工程文化，做好以下工作：

（一）应对工程中的工业遗产保持足够尊重

如何对待工业遗产？工程师应当具有不同于常人的态度与价值判断标准。在一般人看来，那些曾作为近代工业化标志的烟囱、炼钢炉及矿井，在城市发展中应该彻底地拆除和清理；早期的汽车样子丑陋、性能低下、操作费力，早就应该为新技术、新工艺与新产品所替代。然而，在工程师眼中，它们是财富，代表着工程领域发展的足迹，蕴含着重要历史、文化、科学、经济价值。因此，工程实践中，工程要对这些工业、工程遗迹保持足够的尊重与敬仰，这些既是职业历史与精神的重要载体与符号，更是对工程文化的传承与继续。

对工业、工程文化的尊重与保护，不仅有利于工程师职业群体集体记忆的延续，更可以引导大众通过工业遗产去回忆、体会、学习工业化进程中劳动者的协作、奉献、创造、忘我的工业精神，形成一种热爱工业遗产的社会文化。工程师要首先行动起来，要避免工业遗产在迅速扩张的城市发展中被破坏掉，要将尊重前人劳动与挖掘工业遗产的历史、文化、科学、经济价值有效地结合起来，构建起社会共同的文化体系。

（二）要对操作技能、生产工具设备、工艺流程和技术空间等工业遗产进行具体保护传承

现代机器化大生产中的工人所掌握的操作技能，对于工业生产的实现具有不容忽视的作用。对于操作技能，可以通过文字记录描述、绘图、照片、录音录影等诸多方式，进行

立档、研究、保存，以利于受教育者能通过培训掌握该操作技能，使工业传统得以延续。工业设备是工业生产上所需的器械用品，包括生产设备、辅助设备及服务设备等。工业设备是全实体的存在，在工业遗产中也是最容易损坏，或者由于工业主体的废弃已经损坏的部分。所以在保护工作中，对工业设备的保护的重要性也是比较强的，在具体的手段上可以说是多种多样的，需要因时因地制宜开展保护工作。工业生产的工艺流程，是工人利用工业设备进行生产的一套程序，是联系工人的操作技能和工业设备之间的纽带。工艺流程包括工人岗位制定、轮班排定、指标确定、设备连接顺序、运行参数和工作环境等。对于工艺流程的保护，一是要保护公司档案、建造计划、工作日志等类似文件记录；二是要保护工业设备和工业产品。只有二者均得到有效保护，生产工艺流程才能够得以传承。工业遗产的技术空间包括工业建筑和工业环境两部分。工业建筑是工业技术的空间载体，建筑的结构、跨度、空间组织、分隔、采光、色调等，都需与所要容纳的相应的工艺流程配合。保护工业建筑的重点并不在于保护建筑本身不受损坏，关键在于要保护工业建筑应原先的工业主体的生产需求而建的特性不被破坏。工业环境所表现的价值主要体现在对工业主体周边的社会影响上。对于工业遗产的工业环境来说，往往直接反映该工业遗产主体的技术特点，如劳动密集型工厂的周围往往是居民区，冶金业常依矿而建，高耗能高污染型一般都在水边等。保护工业环境，也并不要求当地停止发展，成为如同观光景点一般的存在，而是尽可能存留一些和工业遗产相呼应的具有代表性意义的特点，这种呼应就是工业环境保护的关键。

对于工业遗产的保护与传承，德国鲁尔工业区的发展经验值得世界各国借鉴。德国鲁尔工业区形成于 19 世纪中叶，是典型的传统工业地域，被称为"德国工业的心脏"。鲁尔工业区的突出特点是，以采煤工业起家的工业区，随着煤炭的综合利用，炼焦、电力、煤化学等工业得到了大力发展，进而促进了钢铁、化学工业的发展，并在大量钢铁、化学产品和充足电力供应的基础上，建立发展了机械制造业。到 20 世纪末，鲁尔区仍生产全国 80% 的硬煤、90% 的焦炭，并且集中了全国钢铁生产能力的 2/3，电力工业、硫酸工业、合成橡胶工业、炼油工业、军事工业等均在全国居重要地位。德国鲁尔工业区在其经济发展过程中也经历了由资源开发到资源枯竭、由钢铁振兴到企业没落的经济阵痛。但是通过清理改造和产业结构调整，鲁尔工业区经济迅速走出了低谷，尤其做到了经济发展转型与工业遗产保护的协调发展，并成为世界典范。目前，德国鲁尔区拥有 200 个博物馆、3500 个工业文物，较好地保护了工业遗产，完整地展现了传统工业时代劳动者的劳动环境和劳动成果，表达了对那个时代人类劳动的最大尊重，同时鲁尔也成为欧洲著名的工业旅游胜地，为整个地区的经济发展与就业带来了无限的空间和可能。

第十六章　生物工程伦理

一、生物工程中的伦理问题

（一）生物工程概述

生物工程，"是指人们以现代生命科学为基础，结合其他基础学科的科学原理，采用先进的工程技术手段，按照预先的设计改造生物体或加工生物原料，为人类生产出所需产品或达到某种目的的新兴的、综合性的学科"[1]。"生物工程"一词是由"生物技术"演变而来的。1982年，国际经济合作与发展组织（IECDO）将生物技术定义为，"应用自然科学和工程学的原理，依靠生物作用剂的作用将物料进行加工以提供产品或用以为社会服务的技术"。1986年，我国国家科学技术委员会制定《中国生物技术政策纲要》，其中将生物技术定义为，"以现代生命科学为基础，结合先进的工程技术手段和其他基础学科的科学原理，按照预先的设计改造生物体或加工生物原料，为人类生产出所需产品或达到某种目的的新技术"。该定义中的"改造生物体"，是指获得优良品质的动物、植物或微生物品系；"生物原料"，是指生物体的某一部分或生物生长过程中所能利用的物质，如淀粉、糖蜜、纤维素等有机物，也包括一些无机化合物，甚至某些矿石；"为人类生产出所需的产品"，包括粮食、医药、食品、化工原料、能源、金属等各种产品；"达到某种目的"，包括疾病的预防、诊断与治疗，环境污染的检测与治理等。

自19世纪开始，人类就开始有意识地利用酵母进行大规模发酵，生产酒精、面包酵母、柠檬酸和蛋白质酶等初级代谢产品。1917年，匈牙利农业经济学家艾里基提出用甜菜作为饲料进行大规模养猪，并提出"凡是以生物机体原料，无论其用何种生产方法进行产品生产的技术都属于生物技术"。艾里基也因此成为世界公认的生物工程（技术）最早的理论研究者。1928年，青霉素诞生，意味着抗生素工业成为生物技术的支柱产业。20世纪五六十年代，又产生了氨基酸发酵和酶制剂工业。20、21世纪之交之际，人类基因组测序、酵母基因组测序、水稻基因组测序先后基本或全部完成，使生物技术发生了巨大的革命，逐步形成了以基因工程为核心的现代生物技术。

根据生物工程操作的对象及操作技术的不同，生物工程可分为基因工程、蛋白质工程、酶工程、细胞工程和发酵工程，以及由此衍生发展而来的其他新技术领域。基因工程，是应用人工方法把生物的遗传物质，通常是脱氧核糖核酸（DNA）分离出来，在体外进行切割、拼接和重组，然后将重组了的DNA导入某种宿主细胞或个体，从而改变它们的遗传品性；有时还使新的遗传信息（基因）在新的宿主细胞或个体中大量表达，以获得基因产物（多肽或蛋白质）。蛋白质工程，是在基因工程的基础上，结合蛋白质结晶学、

---

[1]　陶兴无主编：《生物工程概论》，化学工业出版社2015年版，第1页。

计算机辅助设计和蛋白质化学等多学科的基础知识，通过对基因的人工定向改造等手段，从而达到对蛋白质进行修饰、改造、拼接，以产生能满足人类需要的新型蛋白质的技术。酶工程，是利用酶、细胞器或细胞所具有的特异催化功能，对酶进行修饰改造，并借助生物反应器和工艺过程来生产人类所需产品的一项技术。酶工程包括酶的固定化技术、细胞的固定化技术、酶的修饰改造技术及酶反应器的设计等内容。细胞工程，是以细胞为基本单位，在体外条件下进行培养、繁殖；或人为地使细胞的某些生物学特性按人们的意愿发生改变，从而达到改良生物品种和创造新品种；或加速繁育动、植物个体；或获得某种有用的物质的过程。发酵工程，是利用微生物生长速度快、生长条件简单以及代谢过程特殊等特点，在合适条件下，通过现代化工程技术手段，由微生物的某种特定功能生产出人类所需的产品称为发酵工程，也称"微生物工程"。

生物工程的上述技术并不是各自独立的，而是相互联系、相互渗透的。基因技术是生物工程的核心技术，它能带动其他技术的发展，发酵工程是生物工程的主要终端，绝大多数生物技术都是通过发酵工程来实现的，如通过基因工程对细菌或细胞改造后获得的"工菌"或细胞，然后通过发酵工程或细胞工程来生产有用的物质。基因工程和细胞工程是生物工程的基础，蛋白质工程、重组 DNA 技术和酶固定化技术是生物工程最富有特色和潜力的技术，而发酵工程与细胞和组织培养技术是目前较为成熟且广泛应用的技术。生物工程技术的发展有助于解决全球资源（能源）、人口、粮食、生态环境、健康与疾病等重大难题，对促进传统产业技术改造和新产业形成，对人类社会生活都产生了革命性影响。

（二）生物工程中的伦理问题

生物技术是生物学、医学、工程学、数学、计算机科学、电子学等多科互相渗透的综合性技术。现代生物工程是一个复杂的技术群，包括发酵工程、酶工程、生物反应器工程、基因工程、染色体工程、细胞工程、组织工程、器官培养与遗传工程等众多工程系统。现代生物工程技术同信息技术、新材料技术、新能源技术、海洋技术构成了新技术革命的主力，使医药、食品、发酵、化学、能源、采矿等工业部门的生产效率提高百倍、千倍乃至万倍。

现代社会中，从医药到绿色革命，从新能源到永续的生态环境，生物工程技术都彰显出无限生机和蓬勃活力。基因工程药物、基因治疗、转基因植物、克隆动物、诊断试剂、DNA 芯片、生物传感器等现代生物工程产品遍布工、农、医、信息和基础生物的各个方面，其中最具有代表性的应用领域是生物医药和农业。可以预见，地球上生命保留下来的各种基因、蛋白质和生命过程，通过现代生物技术都有可能逐渐地为人类所用。当前，因生物工程技术应用产生的生物经济，已然成为一种新经济形态，各发达国家均将其提到了国家战略高度，生物技术产业的研发力度不断加大，产业化能力不断增强。相关数据显示，全球生物技术产业增长率是世界经济增长率的 10 倍左右。近些年，我国生物工程技术在健康、农业、环保、能源和材料等领域应用广泛，并已显现出极大生命力与发展潜力，生物产品的市场需求也非常巨大。生物工程技术应用与产业市场发展前景非常广阔。

生物工程不仅仅是技术问题，更是如何应用此技术为人类造福，造福于社会的问题。任何事物都有其两面性，生物工程的迅猛发展，不断向人类社会广泛而深入的渗透，带给人类的不只是惊喜和幸福，还产生了关于转基因技术、人类胚胎干细胞和基因研究与开发等相关问题的深深忧虑。对于转基因技术，人们担心转基因活生物体及其产品作为食品，对人体可能会产生某些毒理作用和过敏反应，其营养成分和转基因成分加工产生的变化，有可能对人体产生某些负面影响。此外，人们还担心转基因生物的安全性，转基因产品会对环境产生不利影响，以及可能会破坏生物多样性等问题。对于人类胚胎干细胞研究与技术应用，人们担心会发生未经提供者同意而取得精子、卵子、配子、体细胞；利用克隆技术繁殖人类，会导致社会伦理秩序混乱等问题。对于基因技术的应用，人们担心基因隐私无法保护，继而产生基因歧视、基因专利、基因增强等伦理问题。实质上，这些忧虑与担心反映了人类对生物技术的社会伦理思考，引起了社会的极大关注，也影响了生物工程技术的进一步开发与应用。因此，对于生物技术应用的伦理思考，是每一个工程师无法回避，而又必须要面对的问题。

二、永怀人类福祉，造福于人与社会

"一个人对社会的价值首先取决于他的感情、思想和行动对增进人类利益有多大的作用。"[1] 工程是以造物为出发点与归宿的社会实践活动，这种实践活动的主旨是改善人类的生活条件与生活环境，提高人类福祉。我国台湾地区的"中国工程师信条实施细则"对工程师的社会责任提出了要求，工程师应"守法奉献，即恪遵法令规章，保障公共安全，增进民众福祉""规划、设计及执行生产计划，应以增进民众福祉及确保公共安全为首要责任"。工程师如何在工程活动中实现其个人和职业价值，为人类与社会多作贡献，主要看他所进行的工程活动是好工程，还是坏工程。所谓好工程，就是在坚持以人为本的前提下，提供符合公众与社会需求，符合社会发展规律与趋势，能够给人们带来精神愉悦和幸福感的工程产品的工程；反之，仅考虑工程效率或经济性，妨碍人的全面发展，忽视了人类福祉的工程，即坏工程。

※围绕克隆羊"多莉"的是非之争[2]

1996 年 7 月 5 日，英国科学家伊恩·威尔穆特博士利用克隆技术成功创造出来一只雌性绵羊，并取名多莉（Dolly）。多莉是世界上第一只通过现代生物工程技术成功克隆[3]的人工动物，也被英国广播公司和科学美国人杂志等媒体称为世界上最著名的动物。2003 年 2 月，多莉患上了严重的进行性肺病，这种病是不治之症，于是研究人员对它实施了安乐死。一般绵羊寿命会达到 12 年左右，而多莉只活了 6 岁。

研究人员发现导致多莉夭折的原因有三个：一是克隆动物存在早衰现象，它们从一出生起身体的衰老程度就类似于被克隆个体，因而寿命被缩短；二是克隆过程中的一些物理化学伤害导致了多莉的健康隐患，使它容易患病，世界各地的技术实践也证明克隆动物畸形、流产等的概率相当高；三是肺部感染是绵羊的常见疾病，对于室内饲养的绵羊来说患

---

[1] [美]爱因斯坦：《爱因斯坦文集》（第 3 卷），商务印书馆 1979 年版，第 35 页。

[2] 宋柏毅：《克隆技术发展的伦理探析》，东北师范大学 2018 年硕士学位论文。

[3] "克隆"是英文"clone"或"cloning"的音译，译为"无性繁殖"，在我国台湾地区与港澳地区一般译为"复制""转殖"或"群殖"。"克隆"原意是指以幼苗或嫩枝插条，以无性繁殖或营养繁殖的方式培育植物，如扦插和嫁接。现代意义上的"克隆"，通常是指利用生物技术，由无性生殖产生与原个体有完全相同基因组织后代的过程。

此种病的概率更大。

多莉从出生到死亡，虽然近存活六年，但对其的争论却一直没有停止。围绕绵羊多莉的争论，实质就是对克隆技术应用（尤其应用于人类）的争论。赞同者认为克隆技术可增强粮食产量的稳定性，提高粮食产量，缓解粮食危机，保证粮食的安全；可快速复制、繁殖优质种畜，加快畜牧产业品种的改良进程；可对濒危或即将绝种动物进行繁殖，使濒危动物得以延续；可利用人的体细胞克隆出早期胚胎，然后从中提取干细胞培育出遗传特征与提供细胞的病人完全吻合的细胞、器官或者组织，用来治疗疾病；可通过无性繁殖，解决人类婚后无法繁衍后代的问题，更有利于禁止疾病遗传，人类优质基因传承，促进了人体健康发展。反对者认为克隆技术是对自然生殖的代替与否定，应用于人类很容易导致男女比例严重失调，会影响人的婚姻行为与社会关系，随之价值观、爱情观、世界观都将发生改变。克隆人打破了人的可识别性与独立性，其身心权利如何得到保证，尊严如何得到维护，这些都将使人类陷入伦理困境。

实践中，克隆技术的开发与应用在争论中不断前行。目前，克隆技术已普遍应用于植物、动物领域，对人类的应用还保持谨慎态度。克隆技术对人类的应用主要分为两类：

一是治疗性克隆，即运用病患本人的体细胞移植至另外的去核卵细胞中形成一个新的重组胚，然后再将其培养，最后就可以获得出一些所需要的特定细胞类型。这种方式是用于干细胞的治疗，并不是得到一个新的克隆个体，在克隆前期得到一个人体的早期胚胎后，去提取胚胎的全能型胚胎干细胞，不将其培养成人，最后利用培养来获得人体的指定器官，如肌肉、皮肤、血液、神经等。目前，治疗性克隆已经获得了很多国家的默许，许多科学家也在不断进行着各种实验，如英国CNKI研究与管理系统研究中心的科学技术委员会在对"多莉"研究团队停止投资后不到一个月，就克隆技术发表了一个专题，表示盲目地禁止在这一领域进行研究并非明智之举，关键是要建立一定的规范，使之为人类造福。2018年的1月25日，"中中"与"华华"两只克隆猴在中国诞生，推动中国率先发展出基于非人灵长类疾病动物模型的全新医药研发产业链，加速针对阿尔茨海默病、孤独症等脑疾病，以及免疫缺陷、肿瘤、代谢性疾病的新药研发进程。

二是生殖性克隆，即以生殖为目的来使用克隆技术制造出人类，以培养出的胚胎移植到人体的子宫来使其发育，最后孕育出克隆人类。"多莉"出生不久，1998年1月，美国和意大利两位科学家宣布，将会联合起来尝试克隆人类来帮助不育的夫妇。当这个声明发布时，全世震惊。3月4日，美国总统克林顿宣布"禁止政府资金用于一切与人体无性繁殖有关的研究，任何政府机构不得支持、投资或直接进行这类研究"，并且倡议整个美国各个团体与人都开始抵制这种无性繁殖的试验。随后，法国与意大利等19个欧洲国家很快签署了一项关于克隆人的严厉禁令，许多国家的政府和国际组织也明确表达了他们反对克隆人并制定了相关法律的立场。

生物工程活动中，工程师应永怀人类福祉，让生物工程技术造福于人与社会，做好以下工作：

（一）履行社会责任，要让新技术造福于人类与社会

"在西方，责任已经成为对政治、经济、艺术、商业、宗教、伦理、科学和技术的道德问题讨论的试金石。"[1] 伦理学意义上的责任，通常与特定的社会角色相联系，是一种职务责任，一般指某个特定的职位在职责范围内应该履行的事情，或由于没有尽到职责而应承担的过失。由于工程活动社会化的深入发展，现代工程项目所涉及的社会公众安全、健康和福利，逐渐成为对工程和工程师评价的重要社会指标。于是，工程师开始在工程活动中重视对公众健康、安全和福利的价值考量。对工程师的职业责任伦理要求，也由仅对雇主保密、忠诚和利益获取责任，逐渐演化为与社会公共利益责任并重，并且社会公共利益责任日益演化为工程师责任伦理的首要要求。

美国《全国职业工程师协会（NSPE）伦理章程》明确规定，"工程师提供的服务需要诚实、公平、公正和平等，必须致力于保护公众的健康、安全和福祉""工程师应该将公众的安全、健康和福祉置于首位，应始终努力地服务于公众利益"。生物工程实践中，工程师应在明确的道德理性指导下，从事克隆等新技术的研发与应用，从而最大限度地减少出于邪恶目的利用技术的可能性；要增强对技术开发后果的道德责任感，以道德理性的自觉，最大限度地消解技术理性在社会负面作用上的不自觉。比如，当技术还未完全成熟，或技术成果面临的社会伦理难题还没有得到有效消解，就不要贸然进行克隆人实验或相关技术开发，就是技术道德理性的现实体现。另外，工程创新是工程师不可回避的职业责任与时代担当，对于生物新技术的研发与技术推广，工程师应勇于承担起时代职责，既不要墨守成规，也不要局促不前，要勇于在新技术开发应用与社会伦理困境间寻找价值平衡点，积极推动科技创新，造福于公众福祉。因此，工程师的职责与时代脉搏息息相关，工程师的聪明睿智造就了一项又一项的技术创新，构建了无数的伟大工程，也推动了时代的文明进步。

（二）不断更新知识、创新技能，提升对克隆技术的认知与应用能力

"创新是一个想法或行为的采用，无论是关于产品还是工艺等什么方面的，只要这个想法或行为对该组织是新的。"[2] 工程创新是在创新思维的引导下，集成技术要素与社会、经济、文化等基本要素，选择创新技术，进行创新性工程规划和建构，生产具有创新性的工程人工物的实践活动。工程创新中的技术创新既可能是原有技术的改进升级，又可能是融合多种技术模块的集成创新，还可能是以实现工程的成功为目标，突破性的技术创新。无论是哪种技术创新其特性都体现为需求衍生性、时间约束性、多主体参与性、风险复杂性和收益模糊性。因此，技术创新需要更新知识、需要提升认知能力与技能。

《中国工程师信条实施细则》对工程师的专业责任提出，要"创新精进——吸收科技新知，致力求精求进，提升产品品质"。要"配合时代潮流，改进生产管理技术，提升产品品质，建立优良形象；不断吸取新知，相互观摩学习，交换技术经验，做好工程管理，掌握生产期程；重视研究发展，开发新产品，追求低成本高效率，维持技术领先，强化竞争力；运用现代管理策略，结合产业技术与创新理念，提升产品品质及生产效率"。生物工程创新活动中，工程师应不断增加克隆、转基因、胚胎干细胞和基因等相关技术知识，提升认知水平，既不夸大风险亦不隐瞒风险，客观、理性、科学地对待技术，并有计划、

---

[1] ［美］爱因斯坦：《爱因斯坦文集》（第3卷），商务印书馆1979年版，第126页。

[2] ［美］拉里·唐斯、保罗·纽恩斯：《大爆炸式创新》，粟之敦译，浙江人民出版社2014年版，第9页。

有步骤、依法依规推动技术创新；应不断地通过实践进行创新，着重提升集成创新能力，注意创新量的积累，不断进行整合、总结，最终达成质的飞跃。工程师只有不断在工程活动中跨越工程创新壁垒，躲避工程创新陷阱，才能实现内在创新能力的提升。

（三）正确、妥善处理科技新发展与现实社会的冲突

"在工程创新实践中充满着行动者之间的博弈，包括人和非人行动者。如果行动者不充分了解其他行动者的目的，就可能陷入著名的'囚徒困境'[1]。想要避免这一问题的发生需要主体在工程创新的选择和建构中寻求妥协解而并非最优解，使系统达到均衡。"[2] 任何时期的科技发展与社会伦理道德都存在矛盾与冲突。现代科技的迅猛发展极大挑战了社会现有的伦理道德，导致了学术研究伦理、生态伦理、网络伦理、医学伦理等问题不可回避地产生了，并且这些问题在短时间内是无法消解的。如果不妥善处理这些问题，将极大阻碍现代科技进步。因此，需要采取有效方式应对这些矛盾，使伦理道德和现代高科技技术能够相向而行，相互协调发展。

生物工程活动中，工程师应突出科技的价值理性，要确立"以人为本"新科技发展观的核心思想，贯彻人道主义原则；要坚持代际公平原则，切忌对后代产生不利影响；要在技术研究与利用过程中，确保全人类的共同利益，切忌因为次要利益而失去根本利益，因为眼前利益有损长远利益，因为个别人利益而不顾大部分人的利益。工程师的科研活动应摒弃落后的伦理道德理念，要在科技发展过程中保持开放性与动态性，汲取全球领先的同类理念，以达到进步伦理道德要求，防止技术或技术成果滥用，对人类产生危害。只有这样，才能正确、妥善处理科技新发展与现实社会的冲突，才能不断推动人类社会由落后逐渐走向文明。

三、坚守安全底线，谨慎推动生物工程技术

生物工程技术的不断发展，已经为解决人类的粮食、医药以及环境问题带来了美好前景。利用转基因技术对农作物、畜禽品种和水产品的遗传基因进行修饰，可以改良品种、增加产量。在转基因研究中，转基因牛、羊、鱼、虾及转基因粮食、蔬菜、水果等都相继培育成功并已部分投入市场，为人类带来更多实惠和机遇。但这些转基因产品对人类是否安全，已经引起全社会的广泛关注。

"生物安全，是指人们对于由动物、植物、微生物等生物体给人类健康和赖以生存的自然环境可能造成的不安全的防范""转基因生物安全，是指为使转基因生物及其产品在研究、开发、生产、运输、销售、消费等过程中受到安全控制，防范其对生态和人类健康产生危害，以及救济转基因生物所造成的危害、损害而采取的一系列措施的总和"[3]。目前，虽然尚未发现经批准的转基因食品对健康不利的基于科学的证据，但我们对转基因生物技术与食品存在的安全隐患应足够重视。有研究表明，转基因植物的确存在演变为农田超级杂草，通过基因漂流影响其他物种，对非目标生物造成危害，增加目标害虫抗性等问题发生的可能性，对生态环境存在潜在威胁。也有相关数据表明，转基因食品的外源基

---

［1］ "囚徒困境"，是指当每个个体都追求自己利益最大化时，往往无法保证集体利益最优。

［2］ 薛孚：《工程创新主体研究》，东北大学 2016 年博士学位论文。

［3］ 王明远：《"转基因生物安全"法律概念辨析》，载《法学杂志》2008 年第 1 期。

因转移，潜在的致敏性，直接或潜在毒性隐患，可能改变食物原有营养成分等问题是有可能存在的，使人们非常担心。因此，工程师一定要高度重视转基因技术带来的生物安全问题，要坚守住安全底线，要对其可能存在的安全风险作充分评估，谨慎推动生物工程技术渐行渐远。

※转基因食品与安全[1]

随着生物科学的发展，基因重组技术的应用，转基因技术应运而生。转基因技术是将人们期望的目标基因，经过人工分离、重组后，导入并整合到生物体的基因组中，从而改善生物原有的性状或赋予其新的优良性状。转基因生物（GMO），又称"基因修饰生物"，是指通过转基因技术改变基因组构成的生物。转基因食品，是指以转基因生物为原料生产的食品或食品成分。转基因生物包括植物、动物和微生物，目前世界上转基因植物占到了95％以上，因此，现阶段所说的转基因食品主要是指转基因植物食品。

1994年，全球首个耐储藏转基因番茄在美国批准进入市场销售，标志着转基因食品的正式问世；1996年，由这种番茄加工而成的番茄饼得以允许在超市出售，标志着转基因食品商业化进程的开始。此后，转基因食品的发展十分迅猛。国际农业生物技术应用服务组织（ISAAA）最新统计数据表明，全球2017年种植了1.898亿公顷的转基因作物，比2016年增加3％；与1996年相比，增长110多倍。

转基因技术打破了物种间的天然壁垒，使一个物种可以获得另一物种的优势特性，这是传统育种所不能达到的。转基因食品的优势体现在提高农作物产量，缓解粮食资源的匮乏；增加食品多样性，使食物营养成分构成更合理，并提高营养素的生物利用率；减少农药使用，减轻农药残留对人类健康的损害，减少农药对环境的污染；为防治疾病提供新思路等方面。

但自从转基因作物问世以来，其食品安全性问题也一直备受关注。主要的关注问题包括外源基因是否会发生水平转移，目的基因是否会通过自然受粉转移到亲缘关系相近的非转基因物种，外源基因是否会影响自然界生物多样性，外源基因所编码的蛋白对人体是否有直接或间接毒性及致敏性，外源基因随机插入宿主染色体是否会引发非期望效应，转基因食品是否具有远期的一些毒副效应或对子孙是否有不利的影响，等等。

目前，各国政府和国际组织对转基因食品的安全性监管均高度重视，转基因食品上市前，均经过了严格的安全评价。迄今为止，尚未发现一例经批准的转基因食品对健康不利的基于科学的证据。实践证明，经过安全评价的转基因食品是可以放心食用的。

生物工程活动中，工程师应坚守安全底线，谨慎推动生物工程技术渐行渐远，做好以下工作：

（一）工程师应对转基因生物技术进行充分安全风险评估

转基因生物技术的不确定性，是转基因生物技术安全管理的严重隐患。虽然短期内难以预测转基因生物技术会产生什么样的危害，但是不能够掉以轻心，要做到防患于未然，避免亡羊补牢的后发补救。因此，生物工程活动中，工程师应严格分析各种转基因生物技

---

[1] 杨晓光：《转基因食品与安全》，载《达能营养中心2019年论文汇编》。

术，对转基因生物技术可能存在的安全风险进行充分评估。

工程师在进行转基因生物技术实验之前，要建立健全评估机制，对实验项目进行整体风险研究和评估，确保未来实验有安全保障，避免因缺少风险评估而出现的大面积生物技术安全问题，对自然界和人类社会产生危害。在把转基因生物放归到自然环境之前，应开展针对性的风险测试和风险系数评估，要预估把这种转基因生物放到自然环境中可能产生的影响和应对的措施，并利用详细实验数据支撑预防措施的实施和管理。

（二）工程师应遵守法律与技术规范，审慎推动转基因生物技术的研发与应用

在如何对待转基因生物技术应用问题上，各个国家态度不尽相同。美国、加拿大、阿根廷等国持赞同态度，并大力扶持该技术的应用与推广，相应的法律与技术规范也较宽松；以英国、法国、德国、意大利为首的欧洲国家也对转基因生物技术开展了广泛深入的研究，开发出一批可用于生产的转基因作物，但直到现在，欧洲作为商品种植的转基因作物还很少，欧洲的消费者很难接受转基因食品。为建立多数国家能够接受的生物技术产业统一管理标准和程序，近些年世界经合组织（OECD）、联合国工业发展组织（CUNIDO）、粮农组织（FAO）和世界卫生组织（WHO）等机构都组织和召开了多次专家会议，积极进行国际间协调。联合国环境署和《生物多样性公约》秘书处在组织 4 年多的多轮谈判后，终于在 2000 年得通过了《生物安全议定书》，目前共有 130 多个国家参加。该议定书的生效实施，对世界各国生物多样性的保护和生物技术的发展及其产品贸易，产生了重要影响。

我国开展转基因技术研究的时间较晚，但一直对转基因的安全性非常重视。目前已建立起一整套关于转基因生物安全的管理法规、条例和办法，对转基因生物研究、示范、生产、进口、商品流通及消费领域存在的安全性问题，以科学为依据，以个案审查为原则，实行分级、分阶段管理；对转基因工程研究的过程进行全程安全监控，对转基因动植物的试验地点、试验设计方案、安全控制措施进行安全监控。另外，国家对农业转基因生物包括其产品也实行标识制度。为加强中国的生物安全管理，国务院及其有关行政主管部门从行业管理的角度制定了《基因工程安全管理办法》《人类遗传资源管理暂行办法》《农业转基因生物安全评价管理办法》《农业转基因生物进口安全管理办法》《农业转基因生物标识管理办法》《转基因食品卫生管理办法》等生物安全管理的法律法规。

应该说，目前转基因生物安全总体上还处于可控制状态，但我们仍不能掉以轻心，尤其生物工程师要时刻关注转基因工程技术的潜在风险，应严格遵守法律与技术规范，强化对转基因技术应用的安全性管理，审慎推动转基因生物技术的研发与应用，控制转基因生物可能带来的负面影响，切实推动生物工程技术的健康发展，造福人类。

四、对人类基因保持应有尊重并加强保护

基因（遗传因子）是产生一条多肽链或功能 RNA 所需的全部核苷酸序列。生物体的生、长、衰、病、老、死等一切生命现象都与基因有关。它也是决定生命健康的内在因素。基因是由 DNA 或者 RNA 分子组成的特定序列，这些序列包含不同的信息。基因信息，是指"基因中包含一切可以推知个人基因状态的信息，如家族病史、个人肤色、发色

等信息"[1]，储存着生命的种族、血型、孕育、生长、凋亡等过程的全部信息。从遗传学的角度，基因信息被誉为"生命之树"，遗传是在基因复制的基础上实现的，这一过程使得后代能够遗传到亲代的性状，由此可以看出物种演化的进程。

随着生物科技的迅速发展，在对人类疾病的预测、诊断、治疗等方面的研究中，基因信息拥有着巨大的商业价值和利用前景，同时基因信息也是关系国计民生的重要战略资源。基因信息揭示出一个人的"生命密码"，是个人极其重要的隐私，基因信息一旦脱离个人控制，被某些科研机构或个人在违背伦理道德的情况下掌握、利用或公布，将会使当事人甚至是他的整个家族或族群陷入人人可知的风险，造成巨大的精神、物质和身体的伤害。人们对基因信息的合理利用，将会给人们带来巨大福祉，工程师应对人类基因保持应有尊重，并加强保护。

※联合国《基因隐私权与不歧视》决议[2]

2004 年 7 月 21 日，联合国经济及社会理事会第 46 次全体会议通过《基因隐私权与不歧视》9 号决议。其内容如下：

遵循《联合国宪章》载列的宗旨和原则以及《世界人权宣言》《国际人权盟约》和其他有关国际人权文书，回顾联合国教育、科学及文化组织大会 1997 年 11 月 11 日通过的《世界人类基因组与人权宣言》和大会核可宣言的 1998 年 12 月 9 日第 53/152 号决议，还回顾 2001 年 9 月 8 日在南非德班通过的《反对种族主义、种族歧视、仇外心理和有关不容忍行为世界会议的行动纲领》，欢迎联合国教育、科学及文化组织大会于 2003 年 10 月 16 日通过的《世界人类遗传数据宣言》，其中除其他以外，将以基因特征为由进行歧视视为意图侵犯个人的人权、基本自由或人的尊严或产生此种效果的行为，或有意对个人、家庭或团体或群体构成污辱的行为。

回顾 2001 年 7 月 26 日理事会第 2001/39 号决议，以及理事会 2002 年 7 月 22 日第 2003/232 号决定，还回顾 2003 年 4 月 25 日人权委员会关于人权和生物伦理的第 2003/69 号决议，又回顾联合国教育、科学及文化组织执行委员会 1998 年 5 月 7 日设立国际生命伦理学委员会的决定，该委员会目前正在开展关于保密和遗传资料的工作，重申个人的生命和健康与生命科学和社会领域的发展是无法分开的。

承认基因研究取得进步的重要性，研究的结果已经导致确定疾病早期检测、预防和治疗的战略，铭记基因革命对所有人类都会有深远影响，其评估和应用应以公开、合乎道德和共同参与的形式进行，确认民间社会参与这方面的工作有助于保护基因隐私和打击基于基因信息的歧视，重申从基因检验得到的资料是个人资料，应按照法律规定的条件予以保密。

承认与一个可识别的人相关的遗传资料有时可能与该人家庭其他成员或其他人有关，因此在处理这类资料时也应考虑到这些人的权利和利益，强调未经本人同意透露一个人的遗传信息可能会使其在就业、保险、教育和社会生活的其他领域受到损害和歧视，回顾为了保护人权和基本自由，对于同意和保密原则的限制只能由法律规定，并且必须符合国际

---

[1] 何建志：《基因资讯与保险》，载《北大法律评论》2002 年第 1 期。

[2] 资料来源：http://www.un.org，最后访问日期：2019 年 12 月 26 日。

法，包括国际人权法。

1. 注意到秘书长关于信息问题的报告以及各国政府及有关国际组织和职司委员会遵照经济及社会理事会第2001/39号决议提交的评论意见。

2. 对已按理事会第2001/39号决议提出的提交资料的要求，作出反应的各国政府、有关国际组织和职司委员会表示赞赏。

3. 促请各国确保没有人会由于基因信息而受到歧视。

4. 又促请各国保护受基因检验的人的隐私权，并确保基因检验以及随后对人类基因数据的处理、使用和储存经当事人事先、自由、知情和明示的同意，或根据符合国际法包括国际人权法的法律得到授权，并确保只有出于迫不得已的理由，如法医和有关法律程序的要求，才能由符合国际法包括国际人权法的国内法对同意原则加以限制。

5. 呼吁各国采取适当的具体措施，包括通过立法采取措施，防止滥用遗传信息，导致个人、其家庭成员或其群体在公共部门和私营部门所有领域，特别是在保险、就业、教育和社会生活其他领域受到歧视或轻蔑；并在这方面呼吁各国采取一切适当措施，确保对人口基因研究的结果和对其作出的解释不被用来歧视有关个人或团体。

6. 又呼吁各国酌情促进制订和实施提供适当保护的标准，以免来自基因检验的遗传信息的收集、存储、透露和使用导致歧视、轻蔑或侵犯隐私权。

7. 促请各国在不违反公认的科学和道德标准的前提下，继续支持对所有人具有潜在利益的人类基因的研究，强调这种研究及其应用应充分尊重人权、基本自由和人的尊严，并禁止基于基因特征的一切形式的歧视。

8. 在这方面认识到需要作出国际努力，确保不以基因为由产生歧视，并且各国在进行国际合作时应努力协助发展中国家建立参与产生和分享关于人类遗传数据的科学知识和专门技能的能力，同时充分尊重一切人权。

9. 决定继续根据国际公法和国际人权法审议遗传隐私和不歧视问题对社会生活的道德、法律、医学、就业、保险和其他方面产生的各种影响。

10. 请秘书长提请所有国家政府、有关国际组织和职司委员会注意本决议，收集根据本决议提交的意见和其他有关资料，并向理事会2007年实质性会议提出报告。

生物工程活动中，工程师应对人类基因保持应有尊重，并强化保护措施，做好以下工作：

（一）工程师应平等对待、反对基因歧视

基因信息具有高度的识别性，研究表明每个人的基因信息表达是独一无二的，即便是同卵的双胞胎，也会存在基因表达上的差异。因此，利用基因信息进行身份识别，无疑是最具精确性和权威性的。人类研究和利用基因信息为人们提供了一种无与伦比的改善公众健康的工具；利用基因检测和筛检，可以知晓和预测个人的疾病状况和相应的遗传信息，为个体化的对症基因治疗创造了可能性。目前，基于基因检测所获得的预测性信息，"基因信息"已然成为炙手可热的"个人信息"，在保险、就业、刑事侦查、收养、房屋贷款、移民等领域也开始有了实际应用。实践中，基因信息的使用也带来一种前所未有的潜在威胁与伤害，如在就业、保险领域就出现了"基因歧视"问题，可预见此问题在其他领域将会更加普遍化。

平等原则是现代社会的基本法则，人类对待基因亦应如此，应坚持基因面前人人平等的原则。基因信息作为一种自然生成物，其本身并无好坏之分，更不应成为评价个体优劣的标准。人们不能因为自身在认识和实践水平上的局限性，穷尽对基因信息的了解，或武断地对其作出"好"与"坏"的评判，必须辩证地看待基因信息，平等地对待每个个体。自然法则决定的基因赋予了人的独特性，包括工程师在内的生物科研人员在对人类基因信息利用，对基因组的任何重组试验，进行任何基因治疗，都必须要尊重人的独特性，不能歧视。每一种基因信息的利与弊都是相对的，每一种基因信息都有其存在的价值和必要。工程师应充分尊重人权、基本自由和人的尊严，对所有人具有潜在利益的人类基因进行研究，禁止基于基因的不同特征而进行歧视。

（二）工程师应尊重基因利益，维护基因信息安全

基因信息是人类基因的本质，无论是基因提供者对基因科研项目作出的贡献，抑或是在相关商业、医学运用中，利用对象并不是基因本身而是基因信息。随着人类对基因信息研究的深入，基因信息的潜在价值必然会被逐渐地挖掘出来，从而提高人类确定疾病基因的能力，同时增强人类对遗传性疾病的诊断、治疗及预防，而且对基因信息进行后续研究所获得的技术成果，还可为研究者带来巨大的经济利益。同时，基因信息也被广泛应用于各种领域，并逐渐扩大，也产生了歧视问题，因此基因信息的安全性问题，就变得越来越重要了。

基于对基因信息安全保护的考虑，法学界提出了"基因隐私"概念，认为"个体基因信息是关于个体的基因组成，基因组内是否有致病基因、缺陷基因存在，致病基因、缺陷基因有多少及这些致病基因、缺陷基因将可能导致何种疾病的信息"[1]。基因信息作为决定和表征个体特征的重要信息，是个人信息的深层次内容，也是个人隐私的核心部分，将它归之于隐私范畴是理所当然的。在强调尊重和保护人格的尊严、独立、平等、自由的现代社会，为避免由基因信息导致的种种危害，明确基因信息属于隐私也是十分必要的。基因工程活动中，工程师应谨慎对待个人基因信息收集、研发、利用、转移过程中的每一个细节，要充分尊重基因信息所有人的知情、选择、支配、隐瞒、利用和维护等权利。要保护好收集到的基因信息，防止其泄露或滥用，导致个人、其家庭成员或其群体在保险、就业、教育和社会生活其他领域受到歧视或轻蔑，甚至发生更为严重的后果。

（三）工程师应找寻现代生物技术发展与基因利益保护的平衡点，防止过分商业化

现代生物技术归根结底是为改变人类生活，将人类推向更光明的未来。现代生物技术应用是一门高风险与高利益共存的实用工程领域，应用不当将会给人类带来颠覆性的灾难，这也是人们对现代生物技术充满伦理性争议的主要原因之一。因此，在推进现代生物技术发展时，要注意协调风险与利益的关系，并始终将有利于人类社会发展提高到社会伦理使命高度，这样才能为人类社会谋取更多福利，促进人类社会的进步。

人类基因工程活动中，工程师应在利用基因信息正面价值的同时，最大限度地做好对其带来的灾难性后果的防范；对于基因信息的研究以及成果运用所带来的负面影响，要充分评估，要避免过分、极端商业化行为。现代生物技术的产业化是多数现代生物技术发展的必经之路，但商业化的目的并不能作为现代生物技术研究的唯一目的，包括工程师在内

---

[1] 赵震江、刘银良：《人类基因组计划的法律问题研究》，载《中外法学》2001年第1期。

的现代生物技术研究人员必须在研究过程中将研究目的中的商业化色彩淡化，将是否有利于生态环境发展与人类社会进步作为研究目的的重点。在实验研发的阶段就注意对生命本身的尊重，在研发过程中将此作为目的，应戒骄戒躁，不以商业目的而不择手段；实验过程中对研究手法采取谨慎态度，将追逐利益商业目的的弱化，对实验研究采取全面的风险评估，防止负面效应的产生，进而在形成高质量的权威性数据后，再进一步投入产业化应用。

第十七章 核工程伦理

一、核工程中的伦理问题

（一）核工程概述

科学技术是第一生产力，纵观人类历史，科学技术的每次重大突破都带来生产方式的重大变革，推动经济增长甚至影响社会的变革，也催生了大科学工程。所谓大科学工程，"就是为了进行基础性和前沿性科学研究，大规模集中人、财、物等各种资源建造大型研究设施，或者多学科、多机构协作的科学研究项目"[1]。大科学工程是科学技术高度发展的综合体现，是一个国家科技和经济实力的重要标志。核工程就是一种典型的大科学工程。

核工程是以核技术应用为主要内容的工程活动。核技术，也称"核科学技术"，"是以原子核科学理论为基础，利用原子核反应或衰变释放的射线和能量，建立在核科学基础之上的一门现代技术"[2]。核技术在人类文明史、技术史上都是一个重要的里程碑。它包含当今世界最尖端的科学技术，是现代科学技术重要的组成部分，被视为社会现代化的重要标志之一。核技术属于尖端技术，对知识的要求起点高，实施难度大，对生产所需的机器设备也有较高要求，但其所获得的成效和收益也是颇丰的，因而具有尖端性和高危风险性特点。核技术虽然在很多领域都发挥着巨大作用，但这种技术的风险性和高危性却不容忽视，如何对核技术应用进行风险控制，是人类面临的一项重要课题。

人类对核技术的军事应用早于和平应用，我们对核技术的感知也多是从核爆炸开始的。近些年来，核技术的高速发展不仅给能源科学研究带来了巨大变革，而且核技术的不断创新，其本身和衍生的技术已经快速渗透到了农业、工业、医疗和航天等其他科研领域，给社会经济和生产生活带来了深远影响。核技术应用主要包括同位素和辐照技术利用、核能利用，即非动力核技术和动力核技术。

核物理学中，将产生、获取、利用射线效应的技术称为非动力核技术，非动力核技术就是对核反应效应的应用。原子核反应或放射性物质衰变发出的射线，或利用粒子加速器设备产生高能带电粒子，或利用高能带电粒子轰击金属产生的射线，可以引起物质分子结构改变或破坏，从分子的层面上改变物质性能，或使生物体变异、死亡，这是原子核反应效应的结果。非动力核技术目前主要应用于新材料、辐射加工、检测勘探、核医学、放射性示踪、环保、生物种子变异等领域，并与其他学科，如化学、生物、医学、农学等结合，衍生了新学科。它们在工业、农业、环保、医疗器械等领域中的应用，形成了众多新

---

[1] 王学文：《工程导论》，电子工业出版社 2012 年版，第 44 页。
[2] 黄江：《核技术应用中若干技术问题研究》，华中科技大学 2013 年博士学位论文。

的产业，与其他多种产业交叉融合，进而形成了一个庞大的产业链。比如，核技术在农业方面的应用主要是核辐射应用，包括探索核素、核辐射的特性，研究核素、核辐射在农业生产中的应用，以及与物质相互作用而产生的物理效应、化学效应和生物效应等；核技术在医学上的应用主要分为放射诊断和放射治疗等。非动力核技术产业技术含量高，是环保节能型产业。加快发展非动力核技术应用产业，不仅可为产业提供新型材料，推动传统产业优化升级，也有利于实现节能减排目标，推进资源节约型、环境友好型社会建设，有利于促进现代产业体系建设。

基于原子核的质能变换关系，原子核在裂变或聚变时，部分质量转化为能量，这样的能量可用于供热或发电，核物理学这种转化技术称为动力核技术。动力核技术应用就是核能的应用，目前动力核技术应用主要是核电，被广泛应用于生产生活用电，以及给运载火箭、导弹、宇宙飞船、航空母舰等飞行器、大型水面舰艇提供源源不断的动力。核能是一种安全、经济、清洁的能源，为了减小温室效应，发展低碳经济，核电作为现实、经济、可大规模生产的清洁能源，受到了各方面重视。随着世界人口的急剧增加，人民生活水平的提高及生产力的发展，能源紧缺已经成为全世界所重点关注的问题。核聚变能作为无污染、无长寿命放射性核废料、资源无限的理想能源，被认为是应对人类能源危机最有希望的解决方案。

（二）核工程中的伦理问题

现代社会充满了未知的风险，在防范风险、规避风险和治理风险的过程中，科学技术都显示出了强大的作用。然而，风险社会全球化的趋势日益明显，现代科学技术在其产生，尤其是应用的过程中，其副作用和风险性日益受到人们的普遍关注，从而动摇了科技权威的合法性基础。科技是一把双刃剑，核技术也不例外，它与其他技术一样，核开发利用的实践活动在为人类生产生活带来巨大利益的同时，其隐藏的风险问题也不容忽视。

核技术风险主要来源于两个方面，一是核材料本身蕴含的风险，二是核技术应用过程中产生的风险。核材料本身蕴含的风险，是核物质的天然放射性产生的。在核实践过程中，或多或少都会涉及放射性物质，这种物质由于其天然的复杂性和不确定性，既可以在人类的可控下服务于人类，也可能超出人类控制而带来巨大灾难。在核开发利用的实践过程中，人类利用核物质的这种独特放射性，将其从自然界中采取出来，并进一步提炼、浓缩、升华，获取最大价值，从而应用于人类生产生活的各个领域。但与此同时，基因污染、生态环境失衡等风险也随之扩大。从已有的核污染、核灾害来看，这种风险已经完全超出了人们的想象，它不仅对人类的生命安全造成威胁，对空气、水、土壤、物种等自然环境的污染更是严重，有的甚至要上万年才能缓解。核物质的反射性风险是其他风险的基础，其他风险也随它产生。

科学技术在开发过程中本身就具有不确定性和转移性，因而很容易出现技术失控现象，核技术也不例外。核技术应用过程中产生的风险，是伴随着核科技的发展而出现的。自核技术产生以来，其对人类工业、农业、能源保护等领域产生的作用是有目共睹的，但其背后隐藏的风险又时刻威胁着人类的生命安全。核技术应用过程中产生的风险主要表现为两种情况。一种是核技术发生转移的风险，如"核裂变"技术被转移到生产核武器，核武器又被转移到核扩散等问题。另一种是核技术不发生转移的风险。这种核技术被正确使用，如被应用于农业和医疗方面，对改良物种、转变基因、减缓病人痛苦等具有突出的价值体现；应用于核能领域，对节约资源，应对能源危机发挥着不可替代的作用。但其可能导致的基因污染、物种变异、环境破坏、核污染、核辐射等风险比核战争风险要可怕得多。因此，如何正确使用核技术，将风险降至最低，是值得人类深思的问题。

人类发现了原子中蕴藏着巨大能量，如何释放和利用原子中的这些巨大能量，是科学向技术提出的问题。现代社会对核技术的广泛应用，直接与政治、经济和军事的需要相联系，与各阶级、集团的利益和利益关系密切相连。因此核技术应用不仅仅是技术问题，它必然带来作为反映利益关系的道德评判。核物质本身蕴含与核技术应用过程中产生的风险，如处理不当，将会危及人类自身与社会发展环境，产生负伦理效应，即伦理风险。伦理风险是指，"在人与人、人与社会、人与自然、人与自身的伦理关系方面由于正面或负面影响可能产生不确定事件或条件，尤指其产生的不确定的伦理负效应，诸如伦理关系失调、社会失序、机制失控、人们行为失范、心理失衡等等"[1]。因此，核工程活动中，工程师应妥善处理好核技术的合理使用，安全底线保证与安全风险防范等伦理问题，使核技术能更好地为人类谋福利。

二、坚持和平发展理念，合理开发利用核能

工程活动本身是一项技术因素贯穿始终的实践活动，没有科学、技术也就不会产生工程活动，就更不会产生自然界与人类社会新创造的物。技术本身仅是人类认识与改造世界的一种手段，不以人的主观意识为转移，本身并无善恶。然而技术活动无论研发还是应用，都需人的参与，"技术一旦产生，它所带来的结果必将是多种多样的。所以应该对技术进行考察，因为技术更难决断"[2]。因此，工程师在技术研发、运用中，必须要对技术运用的过程与结果进行道德评判，并进行有效干预，以减少技术应用伦理风险。

※国际《不扩散核武器条约》摘要[3]

《不扩散核武器条约》又称《防止核扩散条约》或《核不扩散条约》，1970年3月正式生效；截至2003年1月，条约缔约国共有186个。该条约的宗旨是防止核扩散，推动核裁军和促进和平利用核能的国际合作。《条约》摘要如下：

第一条　每个有核武器的缔约国承诺不直接或间接向任何接受国转让核武器或其他核爆炸装置或对这种武器或爆炸装置的控制权；并不以任何方式协助、鼓励或引导任何无核武器国家制造或以其他方式取得核武器或其他核爆炸装置或对这种武器或爆炸装置的控制权。

第二条　每个无核武器的缔约国承诺不直接或间接从任何让与国接受核武器或其他核爆炸装置或对这种武器或爆炸装置的控制权的转让；不制造或以其他方式取得核武器或其他核爆炸装置；也不寻求或接受在制造核武器或其他核爆炸装置方面的任何协助。

第三条　1.每个无核武器的缔约国承诺接受按照国际原子能机构规约及该机构的保

---

[1] 陈爱华：《高技术的伦理风险及其应对》，载《伦理学研究》2006年第4期。
[2] 亚里士多德：《尼各马可伦理学》，苗力田译，人民大学出版社2003年版，第49页。
[3] 资料来源：百度百科—"不扩散核武器条约"，http://baike.baidu.com，最后访问日期：2019年12月27日。

障制度与该机构谈判缔结的协定中所规定的各项保障措施，其目的专为核查本国根据本条约所承担的义务的履行情况，以防止将核能从和平用途转用于核武器或其他核爆炸装置。原料或特殊裂变物质，无论是正在任何主要核设施内生产、处理或使用，或在任何这种设施之外，均应遵从本条所要求的保障措施的程序。本条所要求的各种保障措施应适用于在该国领土之内、在其管辖之下或在其控制之下的任何地方进行的一切和平核活动中的一切原料或特殊裂变物质。

2. 每个缔约国承诺不将（a）原料或特殊裂变物质，或（b）特别为处理，使用或生产特殊裂变物质而设计或配备的设备或材料，提供给任何无核武器国家，以用于和平的目的，除非这种原料或特殊裂变物质受本条所要求的各种保障措施的约束。

3. 本条所要求的各种保障措施的实施，应符合本条约第四条，并应避免妨碍各缔约国的经济和技术发展或和平核活动领域中的国际合作，包括按照本条的规定和在本条约序言中阐明的保障原则，为和平目的在国际上交换核材料和处理、使用或生产核材料的设备。

4. 无核武器的缔约国应单独地或会同其他国家，按照国际原子能机构规约与国际原子能机构订立协定，以适应本条的要求。这类协定的谈判应自本条约最初生效后一百八十天内开始进行。在上述一百八十天期限届满后交存其批准书或加入书的各国，至迟应自交存之日开始进行这类协定的谈判。这类协定的生效应不迟于谈判开始之日起十八个月。

第四条 1. 本条约的任何规定不得解释为影响所有缔约国不受歧视地并按照本条约第一条及第二条的规定开展为和平目的而研究、生产和使用核能的不容剥夺的权利。

2. 所有缔约国承诺促进并有权参加在最大可能范围内为和平利用核能而交换设备、材料和科学技术情报。有条件参加这种交换的各缔约国还应单独地或会同其他国家或国际组织，在进一步发展为和平目的而应用核能方面，特别是在无核武器的各缔约国领土上发展为和平目的的应用核能方面，进行合作以作出贡献，对于世界上发展中地区的需要应给予应有的考虑。

∙∙∙∙∙∙∙∙∙∙∙

一九六八年七月一日订于伦敦、莫斯科和华盛顿

核技术是一把双刃剑，它能够缓解能源危机、保护环境，给人类带来幸福；也以其巨大的毁灭性和杀伤性时刻威胁着全人类安全。自人类社会产生以来，战争就连绵不断。科学技术的进步及其在战争中的应用，推动着人类战争一次次的升级。它不断扩大着战争的规模、改变着战争的形态，并增强了战争的毁灭性程度。1945 年 8 月，美军先后在日本广岛、长崎市区上空投下代号为"小男孩"和"胖子"的原子弹，加速了日本军国主义彻底失败和无条件投降，也使日本人民遭受到军国主义者发动侵略战争带来的严重灾难。这是人类历史上首次在战争中使用核武器，日本人民成为战争的受害者，幸存者至今仍饱受癌症、白血病和皮肤灼伤等辐射后遗症折磨。自此，核技术的巨大发展把人类推到核战争阴霾之中，开始了核战争、核扩散威胁下的生活。

目前，核武器已经成为每个国家克敌制胜的法宝，成为展示实力、强力威慑的定海神针、大国重器。但生产和保有核武器不仅会耗费巨大社会资源和自然资源，而且其生产、试验会对环境和人类造成持续时间长、影响范围广及危险程度大的危害。更严重的是核武

器爆炸会酿成大量人口死亡的人间惨剧，并造成严重的放射性污染后遗症。随着核技术的进一步提高，核武器的毁坏性也在急剧增加，一旦全面爆发核战争，将毁灭整个人类。因此，核武器从研制成功到现在，对核技术的战争应用就一直饱受诟病，相关科研技术人员也一直深陷伦理道德困惑之中。比如，原子弹在日本爆炸后，爱因斯坦意识到自己"犯了一个严重的错误"，奥本海默也感觉"我成了死神，世界的毁灭者"。当时任杜鲁门总统助理的威廉·李海军上将并没有感到胜利的快慰，反而认为"由于我们第一个使用了它，我们采用了同黑暗世纪野蛮人同样的伦理标准。我没有学过用那种方式进行战争；战争不能靠毁灭妇女和儿童来赢得胜利"[1]。

"人类需要的一致性，要求有一个有效的多边系统。这一系统要尊重协商一致的民主原则，并承认，不仅地球只有一个，而且世界只有一个。"[2]因此，核技术工程师应遵循人道主义原则，要为人类谋利益，要促进社会的发展和进步，而不是用核技术来涂炭生灵、破坏环境，甚至毁灭人类自身。工程师应该强化科学良心，提高自身道德修养，要时刻不忘对科技活动进行善恶区分、是非判断、自我反省，要凭自己的良心作出正确的科技道德抉择；要自觉树立风险规避意识，主动控制核工程活动中的技术应用风险，要尽量控制核技术应用于武器制造或战争。当遇到可能会对人类和生态环境产生威胁的情况时，要有强烈的道德责任意识，自觉禁止或限制核材料开发、核技术研发与应用活动。

三、恪守无害化原则，让核技术造福于人类社会

一切核工程活动都应围绕造福人类而进行，而不应对人类与自然产生危害。因工作疏忽和技术不成熟，产生危害社会与自然的行为，更是工程师缺乏伦理道德的表现。因此，核工程活动中，工程师要对核技术的研发与应用进行无害推定，只有确认该行为对社会与自然无害时，才能进行；否则，要暂停或永久停止，以保证职业行为的合理性。

※ "核去何从"？——关于德国弃用核能之思考[3]

2011 年，日本大地震后爆发的核泄漏、核污染危机，在西方一些国家引爆了民众核恐慌。随即，德国宣布将弃用核电。淘汰核电的具体时间表为，2011 年永久性停运 7 座 1980 年以前投入运营的核电站，其余 10 座核电站将于 2021 年前关闭，另外 3 座核电站会根据新能源满足用电需求情况，可能会"超期服役"一年。也就是说，最迟到 2022 年，德国将关闭国内所有核电站，弃用核电。

弃用核电展现了德国政府致力于清洁可再生能源的决心。在宣布 2022 年关闭核电站的同时，德国执政联盟公布了一份雄心勃勃的新能源计划，包括大力发展风能、太阳能和生物能以及改造新型智能电网等内容，希望在 2022 年之前将可再生能源的比重翻倍达到 35% 左右。到 2012 年，德国能源工业将投入 300 亿欧元用于修建发电站以及扩建输电网；同时将投入 330 亿至 400 亿欧元用于发展可再生能源。德国环境部长曾向外界宣布，"到

---

[1] 倪世雄：《战争与道义：核伦理学的兴起》，湖南出版社 1992 年版，第 109 页。

[2] 世界环境与发展委员会：《我们共同的未来》，吉林人民出版社 1997 年版，第 49 页。

[3] 《核去何从——德国为何敢弃用核能》，http://news.bjx.com.cn/html/20160816/762851.shtml，最后访问日期：2019 年 12 月 30 日。

2050 年，德国的能源消耗几乎可以全部来自可再生能源"。

德国联邦政府于 2010 年推出"能源方案"长期战略，其目的是使德国在能源效率和绿色经济方面走在世界最前列。能源方案规划了德国未来 40 年里降低能源消耗和提升能源效率的长期目标。到 2020 年，德国电力消耗量较 2008 年将减少 10％，到 2050 年则将减少 25％。为实现节能和节电目标，每年建筑物翻新改造率将从目前的不到 1％增加到占建筑物的 2％。此外，到 2050 年，建筑物初级能源使用量较 2010 年将下降 50％，建筑通过可再生能源便可基本获得所需能源。

根据这个庞大新能源发展与节能计划，在过去 10 几年中，德国几乎是单枪匹马完成了新能源领域的一系列创新，在全球范围内一个全新的产业从无到有蔚然成荫。无论是在风能、太阳能，还是生物能、地热等领域，大都由德国企业主导，完成了从概念设计到商业化产品开发，从公司创立到全球市场扩张。

无害化原则，强调核技术开发与应用不应对人与自然环境造成损害，或针对存在损害发生的各种可能性，要事先有防范风险预案。无害化原则是核技术社会控制的核心原则，如果该原则得不到普遍认同和遵从，核技术开发将毫无安全性可言。核技术研发、应用的无害化不仅针对技术本身，还包括技术本身所处的整个外部环境所包含的其他主体、自然环境和生态环境等。无害化原则并不是强调核技术的绝对安全无害，当我们面对利益纠葛，进行无奈选择时，"两害相较取其轻"就是一种相对的无害化选择；当我们对核技术风险进行预判，并采取合理、适合的防范措施，以取得核技术的相对安全无害应用环境，也是对该原则的遵守与践行。

核工程活动中，工程师首先要对核技术进行风险评估，确定风险是否存在于人类可控范围内，决定该技术试验或应用能否执行，并有针对性地选择风险控制措施。在核技术发展决策中，要利用自己的专业知识，准确和全面地考虑核技术的正面或负面效应、应用前景等问题，为政府、领导人或决策机构提供专业参考意见。在核技术实施中，要严格按照既定方针来操作，保证技术执行的正确、精确，不让执行出现差池；要及时将能够公开的有关技术信息公开，取得公众的理解和支持，以利于工程活动的顺利开展；要对核技术实施实行严格监控措施，及时发现技术中可能存在的问题，及时排除执行过程的障碍，以保证技术实施的安全性。

四、坚守安全底线，严格防范工程风险的发生

"核实践，是人类通过技术手段对放射性物质的特性和规律进行探索和开发利用的实践活动。"[1] 工程师职业伦理要求工程师尊重、维护或者至少不伤害公众的健康和生命，在进行核工程项目论证、设计、施工、管理和维护中，关心人本身，充分考虑产品的安全可靠，对公众、社会与自然无害，保证工程造福于人类社会。

---

[1]　冯昊青：《安全伦理观念是安全文化的灵魂——以核安全文化为例》，载《武汉理工大学学报（社会科学版）》2010 年第 4 期。

※日本福岛核电站泄漏事故 [1]

日本的核电站数量排在世界第三位，共计 54 座，其中 30 座是沸水堆，24 座是压水堆；核电电量占全国总电量的 29.21％，排名世界第二。福岛核电站位于日本福岛工业区，1971 年开始运行，是当时世界上最大的在役核电站，由第一核电站和第二核电站组成，共 10 台机组均为沸水堆。福岛两个核电站的 10 台机组，由于建造年代不同，安全技术要求等级也不同，但其基本构型都是沸水反应堆。沸水堆核电站因具有结构简单、造价便宜、维护方便、建造周期短等优点，成为日本解决能源窘境的首选堆型。相比压水堆先建造固若金汤的安全壳，然后开始建反应堆相比，沸水堆是先建造反应堆的核心部分，包括堆芯、热传输系统、安全系统，然后在外面简单地加一个厂房。沸水堆没有压水堆那样包括喷淋系统、气体交换系统、预应力混凝土结构等一系列复杂的系统和结构巨大、坚固的安全壳，其安全系数较低。建造时，人们认为核技术与沸水反应堆是十分安全的。

福岛核电站建成后曾多次发生事故。1978 年，第一核电站发生临界事故，但一直被隐瞒至 2007 年才公之于众；2005 年，地震导致两座核电站中存储核废料的池子中部分池水外溢；2006 年，第一核电站 6 号机组曾发生放射性物质泄漏事故；2008 年，核电站核反应堆 5 加仑少量放射性冷却水泄漏。此外，2007 年，东京电力公司承认，从 1977 年起在对下属 3 家核电站总计 199 次定期检查中，曾篡改数据，隐瞒安全隐患。其中福岛第一核电站 1 号机组反应堆主蒸汽管流量计测得的数据曾在 1979 年至 1998 年间先后 28 次被篡改。

2011 年 3 月 11 日，日本东北太平洋地区发生里氏 9.0 级地震，引起海啸发生，导致福岛第一核电站、福岛第二核电站遭受严重损坏，其中第一核电厂的放射性物质泄漏，含有核物质的沸水流入大海，酿成了严重核泄漏事故。2011 年 4 月 12 日，日本原子力安全保安院将福岛核事故等级定为核事故最高分级 7 级（特大事故），与苏联切尔诺贝利核事故同级。

事故发生后，日本政府宣布，在东京与其他 5 个县府境内的 18 所净水厂侦测到碘-131 超过婴孩安全限度；在 320 公里范围内，包括菠菜、茶叶、牛奶、鱼虾、牛肉在内，很多食物都侦测到放射性污染。根据法国放射线防护与原子力安全研究所发表的报告，事故造成大量 27PBq 铯-137 释入大海，这是人类有史以来，观察到的最大量人造放射性物质释入大海，造成放射性物质大量弥散。

福岛县在核事故后以县内所有儿童约 38 万人为对象实施了甲状腺检查。截至 2018 年 2 月，已诊断 159 人患癌，34 人疑似患癌。其中被诊断为甲状腺癌并接受手术的 84 名福岛县内患者中，有 8 人癌症复发，再次接受了手术。截至 2018 年 3 月，福岛核泄漏事故造成 257 吨核燃料堆芯熔化、约 100 万吨污染水仍难以处理。原本物产丰饶、环境优美的福岛县变得令人生畏，至今依然有 370 平方公里（占全县面积的 2.7％）土地被划为"禁区"；全县总人口比灾难前减少了约 17.8 万人；污染土等废弃物总量超过 1500 万立方米，并且如何处理核污染废弃物依然没有眉目；日本海域捕捞到的受到核辐射的海洋鱼类，个头要比普通鱼大好几倍，狰狞恐怖；很多海洋生物全身溃烂，海螺贝壳生物被腐蚀出一个个空洞。有证据证明辐射已经到达距离日本极远的海域。

---

[1] http://baike.baidu.cm，最后访问日期：2019 年 12 月 26 日。

据专家介绍，人类经常食用核污染鱼类，有可能诱发白血病和癌症。据日本消费者厅 2018 年调查，很多民众仍不敢购买福岛的农产品和水产品。2018 年 3 月，日本会计审计署公布的检查结果显示，东京电力公司因福岛核事故支付的赔偿总额已达 76821 亿日元（约合人民币 4619.95 亿元）。

1986 年 4 月，苏联切尔诺贝利核电站的核子反应堆发生爆炸，酿成了历史上最严重的核电事故，引起国际社会震动。同年，国际原子能机构核安全咨询组提交的《关于切尔诺贝利核电厂事故后审评会议的总结报告》中提出了"核安全文化"概念，即"安全文化是存在于单位和个人中的种种特性和态度的总和，它建立一种超出一切之上的观念，即核电站的安全问题由于它的重要性要保证得到应有的重视"[1]。核安全文化的核心是强调安全第一，要求从事核安全相关活动的全体工作人员必须要有献身精神和责任心，要以职业良心为信念的专业精神、对公众安全和生态安全的道德敏感性、对用户及公众利益负责的道德勇气，保障核工程设计合理、核工程质量合格。因此，核安全文化对形成高水平核安全体制起到了重要作用，重视并加强核安全文化建设，会带来丰硕的核安全的有形结果；忽略核安全文化，必然带来严重的不良后果。

核工程活动中，工程师除要严格执行工作制度与方法外，还要具有高度的警惕性、实时的见解、丰富的知识、准确无误的判断力和强烈的责任感，来正确履行所有安全职责；能够用一颗同情、恻隐之心去保障自己和他人的生命安全。工程师应保有专业道德的敏感性，对核工程中隐含的危及公共安全、给社会和公众带来生命与健康威胁的伦理问题提出警示。工程师不仅要考虑核技术上是否可行、经济上是否合理等问题，更要考虑施工场所是否安全、核工程产品是否存在安全缺陷、是否会给用户和公众造成伤害等问题；要严格遵循技术规范办事，在设计中不得随意修改规范标准，甚至伪造数据，或在施工中允许偷工减料或不规范施工，或在监督、检验和验收环节中不按质量标准严格、公正地把关，拿公众的生命和财产安全作赌注。

---

[1] 周志伟：《新型核能技术概念、应用与前景》，化学工业出版社 2010 年版，第 92 页。

参考文献

著作：

1. 殷瑞钰、汪应洛、李伯聪：《工程哲学》，高等教育出版社 2007 年版。

2. 王学文：《工程导论》，电子工业出版社 2012 年版。

3. 顾剑、顾祥林：《工程伦理学》，同济大学出版社 2015 年版。

4. 张文显：《法理学》，高等教育出版社、北京大学出版社 2011 年版。

5. 李本森：《法律职业伦理》，北京大学出版社 2008 年版。

6. 魏英敏：《新伦理学教程》，北京大学出版社 1993 年版。

7. 张铃：《西方工程哲学思想的历史考察与分析》，东北大学出版社 2008 年版。

8. 王志新：《工程伦理学教程》，经济科学出版社 2008 年版。

9. 马克思主义理论研究和建设工程重点教材《民法学》编写组编：《民法学》，高等教育出版社 2019 年版。

10. 王利明：《民法》，中国人民大学出版社 2015 年版。

11. 徐国栋：《民法基本原则解释——以诚实信用原则的法理分析为中心》，中国政法大学出版社 2004 年版。

12. 王利明、崔建远：《合同法新论·总则》，中国政法大学出版社 1996 年版。

13. 崔建远：《合同法》，法律出版社 1998 年版。

14. 李政辉：《合同法定解除原因研究》，中国检察出版社 2006 年版。

15. 沈同、邢造宇主编：《标准化理论与实践》，中国计量出版社 2007 年版。

16. 朱一飞、冀瑜、范晓宇等编著：《标准化法教程》，厦门大学出版社 2011 年版。

17. 季任天主编：《质量技术监督法律基础》，中国计量出版社 2003 年版。

18. 杨解君主编：《行政许可研究》，人民出版社 2001 年版。

19. 姜明安主编：《行政法与行政诉讼法》，北京大学出版社、高等教育出版社 2011 年版。

20. 应松年：《行政许可法教程》，法律出版社 2012 年版。

21. 舒福荣：《招标投标国际惯例》，贵州人民出版社 1994 年版。

22. 张培田：《招标投标法律指南》，中国政法大学出版社 1992 年版。

23. 李启明主编：《土木工程合同管理》，东南大学出版社 2002 年版。

24. 吴汉东：《知识产权法》，法律出版社 2014 年版。

25. 冯晓青：《知识产权法哲学》，中国人民公安大学出版社 2003 年版。

26. 冯晓青、刘友华：《专利法》，法律出版社 2010 年版。

27. 曾陈明汝：《商标法原理》，中国人民大学出版社 2003 年版。

28. 吴汉东、胡开忠：《无形财产权制度研究》，法律出版社 2001 年版。

29. 刘春田主编：《知识产权法》，中国人民大学出版社 2000 年版。

30. 谢铭洋、古清华等：《营业秘密法解读》，中国政法大学出版社 2003 年版。

31. 金瑞林、汪劲：《世纪环境法学研究评述》，北京大学出版社 2003 年版。

32. 金瑞林、汪劲：《中国环境与自然资源立法若干问题研究》，北京大学出版社 1999 年版。

33. 金瑞林：《环境法学》，北京大学出版社 1994 年版。

34. 黄明健：《环境法制度论》，中国环境科学出版社 2004 年版。

35. 应松年主编：《当代中国行政法》（下卷），中国方正出版社 2005 年版。

36. 张树义主编：《纠纷的行政解决机制——以行政裁决为中心》，中国政法大学出版社 2006 年版。

37. 杨建顺：《行政规制与权利保障》，中国人民大学出版社 2007 年版。

38. 陈治东：《国际商事仲裁法》，法律出版社 1998 年版。

39. 刘玫、张建伟、熊秋红：《刑事诉讼法》，高等教育出版社 2014 年版。

40. 张建伟主编：《刑事诉讼法》，高等教育出版社 2011 年版。

41. 王佑启主编：《行政法与行政诉讼法》，中国人民大学出版社 2008 年版。

42. 李浩主编：《民事诉讼法》，高等教育出版社 2007 年版。

43. 林仁栋：《马克思主义法学的一般理论》，南京大学出版社 1990 年版。

44. 赵震江、付子堂：《现代法理学》，北京大学出版社 1999 年版。

45. 马克昌：《刑罚通论》，武汉大学出版社 1995 年版。

46. 朱蓓丽编著：《环境工程概论》，科学出版社 2001 年版。

47. 吴国盛：《让科学回归人文》，江苏人民出版社 2003 年版。

48. 仲崇立：《绿色化学导论》，化学工业出版社 2000 年版。

49. 李德华编著：《化学工程基础》，化学工业出版社 2017 年版。

50. 闵恩泽：《绿色化学与化工》，化学工业出版社 2001 年版。

51. 唐子才、梁雄健：《互联网规制的理论与实践》，北京邮电大学出版社 2008 年版。

52. 邬焜：《信息哲学》，商务印书馆 2005 年版。

53. 黄少华、翟本瑞：《网络社会学》，中国社会科学出版社 2006 年版。

54. 胡珊、李珍、谭劲等编：《材料学概论》，化学工业出版社 2012 年版。

55. 郭绍义主编：《机械工程概论》，华中科技大学出版社 2015 年版。

56. 陶兴无主编：《生物工程概论》，化学工业出版社 2015 年版。

论文：

1. 何放勋：《工程师伦理责任教育研究》，华中科技大学 2008 年博士学位论文。

2. 吴真文：《法律与道德的界限——哈特的法伦理思想研究》，湖南师范大学 2009 年博士学位论文。

3. 石敏：《法律的伦理性研究——以刑事诉讼法律伦理性为视角》，青岛科技大学 2015 年硕士研究生学位论文。

4. 刘刚、李迁：《论工程社会化的法律表现》，载《广西社会科学》2018 年第 10 期。

5. 徐华：《工程法部门独立地位之证成》，载《知与行》2018 年第 2 期。

6. 李润、关志强、郭刚明：《"大工程观"研究综述》，载《南方论刊》2011 年第 5 期。

7. 朱京：《论工程的社会性及其意义》，载《清华大学学报》（哲学社会科学版）2004 年第 2 期。

8. 曹南燕：《科学家和工程师的伦理责任》，载《哲学研究》2000 年第 1 期。

9. 陈向义：《"以人为本"与人本主义、人类中心主义辨正》，载《贵州社会科学》2005 年第 1 期。

10. 胡旭晟：《论法律源于道德》，载《法制与社会发展》1997 年第 4 期。

11. 陈云飞：《关于建筑企业核心员工忠诚度的研究》，苏州大学 2007 年硕士学位论文。

12. 张文显：《规则·原则·概念——论法的模式》，载《现代法学》1989 年第 3 期。

13. 王利明：《试论合同的成立与生效》，载《现代法学》1996 年第 6 期。

14. 陈司光：《论无效合同》，华东政法学院 2006 年硕士学位论文。

15. 申卫星：《合同保全制度三论》，载《中国法学》2000 年第 2 期。

16. 苏惠祥：《关于合同担保之我见》，载《兰州大学学报》1990 年第 2 期。

17. 张楚：《简论合同终止》，载《西北政法学院学报》1988 年第 3 期。

18. 张兴祥：《制度创新：〈行政许可法〉的立法要义》，载《法学》2003 年第 5 期。

19. 吴汉东：《无形财产权的若干理论问题》，载《法学研究》1996 年第 4 期。

20. 吴汉东：《关于知识产权本体、主体与客体的重新认识》，载《法学评论》2000 年第 5 期。

21. 李玉蕾：《论我国循环经济法律制度的完善》，河北地质大学 2016 年硕士学位论文。

22. 蓝虹：《环境资源市场价格是环境资源的产权价格》，载《人文杂志》2004 年第 2 期。

23. 吴霞、李鑫：《我国环境事故报告制度的实施困境与对策》，载《法学杂志》2015 年第 1 期。

24. 朱京：《论工程的社会性及其意义》，载《清华大学学报》（哲学社会科学版）2004 年第 2 期。

25. 马步云：《现代化风险初探》，复旦大学 2006 年博士学位论文。

26. 程鹏：《工程风险中人的不确定因素管理研究》，载《聊城大学学报》（社会科学版）2012 年第 2 期。

27. 王顺玲：《生态伦理及生态伦理教育研究》，北京交通大学 2013 年博士学位论文。

28. 余谋昌：《论生态安全的概念及其主要特点》，载《清华大学学报》（哲学社会科学版）2004 年第 2 期。

29. 陈向义：《"以人为本"与人本主义、人类中心主义辨正》，载《贵州社会科学》2005 年第 1 期。

30. 朱海林：《技术伦理、利益伦理与责任伦理——工程伦理的三个基本维度》，载《科学技术哲学研究》2010 年第 6 期。

31. 黄江：《核技术应用中若干技术问题研究》，华中科技大学 2013 年博士学位论文。